lonely planet

ITALIE

Angela Corrias, Erica Firpo, Duncan Garwood, Benedetta Geddo,
Paula Hardy, Stephanie Ong, Margherita Ragg,
Kevin Raub, Eva Sandoval, Nicola Williams

Sommaire

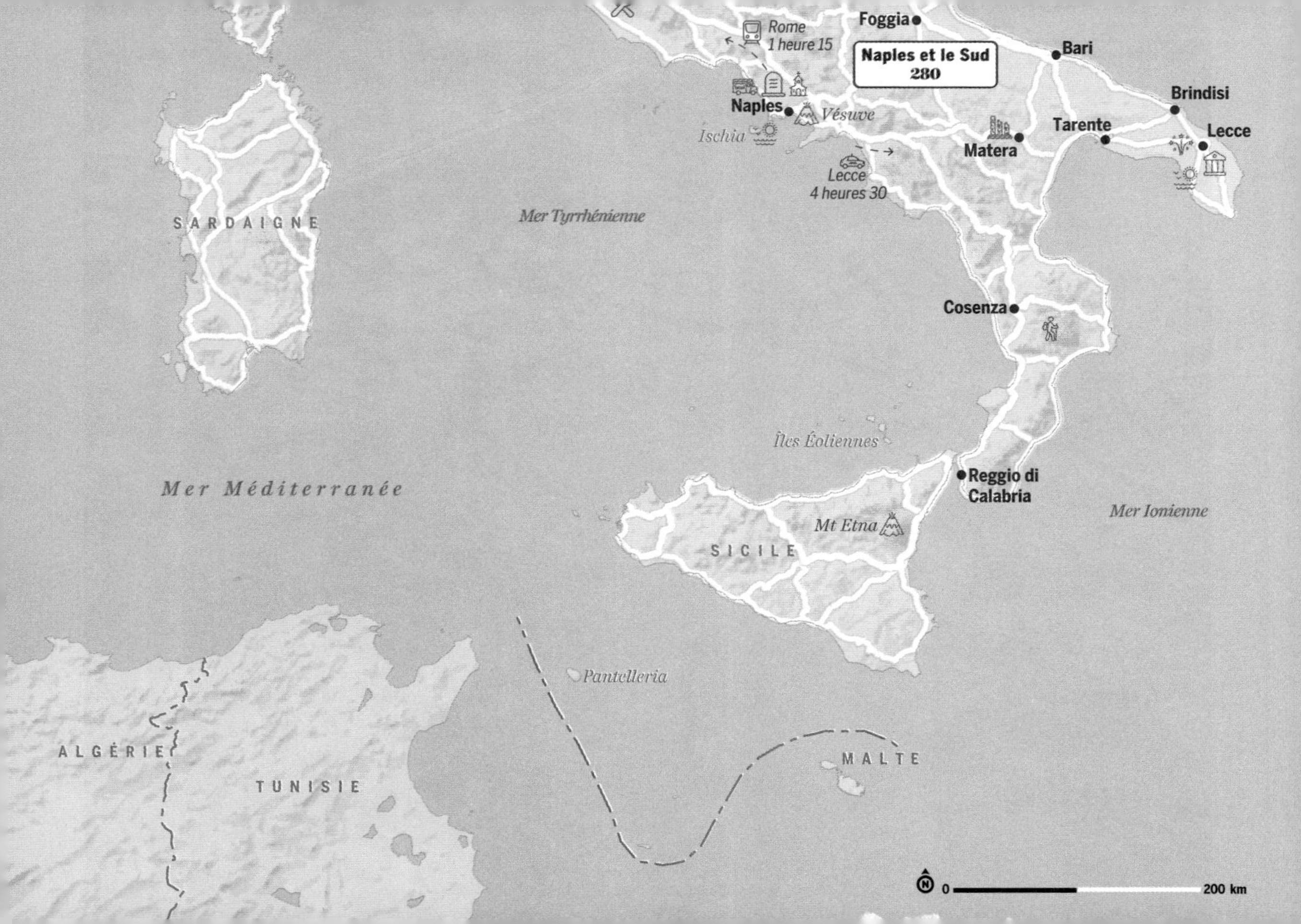
Foggia
Rome
1 heure 15
Naples et le Sud
280
Bari
Brindisi
Naples
Vésuve
Ischia
Tarente
Lecce
Matera
Lecce
4 heures 30
SARDAIGNE
Mer Tyrrhénienne
Cosenza
Îles Éoliennes
Reggio di
Calabria
Mer Méditerranée
Mer Ionienne
Mt Etna
SICILE
Pantelleria
ALGÉRIE
TUNISIE
MALTE
0
200 km

De l'art et des chefs-d'œuvre, dans les musées comme dans les rues des villes. Des vestiges antiques et des palais baroques d'une beauté incomparable. Des spécialités culinaires régionales et des crus issus de vignobles de carte postale... L'Italie reste le cadre idyllique pour engranger de magnifiques souvenirs, en famille comme en amoureux. Les sportifs iront fendre la poudreuse des Alpes et gravir des volcans. Les plus contemplatifs profiteront des paysages de la Toscane ou de la Lombardie. Les gourmets partiront en Piémont goûter la truffe blanche et les fromages AOP. Les noctambules exulteront dans l'effervescence des fêtes sur la Riviera ou dans les Pouilles. Et pourquoi ne pas ensuite se détendre sur une crique du littoral amalfitain ?

Bienvenue en Italie !

TOURNEZ LA PAGE POUR ORGANISER VOTRE VOYAGE IDÉAL →

ALLEMAGNE
AUTRICHE
HONGRIE
SUISSE
SLOVÉNIE
CROATIE
BOSNIE-HERZÉGOVINE
MONTENEGRO
FRANCE
SAINT-MARIN
CORSE (FRANCE)
Mont - Blanc (Monte Bianco)
Lac Majeur
Lac de Côme
Lac de Garde
Bolzano
Trente
Udine
Trieste
Venise et la Vénétie 164
Venise
Vérone
Milan 2 heures 30
Côme
Milan
Milan et les lacs 126
Turin, Piémont et Cinque Terre 86
Turin
Rome 3 heures 45
Parme
Bologne et l'Émilie-Romagne 206
Bologne
Ravenne
Gênes
San Remo
Florence
Pise
Livourne
Sienne
Florence et la Toscane 238
Pérouse
Ancône
Mer de Ligurie
Elbe
Grosseto
Pescara
Mer Adriatique
Civitavecchia
ROME
Rome 38

ANIBAL TREJO/SHUTTERSTOCK ©

Vernazza, Cinque Terre (p. 93)

PAGE PRÉCÉDENTE : KOKOPHOTOS/SHUTTERSTOCK ©

LES IMMANQUABLES

Chapelle Sixtine (Cité du Vatican)

La Cène (Milan)

David (Florence)

La Pietà (Rome)

La Naissance de Vénus (Florence)

L'École d'Athènes (Cité du Vatican)

FRESQUES ET CHEFS-D'ŒUVRE

Léonard de Vinci, Michel-Ange, Raphaël, Giotto, le Caravage... L'Italie a vu naître tant de grands maîtres que plusieurs vies ne suffiraient pas à connaître tous leurs chefs-d'œuvre. Les férus d'art relèveront le défi en commençant par les Offices à Florence et les musées du Vatican, aux pièces inestimables, qu'il s'agisse de peinture, de sculpture ou d'art décoratif. Églises, universités, édifices historiques et rues renferment aussi de nombreux trésors.

Page de gauche *Le Jugement dernier* de Michel-Ange, plafond de la chapelle Sixtine, Cité du Vatican **À droite** Galerie des Offices, Florence **Ci-dessous** Selfie sur la place Saint-Marc, Venise

BILLETS

Un seul conseil pour les musées phares : achetez vos billets à l'avance (et réservez un éventuel créneau de visite). En cas d'affluence, il n'est pas rare de ne pas pouvoir accéder aux collections souhaitées, soit faute de places, soit en raison du temps d'attente au guichet.

MICHAEL R EVANS/SHUTTERSTOCK ©

↓ PHOTO

Pas de flash, bien sûr, pour préserver les œuvres. Les perches à selfie sont à proscrire à l'intérieur et, dans certains lieux spécifiques comme la chapelle Sixtine, les photos sont interdites. Vérifiez s'il est possible, ou non, d'utiliser un pied de photographe.

KASPARS GRINVALDS/SHUTTERSTOCK ©

GRATUIT LE DIMANCHE

D'octobre à mars, l'entrée aux musées et lieux culturels nationaux est gratuite le dimanche. Une belle initiative de *domenica al museo* (un dimanche au musée) et le bon moyen d'économiser quelques euros si votre programme le permet !

Notre sélection

- **Loin de la foule, découvrez les joyaux cachés de l'art et de la culture à Rome.** (p. 58)
- **Retrouvez l'Art nouveau au fil d'une balade architecturale dans Milan.** (p. 134)
- **Découvrez la Vénétie sous son angle graphique, des premiers visages de la Renaissance peints à fresque jusqu'aux personnages de BD d'aujourd'hui.** (p. 184)
- **Faites une immersion dans l'art de la Renaissance, dans la Florence des Médicis.** (p. 248)

LES 7 MERVEILLES DE LA ROME ANTIQUE

- Panthéon (Rome)
- Herculanum (Ercolano)
- Ostia Antica (Rome)
- Colisée (Rome)
- Villa Adriana (Tivoli)
- Forum romain (Rome)
- Pompéi (Naples)

VESTIGES ANTIQUES

Certes, le Colisée, le mont Palatin et le Forum romain en disent long sur l'Antiquité. Mais la Rome antique ne s'arrête pas au seuil de la Ville Éternelle. L'Italie est couverte de vestiges architecturaux tout aussi impressionnants : des cités séculaires enfouies sous la lave des volcans, des mosaïques d'une fraîcheur étonnante, des villas de 2 000 ans d'âge. C'est simple : dans le Latium et en Campanie, l'Antiquité surgit ainsi à tout instant.

Page de gauche Cavea du Colisée
À droite Pause-pizza chez Gino Sorbillo, Naples **Ci-dessous** *Triomphe de Neptune et d'Amphitrite*, mosaïque d'Herculanum

→ PAUSE-PIZZA

Tout près de Napoli Sotterranea, vivez un moment authentiquement napolitain à la pizzeria Gino Sorbillo (p. 341). En quatre temps : la file d'attente, un accueil un peu rustique, un service ultrarapide, une pizza sensationnelle.

ALEXANDRA BRUZZESE/LONELY PLANET ©

LE COLISÉE SANS ATTENTE

Si l'attente au guichet du Colisée vous paraît insurmontable, prenez votre billet Parc archéologique au guichet du mont Palatin (Via di San Gregorio 30 ; p. 76) ou bien en ligne avec un créneau horaire.

ALYSTA/SHUTTERSTOCK ©

↑ HERCULANUM

Plus petite que Pompéi, la cité d'Herculanum (p. 302) s'est aussi trouvée ensevelie sous les cendres du Vésuve en l'an 79. Ses ruines sont mieux conservées et moins fréquentées que celles de Pompéi.

Notre sélection

- **Plongez dans la Rome de Jules César, épicentre d'un puissant empire.** (p. 62)
- **Contemplez les vestiges de la Villa Adriana, conçue par l'empereur Hadrien et ses sublimes jardins.** (p. 74)
- **Tombez sous le charme de la Campanie antique.** (p. 302)
- **Admirez l'architecture grecque, byzantine, romane et médiévale de trois anciens villages calabrais.** (p. 318)

LE B.A.-BA

La pizza sous sa forme moderne a été inventée à Naples au début du XIXe siècle.

Le pain à l'ail, le pepperoni et la salade César ne sont pas d'origine italienne.

Buon appetito! est de règle avant de commencer tout repas.

DÉLICES D'ÉPICURIENS

Partout dans le monde, les spécialités de la gastronomie italienne sont copiées, déclinées, réinventées, mais jamais égalées ! Pizza, *pasta*, *gelato* et *parmegiano*… nul n'ignore ces mots si savoureux à entendre et peu de pays exportent aussi bien leur savoir culinaire. Pourtant, vous n'avez pas goûté à la véritable cuisine italienne avant d'avoir posé le pied en Italie. Prenez place, il est temps de dîner !

RÉSERVATION

L'Italie reste assez traditionnelle dans ses habitudes et peu d'établissements classiques ont mis en place une réservation de table en ligne. On réserve plus couramment par téléphone, une semaine à l'avance le plus souvent.

MATT MUNRO/LONELY PLANET ©

Page de gauche Délices glacés fruités **À droite** Pâtes au lièvre **En bas** Four à pizza, Naples

FARE LA SCARPETTA

Les Italiens ont une très jolie expression pour saucer l'assiette : *fare la scarpetta*. Que vient donc faire la *scarpetta* (l'escarpin) dans votre assiette ? On suppose que cela fait allusion à la cambrure prise par le morceau de pain sous les doigts des gourmands qui ne veulent pas perdre une miette des sucs dans leur assiette.

CATHERINAUNGER/GETTY IMAGES ©

↑ PIZZA NAPOLETANA STG

L'Associazione Verace Pizza Napoletana (AVPN) est l'entité régulatrice de la *pizza napoletana* déclarée Specialità Tradizionale Garantita (STG), à savoir Spécialité traditionnelle garantie. Elle propose une liste de 255 pizzerias membres.

Notre sélection

- **Attablez-vous loin de la foule pour savourer une cuisine toscane très locavore.** (p. 258)
- **À Bologne, savourez une pléiade de spécialités d'Émilie-Romagne, région réputée pour ses pâtes et sa viande de porc.** (p. 216)
- **Partez en expédition à travers Naples pour la joie de goûter la "cuisine des rues", dont les pizzas font partie !** (p. 294)
- **Appréciez les adresses Slow Food de la campagne piémontaise, aux alentours d'Alba et de Bra.** (p. 102)

DIVINS VIGNOBLES

Vision emblématique de l'Italie : des vignobles ondulant au gré de collines sous l'œil imperturbable de villas et châteaux ancestraux. Et pour cause : l'Italie est l'une des plus vieilles terres viticoles de l'Ancien Monde. C'est aujourd'hui le premier producteur de *vino* au monde, chaque région de la Botte y contribuant. *Salute!*

TOP: JANOKARZ/GETTY IMAGES ©, BOTTOM: EKATERINA IATCENKO/SHUTTERSTOCK ©

★ CUVÉE DU PATRON

Souvent d'un bon rapport qualité/prix, le *vino della casa* réserve quelques belles surprises en la matière.

Notre sélection

▶ **Parcourez la route des vins toscans entre vignobles enchanteurs et crus merveilleux.** (p. 256)

▶ **Pétillez de joie comme le prosecco produit entre Conegliano et Valdobbiadene, terroirs inscrits au patrimoine de l'Unesco.** (p. 196)

▶ **Partagez une bouteille de barolo ou de barbera lors de la fête de la Douja d'Or, à Asti.** (p. 101)

← DÉGUSTATIONS

Les dégustations ne sont pas aussi répandues en Italie qu'en France. Le **Movimento Turismo del Vino** (movimento-turismovino.it) répertorie les vignobles qui accueillent les visiteurs.

En haut Vignoble toscan **Ci-contre** Vin, pain, olives et charcuterie à Manarola, Cinque Terre **À droite** Riomaggiore, Cinque Terre

CINE D'AMORE

Vacances romaines (1953)
La Dolce Vita (1960)
Hier, aujourd'hui et demain (1963)
Le Facteur (1994)
Pain, tulipes et comédie (2000)

ROMANCE À
L'ITALIENNE

Quoi de mieux qu'une escapade surprise en Italie pour combler sa chère moitié ? Avec ses places sublimes, ses vieilles villes aux tons miel, ses perspectives à couper le souffle, l'Italie est l'une des destinations les plus romantiques au monde. Un condensé d'*amore !*

Notre sélection

- **Main dans la main, tombez sous le charme de la Ville Éternelle au fil des vestiges millénaires, des placettes pleines de charme et des fontaines qui exaucent les vœux.** (p. 48)
- **À l'instar des grandes figures de la littérature et des artistes du XIXe siècle, laissez-vous envoûter par la beauté de la Riviera ligure.** (p. 110)
- **Trouvez votre Roméo ou votre Juliette à Vérone, l'une des villes les plus romantiques d'Italie.** (p. 192)

Valtellina

Neige le jour, bain le soir

Ses montagnes passent souvent inaperçues du fait de sa proximité avec les célèbres Alpes, mais les skieurs initiés ne s'y trompent pas : ils viennent en Valtellina pour profiter de ses 400 km de pistes parfaitement entretenues la journée, et se relaxer dans ses sources chaudes le soir.

1 heure 45 de route depuis Bergame

▶ p. 152

Cinque Terre

Des villages côtiers aux couleurs mirifiques

En prenant de la hauteur, la vue sur les Cinque Terre est encore plus spectaculaire que de près. Randonnez jusqu'à l'un des nombreux points de vue pour siroter un cocktail face au coucher du soleil. C'est sans aucun doute la plus belle façon d'admirer ce panorama, véritable pépite dans le paysage italien.

1 heure 30 de train depuis Gênes

▶ p. 114

SUBLIMES PAYSAGES

Des excitantes pentes enneigées des Alpes italiennes aux pistes de VTT sardes cuites par le soleil, l'Italie est le paradis des amateurs de sports de plein air (ski, vélo, randonnée, voile...). Cueillette de cèpes matinale en Calabre, balade au fil des canaux historiques autour de Milan ou coucher de soleil ardent sur les Cinque Terre : la nature imprègne en vous des images inoubliables.

Venise

Jouer au gondolier

Ne vous contentez pas d'une promenade en gondole à Venise, apprenez carrément l'art de la *voga alla Veneta* ("nage à la vénitienne"), debout sur une *batellina coda di gambero*, la barque traditionnelle en "queue de crevette".

Aéroport Marco Polo, Venise

2 heures 30 de train depuis Milan

▸ p. 174

Bocchette Centrali

Via ferrata à l'horizontale

Sur une via ferrata, on progresse ordinairement à la verticale. Ici, dans les Dolomites, c'est à l'horizontale que vous progresserez sur celle des Bocchette Centrali dans le massif de Brenta. Plus d'excuse pour ne pas essayer !

4 heures 30 de marche depuis Madonna di Campiglio (après 3 heures de route depuis Milan ou Venise)

▸ p. 160

Calabre

Immersion en terre oubliée

Les parcs nationaux de Calabre feront le bonheur de ceux qui oseront aller jusqu'à eux. Nature et culture y offrent une diversité harmonieuse, entre villages fantômes et cascades vertigineuses, sites monastiques byzantins et pins de Bosnie colossaux, villages anciens et communautés italo-albanaises traditionnelles.

De 1 heure à 3 heures 15 de route depuis Reggio di Calabria

▸ p. 314

↘ QUELQUES CHIFFRES

Victoires remportées au Palio di Siena par des chevaux *scossi* (sans jockey) : 25

Prix minimum d'un authentique masque vénitien : 40 €

Distance parcourue par la procession sarde de la Festa di Sant'Efisio : 65 km

JOURS DE **FÊTES**

Le *bel paese* trouve toujours prétexte à festoyer : la religion, la vie de quartier, l'histoire, la musique ou la gastronomie. On se réjouit ainsi de l'arrivée des truffes dans le Piémont, on s'affronte pour la gloire de son quartier à Sienne lors du Palio, et on célèbre le Carême dans tout le pays. Les Italiens adorent se rassembler dans les rues et festoyer, et chaque *festa* ou *sagra* (fête civile ou religieuse) est annoncée sur des affiches.

Notre sélection

- **Accordez-vous quelques "diamants parfumés" à la Foire internationale de la truffe blanche d'Alba.** (p. 102)
- **Mêlez-vous à la joyeuse foule qui écoute les musiciens et danse la tarentelle dans les Pouilles** (p. 332)
- **Un verre de barolo à la main, swinguez à loisir au Collisioni Festival au cœur des montagnes piémontaises.** (p. 101)

EN PLEINE NATURE

Des crêtes dentelées qui tutoient les nuages, des collines ondoyantes tapissées de vignobles bucoliques, des eaux azur au pied de falaises escarpées, de beaux rubans de sable fin, et certains des volcans les plus actifs au monde. La nature italienne, d'une générosité infinie, est la force du pays.

EN HAUT : INDROVA/SHUTTERSTOCK ©, EN BAS : DIONISIO IEMMA/SHUTTERSTOCK ©

★ SENTIERS : NIVEAUX DE DIFFICULTÉ

Les sentiers de randonnée sont classés en fonction de leur niveau d'exigence : Turistico (T) pour promenade touristique ; Escursionistico (E) pour sentier sans difficultés techniques ; Escursionisti Esperti (EE) pour randonneurs simples/confirmés ; Escursionisti Esperti con Attrezzatura (EEA) pour randonneurs confirmés avec matériel technique.

Notre sélection

▶ **Grimpez au sommet de l'un des volcans les plus connus d'Italie : le Vésuve, près de Naples.** (p. 304)

▶ **Parcourez à pied le Parco Nazionale dell'Aspromonte, au cœur des rudes paysages de Calabre.** (p. 315)

▶ **Dénichez les plages cachées et les petites îles authentiques le long de la sublime côte amalfitaine.** (p. 308)

← CLUB ALPIN

Près de 800 cabanes et refuges ont été construits par le **Club Alpino Italiano** (cai.it) qui les entretient et gère quelque 7 000 km de sentiers de randonnée reliant les 25 parcs nationaux.

Page de gauche Fêtes des lumières dans les Pouilles **En haut** À pied vers le cratère du Vésuve, Campanie **Ci-contre** Près de Reggio di Calabria, Calabre

ÎLES ET PLAGES **DE RÊVE**

L'Italie compte 450 îles et 7 600 km de littoral, où la montagne laisse place à de sublimes plages de sable fin, ponctuées de charmants villages côtiers. Si les îles de la baie de Naples attirent les célébrités depuis toujours, l'archipel toscan préserve sa beauté naturelle.

Elbe

Parc national marin protégé

Plus grand parc national marin d'Europe, le Parco Nazionale Arcipelago Toscano couvre 7 îles et îlots au large de la côte toscane. Ses eaux azur cristallines et ses criques semées de petites plages paradisiaques sont aussi magiques que les chaleureuses routes vigneronnes du Chianti.

1 heure de ferry depuis Piombino

▶ p. 262

Îles Borromées

Rêve baroque sur fond lacustre

Deux des quatre îles Borromées, Isola Bella et Isola Madre, ont été choisies au XVIIe siècle par la noble famille Borromeo pour y affirmer sa puissance par un *palazzo* à nul autre pareil. Terrasses et jardins tirés à quatre épingles dessinent autour un merveilleux domaine.

1 heure 45 de train depuis Milan

▶ p. 144

Côte amalfitaine

Plages et îles oubliées

À l'abri des falaises abruptes qui dessinent la côte amalfitaine se cachent de petites criques en partie inaccessibles par la terre. D'authentiques coins de paradis ! Au large, le golfe compte trois merveilleuses petites îles qui font le bonheur des amoureux de nature comme de culture traditionnelle, sans compter ceux qui ne cherchent qu'une chose : le soleil !

1 heure 30 de route depuis Naples

1 heure 10 de train depuis Naples

▶ p. 308

Procida

Village de pêcheurs typique

Le tourisme n'a nullement dénaturé la vie de cette petite île Phlégréenne. Les villas sont toujours aussi colorées, les habitants vivent de la pêche et, même si le travail est rude, le cadre est splendide.

1 heure de ferry depuis Naples ou 25 minutes depuis Ischia

▶ p. 309

C'est en août que les Italiens partent le plus en vacances. Les sites touristiques sont bondés, tandis que dans le reste de l'Italie, la majorité des établissements ferment leurs portes.

← Spoleto Festival

Pendant 17 jours, entre juin et juillet, ce festival connu au-delà des frontières italiennes propose une programmation internationale de théâtre, d'opéra, de danse et de musique.

Spolète

▸ festivaldispoleto.it

↘ Plages paradisiaques

Les Italiens passent leur été à la plage. La côte ionienne, près de Gallipoli, possède l'un des plus beaux littorals de la Péninsule.

Pouilles

▸ p. 330

← Estate Romana

En été, Rome vit au rythme des événements culturels : musique, danse, littérature et cinéma sont à l'honneur.

Rome

▸ estateromana.comune.roma.it

JUIN

Température maximale moyenne en journée : 22 °C
Nombre de jours de pluie : 4 (Rome)

JUILLET

L'Italie en ÉTÉ

↘ Il Palio di Siena

Le 2 juillet et le 16 août, sur la célèbre place médiévale de la ville, les cavaliers les plus téméraires de Sienne déchaînent les foules lors d'une course à cru parfaitement chaotique.

Sienne

↑ Trésors cachés de Rome

Les sites majeurs de Rome sont pris d'assaut en été, mais la Ville Éternelle compte aussi de nombreux centres d'art et lieux culturels d'exception moins connus.

Rome

▸ p. 58

Ferragosto

Le 15 août, jour de l'Assomption, est l'un des jours fériés les plus importants pour les Italiens. C'est à Naples que la fête bat son plein !

Température maximale moyenne en journée : 25 °C
Nombre de jours de pluie : 2 (Rome)

AOÛT

Température maximale moyenne en journée : 22 °C
Nombre de jours de pluie : 3 (Rome)

Les hébergements sont très prisés en été. Réservez vos visites et vos sorties au plus tôt.

Dans la valise

Chapeau, lunettes de soleil, crème solaire et antimoustique seront vite rentabilisés si vous partez en Italie en été.

→ La halte des gourmands

Le Piémont est une terre de festivals, il y en a toute l'année ! Les amateurs de bonne chère poseront leur dévolu sur le Festival delle Sagre d'Asti, soit le Festival des Festivals, en septembre.

Asti

▶ p. 100

Eurochocolate

Les accros au chocolat sont plus d'un million à se rendre à Pérouse en octobre, pour célébrer le cacao pendant 10 jours.

Pérouse

▶ eurochocolate.com

→ Regata Storica

Début septembre, les gondoliers en costume jouent des biceps sur le Grand Canal, lors de la régate historique de Venise.

Venise

▶ regatastoricavenezia.it

← La douceur de Vérone

En septembre, le temps est idéal pour les promenades en amoureux dans les ruelles de l'exquise Vérone.

Vérone

▶ p. 192

SEPTEMBRE

Température maximale moyenne en journée : 21,5°C
Nombre de jours de pluie : 6 (Rome)

OCTOBRE

L'Italie en AUTOMNE

Ramer à la vénitienne

L'art de la *voga alla Veneta* est la marque de fabrique des véritables gondoliers vénitiens. Octobre est le dernier mois de l'année où vous pourrez vous y initier.

Venise

▶ p. 166

↖ Le summum des tortellinis

Le Tour-tlen, festival des tortellinis qui se tient chaque année en octobre, a lieu dans l'une des capitales de la gastronomie italienne : Bologne. *Buon appetito!*

Bologne

▶ p. 216

↑ La saison de la truffe

Que ce soit à Alba ou à Asti, dans le Piémont, à San Miniato, en Toscane, ou à Acqualagna, dans les Marches, novembre est le mois de la truffe !

Température maximale moyenne en journée : 17°C
Nombre de jours de pluie : 8 (Rome)

NOVEMBRE

Température maximale moyenne en journée : 12°C
Nombre de jours de pluie : 10 (Rome)

← Trinquez en Toscane !

La plupart des touristes sont rentrés chez eux, l'automne a apporté sa douce lumière… c'est le moment de partir en virée à travers les vignobles toscans.

Dans la valise

Des chaussures adaptées aux pavés, un chandail ou un imperméable et, encore et toujours, de l'anti-moustiques.

Le jour de Noël, le 26 décembre (Saint-Étienne), le Jour de l'an et le 6 janvier (Épiphanie) sont des jours fériés. Les Italiens se rassemblent en famille et le calme envahit les rues des villes.

← Tout schuss !

Les Alpes du Nord et les Dolomites sont dotées d'excellentes stations de ski, mais offrent aussi de la poudreuse immaculée.

↘ Natale

De nombreux événements religieux ont lieu dans tout le pays avant Noël. Les crèches (*presepi*) sont impressionnantes, surtout à Naples.

Passé la question du temps, il y a plusieurs avantages à voyager en Italie en hiver : la fréquentation des sites archéologiques et des musées est moindre, les marchés de Noël et les plats chauds de saison font leur apparition, et les prix sont plus bas qu'à la haute saison. Pas bête !

DÉCEMBRE

Température maximale moyenne en journée : 8,5°C
Nombre de jours de pluie : 9 (Rome)

JANVIER

L'Italie en HIVER

↓ Carnevale

Nombreuses sont les villes italiennes où l'on prépare le carnaval bien en amont du mercredi des Cendres, avec des costumes fantaisistes, des repas de fête et des confettis.

Tête-à-tête avec Léonard de Vinci

Janvier est le mois le plus froid à Milan. Quoi de mieux que de se mettre au chaud pour contempler *La Cène* ?

Milan

▸ p. 136

↑ Saison de l'opéra

L'Italie possède quatre opéras de renommée internationale, la Scala (Milan), la Fenice (Venise), le théâtre de Vérone et le Teatro San Carlo (Naples) qui s'animent de mi-octobre à mars.

Température maximale moyenne en journée : 7,5°C
Nombre de jours de pluie : 7 (Rome)

FÉVRIER

Température maximale moyenne en journée : 8°C
Nombre de jours de pluie : 8 (Rome)

→ Balade romaine

Même lorsqu'il fait un peu froid, c'est toujours un plaisir de flâner dans les rues de Rome en admirant les œuvres de *street art*. La Ville Éternelle est un véritable musée à ciel ouvert.

Rome

▸ p. 54

Dans la valise

Manteau d'hiver, écharpe, gants, bonnet et parapluie... Il peut pleuvoir !

Les Italiens profitent généralement de la fête de la Libération (25 avril) et de la fête du Travail (1er mai) pour faire le pont. Les prix des hébergements augmentent donc cette semaine-là.

→ Tchin-tchin !

Le festival Primavera di Prosecco (de mars à juin) lance la saison des bulles. Du nord de Venise/Trévise jusqu'à Valdobbiadene, on lève son verre !

Valdobbiadene

▸ p. 196

Buon Compleanno, Lucio!

Casa di Lucio Dalla organise des événements et des concerts, y compris dans la rue, pour fêter l'anniversaire du célèbre artiste de Bologne, le 4 mars.

Bologne

▸ p. 220

↓ Settimana Santa

Des processions ont lieu dans toutes les villes du pays. À Rome, le pape mène une procession éclairée à la bougie et donne des bénédictions pascales sur la place Saint-Pierre.

MARS

AVRIL

Température maximale moyenne en journée : 10°C
Nombre de jours de pluie : 7 (Rome)

L'Italie au PRINTEMPS

Au sommet de la colline

Le soleil est de retour ! Suivez les Romains qui se retrouvent dans les *fraschette*, les tavernes rustiques des vallonnés Castelli Romani.

Rome

▶ p. 70

↖ Salone Internazionale del Mobile

En avril, Milan accueille le salon du meuble le plus prestigieux au monde. Au programme : expos de designers, animations et soirées.

Milan

▶ salonemilano.it

↖ Biennale de Venise

C'est le premier événement d'art en Europe. Comme son nom ne l'indique pas, elle a lieu chaque année, autour de l'art les années impaires, et de l'architecture les années paires.

Venise

▶ p. 183

Température maximale moyenne en journée : 13°C
Nombre de jours de pluie : 9 (Rome)

MAI

Température maximale moyenne en journée : 17,5°C
Nombre de jours de pluie : 6 (Rome)

← À vélo le long des canaux

Le printemps offre un temps idéal pour rouler le long des canaux de Milan, dont le Naviglio Grande et le Naviglio di Bereguardo.

Milan

▶ p. 140

Dans la valise

Un chandail ou un imperméable et des chaussures confortables. Les moustiques débarquent en mars… prévoyez un répulsif !

ALPES ITALIENNES
à la carte

INCONTOURNABLES ET TRÉSORS CACHÉS

D'extraordinaires paysages montagneux cernent le nord de l'Italie, dont les pics des Dolomites, inscrites au patrimoine mondial de l'Unesco. Sommets couronnés de neige, cuisine haute en saveur et petits pays, sous influence allemande, à l'ambiance tyrolienne féerique : le trio est irrésistible !

Feuille de route

Villes principales Turin, Trente, Bolzano

Durée 12 jours

Se déplacer En voiture – en dehors des grandes localités, les transports en commun se raréfient.

À savoir Les *rifugi* (refuges) affichent vite complet, surtout l'été ; réservez au moins une semaine ou deux à l'avance. Oubliez pizzas, lasagnes et *ragù* pour vous régaler des spécialités locales d'influence alpine telles les *pizzocheri* (pâtes au sarrasin), les *canederli* (sorte de gnocchis) ou le speck (jambon cru fumé).

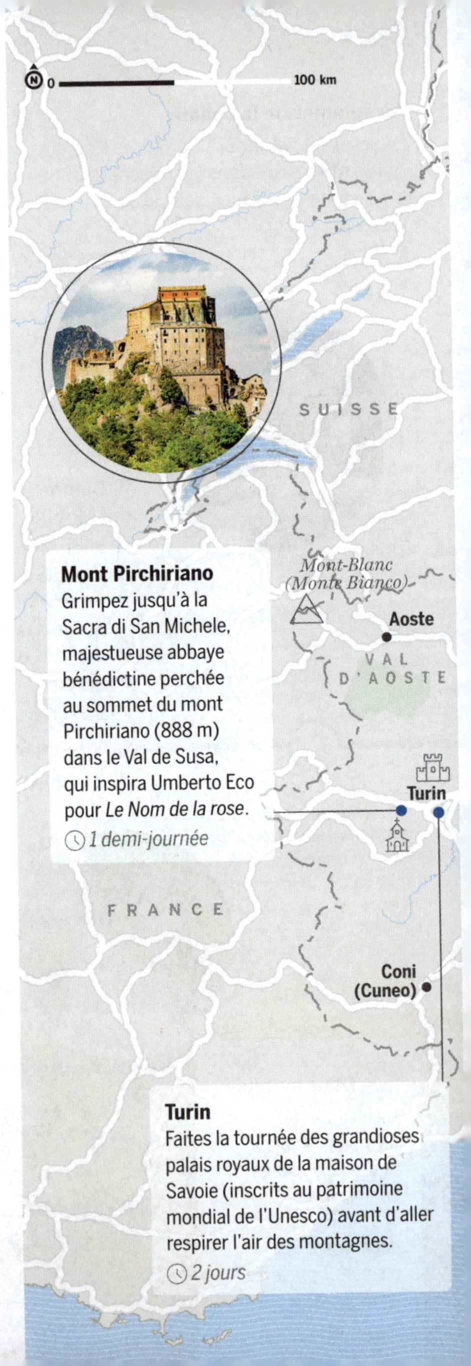

Mont Pirchiriano
Grimpez jusqu'à la Sacra di San Michele, majestueuse abbaye bénédictine perchée au sommet du mont Pirchiriano (888 m) dans le Val de Susa, qui inspira Umberto Eco pour *Le Nom de la rose*.
1 demi-journée

Turin
Faites la tournée des grandioses palais royaux de la maison de Savoie (inscrits au patrimoine mondial de l'Unesco) avant d'aller respirer l'air des montagnes.
2 jours

Alagna Valsesia
Explorez le pays des Walser, communauté d'origine allemande nichée au cœur des montagnes, ses églises aux façades couvertes de fresques et ses *rifugi*.
2 jours

Valtellina
Partez à ski ou à snowboard à la conquête des sommets alpins couverts de poudreuse, puis accordez-vous une bonne détente dans les sources chaudes de cette pittoresque vallée.
3 jours

Bocchette Centrali
Longez le vide sur les étroites vires de la via delle Bocchette Centrali, mythique via ferrata des Dolomites de la Brenta, dans le Trentin.
3 jours

Vercelli
Au cœur des rizières du Pô, ralliez la discrète Vercelli, capitale de la riziculture en Europe. Évadez-vous au Moyen Âge et découvrez le *Livre de Verceil*, l'un des quatre codex en vieil anglais subsistant au monde.
1 journée

ITALIE DU NORD
à la carte

INCONTOURNABLES ET TRÉSORS CACHÉS

Sa puissance industrielle, ses arts de la mode et du design confèrent à l'Italie du Nord un rôle moteur dans le pays. La complexité de son histoire, la diversité de ses traditions culinaires, le florilège de ses monuments et de ses musées et la beauté de son littoral en font une région d'une inépuisable richesse.

Feuille de route

Villes principales Milan, Gênes, Bologne

Durée 16 jours

Se déplacer Dans le Nord, les liaisons ferroviaires sont nombreuses et rapides. La desserte par bus est également bonne, mais vu la qualité des trains, pourquoi s'en priver ? La location de voiture présente des avantages, même si conduire sur les routes italiennes n'est pas toujours confortable.

À savoir Le climat reste tempéré, chaud l'été, mais avec souvent des brouillards en hiver. L'été, emportez des répulsifs contre les moustiques. N'abusez pas de l'*aperitivo*, considéré comme un art à Milan, afin de garder de l'appétit pour les formidables plats régionaux.

Lac Majeur
Embarquez pour la splendeur baroque des palais de l'Isola Bella et de l'Isola Madre, deux des opulentes îles Borromées sur le lac Majeur.
1 journée

Langhe
Savourez les délices de la cuisine Slow Food au cours d'un circuit dans la campagne piémontaise, autour d'Alba et de Bra. Si c'est l'époque, ne manquez pas les foires aux truffes ou autres fêtes.
2 jours

Milan

Admirez l'architecture de style Liberty (version italienne de l'Art nouveau) de la capitale lombarde avant d'aller danser toute la nuit à Ortica.

2 jours

Venise

Initiez-vous à la *voga alla Veneta* pour ramer comme un gondolier, échappez à la Venise touristique et découvrez comment le graphisme est né en Vénétie.

3 jours

Vérone

Entraînez votre partenaire loin des clichés shakespeariens pour vous enfoncer dans la Vérone romantique et féerique.

1 journée

Motor Valley

Assouvissez vos rêves de bolides dans les musées et usines de ces icônes de l'automobile que sont Ferrari, Lamborghini ou Pagani. Tant que vous y êtes, prenez aussi le volant !

2 jours

Cinque Terre

Suivez les sentiers qui serpentent entre les terrasses cultivées et dévoilent les “cinq terres”, des villages de pêcheurs classés au patrimoine mondial de l'Unesco. Le joyau de la Riviera au sud de Gênes.

3 jours

Bologne

Faites une orgie de lasagnes et de tortellinis dans l'une des cités médiévales les plus animées d'Italie puis visitez l'étonnante maison de Lucio Dalla (1943-2012), figure mythique de la chanson en Italie.

2 jours

ITALIE DU CENTRE
à la carte

INCONTOURNABLES
ET TRÉSORS CACHÉS

L'Italie du Centre brille de ses deux villes phares : Rome, la capitale du pays, dont les vestiges des époques successives font l'une des villes les plus fascinantes d'Europe, et Florence, joyau de la Renaissance, au cœur de la campagne toscane riche en vignobles.

Feuille de route

Villes principales Florence, Pise, Rome

Durée 3 semaines

Se déplacer Des services de trains efficaces desservent le Latium, la Toscane et les Marches (l'Ombrie un peu moins bien), mais les lignes se font plus rares à mesure qu'on va vers le Sud. Songez à la voiture, en particulier pour explorer la campagne.

À savoir Le Latium et la Toscane étant deux des régions les plus touristiques d'Italie, il est impératif de réserver ses billets de musées et de visites de sites, surtout à Rome et à Florence. Second conseil : prévoyez d'arriver tôt ou tard pour éviter la foule.

Florence
Laissez-vous emporter dans la Florence de la Renaissance à travers l'histoire fascinante de la puissante dynastie des Médicis, mais aussi celles de Dante.
4 jours

Chianti
Tracez votre route de gourmet au milieu de ces sublimes vignobles toscans. Sans oublier de tester le chianti et le sangiovese produits et mis en bouteille sur place pour votre grand plaisir.
3 jours

Val d'Orcia
Passez de cités Renaissance en magnifiques abbayes au cœur d'une campagne harmonieuse rythmée par ses vallons et ses lignes de hauts cyprès. Au cœur de la Toscane, le Val d'Orcia est inscrit au patrimoine mondial de l'Unesco.
2 jours

Rome
Explorez les ruines grandioses de la Rome antique mais aussi les rues bien vivantes de la capitale italienne avec son *street art* et ses charmes moins connus. De quoi vous mettre en appétit pour les fameux sandwichs au bœuf et à la chicorée du Mercato Testaccio.
4 jours

Parco Regionale della Maremma
Baladez-vous sur un dédale de sentiers de randonnée reliant forêts de pins, plaines marécageuses et littoral vierge, au sein de ce parc régional toscan.
2 jours

Castelli Romani
Évadez-vous dans les collines proches de Rome, où des *fraschette* (tavernes rustiques) servent des plats et des vins on ne peut plus locaux à des foules de Romains aux anges.
1 journée

ITALIE DU SUD
à la carte

INCONTOURNABLES
ET TRÉSORS CACHÉS

Le sud de l'Italie a plus de points communs avec la Grèce ou la Turquie qu'avec Trieste. Les stéréotypes accusant les gens de brutalité ou de conduire comme des fous lui font parfois de l'ombre. Pourtant, le Sud est une merveille avec ses paysages d'une rude beauté et la diversité de ses régions à la forte identité culturelle, à la cuisine typique et aux traditions préservées. Sans oublier la clémence du temps.

Feuille de route

Villes principales Naples, Reggio di Calabria, Tarente

Durée 17 jours

Se déplacer Les grandes agglomérations sont desservies par les transports en commun, mais moins bien que dans le Nord. Vous préférerez sans doute être motorisé.

À savoir Le rythme est plus lent en Italie du Sud (faites-en autant). La saison touristique estivale (surtout août) attire d'impressionnantes foules. L'automne ou le printemps sont préférables car ensoleillés mais pas bondés.

Naples
Goûtez la cuisine de rue napolitaine comme les *frittatina di pasta* (croquettes de macaronis), avant d'explorez les catacombes et les somptueuses collections du Musée national. *3 jours*

Procida
Savourez une petite tranche de vie italienne dans le village de pêcheurs de Procida, où la vie se poursuit sans être (encore) altérée par le tourisme. *2 jours*

Côte amalfitaine
Longez l'une des côtes les plus spectaculaires d'Europe avec ses bourgs accrochés à flanc de falaise, ses plages cachées et ses îles luxuriantes. Une Italie de rêve qui a inspiré nombre de cinéastes. *3 jours*

Parco Nazionale dell'Aspromonte
Laissez-vous saisir par l'impressionnante beauté des villages fantômes de Pentedàttilo ou de Roghudi Vecchio accrochés dans des paysages extrêmes à la pointe de la Calabre, au sein de ce parc national qui servit autrefois de refuge aux bandits calabrais. *2 jours*

Vietri sul Mare
Admirez le kaléidoscope de couleurs à Vietri sul Mare, le berceau des lumineux carreaux de céramique qui ornent la côte amalfitaine.
1 journée

Salento
Attrapez un partenaire et dansez la *pizzica*, lors de la Notte della Taranta, exubérante fête populaire qui se déroule à Melpignano – ou à tout moment de l'été partout dans le Salento !
2 jours

Parco Nazionale del Pollino
Marchez à la recherche d'églises du XVIe siècle et d'art préhistorique au sein du parc national du Pollino, en vous immergeant en chemin dans la culture des Arberèches, une population italo-albanaise.
2 jours

Parco Nazionale della Sila
Levez haut la tête pour admirer dans ce parc national les géants de Fallistro, des pins noirs pouvant atteindre 45 m de haut et 350 ans d'âge.
2 jours

7 Choses à savoir sur L'ITALIE

CONSEILS D'INITIÉS POUR PARTIR DU BON PIED

1 Pas de cappuccino après le petit-déjeuner !

La gastronomie est ici une affaire sérieuse. Il y a des règles à respecter. Un cappuccino après 11 h ? Jamais ! Demandez un expresso ou un macchiato. Du parmesan sur des pâtes aux fruits de mer ? Oubliez ! On ne commande pas des spaghettis *bolognese*, mais des tagliatelles au *ragù*. Et partager une pizza relève du crime de lèse-majesté ! Si libre soit-on à table en Italie, en respecter les coutumes fait partie du jeu.

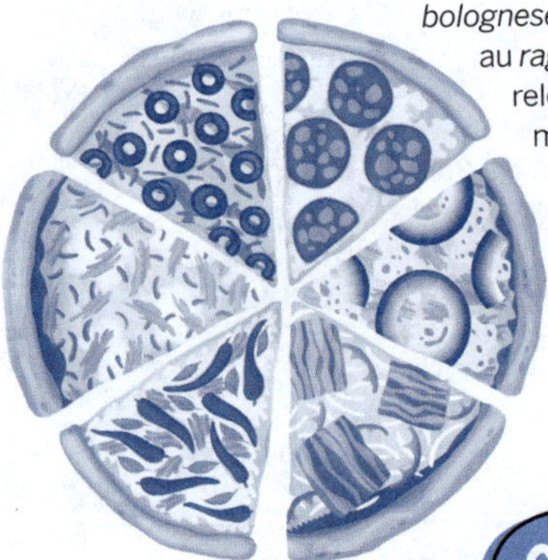

2 Voyage sur mesure

Côté patrimoine, l'Italie aligne quelque 55 sites classés par l'Unesco. Inutile de tout vouloir voir d'un coup ! Se limiter à une ou deux régions ou programmer un voyage thématique selon ses goûts (gastronomie, art, architecture…) rend l'expérience plus enrichissante à un rythme pas trop soutenu. Inspirez-vous de l'art de vivre à l'italienne, la *dolce vita*, et gardez en tête que ce sont les Italiens qui ont inventé le Slow Food.

3 Au café

Dans les bars et les cafés, comme en France, consommer au comptoir revient moins cher.

▶ Reportez-vous à la p. 351 pour en savoir plus sur le budget.

4 Ciao !

Ciao! est une salutation réservée aux amis ou aux membres de la famille. Si vous vous adressez à une personne plus âgée, à un détenteur de l'autorité ou à une personne étrangère, dites plutôt *Salve* (Bonjour) ou *Arriverderci* (Au revoir).

5 Compostez votre billet

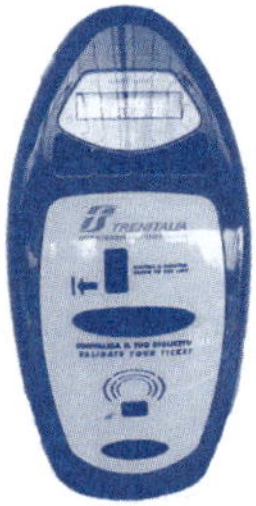

Les billets de train électroniques sont aujourd'hui la norme. Cependant, il faut composter les billets de trains régionaux achetés aux distributeurs dans les machines vert et blanc (généralement situées dans les halls de gare et/ou à l'entrée des quais) avant de monter à bord. N'oubliez pas ! Sinon, gare aux amendes ! S'il n'est pas admis de prendre un train précédant celui pour lequel on a un billet, on peut en revanche prendre le suivant ou celui d'après... (dans un délai de 4 heures).

▶ Pour en savoir plus sur la manière de circuler, reportez-vous à la page 348.

7 Attention au colpo d'aria

Le redouté *colpo d'aria* ("coup d'air") est un phénomène météorologique lié aux premiers refroidissements automnaux peu appréciés des Italiens. Ils sont terrorisés à l'idée d'attraper un sérieux coup de froid à la première rafale de vent ou au premier courant d'air.

▶ Pour en savoir plus sur les saisons, reportez-vous aux pages introductives de chaque chapitre.

6 Quatre pays en un

Les Italiens disent souvent en plaisantant que l'Italie comprend en fait quatre pays : le Trentin-Haut-Adige (Tyrol du Sud) montagneux et germanophone, le Nord moderne et industrieux (Piémont, Lombardie, Ligurie, Vénétie, Émilie-Romagne...), le Centre (Toscane, Latium, Ombrie...) et le Sud, plus rustique et beaucoup plus chaud (Abruzzes, Campanie, Calabre, Basilicate Pouilles...), auquel il faut ajouter les îles.

Ce n'est pas faux. La République italienne résulte de la réunion de plusieurs cités-États et républiques maritimes, souvent très diverses sur le plan culturel, et les visiteurs noteront de grands différences en la sillonnant du Nord au Sud. Un propriétaire de *gasthof* (chambres d'hôtes) du Haut-Adige a très peu de choses en commun avec un berger de Calabre. La langue, la gastronomie, la culture, l'histoire, l'architecture, la façon de conduire, l'apparence physique, voire la personnalité changent très rapidement d'une région à l'autre !

Avec le Vatican et Saint-Marin, on peut parler de six pays en un, mais qui compte vraiment ?

Lire, écouter, voir et s'informer

À LIRE

La Divine Comédie (Dante Alighieri, vers 1307-1321). La chronique posthume de l'amour et de la perte, par le père de la langue italienne, le premier à ne plus écrire en latin.

L'Art d'aimer (Ovide, vers l'an 1). Séduire et perpétuer l'amour, tout en respectant la liberté de tout individu.

Les Fiancés (Alessandro Manzoni, 1827). L'épopée de deux amants maudits qui a forgé la langue italienne moderne.

Romanzo Criminale (Giancarlo De Cataldo, 2002). Les années de plomb (vers 1977-1992) et le crime organisé à Rome, vus par un ancien magistrat.

Le Nom de la rose (Umberto Eco, 1980). L'histoire d'une mort suspecte dans un monastère, racontée par le célèbre romancier et sémioticien.

Le Christ s'est arrêté à Eboli (Carlo Levi, 1945). Récit poignant d'un jeune antifasciste sur sa vie au milieu des paysans de la Basilicate.

L'Amie prodigieuse (Elena Ferrante, 2011). Le premier livre d'une série napolitaine sur le passage à l'âge adulte.

Le Baron perché (Italo Calvino, 1957). Ce baron qui choisit de vivre dans les arbres oblige ceux qui l'entourent à repenser leur vision du monde.

À ÉCOUTER

Tintarella di luna (Mina, 1960). Icône féministe, Mina, célèbre chanteuse italienne, couvre trois octaves.

Una donna per amico (Lucio Battisti, 1978). L'album majeur du chanteur-compositeur Battisti : du jazz-blues communicatif aux sonorités acoustiques.

Come è profondo il mare (Lucio Dalla, 1977). Enregistré dans la solitude de l'île de Tremiti, un album de l'éclectique Dalla, chanteur et auteur-compositeur.

E=MC² (Giorgio Moroder, 1977). Le premier album numérique jamais enregistré, par le "père du disco" italien.

THOMAS QUACKA/SHUTTERSTOCK ©

XFM (Sangue Misto, 1994). Influencé par la musique sombre de la côte ouest américaine, l'unique album du groupe bolognais Sangue Misto fut une révolution dans le milieu hip-hop underground italien.

À VOIR

Rome, ville ouverte (Roberto Rossellini, 1945). Film néoréaliste sur Rome occupée par les nazis.

Le Voleur de bicyclette (Vittorio De Sica, 1948). Un homme recherchant sa bicyclette volée dans l'Italie de l'après-guerre.

La Dolce Vita (Federico Fellini, 1960). Aventure hédoniste dans la Rome de l'après-guerre (photo du haut).

Le Facteur (Michael Radford, 1994). Fiction sur le lien unissant le poète chilien en exil Pablo Neruda et un facteur italien.

La vie est belle (Roberto Benigni, 1997). Film oscarisé sur un père protégeant son fils des horreurs de la Shoah (photo du bas).

ARCHIVE PHOTOS/STRINGER/ GETTY IMAGES ©

MICHAEL OCHS ARCHIVES/ GETTY IMAGES ©

S'INFORMER

@chiaraferragni
Site Instagram de l'influenceuse italienne la plus suivie, "modeuse" connue du monde entier.

italia.it
Antenne touristique officielle du gouvernement italien.

www.radici-press.net
Culture et mode de vie pour les passionnés de l'Italie.

italymagazine.com
Voyage, restaurants, hébergements et culture.

ilpost.it
Informations quotidiennes en italien.

ROME
ART | HISTOIRE | GASTRONOMIE

NIDO HUEBL/SHUTTERSTOCK ©

Savourez les douceurs et l'atmosphère de la **Confetteria Moriondo & Gariglio** (p. 85).
½ heure

Grimpez sur le Janicule pour contempler la Ville Éternelle depuis la **Piazza Garibaldi** (p. 49).
1 heure

Sacrifiez au plaisir du **trapizzino**, petit plat niché dans un cône de pain, le nec plus ultra de la *street food* à la romaine (p. 83).
1 heure

Visitez une ville dans la ville, l'**EUR**, la Rome futuriste voulue par Mussolini (p. 66)
½ journée

ROME
à la carte

Une nourriture délicieuse, des escapades en plein air, de l'art hors des sentiers battus et des lieux pour s'enflammer d'amour… la capitale multiplie les plaisirs à foison. Mais, souvenez-vous : Rome n'a pas été construite en un jour. Accordez-vous du temps pour explorer toutes les richesses de la Ville Éternelle ou simplement savourer le plaisir du moment sur une place pittoresque.

Découvrez l'art moderne italien à la **Galleria Nazionale** (p. 80).
½ journée

Trouvez la sérénité à la **Villa Borghese** et découvrez le parc à vélo, à pied ou lors d'un tour en barque (p. 49).
½ journée

Revivez la Rome antique au fil des salles du **Palazzo Massimo** (p. 80).
½ journée

Laissez-vous étourdir par le baroque au **Palazzo Barberini** (p. 78).
½ journée

Pistez les créations des muralistes du *street art* dans le quartier de **Tor Pignattara** (p. 54).
½ journée

Régalez-vous de *porchetta* et de *coppiette* dans la région des **Castelli Romani** (p. 70).
1 jour

Informations pratiques

MARCO RAMERINI/SHUTTERSTOCK ©

ARRIVER

Aéroport Leonardo da Vinci (Fiumicino) Des trains directs (14 €) relient l'aéroport à la Stazione Termini. Des omnibus desservent aussi les gares de Trastevere, d'Ostiense et de Tiburtina (8 €). Le trajet en bus jusqu'à Termini revient moins cher (à partir de 7 €) mais prend plus de temps. Un taxi pour le centre-ville coûte le prix fixe de 48 €.

Aéroport de Ciampino Un bus le relie à la Stazione Termini : achetez votre billet (à partir de 6 €) dans le hall d'arrivée. En taxi, comptez 30 €.

Stazione Termini La principale gare ferroviaire de Rome, d'où il est facile de continuer en bus, métro ou taxi.

BUDGET

Part de pizza
3 €

Aperitivo
8-12 €

Entrée au Colisée
16 €

QUAND Y ALLER

DÉC-FÉV
Temps frisquet, journées courtes et tarifs de basse saison.

MARS-MAI
Douceur du temps et fête de Pâques : il y a foule, les prix s'envolent.

JUIN-AOÛT
Fortes chaleurs, mais nombreuses manifestations en plein air.

SEPT-NOV
Période recherchée : le soleil brille jusqu'à l'arrivée de la pluie en novembre.

COMMENT CIRCULER

Métro et bus Le **métro** (atac.roma.it ; 5h30-23h30, jusqu'à 1h30 ven-sam) est le moyen le plus rapide pour circuler dans Rome, mais le réseau est limité. Les deux principales lignes, la A et la B, desservent le centre et se croisent à Stazione Termini. Les bus desservent toute la ville de 5h30 à minuit. Au-delà, il existe un service de nuit limité.

À pied La marche reste le meilleur moyen de circuler dans le centre historique. Les distances ne sont pas grandes et on découvre au mieux la ville.

Billets et pass Un même type de billet pour les bus, trams, métro et trains de banlieue (sauf pour l'aéroport), valable pour 1 heure 40 de transport (avec correspondance éventuelle) : 1,50 € (15 € la carte de 10). Outre une carte hebdomadaire (24 €), il existe des forfaits 24/48/72 heures (7/12,50/18 €).

SE RESTAURER ET PRENDRE UN VERRE

Pâtes à la romaine Les sauces typiquement romaines sont ici la carbonara (avec lard et pecorino), *alla gricia* (pecorino et *guanciale* – viande de porc séchée, poivrée et pimentée), *amatriciana* (*guanciale* et tomate pimentée – photo) et *cacio e pepe* (pecorino et poivre noir).

Cuisine de rue Pour manger sur le pouce : la *pizza al taglio* (pizza à la coupe), les *supplì* (boulettes de riz frites fourrées de mozzarella) ou de croustillants *fritti* (légumes, ou autres ingrédients, frits) ont les faveurs des Romains. Terminez en beauté avec un délicieux *gelato*.

Irrésistible pizza Bonci Pizzarium (p. 83)

Meilleur café Sciascia Caffè (p. 85)

SE CONNECTER ET S'ORIENTER

Wi-Fi Accès gratuit au Wi-Fi dans les auberges de jeunesse, hôtels, bars et cafés. La municipalié a mis en place des hotspots gérés par **WiFimetropolitano** (cittametropolitanaroma.it/wifimetropolitano). Pour vous enregistrer, connectez-vous à l'Internet gratuit de la Ville : www.digitromawifi.it/fr.

Orientation Des guichets touristiques distribuent aussi des plans papier.

PASS TOURISTIQUE

Le **Roma Pass** (romapass.it ; 32/52 € pour 48/72 heures) offre l'accès illimité aux transports urbains, ainsi que l'accès gratuit ou à tarif réduit dans les musées et les sites.

SE LOGER

Rome est une ville chère et très fréquentée, mieux vaut donc réserver bien avant votre séjour. La gamme d'hébergements est vaste : du cinq-étoiles à l'auberge de jeunesse, les B&B, les *pensioni* et les boutique-hôtels

Quartier	Pour/Contre
Centro Storico	Quartier superbe, plein d'atmosphère, au cœur de l'action. Onéreux.
Tridente, Trevi et Quirinale	Parfait pour le spectacle et le shopping. Tranquille le soir. Hôtels de catégories moyenne ou supérieure pour l'essentiel.
Cité du Vatican, Borgo et Prati	Idéal pour les sites du Vatican. Hébergements pour tous budgets, boutiques et restaurants. Quartier excentré.
Monti, Esquilino et San Lorenzo	Options petits budgets près de la Stazione Termini, mais rues parfois mal famées. Vie nocturne animée.
Trastevere et Gianicolo	Quartier agréable et animé, parfois bruyant, avec sites, restaurants et vie nocturne.

ARGENT

Le paiement en espèces est de règle dans les petits commerces et les trattorias. On peut laisser 1 ou 2 € de pourboire à la pizzeria ou la trattoria, et 5% à 10% de la note pour les tables plus chics.

Les grands classiques

Pour les infos pratiques de chaque site, reportez-vous au carnet d'adresses p. 76.

Colisée

Auparavant couverte de matériaux précieux (marbre et travertin), cette arène de 50 000 places, inaugurée en 80, était la plus terrifiante de Rome pour les combattants. Les "jeux" pouvaient durer plus de 100 jours ! Le site fut utilisé pendant cinq siècles pour célébrer événements ou victoires militaires. La Via Sacra relie le monument au Forum.

SC2022/SHUTTERSTOCK ©

Panthéon

Temple voué à tous les dieux, édifié par Hadrien entre 118 et 125 dans sa forme actuelle, puis consacré comme église en 608 (il s'appelle aujourd'hui officiellement Basilica di Santa Maria ad Martyres), le Panthéon est le monument antique le mieux conservé de Rome. Son dôme marqua l'architecture occidentale : il fut le plus grand du monde jusqu'au XVe siècle, quand Brunelleschi édifia une coupole encore plus immense à Florence.

HERACLES KRITIKOS/SHUTTERSTOCK ©

PICASA/STOCK.ADOBE.COM ©

Palatin

Circonscrit entre le Forum, cœur social, politique et commercial de l'Empire romain, et le Circo Massimo (la plus grande arène de Rome, p. 76), le Palatin est ponctué de ruines majestueuses. C'est ici que Romulus aurait fondé la cité en 753 av. J.-C. et que les empereurs firent édifier leurs demeures.

SBORISOV/STOCK.ADOBE.COM ©

Forum romain

Cet immense champ de ruines fut le cœur de la Rome antique, un quartier débordant d'animation avec sa profusion d'espaces publics, de temples et de tribunaux. Du haut du Capitole, on jouit de magnifiques vues plongeantes sur le Forum.

NEIRFY/STOCK.ADOBE.COM ©

Musées du Capitole

Aménagés dans deux prestigieux palais sur la Piazza del Campidoglio sur la colline du Capitole, ces musées renferment l'une des plus belles collections de sculptures antiques d'Italie, ainsi qu'une pinacothèque remplie de chefs-d'œuvre de maîtres italiens, tels Titien, le Tintoret, le Caravage ou Cortone.

Museo e Galleria Borghese

Situé dans le parc de la Villa Borghese (p. 82), magnifique et ouvert du lever au coucher du soleil, ce musée est souvent qualifié de "roi des collections privées". C'est le plus beau musée de Rome. Ses collections offrent une remarquable introduction à l'art de la Renaissance et du baroque, avec en point d'orgue six chefs-d'œuvre du Caravage et de grandioses sculptures du Bernin.

WJAREK/SHUTTERSTOCK ©

YASONYA/SOTCK.ADOBE.COM ©

Fontaine de Trevi

Immortalisée dans *La Dolce Vita* de Fellini, par la grâce d'Anita Ekberg, cette fontaine est devenue la plus célèbre de Rome. Extravagante création baroque, cet ensemble flamboyant de figures mythologiques, de chevaux sauvages et de cascades occupe tout un côté du Palazzo Poli, datant du XVIIe siècle. Si l'on en croit la légende, lancer une pièce dans ses eaux vous fera revenir à Rome !

S.BORISOV/SHUTTERSTOCK ©

Piazza di Spagna et escalier de la Trinité-des-Monts

La Piazza di Spagna doit son nom à sa proximité avec l'ambassade d'Espagne auprès du Saint-Siège, mais l'escalier de 135 marches, dit de la Trinité-des-Monts, mène à une église française, la Chiesa della Trinità dei Monti. Ce majestueux escalier (Scalinata delle Trinità dei Monti) tout en courbes et contre-courbes constitue une magnifique toile de fond pour la Piazza di Spagna. C'est un point de rendez-vous prisé, même s'il est désormais interdit de s'asseoir sur les marches, sous peine d'une forte amende.

Basilique Saint-Pierre

Monument phare du Vatican, cette église aux dimensions étourdissantes et au décor fastueux a été dessinée par Bramante. Ses chefs-d'œuvre sont l'émouvante *Pietà* et la coupole de Michel-Ange, ainsi que le baldaquin du Bernin. C'est de la Loggia della Benedizione, dominant la place Saint-Pierre, que le pape donne à Noël et à Pâques sa bénédiction *urbi et orbi*.

IAKOV KALININ/SHUTTERSTOCK ©

CGE2010/SHUTTERSTOCK ©

Musées du Vatican et chapelle Sixtine

Les musées du Vatican, fondés au début du XVe siècle, sont inoubliables. Leurs joyaux : la collection de statuaires antiques du Museo Pio-Clementino, les Stanze di Raffaello (une série de pièces peintes par Raphaël) et la chapelle Sixtine, décorée par Michel-Ange qui y a peint la *Genèse* et le *Jugement dernier*.

01 ROME en amoureux

ART | ARCHITECTURE | IDYLLE

Le nom même de Rome invite aux idylles. Inversez Roma et vous avez *amor* (“amour” en latin) ! À chaque coin de rue, sur chaque place, le charme opère avec la beauté de l’architecture, la splendeur des couleurs et les riches nuances des ciels.

F11PHOTO/SHUTTERSTOCK ©

En pratique

Circuler À pied ou en bus (prenez une carte de transport). Sinon hélez un taxi.

Quand L’heure du jour importe plus que l’époque de l’année. C’est tôt le matin ou en fin de journée que la ville dévoile vraiment ses charmes au promeneur. Prévoyez vêtements adaptés à la météo et chaussures confortables pour en profiter pleinement.

En-cas estival Savourez une *grattachecca*, un granité glacé infusé de sirop, vendue dans les kiosques le long du Tibre.

ALEXANDER DEMYANENKO/SHUTTERSTOCK ©

NIKOLAY ANTONOV/SHUTTERSTOCK ©

Page de gauche, en haut Piazza Navona **En bas** Villa Borghese **Ci-contre** Château Saint-Ange

Mise en scène

Idylle matinale Une promenade au petit matin dans une Rome apaisée est propice aux idylles. Des jardins de la colline du Pincio, dans le parc de la **Villa Borghese** (p. 82), la vue plonge sur la **Piazza del Popolo** (p. 82) avant de se porter au loin sur le **dôme de la basilique Saint-Pierre** (p. 47). Prolongez le charme en rejoignant **La Casina dell'Orologio** (p. 84), petit bar niché au milieu des magnolias du parc.

Délices de l'après-midi Laissez-vous étourdir par la vue plongeante sur la **Piazza Navona** (p. 82) et sa fontaine des Quatre Fleuves en buvant un verre de prosecco perché sur la **Terrazza Borromini** (p. 82). Noyez votre regard dans les méandres du fleuve et de la ville depuis la **Piazza Garibaldi** en haut du Janicule. Ou optez pour une balade en barque sur le fameux *laghetto* du **parc de la Villa Borghese**, avec, en toile de fond, un temple à l'antique. À vous de voir !

Au coucher du soleil Longer le Tibre à l'ombre des sycomores qui ombragent les quais des **Lungotevere** (berges), entre le **Ponte Garibaldi** et le **Ponte Cavour**, offre un spectacle inoubliable quand le soleil décline. Les couleurs changeantes du ciel font alors ressortir la grandeur de l'architecture.

Magie de la nuit La fébrilité urbaine retombe et les palais s'illuminent. Déambulez par les petites rues entre le **Panthéon** (p. 44) et la Piazza Navona, puis gagnez le **pont Saint-Ange**. Sur l'autre rive se dresse le mausolée voulu par l'empereur Hadrien, le vénérable **château Saint-Ange** (p. 78), devenu forteresse pontificale. Grandiose mise en scène !

Rome avec vue

Pour la romance, le cadre et la vue sur la ville sont essentiels. Au cœur de Rome, la **Terrazza delle Quadrighe**, au sommet de l'**Altare della Patria** ou Vittoriano (p. 78), offre un panorama à couper le souffle sur la Ville Éternelle, de ses vestiges antiques à ses édifices contemporains.

Autre point de vue de choix : le toit-terrasse du **Palazzo Manfredi** (p. 82), un cinq-étoiles qui surplombe l'impressionnant Colisée (p. 44), le plus fameux amphithéâtre antique.

Trattoria 2.0

ÇA BOUGE DANS LA RESTAURATION TRADITIONNELLE

Oubliez les nappes à carreaux et la brusquerie des serveurs, Rome connaît une nouvelle génération de trattorias et d'*osterie*, où priment la qualité des ingrédients et des préparations, l'expérience gustative et le style graphique du cadre et des plats.

En haut, à gauche et au centre Plats au Bistrot 64
À droite Plat au Barred

Si vous pensez aux trattorias romaines, vous imaginez sans doute des bistrots rustiques avec nappes à carreaux rouges et blancs, sets de table en papier brun et bouteilles de chianti en guise de bougeoirs. Ce genre d'*osterie* et de trattorias à l'ancienne, avec, souvent, un décor inchangé depuis des lustres, abonde toujours à Rome. Mais la scène gastronomique romaine a aussi beaucoup évolué depuis *Un Americano a Roma* d'Alberto Sordi. Aujourd'hui, une nouvelle génération de trattorias bouscule de façon radicale ces stéréotypes.

Pour cette nouvelle génération, ce n'est pas seulement le contenu de l'assiette qui importe. Tout aussi importants sont la provenance des ingrédients, la composition des plats, ainsi que les prix abordables. Plus qu'un choix de style, c'est une éthique qui englobe l'approvisionnement, les déchets et le recyclage, avec le souci non seulement de la qualité gustative, mais aussi de la durabilité et de la préservation du patrimoine.

Portés par ces idées et forts de leur expérience dans des restaurants étoilés, Giuseppe Lo Iudice et Alessandro Miocchi ont ouvert **Retrobottega** (p. 84), une trattoria/ *laboratorio*. Ils y expérimentent des recettes et des techniques traditionnelles, travaillent sur la recherche d'aliments, sur l'approvisionnement auprès de producteurs locaux comme sur l'élaboration de nouvelles recettes ou d'un style graphique. Les tons sombres et épurés, les bois et les cuisines ouvertes de Retrobottega sont à l'opposé du cliché de la trattoria. Son emplacement au cœur du *centro storico*, près du Panthéon (p. 44), participe également de leur démarche : "Nous voulions créer pour les habitants de ce quartier quelque chose qui soit contemporain, en

COURTESY: BISTROT 64 ©

COURTESY: BARRED ©

ligne avec les restaurants d'aujourd'hui à Paris, Londres ou New York, sans sacrifier notre patrimoine", explique Lo Iudice.

À l'autre bout de la ville, près du musée Maxxi, le chef Kotaro Noda a eu une idée similaire en créant le **Bistrot 64** (p. 84). Noda joue dans la cour de la bistronomie : prix accessibles et décor minimaliste pour une cuisine unique, mêlant son art, ses techniques et ses saveurs hérités du Japon avec la tradition romaine. Bien que couronné d'une étoile au Michelin, Noda évite les prix mirobolants qui accompagnent souvent la reconnaissance culinaire en élaborant une gamme de menus-dégustation à prix abordables, spécialement conçus pour préserver une ambiance conviviale et décontractée.

Tons foncés et épurés, bois brut et cuisines ouvertes : Retrobottega n'a rien de la trattoria de cliché.

À San Giovanni, les frères Palucci jouent aussi la carte contemporaine avec le **Barred** (p. 84), où l'esthétique minimaliste d'inspiration nordique s'accorde avec un menu de style tapas qui revisite de manière créative des recettes traditionnelles, en mettant l'accent sur les légumes, les herbes aromatiques et les fruits de saison. Comme il est de tradition à Rome, les chefs sont soucieux de ne rien gaspiller et utilisent tout : les abats sont au menu et les restes servent à inventer de nouveaux plats. Les murs sont tapissés de vins naturels et biodynamiques de niche, principalement du Latium. Avec leur approche typiquement romaine et tout à fait contemporaine, les frères Palucci, comme Retrobottega et Bistrot 64, contribuent à redéfinir une nouvelle génération de trattorias très appréciées à Rome.

Le roi de la carbonara

Luciano Monosilio est le roi italien de la carbonara. Son interprétation de ce plat traditionnel romain a propulsé le chef dans la constellation du Michelin. Monosilio a néanmoins quitté les étoiles pour ouvrir son restaurant **Luciano** (p. 83), un pionnier de la nouvelle vague de trattorias à Rome. Il y concocte aussi bien d'humbles plats romains que des créations plus épicuriennes, inspirées de recettes traditionnelles et d'ingrédients dont rien n'est gaspillé.

02 MARCHÉS, condensés de vie locale

ALIMENTATION | SHOPPING | VINTAGE

Les marchés de quartier ouvrent une fenêtre sur la vie quotidienne des Romains. Souvent proches de sites archéologiques et intégrés au quartier, même touristique, ces marchés ont un point commun : des prix avantageux, qu'il s'agisse de vêtements ou de succulents produits de saison.

PEDRO RUFO/SHUTTERSTOCK ©

En pratique

S'y rendre La ligne B du métro pour le marché fermier Campagna Amica (Circo Massimo) et pour le Mercato Testaccio (Piramide). La ligne A pour Borghetto Flaminio (Flaminio) et Via Sannio (San Giovanni). Porta Portese se situe près de la gare ferroviaire Trastevere.

Tarifs Borghetto Flaminio : 1,60 € l'entrée. Vintage Market Roma : contribution volontaire le dimanche à partir de 14h.

Trésor caché Sous le Mercato Testaccio (p. 85) se cache l'Emporium, où étaient stockées les marchandises débarquées du port fluvial antique. À visiter !

KRAFT74/SHUTTERSTOCK ©

Page de gauche, en haut Marché du Campo de' Fiori
En bas Celui de Porta Portese

L'embarras du choix

Marchés alimentaires Le **marché fermier Campagna Amica**, qui se tient le samedi et le dimanche (8h-15h) près du Circus Maximus, est l'occasion de rencontrer des producteurs locaux et de goûter aux saveurs de la région du Latium. C'est ici que les Romains avertis viennent acheter de la *guanciale*, des sauces aux truffes, du *stracchino* (fromage de chèvre frais) et du pain confectionné avec des céréales anciennes. Quotidien, le **Mercato Testaccio** (p. 85) est l'endroit où trouver des produits d'épicerie et des plats cuisinés tout frais, parfaits pour un dîner rapide après une longue journée de visites. Goûtez les sandwichs typiquement romains de Mordi e Vai.

Vintage Pour dénicher des lunettes de soleil vintage à la Sophia Loren comme des vinyles de rock italien des années 1970, allez fouiner dans l'un des marchés aux puces de la ville. Le marché dominical de **Porta Portese** est le plus grand à Rome et le **Mercato di Via Sannio** se tient tous les jours à San Giovanni. Bien que les étals de la Via Sannio soient moins nombreux qu'à la grande époque des années 1960-1980, vous pourrez toujours y trouver costumes, chapeaux, sacs ou vestes en cuir à prix doux.

Brocante Tous les dimanches au **Borghetto Flaminio**, les brocanteurs exposent des objets pour la maison, des vêtements vintage et des antiquités. Pour découvrir de jeunes créateurs de mode et des artisans, des aliments bio et des bières artisanales, c'est au **Vintage Market** (p. 85) qu'il faut aller. Consultez sa page Facebook pour savoir où et quand le trouver.

Le top des autres marchés

Mercato Campo de' Fiori Central et prisé des touristes, le marché quotidien du Campo de' Fiori vend de tout : des légumes de saison et des fleurs comme des vêtements, des articles pour la maison ou des souvenirs. À deux pas du célèbre palais Farnèse (p. 79), ambassade de France décorée par les frères Carache.

Mercato Trionfale Réputé pour ses produits de saison, sa viande, son pain frais, ses herbes et ses épices, c'est l'un des marchés alimentaires les plus vastes et les plus emblématiques de Rome. Du lundi au samedi, à proximité des musées du Vatican.

Nuovo Mercato Esquilino Tout proche de la basilique Sainte-Marie-Majeure (p. 77) et de la gare de Termini, ce marché couvert bruyant et coloré a tout d'un bazar international. Vous y trouverez des aliments du monde entier allant des épices en tous genres aux ingrédients pour un parfais repas sud-américain.

03 Balade STREET ART

ART URBAIN | PROMENADE À PIED | MATINÉE

Tor Pignattara s'impose sur la scène romaine du *street art* par ses spectaculaires façades peintes. Véritable musée en plein air, ce quartier incarne la dernière renaissance artistique romaine avec pour toile de fond d'immenses pochoirs ou des créations plus petites, signées d'artistes urbains de renommée mondiale. Pour compléter, réservez une visite en français au Museo di Urban Art di Roma (MURo)!

ALBERTO PIZZOLI/AFP/GETTY IMAGES © ARTWORK © DAVID DIAVU VECCHIATO

Grandiose !

Tor Pignattara était le quartier favori de l'intellectuel et cinéaste **Pier Paolo Pasolini.** L'artiste italien Nicola Verlato lui rend hommage dans *Hostia*, une fresque de 10 m de haut peinte sur la façade d'un bâtiment de la **Via Galeazzo Alessi**. Le quartier voisin de **Pigneto** affiche lui aussi des peintures d'artistes urbains de grande notoriété, dont Mr Klevra.

En pratique

S'y rendre Depuis la gare de Termini, prenez la ligne C du métro ou un taxi jusqu'à **Malatesta** (Piazza Roberto Malatesta, 30 min) dans Tor Pignattara. Pour éviter le rush du matin dans les transports, ne programmez pas trop tôt votre visite.

Quand Toute l'année, mais de préférence au printemps pour la lumière.

Notre conseil Pour distinguer l'énorme femme recroquevillée sur la **Piazza Perestello**, il vous faudra un drone (et une autorisation) ou dénicher un point haut perché pour apprécier l'une des plus époustouflantes peintures murales anamorphiques des artistes français **Ella & Pitr** (instagram.com/ellapitr).

01 Immanquable avec ses 32 m de hauteur, **Coffee Break** (Via Ludovico Pavoni 171) par Etam Cru, la plus haute peinture murale de Rome, est emblématique de **#IloveTorPigna**.

02 Arpentez la **Via della Marranella** et les rues adjacentes : vous découvrirez des chefs-d'œuvre cachés du légendaire artiste Jef Aerosol.

03 À deux pas, **Via dell'Acqua Bullicante 24**, l'artiste Diavù fait revivre les icônes du cinéma italien sur le Cinema Impero, aujourd'hui fermé : Pier Paolo Pasolini, Anna Magnani, Mario Monicelli (ci-dessous) et bien d'autres.

04 Une promenade le long de la **Via di Tor Pignattara** tient de la chasse aux trésors : repérez les œuvres d'artistes renommés comme C215, Carlos Atoche, Diavù, Agostino Iacurci ou MP5.

05 Contemplez **It's a New Day** (Via Ludovico Antino), une formidable marée de visages d'enfants plus grands que nature qui vous sourient, peints par **AliCè** (alicepasquini.com) dans sa palette psychédélique caractéristique.

MURS PEINTS
romains

01

02

03

04

01 Popstairs
Dans une série de portraits plus grands que nature, l'artiste italien Diavù met ici en scène l'actrice Elena Sofia Ricci sur un escalier du Trastevere.

02 Piccolo Hulk
L'emblématique *Baby Hulk* de Ron English est la pièce maîtresse du projet MURo visant à développer le *street art* dans le quartier du Quadraro pour en faire un musée à ciel ouvert.

03 Frida Kahlo
Portrait rêveur de l'icône mexicaine par l'Italien UMAN, en collaboration avec l'association Pittori Anonimi Trullo, dans le quartier de Trullo.

04 Big City Life
Bambino Redentore est signé Seth, l'un des quatre muralistes français à participer à ce projet de décor monumental. Ils sont en tout 20 artistes du monde entier à investir les façades des logements

05

07

06

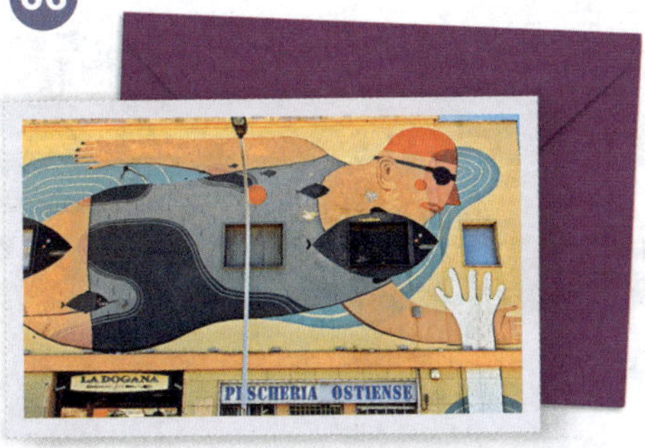

sociaux rénovés de Tor Marancia.

05 Hunting Pollution

"Chasser la pollution", c'est le but de cette œuvre murale de 1 000 m^2 s'étirant sur 7 étages et 2 façades. Sa matière écologique est capable d'absorber les substances polluantes. La créatrice italienne Iena Cruz a symbolisé son acte en juchant à l'angle du bâtiment un échassier menacé.

06 Il Nuotatore

Le nageur en Technicolor du graffeur d'origine italienne Agostino Iacurci s'exerce sur la façade d'un ancien marché aux poissons d'Ostiense.

07 Outside In

Œuvre de l'artiste néerlandaise JDL, cette remarquable peinture de 250 m^2 rend hommage à Karl du Pigné, célèbre défenseur de la cause LGBTIQ+. Elle a été réalisée dans le quartier de San Paolo avec une matière en partie compensatrice de la pollution automobile.

04 ROME secrète

CULTURE | ARCHÉOLOGIE | ART

Avec son histoire grandiose et ses innombrables chefs-d'œuvre, Rome est une ville où il n'est pas évident d'échapper à l'agitation touristique. Pourtant nombre de trésors méconnus apparaissent dès qu'on s'éloigne du centre-ville. Autant de merveilles souvent à quelques pas des sites vedettes. Partez à la recherche de ces lieux secrets qui vous étonneront.

MONDADORI PORTFOLIO/GETTY IMAGES ©

En pratique

S'y rendre Ligne B du métro pour Sant'Agnese Fuori Le Mura (St Agnese/Annibaliano) et la Centrale Montemartini (Garbatella). Tram 8 pour la Basilica Santa Cecilia (arrêt Mastai ou Belli) et tram Roma Giardinetti (arrêt Berardi) pour les catacombes.

Tarifs Basilica Santa Cecilia, fouilles et crypte : 3 €. Catacombes des Santi Marcellino e Pietro : 8 €. Sant'Agnese Fuori Le Mura : 10 €. Centrale Montemartini : 10 €.

Pause gelato Goûtez les audacieuses saveurs des glaces très nature d'Otaleg dans le Trastevere (Via San Cosimato 14A).

SIBIL PHOTOS/SHUTTERSTOCK ©

Page de gauche, en haut Marbre de sainte Cécile, Basilica Santa Cecilia
En bas Centrale Montemartini

Richesses culturelles cachées

Intra muros Touristique, le Trastevere cache certains secrets parmi les mieux gardés de Rome. Beaucoup se rendent à Santa Maria (p. 80), mais peu traversent la rue pour découvrir la **Basilica di Santa Cecilia** (p. 79). Construite au IXe siècle à l'emplacement de la maison où aurait vécu sainte Cécile, puis remaniée, cette église abrite sous l'autel une statue en marbre de la jeune martyre. Dans cette œuvre admirable, Stefano Maderno a représenté la sainte dans la position dans laquelle son corps fut retrouvé lors de son exhumation. Essayez de voir également le magnifique *Jugement dernier* (1293) de Pietro Cavallini, conservé dans le chœur des religieuses. Peu connu, mais sublime !

Hors les murs La **Basilica di Sant'Agnese Fuori le Mura** (p. 79) retient l'attention. De belles mosaïques y représentent sainte Agnès et l'ensemble religieux réunit, outre la basilique du VIIe siècle, des catacombes et les vestiges de la *basilica costantiniana*, érigée au IVe siècle.

Creusées vers le IIIe siècle pour accueillir les sépultures de riches chrétiens, les **catacombes des Santi Marcellino e Pietro Ad Duas Lauros** (p. 79), dans le quartier de Tor Pignattara, valent également le détour pour leurs fresques.

Architecture industrielle Dans un registre plus contemporain, le quartier d'Ostiense offre un aperçu de l'histoire industrielle romaine. Ainsi la **Centrale Montemartini** (p. 80), une centrale thermique construite en 1912, a été reconvertie en un musée où sculptures de l'Antiquité grecque et romaine trônent au milieu de turbines et de chaudières à vapeur.

Temples de Mithra

Plongez dans l'univers souterrain des sanctuaires secrets où l'on honorait Mithra, dieu solaire d'origine perse. Son culte, répandu chez les légionnaires romains, atteignit son apogée à Rome aux IIe et IIIe siècles. Itinéraire initiatique !

Circus Maximus
Découvrez le grand sanctuaire, non loin des stalles de départ (*carceres*) du Circus Maximus (p. 76) d'où s'élançaient les chars lors des courses.

Basilica San Clemente
Les entrailles de la basilique inférieure (p. 77) cachent le mithraeum, dont l'autel du IIIe siècle représente le jeune dieu en train de sacrifier un taureau, animal lié au mythe fondateur du mithraïsme.

Terme di Caracalla
Le labyrinthe souterrain des thermes de Caracalla (p. 77) forme l'un des plus grands sanctuaires de Rome consacrés au culte de la divinité perse.

Palazzo Barberini
Le rare exemple de temple de Mithra peint à fresque. (p. 78)

Les dessous des chefs-d'œuvre

SUR LES TRACES DES GRANDS ARTISTES DE ROME

Par ses monuments majestueux, ses sculptures grandioses, ses fontaines marmoréennes, Rome dégage un sentiment d'imperturbable beauté et d'harmonie. Tout semble respirer la *dolce vita*. Pourtant, derrière la réalisation de ces chefs-d'œuvre se cachent d'étonnantes histoires de rivalités et de passion.

KRIKKIAT/SHUTTERSTOCK ©

En haut *Le Jugement dernier*, chapelle Sixtine **Page de droite, à gauche** Horloge et cloches de la basilique Saint-Pierre **À droite** Fontaine des Quatre-fleuves

Sculpteur, peintre et architecte de génie, Michel-Ange (1475-1564) est connu pour être un artiste majeur de la Renaissance italienne… mais aussi une personne au tempérament irascible et irrévérencieux. Parmi ceux qui en firent les frais figure le cardinal Biagio da Cesena, maître des cérémonies du pape. Alors que la fresque du *Jugement dernier* était déjà avancée, le cardinal en critiqua les nus, dignes "des bains publics ou des tavernes" plutôt que de la chapelle Sixtine. Michel-Ange riposta en représentant le cardinal censeur en Minos, juge des Enfers, coiffé d'oreilles d'âne. Le pape, auquel le prélat eut l'heur de se plaindre, lui répliqua que l'Enfer n'étant pas sous sa juridiction, la peinture devait donc rester telle que l'artiste l'avait imaginée.

Ceux qui ont vécu et œuvré dans l'enceinte du puissant Vatican ont aussi été témoins de la rivalité légendaire entre deux des plus grands architectes de l'époque baroque, Gian Lorenzo Bernini (1598-1680) et Francesco Borromini (1599-1667). Génie éclectique aux multiples facettes, le Cavalier Bernin fut souvent chargé de projets importants du fait de son caractère plus sociable et accommodant, tandis que le tempérament sombre et imprévisible de Borromini le rendait moins apte à être accueilli dans les cercles des élites, explique l'historien de l'art Michele Di Monte, conservateur au Palazzo Barberini.

Les relations difficiles entre les deux architectes commencèrent avec la construction du palais Barberini, mais atteignirent des sommets lors de l'élévation des clochers de la façade de la basilique Saint-Pierre, commandés au Bernin par le pape Urbain VIII et démolis avant même leur inauguration. Bien que la débâcle

JOLANTA WOJCICKA/SHUTTERSTOCK ©

OLEGMORGUN1311/SHUTTERSTOCK ©

fût principalement due à l'instabilité du terrain plutôt qu'à une erreur de calcul du Bernin, le fait que l'intervention de Borromini ait été cruciale pour leur démolition a contribué à la disgrâce de son rival. Disgrâce encore aggravée par la mort d'Urbain VIII, membre du clan Barberini et partisan de longue date du génie du Bernin, et par l'ascension sur le trône papal d'Innocent X, membre de la famille rivale Pamphilj et mécène de Borromini.

Le jeu de rivalité perpétuel entre les deux hommes a donné naissance à bien d'autres histoires. Ainsi, on raconte que si l'une des statues de la fontaine des Quatre-Fleuves du Bernin se voile les yeux, c'est pour ne pas voir l'église Sant'Agnese in Agone, dessinée par Borromini, qui lui fait face. Or, comme l'explique Michele Di Monte, "la fontaine du Bernin a été érigée avant la façade de l'église où Borromini n'a travaillé que quelques années, on peut donc affirmer à coup sûr qu'il ne s'agit là que de ouï-dire sans fondement".

Même si Borromini était l'architecte en faveur sous la suprématie de la famille Pamphilj, le Bernin remporta la commande de la fontaine des Quatre-Fleuves grâce à son savoir-faire mais aussi à une astuce : il offrit à Olimpia Maidalchini, belle-sœur du pape, un modèle de sa fontaine pour qu'il soit placé dans le Palazzo Pamphilj (actuelle ambassade du Brésil sur la Piazza Navona) où Innocent X ne pouvait manquer de le voir. Un coup d'œil suffit pour que la décision fût prise et l'astucieux artiste remporta le contrat qui contribua à le ramener sous les feux de la rampe.

"Des mythes comme celui attaché à la fontaine des Quatre-Fleuves se retrouvent dans la rivalité bien connue qui a vu le Bernin et Borromini s'affronter à plusieurs reprises", ajoute Di Monte. Une rivalité toujours vivante des siècles plus tard.

La Fornarina de Raphaël

La Fornarina, célèbre tableau de Raphaël exposé au Palazzo Barberini, serait le portrait de sa belle. Travaillant aux fresques de la **Villa Farnesina** (p. 78) pour la famille Chigi, le célèbre peintre de la Renaissance serait tombé fou amoureux de Margherita Luti, fille d'un boulanger du Trastevere, après l'avoir vue se baigner tout près dans le Tibre. Pour pallier les fréquentes absences du séducteur, Agostino Chigi aurait accueilli la belle Margherita dans sa demeure pour inciter le peintre à avancer son œuvre.

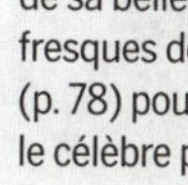

Michele Di Monte, *historien d'art et conservateur, Gallerie Nazionali Barberini Corsini-Palazzo Barberini.*

05 Dans la Rome de CÉSAR

ARCHÉOLOGIE | HISTOIRE | À PIED

Si l'épopée de Jules César, chef militaire, proclamé "dictateur à vie" et assassiné par ses pairs en 44 av. J.-C., a marqué l'histoire antique, il reste peu de vestiges de cette période. Voici où retrouver des legs de l'auteur de *La Guerre des Gaules*, salué *imperator* (c'est-à-dire victorieux) par ses soldats, mais qui ne fut jamais empereur.

PYTY/SHUTTERSTOCK ©

En pratique

Circuler À pied dans le Parco Archeologico et les rues alentour. Avec la colline du Capitole (Campidoglio) comme camp de base, consacrez au moins quelques heures à l'exploration.

Quand Le matin, à tout moment de l'année, en évitant la pluie et la trop grande chaleur, ainsi que les week-ends et jours fériés. Réservez l'entrée dans les sites et musées avant votre venue.

Terre e Domus (p. 83). Idéal pour goûter aux plats traditionnels romains, comme la carbonara ou les *ovuli*, les champignons préférés des empereurs.

VVOE/SHUTTERSTOCK ©

Des origines modestes

Né en 100 av. J.-C., **Caius Julius Caesar** a grandi à **Subure**, loin du riche quartier du Palatin. Cette antique cour des miracles fut isolée au Ier siècle de la Rome impériale par la construction d'un mur de 35 m de haut et 300 m de long, protégeant le **Foro di Augusto** des activités interlopes de Subure.

L'ascension

Après de brillants débuts militaires, le jeune ambitieux démarra le *cursus honorum* (classique carrière politique de la Rome républicaine) et parvint en 63 av. J.-C. à décrocher le titre de *pontifex maximus* (grand maître de la religion publique romaine), logé au cœur de la cité, dans la *domus publica* du Forum romain, près du Tempio di Vesta où brûlait un feu sacré.

CALIN STAN/SHUTTERSTOCK ©

Via dei Fori Imperiali

De la Piazza Venezia au Colisée, les 850 m de la Via dei Fori Imperiali sont jalonnés de statues (reproductions) des plus grands empereurs de la Rome antique. Veillant sur le Foro di Cesare, la statue en bronze de Jules César est honorée chaque année le jour des ides de mars (15 mars, date de son assassinat).

En haut Maison des Vestales **À gauche** Forum d'Auguste **Ci-dessus** Statue de Jules César, Forum romain

Autre brillant général, Pompée finit par former une alliance avec César et Crassus et ce triumvirat domina le Sénat. De cette époque date le **Teatro di Pompeo**, premier théâtre construit en pierre à Rome, qui marque l'empreinte de son commanditaire, Pompée, sur la ville. Les petites rues autour du **Campo de' Fiori** en épousent l'arrondi et quelques vestiges en restent visibles dans les niveaux souterrains de la **Constanza Hostaria** (p. 82) et de la **Trattoria der Pallaro** (p. 83).

Quant à César, ses victoires militaires le propulsèrent au rang de personnage culte. Pour célébrer sa gloire, il fit réaliser la première extension du Forum romain : le **Foro di Cesare** (ou Forum Julium) sur lequel il fit ériger le **temple de Venus Genitrix**, voué à cette déesse qui engendra le héros Énée dont il prétendait descendre. Une statue équestre de l'*imperator* fut érigée face au temple qui, lui-même, abritait une statue en or de Cléopâtre.

Sur les pas de César

Partant du Quirinal, la plus haute des sept collines de Rome, lieu de la dernière résidence de Jules César, descendez dans le Rione Monti, l'ancienne "Suburra", un quartier populaire et mal famé dans l'Antiquité, où il est né. Traversez les forums de Trajan et d'Auguste pour gagner le Forum de César, créé après la conquête de la Gaule. Puis grimpez sur la colline du Capitole (Campidoglio) d'où la vue plonge sur le Forum romain. Redescendez de l'autre côté vers le Teatro di Marcello et le Portico d'Ottavia, dans le Ghetto, pour rejoindre le Largo di Argentina. C'est là que Jules César fut assassiné en 44 av. J.-C.

Un aperçu par Ivano Coduti, *historien de l'art, guide officiel de Rome, www.visiterome.com*

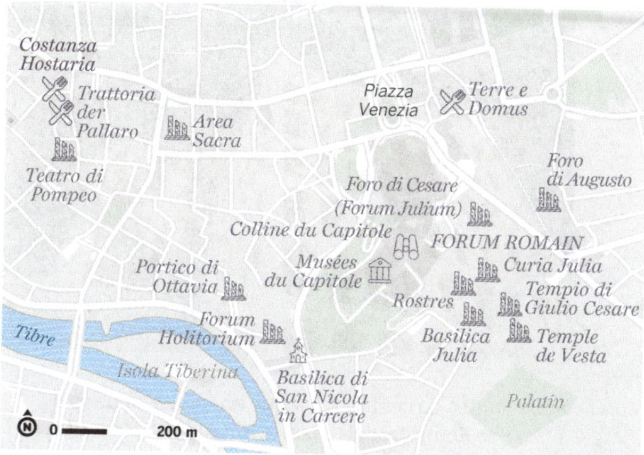

Page de gauche Forum romain
Ci-dessous Temple B de l'Area Sacra, Largo di Torre Argentina

La divinisation

César fut assassiné le 15 mars de l'an 44 av. J.-C. par des membres du Sénat dans la Curie, derrière le **Temple B du Largo di Torre Argentina**. Situé au cœur d'un quartier appelé **Area Sacra**, ce site archéologique à ciel ouvert conserve les vestiges de 4 temples de la période républicaine.

Quelque 14 mois après son assassinat, on célébra son apothéose sur le Forum romain. Il fut décidé d'édifier le **Tempio di Giulio Cesare**, ou "temple du divin Jules", face à la tribune des **Rostres**, où par son fameux discours de funérailles Antoine retourna la situation et fit exploser la colère du peuple.

Un héritage durable

César a laissé sa marque en de multiples domaines. Il fit reconstruire la Curie, la **Curia Julia**, initia la construction de la **Basilica Julia** et d'un grand théâtre capable de rivaliser avec celui de Pompée, le **Teatro di Marcello**, lesquels furent achevés sous le règne de son neveu Octave (futur empereur Auguste).

Les **musées du Capitole** (p. 45) évoquent l'histoire de la Rome antique : cherchez le nom de César sur le lapidaire des Fastes capitolins qui énumèrent les noms des magistrats ayant régi la République romaine et les triomphes de ses généraux, depuis Romulus jusqu'à la période augustéenne.

La Rome futuriste

RETOUR VERS LE FUTUR : L'ARCHITECTURE DU XXE SIÈCLE

Rome est un palimpseste d'architectures et d'ornementations qui témoignent d'une culture plusieurs fois millénaire. Temples antiques, palais Renaissance et églises baroques composent un incroyable paysage. Les grandiloquences de l'architecture du XXe siècle, des années 1930 à aujourd'hui, viennent encore enrichir l'attrait de la Ville Éternelle.

En haut Palazzo della Civiltà Italiana **Page de droite, à gauche** Palazzo dei Congressi **À droite** Stadio dei Marmi

À 15 minutes du centre historique en voiture, vous voici au sud de Rome propulsé vers le futur ! Du moins, dans un futur tel que le rêvait Mussolini. Conçu de toutes pièces pour accueillir l'exposition universelle de Rome de 1942, le quartier de l'**EUR** (Esposizione Universale Roma, dite E42) devait célébrer la grandeur du fascisme à travers une architecture rationaliste, inspirée par la monumentalité, la structure et la symétrie de l'architecture romaine antique. La Seconde Guerre mondiale a interrompu le projet, l'exposition universelle n'a pas eu lieu, mais la construction des palais et des bâtiments modernistes dessinés par des architectes tels que Marcello Piacentini, Aldaberto Libera et Luigi Moretti a été achevée dans les années 1950.

Cette ville dans la ville est inspirée par l'urbanisme et la grandeur de la Rome impériale : immenses radiales, boulevards gigantesques, architectures colossales et austères… autant de références à la rigueur de l'architecture romaine antique, construites avec des matériaux nobles comme le marbre ou le travertin.

Dominant le quartier, le **Palazzo della Civiltà Italiana** (p. 81) accueille désormais le siège de la maison de couture Fendi. Édifice le plus emblématique de l'EUR, il doit son surnom de **Colisée carré** au fait qu'il reprend en carré, sur 60 m de haut, la silhouette de l'antique Colisée, avec ses six niveaux d'arcades symétriques. De l'autre côté de l'avenue, le **Palazzo dei Congressi**, Palais des congrès aux allures de temple, est considéré comme l'un des meilleurs exemples de l'architecture italienne des années 1930, alliant modernisme et style antique. Les grandioses colonnades du **Palazzo dell'Ina** et du **Palazzo dell'Inps** trouvent leur inspiration rationaliste

F_CANTONE/SHUTTERSTOCK ©

PIPPA WEST/SHUTTERSTOCK ©

aux marchés de Trajan. S'élançant jusqu'à 45 m de hauteur, l'**obélisque Marconi**, en marbre de Carrare, constitue le point de mire de tout le quartier. Avec une telle grandiloquence et un caractère si marqué, il n'est pas étonnant que des cinéastes emblématiques l'aient évoqué : Rossellini, Antonioni ou Fellini (*La Dolce Vita* et *Boccace 70*) sans en faire le cadre de leur film.

L'iconographie fasciste est également très présente au **Foro Italico**, complexe sportif construit dans le quartier résidentiel de Flaminio (nord de Rome) pour les Jeux olympiques de 1940. L'entrée est marquée par un obélisque de marbre blanc, haut de 17,5 m, sur lequel est gravé Mussolini DUX (mot latin pour Il Duce), tandis que le pavement en mosaïque est décoré d'athlètes dans le style moderniste et de textes fascistes. Non loin, le **Stadio dei Marmi** (stade des Marbres) est l'un des plus beaux stades de course à pied, tout entouré de gradins en marbre et de statues de 4,5 m de haut figurant de musculeux athlètes italiens dans un style à l'antique. Le centre sportif abrite une piscine olympique couverte, tapissée du sol au plafond de mosaïques figurant des plongeurs, des nageurs, des athlètes et des animaux mythologiques. À l'étage supérieur, le Duce disposait d'un bassin privé où il pataugeait dans un décor de mosaïques ornées de symboles astrologiques.

Dans le centre de Rome, on trouve aussi des traces d'architecture fasciste. Ancienne Maison de la jeunesse fasciste, la **Casa della GIL** (p. 81) du Trastevere est un modèle du genre conçu par Luigi Moretti avec son austère tour en travertin, ses pavements de marbre, ses lignes tout en longueur, sa cage d'escalier en ellipse et son bas-relief célébrant les conquêtes africaines de l'Italie en 1936. À l'autre bout de la ville, l'étonnante **Posta di Piazza Bologna** déroule son austère façade de travertin telle une vague.

Entrez dans le XXIe siècle

Le paysage de la Ville Éternelle s'est enrichi de quelques édifices ultracontemporains, tels le **Museo dell'Ara Pacis** (p. 77) signé Richard Meier, les deux musées d'art contemporain que sont le **MAXXI** (p. 81) de Zaha Hadid et le **MACRO** (p. 81) d'Odile Decq, ou encore l'**Auditorium Parco della Musica** (p. 80) de Renzo Piano. Deux ponts en arc desservent la ville, le **Ponte Settimia Spizzichino** et le **Ponte della Musica** piétonnier. À la sortie du centre-ville, la splendide **Chiesa di Dio Padre Misericordioso** (église du Jubilé), de Richard Meier, et **La Nuvola**, un nuage-auditorium inscrit dans une structure en acier et verre, conçu par l'architecte romain Massimiliano Fuksas pour le nouveau Centre des congrès dans l'EUR, méritent le détour.

06 VIRÉE dans le Trastevere

SORTIE | ATMOSPHÈRE | TENDANCE

Rues pavées, *palazzi* ocre, façades couvertes de lierre, atmosphère bohème : le quartier résolument branché du Trastevere, lové sur la rive droite du Tibre, est aussi vivant qu'authentique. Majoritairement sans voitures, son labyrinthe de ruelles s'anime en soirée, quand la foule investit ses restaurants, cafés et bars tendance.

NICOLA FORENZA/STOCK.ADOBE.COM ©

En pratique

S'y rendre En tramway (ligne n°8 ou n°3) ou en bus (bus H ou n°780).

Quand À partir de 18h pour la *passegiata* ou de 19h pour l'*aperitivo*.

Tarifs Boisson avec buffet *aperitivo* à partir de 10 €

Faire la fête à Rome

À Rome, les fêtards dînent plutôt tard et prennent quelques verres au bar avant d'aller danser vers 1h. Comme la plupart des grandes villes, Rome se compose d'une mosaïque de quartiers. Chacun a son caractère propre et peut se métamorphoser en soirée. Le centre historique et le Trastevere attirent des habitants et des touristes dès la tombée de la nuit. Ostiense et le Testaccio sont très festifs : on y trouve de nombreux clubs – avec notamment des discothèques bondées sur le Monte Testaccio.

Page de gauche Dans les ruelles du Trastevere

Aperitivo Le soir venu, difficile en effet de résister aux en-cas proposés par les établissements des rues entourant la Piazza Trilussa. Les Romains se donnent volontiers rendez-vous sur le petit escalier proche de la fontaine et y discutent, un verre à la main. Les soirs d'été, des bars éphémères fleurissent sur les quais du Tibre, entre le Ponte Mazzoni et le Ponte Cesto, faisant du fleuve un lieu branché.

Bonnes adresses Terra Satis (p. 85), café de quartier branché, s'ouvre jusqu'à une adorable terrasse recouverte de vigne sur la Piazza di Ponziani (pavée). Le San Calisto (p. 84), ou "Sanca", est apprécié pour son ambiance simple et hors du temps et sa grande terrasse, parfaite pour observer les passants. Le Rivendita Libri, Cioccolata e Vino (p. 84) est un bar à cocktails qui a séduit la jeunesse romaine. À partir de 22h, il résonne des cris aigus d'une foule tapageuse. Le Freni e Frizioni (p. 84), un bar tendance de longue date, est installé dans un ancien garage (d'où son nom "freins et embrayages"), voisin d'une petite place. Pour poursuivre la soirée en musique, une adresse intemporelle : le Big Mama (p. 84), dans un sous-sol exigu où l'on écoute aussi jazz, funk, soul, R&B et des reprises live.

Trattorias Si vous préférez vous attabler pour un vrai repas, la trattoria Da Enzo (p. 83) est une valeur sûre pour ses produits locaux, sélectionnés avec soin, souvent dans des fermes du Latium. Les artichauts frits à la juive (en saison) et les *pasta cacio e pepe* (pâtes au fromage et poivre noir) comptent parmi les meilleurs de la ville.

La passegiata

Les Romains, comme les Italiens d'autres régions, se font encore plus élégants (ils font *bella figura*) avant de s'adonner à ce rituel de début de soirée : la *passegiata* (promenade), où il s'agit autant de se montrer que d'observer les autres, et de se promener dans le quartier le plus agréable ou le plus proche. La *passegiata* atteint son pic en été vers 18h, quand la chaleur commence à se dissiper – un bon plan : se rafraîchir avec un *grattachecca* (voir p. 48) sur les berges du Tibre.

07 Festin à la CAMPAGNE

CUISINE | VIN | EXCURSION

Pour un festin mémorable, faites comme les Romains, gagnez la région des Castelli Romani. Cette région viticole au sud de Rome vous séduira avec ses coteaux verdoyants et ses lacs. On vient y passer la journée pour se régaler de cuisine rustique dans ces trattorias rustiques qu'on appelle *fraschette*.

En pratique

S'y rendre Depuis la Stazione Termini, des trains réguliers desservent Frascati, Castel Gandolfo et Albano Laziale, d'où l'on rejoint à pied Ariccia.

Quand La région est particulièrement belle au printemps (avr/mi-juin) et à l'automne (sept-oct).

Nos adresses Voir p. 83-84

Tarifs La majorité des *fraschette* affichent un (des) menu(s) à prix fixe (15-25 €).

Balade digestive Explorez le centre historique de Frascati, Castel Gandolfo perché sur sa colline ou le lac voisin d'Albano.

Tradition Les *fraschette* font partie de la vie des Castelli Romani depuis des siècles. À l'origine, ce n'était guère plus que des caves à vin. "Si les paysans avaient produit assez de vin pour en vendre, ils accrochaient en fin de vinification une *frasca* (branche) devant leur maison en guise d'enseigne, explique la guide Silvia Prosperi. D'où leur nom de *fraschetta*."

Fraschette Aujourd'hui, la plupart des *fraschette* servent à manger, même si beaucoup occupent encore des *cantine* (caves). Ce sont des endroits sans fioritures avec des tables et des bancs en bois. On en trouve dans toute la région mais pour l'authenticité, il n'y a pas mieux qu'Ariccia, bourg réputé pour sa *porchetta* (porc désossé rôti aux herbes).

Page de droite, en haut Une assiette de légumes marinés avec un verre de vin italien
En bas *Porchetta di Ariccia*

Vins des Castelli

Grâce aux 85 000 hectares de terres volcaniques autour des monts Albains, cette région assure une production viticole abondante et de qualité. Le vin le plus célèbre est le frascati blanc, mais rosés et rouges sont aussi excellents. Malvasia, trebbiano et grechetto sont les principaux cépages pour les blancs, cesanese, merlot, sangiovese, montepulciano et nero bono pour les rouges.

Par Elena Cino, *historienne de l'art, guide officiel de Rome, www.visiterome.com*

Menu Un repas typique de *fraschetta* consiste en un antipasto suivi d'un plat de pâtes classique et/ou d'une simple viande grillée. Le tout accompagné de vin local. Les portions sont généreuses, alors n'hésitez pas à faire une pause après le plat de pâtes !

Plat de choix La star du spectacle est presque toujours l'antipasto. Avec ses plateaux de *porchetta*, de *coppiette* (lanières de porc épicé au piment), de prosciutto, de légumes marinés à l'huile d'olive, de mozzarella crémeuse, d'olives et de croustillant pain de campagne, il fait rêver les gourmands.

DI APRILANTE/SHUTTERSTOCK ©

SALVOMASSARA/SHUTTERSTOCK ©

08 IMMERSION dans le Pompéi romain

ANTIQUITÉ | EXCURSION

Remarquablement préservés, les vestiges de la ville antique d'Ostie, l'ancien port maritime de Rome fondé au IVe siècle à l'embouchure du Tibre, rappellent ceux de Pompéi. Les ruines étant très étendues, il faut plusieurs heures pour les visiter mais le site est aisément accessible en train depuis Rome, à 24 km.

ALBERTO MASNOVO/STOCK.ADOBE.COM ©

En pratique

S'y rendre Depuis Rome, prenez le train à la Stazione Porta San Paolo (proche de la station de métro Piramide) en direction de Roma-Lido, jusqu'à Ostia Antica (25 min, toutes les 15 min). Un ticket des transports publics romains suffit (1,50 €).

Quand Évitez le week-end et les heures les plus chaudes de la journée.

Tarifs Tarif plein/réduit 10/2 € pour l'entrée sur le site archéologique (voir aussi p. 77).

Se restaurer Cafétéria et boutique de souvenirs aménagées au nord du Decumanus (remontez la Via dei Molini).

PAOLO SAVEGNAGO/STOCK.ADOBE.COM ©

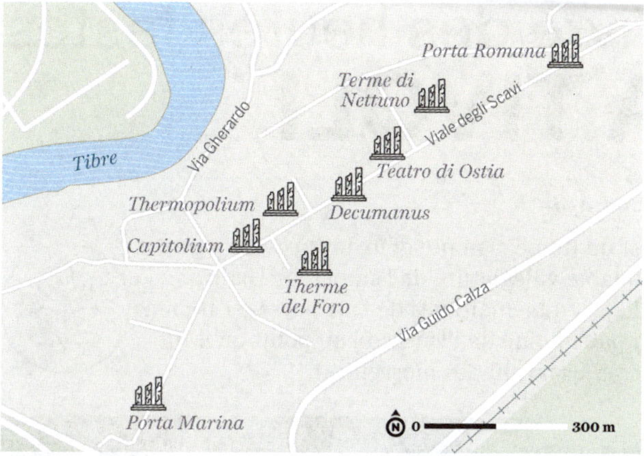

Voyage dans le passé ! La promenade au milieu des vestiges épars, sur la voie pavée bordée de pins, est séduisante et instructive. Juste après la billetterie, la **Porta Romana** débouche sur le *Decumanus Maximus*, la principale artère est-ouest que l'on retrouve dans toutes les cités romaines, et qui rejoint 1 km plus loin la **Porta Marina**, la grande porte de la ville faisant face à la mer. Le long du Decumanus, les **Terme di Nettuno** (thermes de Neptune), du IIe siècle, sont ornés de mosaïques (dont une superbe représentation de Neptune sur son char, tiré par des chevaux des mers). Au centre des thermes, la *palestre*, une vaste cour entourée de colonnades, servait à l'entraînement des athlètes. À côté, le **théâtre** fut construit par Agrippa à la fin du Ier siècle av. J.-C. puis agrandi au IIe siècle pour accueillir 4 000 spectateurs. Plus loin dans le Decumanus, le **Forum**, la place principale, est dominé par les vestiges du **Capitolium**, un temple construit par Hadrien et dédié à Jupiter, Junon et Minerve. Le **thermopolium**, le bar antique, est situé à proximité : il a conservé son comptoir, des fragments de fresques faisant office de carte sur les murs et une petite cour où les clients pouvaient se détendre près d'une fontaine. Au nord, on trouve deux **case decorate**, des maisons ornées de fresques, accessibles sans supplément, mais uniquement sur réservation (voir p. 77) le dimanche à 10h30. De l'autre côté de l'avenue se tiennent les vestiges des **Terme del Foro** (IIe siècle), les plus vastes et importants bains publics d'Ostie. Dans la **forica** (toilettes publiques), remarquez les 20 latrines bien conservées et alignées, sur un long banc de pierre adossé à une paroi.

Page de gauche, en haut Théâtre antique d'Ostie **En bas** Le Capitolium

Ostia Antica

Une histoire millénaire

Fondée au IVe siècle av. J.-C., Ostia Antica fut d'abord un camp militaire fortifié gardant l'embouchure du Tibre – d'où son nom, *ostium* signifiant embouchure en latin. La cité se développa rapidement et, au IIe siècle, elle devint un port et un centre de négoce important, avec quelque 50 000 habitants. Cette histoire est encore bien visible Piazzale delle Corporazioni, l'étendue herbeuse derrière le théâre, où se tenaient les bureaux des guildes des marchands d'Ostie. Des vestiges de mosaïques ornent son périmètre et représentent bateaux, dauphins, phare et éléphants, symboles de l'activité des commerces présents sur le port.

09 Vivre des heures fastes **À TIVOLI**

ANTIQUITÉ | JARDINS | EXCURSION

Tivoli, à 30 km à l'est de Rome, compte deux joyaux : les vestiges de la Villa Adriana, remarquable villégiature de l'empereur Hadrien, et les jardins de la Villa d'Este, emblématiques de l'art paysager italien du XVIe siècle (et classé au patrimoine de l'Unesco), au point qu'il fut appelé *giardini delle meraviglie* (jardin des merveilles).

MARCO RUBINO/STOCK.ADOBE.COM ©

En pratique

S'y rendre Des trains pour Tivoli partent de la Stazione Tiburtina à Rome (2,60-3 €, 45 min-1 heure 15, 1/heure minimum). Cette excursion est également facile à faire en une journée en **bus Cotral** (☎800 174471 ; cotralspa.it ; 1,30 €, 50 min, 2/heure minimum) – ils partent de Rome devant le métro Ponte Mammolo.

Quand Au printemps et à l'automne pour la beauté des jardins.

Tarifs Tarif plein/réduit 10/2 € pour chaque site.

MCCARONY/STOCK.ADOBE.COM ©

Vestiges antiques La **Villa Adriana** (p. 81), vaste maison de campagne de l'empereur Hadrien, à 5 km de Tivoli même, rivalise en beauté avec les sites majeurs de Rome. Construite entre 118 et 138, cette propriété de plus de 120 hectares – dont une quarantaine actuellement ouverts au public – était l'une des plus vastes de l'Antiquité. Prévoyez environ 3 heures de visite.

Jardins en terrasses et fontaines Sur la colline au centre de Tivoli, la **Villa d'Este** (p. 82)dévoile un magistral exemple de jardin Renaissance, planté en terrasses pentues et agrémenté de fontaines, de grottes et d'allées. Le cardinal Hippolyte d'Este, fils de Lucrèce Borgia, transforma cet ancien couvent bénédictin en retraite luxueuse à la fin du XVIe siècle. Les lieux inspirèrent Franz Liszt, qui y séjourna de 1865 à 1886 et les immortalisa dans sa pièce pour piano *Les Jeux d'eau de la Villa d'Este* (1877). Prenez d'abord le temps d'admirer les fresques maniéristes de la villa. À l'extérieur, les jardins sont ponctués de gargouilles et de fontaines extravagantes, et traversés par des allées ombragées bordées de grands cyprès. Le Viale delle Cento Fontane (boulevard aux Cent Fontaines), long de 130 m, relie la villa aux jardins. En contrebas, la Fontana dell'Organo (fontaine de l'Orgue), merveille conçue dès 1547 par les Français Luc Leclerc, architecte de fontaines, et Claude Vénard, fabricant d'orgues hydrauliques, cache dans sa partie haute un orgue qui était autrefois actionné par la force de l'eau.

Page de gauche, en haut Bassin et fontaine de Neptune, Villa d'Este
En bas Statues (détail), Villa Adriana

Dans les pas d'un grand voyageur

Grand voyageur et passionné d'architecture, l'empereur Hadrien (76-138) dessina lui-même une grande partie de sa villa en se basant sur des réalisations qu'il avait admirées à travers le monde. Le *pecile* entourant le bassin proche des murailles est ainsi la copie d'un portique vu à Athènes tandis que le *canopo* reproduit un sanctuaire de la ville égyptienne de Canope, doté d'un bassin étroit de 120 m de long, flanqué de sculptures. Au nord-est du *pecile*, le Teatro Marittimo est l'un des édifices emblématiques du site. Petite villa circulaire construite sur l'île d'un bassin artificiel, c'était le refuge personnel d'Hadrien, accessible uniquement, à l'origine, par des ponts mobiles.

Carnet d'adresses

Les grands classiques

Basilique Saint-Pierre

Voir p. 47. (06 6988 3731; www.vatican.va ; place Saint-Pierre ; 7h-19h avr-oct, 7h-18h nov-mars ; Piazza del Risorgimento, Ottaviano-San Pietro)

Colisée

Voir p. 44. (06 3996 7700 ; www.parcocolosseo.it ; Piazza del Colosseo ; billet combiné Colisée/Forum romain/Palatin tarif plein/réduit 16/2 €, billet valable 24 heures ; 9h30 ou 10h30-19h ou 19h15 ; Colosseo)

Escalier de la Trinité-des-Monts

Voir p. 46. (Spagna)

Fontaine de Trevi

Voir p. 46. (Piazza di Trevi ; Barberini)

Forum romain

Voir p. 45. (06 3996 7700 ; www.parcocolosseo.it ; Largo della Salara Vecchia, Piazza di Santa Maria Nova ; billet combiné Colisée, Forum romain et Palatin tarif plein/réduit 16/2 €, billet valable 24 heures ; 9h30-19h30 ; Via dei Fori Imperiali)

Galleria Borghese

Voir p. 46. (06 3 28 10 ; galleriaborghese.beniculturali.it ; Piazzale del Museo Borghese 5 ; tarif plein/réduit 13/2 € ; 9h-19h mar-dim, sur réservation de créneaux de 2 heures ; Via Pinciana)

Musées du Capitole

Voir p. 45. (06 06 08 ; www.museicapitolini.org ; Piazza del Campidoglio 1 ; tarif plein/réduit 11,50/9,50 € ; 9h30-19h30 ; Piazza Venezia)

Musées du Vatican et chapelle Sixtine

Voir p. 47. (06 6988 4676 ; www.museivaticani.va ; Viale Vaticano ; tarif plein/réduit 17/8 € ; 8h30-18h30 lun-jeu, 8h30-22h30 ven-sam juil-oct, 8h30-18h30 lun-sam ; Piazza del Risorgimento, Ottaviano-San Pietro)

Palatin

Voir p. 45. (06 3996 7700 ; www.parcocolosseo.it ; Via di San Gregorio, 30, Piazza di Santa Maria Nova ; billet combiné Colisée/Forum romain/Palatin tarif plein/réduit 16/2 €, billet valable 24 heures ; 9h30-19h30 ; Colosseo)

Panthéon

Voir p. 44. (www.pantheonroma.com ; Piazza della Rotonda ; entrée libre ; 9h-19h lun-dim, horaires réduits hors saison ; Largo di Torre Argentina)

Vestiges antiques

Circo Massimo

Du prodigieux Circus Maximus qui pouvait accueillir 250 000 spectateurs, il ne reste quasiment plus rien. À peine peut-on imaginer la *spina* (mur central) autour de laquelle tournaient à toute vitesse les chars. Une visite en réalité virtuelle est possible.
Voir p. 59. (Via del Circo Massimo ; 24h/24, 7j/7 ; Circo Massimo ; visite virtuelle www.circomaximoexperience.it ; horaires variables 17h ou 18h-20h ou 21h environ été ; tarif plein/réduit 12/10 €, famille 22 €)

MURATART/SHUTTERSTOCK ©

Pietà de Michel-Ange, basilique Saint-Pierre

Domus Aurea

Construite par Néron après l'incendie de 64, la Maison dorée, dont la façade et l'intérieur étaient soulignés d'or, couvrait un tiers de la ville. Tirant partie de vidéos et de la réalité virtuelle, la visite guidée obligatoire des ruines (1 heure 15 ; possible en français sur certains créneaux) révèle l'aspect que le palais aurait eu à son zénith. Réservation obligatoire en ligne (2 €). Entrée par le Viale della Domus Aurea et sortie par la Via di Serapide du lundi au jeudi ; entrée et sortie par la Via di Serapide du vendredi au dimanche. (06 3996 7700 ; www.coopculture.it/heritage.cfm?id=51 ; Viale della Domus Aurea, Parco del Colle Oppio ; tarif plein/réduit 14/10 € ; 9h-18h30 ; M Colosseo).

Museo dell'Ara Pacis

Enveloppé d'un écrin de marbre et de verre signé Richard Meier, cet autel consacré en 9 av. J.-C. pour célébrer la *pax romana* établie par Auguste est un des chefs-d'œuvre de la sculpture romaine antique. (arapacis.it ; Lungotevere in Augusta ; tarif plein/réduit 10,50/8,50 € hors expositions temporaires ; 9h30-19h30 lun-dim ; M Flaminio)

Ostia Antica, Ostie

Voir p. 72. (06 5635 8099 ; www.ostiaantica.beniculturali.it ;Viale dei Romagnoli 717 ; tarif plein/réduit 12/2 € ; 8h30-16h30 fin oct-fin fév, 8h30-17h15 mars, 8h30-19h avr-sept, 8h30-18h30 oct mar-dim ; Ostia Antica en partant de la Stazione Porta San Paolo)

Terme di Caracalla

Lieu emblématique entre tous de la *dolce vita* de l'an 216 (date de leur inauguration par le cruel empereur éponyme) jusqu'aux films de Fellini ou de Sorrentino, ces gigantesques thermes accueillant jusqu'à 8 000 clients par jour donnent une idée précise de ce que pouvait être la vie des riches comme des plus humbles dans la Rome antique. Voir p. 59. (06 3996 7700 ; www.coopculture.it/heritage.cfm?id=6 ; Viale delle Terme di Caracalla 52 ; tarif plein/réduit 8/2 € ; 9h-19h mar-dim, horaires réduits en hiver ; Viale delle Terme di Caracalla)

MURATART/SHUTTERSTOCK ©

Fontaine de Trevi

Via Appia Antica

Dans les faubourgs sud, l'antique via Appia cache, sous sa bucolique beauté, le souvenir d'heures tragiques. C'est là que Spartacus et son armée d'esclaves ont été crucifiés et que les premiers chrétiens ont enseveli leurs morts dans des catacombes. (06 513 53 16 ; www.parcoappiaantica.it ; parc archéologique 24h/24, autres sites horaires variables ; Via Appia Antica)

Art céleste

Basilica San Clemente

Élevée au XIIe siècle sur une basilique paléochrétienne du IVe siècle, recouvrant elle-même un temple païen du IIe siècle et une maison romaine du Ier siècle, la basilique Saint-Clément offre une vue stratigraphique de l'histoire romaine. Voir aussi p. 59. (06 774 00 21 ; www.basilicasanclemente.com ; Piazza di San Clemente, basilique entrée gratuite ; fouilles plein tarif/réduit 10/5 € ; 7h-8h30 et 10h-12h30 lun-sam, 8h-17h30 dim ; Via Labicana)

Basilica Santa Maria Maggiore

Édifiée au Ve siècle au sommet de l'Esquilin, Sainte-Marie-Majeure est l'une des 4 basiliques patriarcales de Rome. Elle présente une architecture où se côtoient un campanile roman, une façade et un intérieur baroques et de magnifiques mosaïques. (06 6988 6800 ; Piazza Santa Maria Maggiore ; entrée gratuite, loggia 5 € ; 7h-18h45, loggia 9h30-18h30 ; M Termini ou Cavour)

Chiesa del Gesù

Cette église jésuite renferme un trésor d'œuvres baroques. Consacrée en 1584, elle arbore une façade de Giacomo Della Porta, mais se distingue par son intérieur, notamment les fresques de la coupole et du plafond. Dans le transept nord, la Cappella di Sant'Ignazio renferme le tombeau d'Ignace de Loyola, fondateur de la Compagnie de Jésus en 1540, qui vécut ici de 1544 à sa mort en 1556. (06 69 70 01 ; www.chiesadelgesu.org ; Piazza del Gesù ; 7h-12h30 et 17h-19h30 lun-sam, 7h45-13h45 et 17h-20h dim ; Largo di Torre Argentina)

Église Saint-Louis-des-Français

Cette superbe église du centre de Rome recèle trois célèbres tableaux du Caravage. (06 68 82 71 ; Piazza di San Luigi dei Francesi 5 ; 9h30-12h45 et 14h30-18h30 lun-ven, 9h30-12h15 et 14h30-18h30 sam, 11h30-12h45 et 14h30-18h30 dim ; Corso del Rinascimento)

Galleria Nazionale – Palazzo Barberini

Construit au XVIIe siècle par Maderno, le Bernin et Borromini, le fabuleux Palazzo Barberini abrite une splendide collection d'œuvres d'art. (06 481 45 91 ; www.barberinicorsini.org ; Via delle Quattro Fontane 13 ; tarif plein/réduit 10/2 € ; 10h-18h mar-dim ; M Barberini)

Galleria Doria Pamphilj

Ce musée privé conserve des œuvres de grands maîtres, dont Quentin Metsys, Raphaël, Titien, le Caravage, le Bernin ou Velázquez. (06 679 73 23 ; www.doriapamphilj.it ; Via del Corso 305 ; tarif plein 14 € ; 10h-19h lun-jeu, 10h-20h ven-dim tlj sauf 3e mer du mois, sur réservation de créneaux de 2 heures ; Via del Corso)

Villa Farnesina

Joyau de la Renaissance, cette villa est entièrement couverte de fresques signées Raphaël : l'histoire d'*Amour et Psyché* et *Le Triomphe de Galatée*. À l'étage, découvrez le trompe-l'œil de Peruzzi montrant Rome à la même époque. Voir p. 61. (06 6802 7268 ; www.villafarnesina.it ; Via della Lungara 230 ; tarif plein/réduit 10/9 € ; 9h-14h lun-sam, 9h-17h 2e dim du mois ; Lungotevere della Farnesina)

Majestueux palais et mémorials

Altare della Patria (Vittoriano)

Autant aimé que détesté, l'Altare della Patria (autel de la Patrie, surnommé "la machine à écrire"), édifice de marbre blanc, surplombant la Piazza Venezia, fut construit au tournant du XXe siècle en l'honneur de Victor-Emmanuel II, premier roi d'Italie ; il sert d'écrin à la tombe du Soldat inconnu et au Museo Centrale del Risorgimento, dédié à l'unité italienne. Pour profiter de la vue à 360° depuis le sommet, empruntez l'ascenseur panoramique Roma dal Cielo jusqu'à la Terrazza delle Quadrighe. (monument à Victor-Emmanuel II ; vittoriano.beniculturali.it ; Piazza Venezia ; monument gratuit, ascenseur et musée tarif plein/réduit 12/2 € ; 9h30-17h30 été, 9h30-16h30 hiver ; Piazza Venezia)

Castel Sant'Angelo (château Saint-Ange)

Reconnaissable à sa silhouette circulaire, ce château était initialement le mausolée de l'empereur Hadrien. Au VIe siècle, les papes le transformèrent en forteresse ;

ALEXANDRA BRUZZESE/LONELY PLANET ©

Pizza de Bonci Pizzarium

Grégoire le Grand lui donna son nom actuel en 590 après avoir eu la vision d'un ange. Il abrite le Museo Nazionale di Castel Sant'Angelo et sa collection de peintures, de sculptures et de souvenirs de guerre. Un passage secret (Passetto di Borgo) vers le Vatican permit au château d'être un refuge pour bien des papes. Les étages supérieurs abritent d'élégants intérieurs Renaissance et la terrasse, immortalisée par Puccini dans son opéra *Tosca*, offre un panorama sur tout Rome. (☎06 32 810 ; castelsantangelo.beniculturali.it ; Lungotevere Castello 50 ; tarif plein/réduit 12/2 € ; ⏲9h-19h30 mar-dim, créneaux de 1 heure 30 ; 🚌Piazza Pia)

Catacombes des Santi Marcellino e Pietro Ad Duas Lauros

Voir p. 59. (santimarcellinoepietro.it)

Palais Farnèse

Cet imposant palais Renaissance est aujourd'hui le siège de l'ambassade de France et de l'École française de Rome. Le cardinal Alexandre Farnèse en confia la construction à Antonio da Sangallo le Jeune en 1514, bientôt relayé par Michel-Ange, puis par Giacomo Della Porta. L'intérieur est orné de magnifiques fresques d'Annibal et Agostino Carrache. La pièce maîtresse, peinte entre 1597 et 1608, est la fresque monumentale *Amori degli Dei* (*Les Amours des dieux*), qui orne le plafond de la Galleria dei Carracci. Ouvert au public uniquement dans le cadre de visites guidées (1 heure), à réserver au plus tard une semaine avant la date souhaitée. (visite-palazzofarnese.it ou it.ambafrance.org/-Le-Palais-Farnese ; Piazza Farnese ; visite 11 € ; ⏲visites 15h, 16h, 17h, 18h lun, mer et ven, suspendues lors de nos recherches ; 🚌Corso Vittorio Emanuele II)

Palazzo Pamphilj

Cet imposant palais, bâti entre 1644 et 1650 pour le pape Innocent X, abrite désormais l'ambassade du Brésil. Sur place, la Terrazza Borromini (p. 82) ménage l'un des points de vue les plus remarquables de Rome. (roma.itamaraty.gov.br/it ; Piazza Navona ; ⏲visite guidée, sur réservation)

DIEGO FIORE/SHUTTERSTOCK ©

Sant'Eustachio Il Caffè

Ponte Sant'Angelo

L'empereur Hadrien fit construire ce pont en 136 afin de ménager un accès à son mausolée, mais c'est le Bernin qui lui donna vie en lui ajoutant des statues d'anges en 1668. Les 3 arches du milieu sont d'origine, tandis que les arches latérales ont été restaurées et agrandies en 1892-1894 lors de l'aménagement des *lungotevere* (berges). (pont Saint-Ange ; 🚌Piazza Pia)

Trésors méconnus

Basilica di Sant'Agnese Fuori le Mura

Voir p. 59. (santagnese.org pour des infos historiques en italien, ou santagnese.net pour des infos pratiques ; entrées Via Nomentana 349 et Via di Sant Agnese 3 ; basilique et mausolée gratuits, visite guidée catacombes tarif plein/réduit 8/5 € ; ⏲basilique 9h-12h et 15h-19h un-sam, 15h-19h dim, mausolée 9h-12h et 15h-18h tlj, catacombes 9h-12h et 15h-18h jeu-dim ; 🚌Via Nomentana)

Basilica di Santa Cecilia in Trastevere

Voir p. 59. (☎06 4549 2739 ; www.benedettinesantacecilia.it ; Piazza di Santa Cecilia 22 ; fresque et crypte 2,50 € chacune ; ⏲basilique, crypte et fouilles 10h-12h30 et 16h30-18h30, fresque 10h-12h30 ; 🚌Viale di Trastevere, 🚋Belli)

UGIS RIBA/SHUTTERSTOCK ©

Musée MAXXI

Basilica di Santa Maria in Trastevere

Plus ancienne église de Rome dédiée à la Vierge Marie, cette basilique de style roman conserve dans son abside de magnifiques mosaïques (XIIe siècle). (☎ 06 581 48 02 ; Piazza Santa Maria in Trastevere ; ⏲ 7h30-20h30, 9h-20h30 ven, 7h30-13h et 15h30-20h août ; 🚌 Viale di Trastevere, 🚊 Belli)

Centrale Montemartini

Voir p. 59. (☎ 06 06 08 ; www.centralemontemartini.org ; en retrait de la Via Ostiense 106 ; tarif plein/réduit 10/9 €, avec musées du Capitole 16/14 € ; ⏲ 9h-19h mar-dim ; 🚌 Via Ostiense)

Cimitero Acattolico per Gli Stranieri

Souvenirs du Grand Tour à travers l'Europe que faisaient les jeunes gens de la bonne société pour parfaire leur éducation. Cet esprit plane toujours sur ce cimetière pour étrangers non catholiques situé dans le Testaccio. Ici reposent les poètes anglais Keats et Shelley ainsi que le penseur marxiste italien Antonio Gramsci. (☎ 06 574 19 00 ; www.cemeteryrome.it ; Via Caio Cestio 6 ; don apprécié 3 € ; ⏲ 9h-17h lun-sam, 9h-13h dim ; Ⓜ Piramide)

Galleria Nazionale

Installée dans un vaste palais Belle Époque au sein du parc de la Villa Borghese, cette fantastique galerie d'art moderne présente des œuvres de nombre des plus importants artistes des XIXe et XXe siècles. (☎ 06 3229 8221 ; lagallerianazionale.com ; Viale delle Belle Arti 131, accès handicapé Via Gramsci 73 ; tarif plein/réduit 10/5 € ; ⏲ 9h-19h lun-ven ; 🚊 Piazza Thorvaldsen)

Museo Nazionale Romano : Palazzo Massimo alle Terme

Souvent négligé par les visiteurs, ce formidable musée proche de la gare de Termini vous époustouflera par ses sublimes fresques, mosaïques et sculptures antiques. (☎ 06 3996 7700 ; www.coopculture.it/it/poi/palazzo-massimo/ ; Largo di Villa Peretti 1 ; tarif plein/réduit 10/2 € ; ⏲ 14h-19h45 mar-ven, 10h30-19h45 sam-dim ; Ⓜ Termini)

Museo Nazionale Romano : Palazzo Altemps

Au nord de la Piazza Navona, le Palazzo Altemps (fin du XVe siècle) est un merveilleux musée tant par le cadre que par les collections ; il accueille les plus belles sculptures antiques du Musée national romain. Le palais est aussi célèbre pour sa loggia peinte et ses fresques, mais aussi ses collections égyptiennes. (☎ 06 68 48 51 ; www.museonazionaleromano.beniculturali.it ; Piazza Sant'Apollinare 46 ; tarif plein/réduit 10/5 € ; ⏲ 14h-19h45 mar-ven, 10h30-19h45 sam-dim ; 🚌 Corso del Rinas-cimento)

Museo Nazionale Etrusco di Villa Giulia

Cette demeure construite au XVIe siècle pour le pape Jules II dans la Villa Borghese abrite la plus belle collection de trésors étrusques d'Italie. (☎ 06 322 65 71 ; www.villagiulia.beniculturali.it ; Piazzale di Villa Giulia ; tarif plein/réduit 10/2 € ; ⏲ 9h-20h mar-dim ; 🚊 Museo Etrusco Villa Giulia, 🚊 Belle Arti)

Art et architecture contemporaine

Auditorium Parco della Musica

Les mélomanes s'y donnent rendez-vous (auditorium.com) tout comme les amateurs d'architecture contemporaine (l'édifice a été conçu par Renzo Piano) et les passionnés de 7e art (s'y déroule le Festival du cinéma de Rome, www.romacinemafest.it). (Viale Pietro de Coubertin 10, Auditorium Parco della Musica ; fin oct ; Viale Tiziano)

Casa della GIL a Trastevere

Une architecture signée Luigi Moretti, 1933-1936. (wegil.it ; Largo Ascianghi 5)

MACRO

Un dynamique musée d'Art contemporain (museomacro.it ; Via Nizza, 138 ; mar-ven 12h-19h, sam-dim 10h-19h ; M Termini ou Castro Pretorio)

Musée MAXXI

Le Musée national des arts du XXIe siècle, dédié à la créativité contemporaine, compte deux musées : le MAXXI Art et le MAXXI Architecture. Expositions, ateliers, conférences abordent l'esthétique contemporaine. L'architecture même du bâtiment épouse les formes audacieuses imaginées par Zaha Hadid dans le quartier Flaminio de Rome. (+39 06 3201954 ; maxxi.art ; Via Guido Reni, 4 A ; 11/8 € ; mar-ven et dim 11h-19h, sam 11h-22h)

Palazzo della Civiltà Italiana

Dans le quartier dit de l'EUR, commandé par Mussolini pour l'Exposition universelle de 1942 (Esposizione Universale di Roma, ou EUR) qui n'eut jamais lieu du fait de la guerre domine l'architecture rationaliste, dont le meilleur exemple est le Palazzo della Civiltà Italiana (palais de la Civilisation italienne ; 06 3345 0970 ; www.fendi.com ; Quadrato della Concordia ; variables selon l'exposition ; M EUR Magliana) GRATUIT, surnommé le "Colisée carré", où la maison italienne Fendi a établi son siège social en 2015.

Stadio Olimpico

Assister à un match de football dans l'impressionnant Stade olympique est bien souvent une expérience inoubliable. Pendant la saison de foot, de fin août à mai, on peut voir un match de l'une des deux équipes de Rome (l'AS Roma et le Lazio) presque tous les dimanches. Les billets (à partir de 25 €, selon match) sont en vente dans les boutiques de Lottomatica (loterie), au stade, dans les billetteries spécialisées, sur le site www.listicket.it ainsi que dans les boutiques de la Roma et du Lazio en ville. (06 3685 7563 ; Viale dei Gladiatori 2, Foro Italico ; Lungotevere Maresciallo Cadorna)

Parcs et jardins merveilleux

Parco Savello

Perché sur l'Aventin, ce jardin, connu des Romains sous le nom de Giardino degli Aranci (jardin des Oranges) offre des vues paradisiaques sur le dôme de Saint-Pierre. Un lieu parfait pour roucouler en amoureux. (Via di Santa Sabina ; 7h-21h été, 7h-18h hiver ; Via del Circo Massimo)

Pincio

Les jardins de la colline du Pincio s'étendent à l'est, dans le domaine de la Villa Borghese. (M Flaminio)

Villa Adriana, Tivoli

Voir p. 74. (0774 38 27 33 ; levillae.com/fr ; Largo Marguerite Yourcenar 1 ; tarif plein/réduit 10/2 € ; 8h30-14h30 1er dim oct heure d'hiver-1er dim mars, 8h30-18h30 début mars-1er dim heure d'été, 8h30-

HK13114/STOCK.ADOBE.COM ©

Parco Savello

19h30 reste de l'année ; Tivoli en partant de la Stazione Tiburtina ou Ⓜ Ponte Mammolo et)

Villa Borghese

Délicieux lieu de promenade avec ses bois et ses clairières, son lac, le parc de la Villa Borghese abrite aussi un théâtre shakespearien et une guirlande de magnifiques musées (p. 46, p. 80). (Entrée par le Piazzale San Paolo del Brasile, le Piazzale Flaminio, la Via Pinciana, la Via Raimondo ou le Largo Pablo Picasso ; lever-coucher du soleil ; Via Pinciana)

Villa d'Este, Tivoli

Voir p. 74 (0774 33 29 20 ; levillae.com/fr ; Piazza Trento 5 ; tarif plein/réduit 10/2 € ; 8h30-17h 1er dim heure d'hiver-31 jan, 8h30-17h30 fév, 8h30-18h15 mars, 8h30-19h30 1er dim heure d'été-1er dim oct, 8h30-18h15 oct-dernier sam heure d'été, à partir de 14h lun toute l'année).

Places et rues animées

Piazza del Popolo

Aménagée en 1538, cette place fut conçue pour assurer une entrée grandiose dans Rome par la principale porte au nord. Au sud de la place, les deux églises jumelles de Carlo Rainaldi (XVIIe siècle), la Chiesa di Santa Maria dei Miracoli et la Basilica di Santa Maria in Montesanto montent la garde. L'obélisque de 36 m de haut fut rapporté d'Égypte par Auguste. Sur le côté nord, la Porta del Popolo fut créée par le Bernin en 1655 pour célébrer la conversion de la reine Christine de Suède au catholicisme. Les jardins de la colline du Pincio s'étendent à l'est. (Ⓜ Flaminio)

Piazza di Santa Maria in Trastevere

La place centrale du pittoresque quartier du Trastevere (p. 68) attire une foule où se mêlent joyeusement étudiants, touristes, habitants, dîneurs, buveurs et vendeurs à la sauvette. (Viale di Trastevere, Belli)

Piazza Navona

Cette place bordée de palais baroques et ornée de trois fontaines est un des hauts lieux de la ville attirant artistes de rue, marchands ambulants et touristes. (Corso del Rinascimento)

Prendre de la hauteur

Palazzo Manfredi

Un hôtel 5 étoiles avec une vue sublime (palazzomanfredi.com)

Terrazza Borromini

Sur les toits du palais Pamphilj (p. 79), en surplomb de la Piazza Navona, ce bar chic doublé d'un restaurant offre un point de vue incomparable à associer au plaisir d'un repas ou d'un verre de vin. (terrazzaborromini.com)

Cuisine romaine

Constanza Hostaria

Voir p. 64. (hostariacostanza.it)

Flavio al Velavevodetto €€

L'une des meilleures trattorias du Testaccio, berceau de la véritable *cucina romana*. (06 574 41 94 ; www.ristorantevelavevodetto.it ; Via di Monte Testaccio 97-99 ; repas 30-35 € ; 12h30-15h et 19h45-23h ; Via Marmorata)

L'Arcangelo €€€

Favori de longue date dans le quartier chic de Prati, L'Arcangelo fait le bonheur de ses convives avec ses plats traditionnels romains revisités. (06 321 09 92 ; www.larcangelo.com ; Via Guiseppe Gioachino Belli 59-61 ; repas 45-80 €, menu fixe déj 30 € ; 13h-14h30 et 20h-23h lun-ven, 20h-23h sam ; Piazza Cavour)

La Tavernaccia €€

Un personnel souriant et serviable, une ambiance conviviale et une excellente cuisine romaine font de cette trattoria du Trastevere une adresse très prisée. (06 581 27 92 ; www.latavernacciaroma.com ; Via Giovanni da Castel Bolognese 63 ; repas 30-45 € ; 12h45-15h et 19h30-23h jeu-mar ; Stazione Trastevere)

Luciano
Voir p. 51. (lucianocucinaitaliana.com)

Salumeria Roscioli €€€
Le nom de Roscioli est une garantie de qualité et de saveurs, comme vous le découvrirez dans son restaurant-traiteur phare. Les plats traditionnels sont préparés avec des ingrédients de première qualité et un savoir-faire inégalé. (06 687 52 87 ; www.salumeriaroscioli.com ; Via dei Giubbonari 21 ; 9h-21h lun-sam ; Via Arenula)

Terre e Domus
Voir p. 63. (palazzovalentini.it/terre-domus)

Trattoria Da Cesare al Casaletto €€
Riche en saveurs et sans prétention, c'est l'une des meilleures trattorias de Rome, dans le quartier Monteverde ! (06 53 60 15 ; www.trattoriadacesare.it ; Via del Casaletto 45 ; repas 25-50 € ; 12h45-15h et 19h45-23h jeu-mar ; Casaletto)

Trattoria Da Enzo €€
Voir p. 69. (06 581 22 60 ; www.daenzoal29.com ; Via dei Vascellari 29 ; repas 30-35 € ; 12h30-15h et 19h30-23h lun-sam ; Lungotevere Ripa, Viale di Trastevere)

Trattoria der Pallaro
Voir p. 64. (trattoriaderpallaro.it)

Cuisine de rue

Bonci Pizzarium €
Les pizzas à la coupe de Gabriele Bonci, le pizzaïolo le plus renommé de Rome, attirent les foules au Pizzarium, près des musées du Vatican. Les carrés de pâte croustillante sont garnis de divers ingrédients de saison de premier choix. (06 3974 5416 ; bonci.it/pizzarium ; Via della Meloria 43 ; part pizza 5 € ; 10h-20h lun-ven ; Cipro)

Fatamorgana €
Ce glacier, qui a plusieurs succursales en centre-ville, propose des *gelati* de fabrication

NESAVINOV/STOCK.ADOBE.COM ©
Buon appetito !

artisanale et 100% naturelle, à toutes sortes de parfums. Citron-ricotta, ça vous dit ? (06 3265 2238 ; www.gelateriafatamorgana.com ; Via Laurina 10 ; coupe et cornet 2,50-5 € ; 12h-23h ; Flaminio)

Forno Roscioli €
Situé en centre-ville, Forno Roscioli est l'une des meilleures boulangeries de Rome, très appréciée des habitants qui s'y arrêtent pour déguster de succulentes pizzas à la coupe et d'appétissants *supplì* (boules de risotto frites). (06 686 40 45 ; www.anticofornoroscioli.it ; Via dei Chiavari 34 ; part de pizza/en-cas à partir de 2,50 € ; 7h-20h lun-sam, 8h30-19h dim ; Via Arenula)

Trapizzino €
Le Testaccio est la patrie du *trapizzino*, un cône de pain diversement garni, par exemple de *polpette al sugo* (boulettes de viande à la sauce tomate). Difficile à manger sans se salir, mais délicieux ! (06 4341 9624 ; www.trapizzino.it ; Via G Branca 88 ; trapizzino à partir de 3,50 € ; 12h-minuit dim-jeu, 12h-1h ven-sam ; Via Marmorata)

Fraschette

Cantina Simonetti €
Pour un festin typique des Castelli, avec *porchetta*, charcuterie, fromage et vin blanc

local, l'ambiance est garantie dans cette *cantina* authentique de Frascati. (☎345 6300269 ; cantinasimonetti.it ; Piazza San Rocco 4, Frascati ; repas 25 € ; 20h-minuit mar-dim été, 20h-minuit mer-dim et 12h-14h30 sam-dim hiver)

La Selvotta €

Une *fraschetta* en plein air, dans une clairière boisée, à Ariccia. Des bancs en bois, une bonne nourriture et beaucoup d'espace pour que les enfants s'ébattent. (☎06 932 45 21 ; www.laselvottadiariccia.it ; Via Selvotta 43, Ariccia ; repas 15-20 € ; 12h-16h et 19h30-minuit avr-oct ; pas de réservation)

Osteria da Angelo €

L'une des nombreuses *fraschette* (trattorias rustiques) populaires d'Ariccia qui proposent un menu à base de *porchetta* et de spécialités des Castelli Romani. (☎06 933 17 77 ; facebook.com/osteriadaangelo ; Via dell'Uccelliera 24, Ariccia ; menus fixes 15-20 € ; 12h-16h et 19h-minuit)

Cafés, bars et speakeasy

Bar San Calisto

Voir p. 69. (Piazza San Calisto 3-5 ; 6h-2h lun-sam ; Viale di Trastevere)

Barred

Voir p. 51. (barred.it)

Bistrot 64

Voir p. 51. (bistrot64.it)

Club de jazz Big Mama

Voir p. 69. (☎06 581 25 51 ; www.bigmama.it ; Vicolo di San Francesco a Ripa 18 ; 21h-1h30, spectacles 22h30, fermé l'été ; Viale di Trastevere, Trastevere/Mastai)

Freni e Frizioni

Délicieux cocktails, punch évoluant au gré des saisons et somptueux buffet d'*aperitivo* (19h-22h). Voir aussi p. 69. (☎06 4549 7499 ; www.freniefrizioni.com ; Via del Politeama 4-6 ; 18h30-2h ; Piazza Trilussa)

Jerry Thomas Project

Speakeasy (bar caché) tendance nécessitant un mot de passe pour entrer, ce bar dans le style de la prohibition est spécialisé dans les cocktails artisanaux préparés par des maîtres mixologues. (☎06 9684 5937 ; thejerrythomasproject.it ; Vicolo Cellini 30 ; 21h-3h30 lun-dim ; Chiesa Nuova)

La Casina dell'Orologio

Bar établi depuis 1922. Voir p. 49. (www.la-casina-dell-orologio.it/en/home.htm ; Viale dei Bambini, Pincio)

Open Baladin

Champion reconnu de la bière artisanale à Rome, ce pub décontracté propose jusqu'à 40 bières à la pression et une sélection encyclopédique de bières en bouteilles. (☎06 683 89 89 ; www.openbaladinroma.it ; Via degli Specchi 6 ; 12h-15h30 et 18h-1h lun-jeu, 12h-15h30 et 18h-2h ven, 12h-2h sam, 12h-1h dim ; ; Via Arenula)

Retrobottega

Voir p. 50. (retro-bottega.com)

Rivendita Libri, Cioccolata e Vino

Voir p. 69. (☎06 5830 1868 ; www.facebook.com/cioccolateriatrastevere ; Vicolo del Cinque 11a ; 18h30-2h lun-ven, 14h-2h sam-dim ; Piazza Trilussa)

Café avec vue sur le Colisée

Rimessa Roscioli

Faisant partie de l'empire gastronomique Roscioli, ce bar à vins du centre de Rome vise une clientèle de vrais aficionados, avec une impressionnante carte de vins italiens et d'excellents menus dégustation associant vins et plats. (☎ 06 6880 3914 ; www.winetastingrome.com ; Via del Conservatorio 58 ; ⏲ 17h-23h lun-ven, 12h-23h sam-dim ; 📶 ; 🚌 Lungotevere dei Tebaldi)

Sant'Eustachio Il Caffè

Presque toujours plein, ce café du *centro storico* est réputé pour servir le meilleur café de la capitale. Le secret de son velouté est jalousement gardé. (☎ 06 6880 2048 ; www.santeustachioilcaffe.com ; Piazza Sant'Eustachio 82 ; ⏲ 7h30-1h dim-jeu, 7h30-1h30 ven, 7h30-2h sam ; 🚌 Corso del Rinascimento)

Sciascia Caffè

Un café raffiné à l'ancienne, dans le quartier de Prati, où déguster l'un des meilleurs cafés de Rome. (☎ 06 321 15 80 ; sciasciacaffe1919.it ; Via Fabio Massimo 80/a ; ⏲ 7h-21h lun-sam, 8h-21h dim ; Ⓜ Ottaviano-San Pietro)

Terra Satis

Voir p. 69. (☎ 06 9893 6909 ; Piazza dei Ponziani 1a ; ⏲ 7h-2h lun-sam ; 📶 ; 🚌 Viale di Trastevere, 🚋 Belli)

Boutiques et marchés

Confetteria Moriondo & Gariglio

Fondée par des confiseurs turinois fournisseurs de la maison royale de Savoie, cette boutique historique vend douceurs et chocolats de fabrication artisanale aux recettes(souvent du XIXe siècle) jalousement gardées. (☎ 06 699 08 56 ; moriondoegariglio.com ; Via del Piè di Marmo 21-22 ; ⏲ 9h-19h30 lun-sam ; 🚌 Via del Corso)

Fausto Santini

Rien ne signe mieux le style romain qu'une paire de chaussures de Fausto Santini, le plus célèbre chausseur-maroquinier de Rome connu pour la séduisante simplicité architecturale de ses modèles. (☎ 06 678 41 14 ; www.faustosantini.com ; Via Frattina 120 ; ⏲ 10h-19h30 lun-sam ; Ⓜ Spagna)

Marta Ray

Cette élégante boutique du centre-ville vend des ballerines et des boots pour femmes mais aussi des sacs aux couleurs de l'arc-en-ciel, dans un cuir hypersouple. (☎ 06 6880 2641 ; www.martaray.it ; Via dei Coronari 121 ; ⏲ 11h-19h lun-sam ; 🚌 Via Zanardelli)

Mercato Testaccio

Voir p. 53. (mercatoditestaccio.it/area-archeologica)

Tina Sondergaard

Merveilleusement coupées et délicieusement rétro, les créations pour femme de Tina Sondergaard ont la faveur des fashionistas romaines. (☎ 06 8365 5761 ; www.facebook.com/tina.sondergaard.rome ; Via del Boschetto 1d ; ⏲ 10h30-19h30 lun-mer, 10h30-21h jeu-sam, 11h-13h30 et 14h-19h dim ; Ⓜ Cavour)

Vintage Market

Voir p. 53. (facebook.com/vintagemarketroma)

TURIN, PIÉMONT ET CINQUE TERRE

PATRIMOINE | SLOW FOOD | RIVIERA

ANTON WATMAN/SHUTTERSTOCK ©

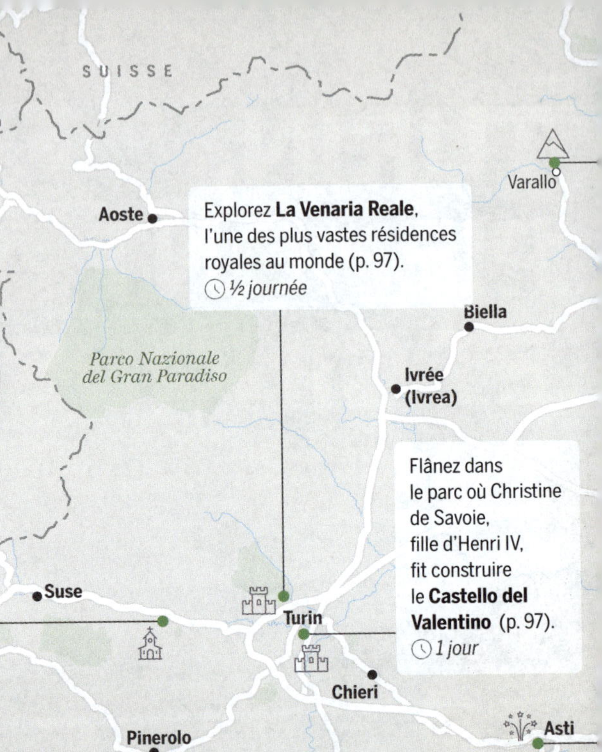

Explorez **La Venaria Reale**, l'une des plus vastes résidences royales au monde (p. 97).
½ journée

Flânez dans le parc où Christine de Savoie, fille d'Henri IV, fit construire le **Castello del Valentino** (p. 97).
1 jour

Accédez à la **Sacra di San Michele**, symbole du Piémont, dans le Val di Susa (p. 104).
1 jour

Rencontrez des producteurs de noisettes et des vignerons du **sud du Piémont** (p. 102).
1 jour

TURIN, PIÉMONT ET CINQUE TERRE
à la carte

Patrie du Slow Food et de crus exceptionnels, ce coin nord-ouest de l'Italie couvre à la fois de hautes contrées sauvages, une couronne de résidences royales et une Riviera mythique où luxe et glamour jouent les vedettes. Un fin cocktail où se mêlent lustre tape-à-l'œil, *dolce vita* intemporelle et authenticité du terroir.

Tel un pèlerin du XVe siècle, grimpez au **Sacro Monte di Varallo**, classé au patrimoine de l'Unesco (p. 120).
1 jour

Quel chemin parcouru par un **manuscrit en vieil anglais** jusqu'à Vercelli (p. 94) ?
1 jour

Différenciez les spécialités piémontaises au **Festival delle Sagre** d'Asti (p. 100).
1 jour

Visitez **Gênes** (p. 109), la porte de la Riviera.
1 jour

La voie littorale ou les hauteurs ? Explorez les **Cinque Terre** côté mer ou en suivant les *alte vie* (p. 116).
1 jour

Découvrez la nature préservée du **parc national de Portofino** (p. 112).
1 jour

Informations pratiques

TTPHOTO/SHUTTERSTOCK ©

ARRIVER

Aéroport de Turin (Torino) Les navettes Arriva (30 min, 7 €) rallient la Piazza Carlo Felice 39, près de la gare centrale de Turin, Stazione Porta Nuova. Vente de billets aux distributeurs du hall ou à bord grâce au paiement sans contact. La course en taxi coûte en gros 40 €.

Aéroport de Gènes (Genova) Les Volabus d'AMT assurent la liaison (30 min, 6 €) entre les deux gares principales de Gênes, Piazza Principe et Brignole. Vente des billets à bord. Comptez 20-30 € en taxi.

BUDGET

Verre de Barolo 5-20 €

Train dans les Cinque Terre 4 €

Chasse aux truffes 70 €

QUAND Y ALLER

AVR-JUIN
Affluence moindre, journées douces sur la côte, temps idéal pour randonner.

JUIL-AOÛT
Pleine saison estivale et rush sur la Riviera..

SEPT
Début des vendanges, fêtes gastronomiques à Turin et dans les Langhe.

OCT-DÉC
Chasse aux truffes blanches près d'Alba en compagnie du caveur et de son chien truffier.

COMMENT CIRCULER

Vélo À Turin, enfourchez un vélo jaune canari en libre-service de [To]Bike. Téléchargez l'appli [To]Bike ou achetez une carte de 1/2 jours (8/13 €) à l'office du tourisme de la Piazza Castello. La plupart des villes du Piémont et de Ligurie ont des prestataires de location de vélos et vélos électriques.

Bus et train Une ligne ferroviaire régulière relie la Stazione Porta Nuova de Turin à Alba, à Bra et à Gênes d'où la ligne côtière dessert la Riviera et les villages des Cinque Terre jusqu'à La Spezia.

Voiture et scooter Loin des cités et des grandes villes, il n'est guère mieux que de jouer les Audrey Hepburn à Vespa. Louez un scooter à l'aéroport ou dans le centre-ville.

SE RESTAURER ET PRENDRE UN VERRE

Apericena Cet apéritif dînatoire est la version turinoise de l'*aperitivo*. Il est mémorable dans les quartiers d'étudiants de San Salvario et du Quadrilatero, notamment dans les bars Beerba (p. 122) et Pastis (p. 123).

Sur le pouce le long de la Riviera Une *focaccia alla genovese* au sel et au romarin, une *farinata* , fine pizza à la farine de pois chiches et de la friture, des calmars ou des poulpes dans des cônes en papier sont à déguster face à la mer. À San Remo, optez pour la *sardenara*, une focaccia garnie de tomates, d'oignons, de câpres et de sardines.

Pâtes sublimes Osteria del Boccondivino (p. 124)

Meilleur spritz au couchant Al Faro di Portofino (p. 122)

SE CONNECTER ET S'ORIENTER

Wi-Fi Gratuit dans les aéroports, les bureaux de poste et les stations-service des autoroutes. Carte interactive des points d'accès gratuits en Ligurie sur le site regioneliguriawifi.it.

Orientation Impossible de ne pas se perdre dans les *caruggi* (venelles) de Gênes ! Une carte est nécessaire pour la randonnée.

PASS TOURISTIQUES

La **Torino+Piemonte card** (1/2/3 jours, 28/36/43 €) donne accès à 190 monuments et musées piémontais. À Gênes, la **Musei card** (1/2 jours 12/16 €) permet de visiter plus de 20 musées génois. La **Cinque Terre card** (accès illimité aux sentiers et aux bus électriques 1/2 jours 7,50/14,50 €).

OÙ LOGER

Turin, les villages des Cinque Terre et les stations balnéaires de la Riviera ne sont pas bon marché. Sur la côte, les hébergements sont vite complets d'avril à septembre. Il faut impérativement réserver.

Ville/région	Pour/Contre
Turin	Hôtels pour tous les budgets et nombreux B&B pleins de caractère.
Gênes	Classieux hôtels de charme et B&B dans le centre historique ; ailleurs tarifs très abordables mais prestations très basiques.
Alba	Agréables B&B en ville ; villas chics, B&B traditionnels et séjours tendance à la ferme dans la campagne des Langhe.
Golfo dei Poeti	La Spezia, principale ville, est un lieu de séjour abordable sur la route des Cinque Terre ; plus haut de gamme, Lerici et Porto Venere, réunissent B&B et appartements à louer.
Cinque Terre	Chaque village a un avantage : l'hôtel à Monterosso, de superbes appartements à Manarola et d'honnêtes B&B à Corniglia.

ARGENT

Dans les Cinque Terre, prévoyez des espèces. Sinon, le paiement sans contact se généralise partout.

Les grands classiques

Pour les infos pratiques de chaque site, reportez-vous au carnet d'adresses p. 118.

Museo Egizio (musée Égyptien), Turin

"La route de Memphis et Thèbes passe par Turin", affirmait Champollion, déchiffreur de la pierre de Rosette. Inaugurée en 1824 et aménagée dans l'austère Palazzo dell'Accademia delle Scienze, cette institution abrite la plus grande collection de trésors égyptiens après Le Caire. Les choix muséographiques rendent la visite particulièrement intéressante. Vous pouvez facilement consacrer une demi-journée à ce musée !

CLAUDIO DIVIZIA/SHUTTERSTOCK ©

Palais et musées royaux, Turin

Le Palazzo Reale, édifié en 1646 pour la régente Christine de France, renferme des salles à la décoration somptueuse, embellies par du mobilier et des tapisseries d'époque. Faites un détour par la Cappella della Sacra Sindone (chapelle du Saint-Suaire), chef-d'œuvre du XVIIe siècle. Les Giardini Reali furent dessinés en 1697 par André Le Nôtre, le créateur des jardins de Versailles. Si vous avez peu de temps pour les musées, concentrez-vous sur la Galleria Sabauda, qui abrite la collection personnelle de la maison de Savoie, avec des œuvres de Van Dyck, Rubens, Véronèse et Rembrandt.

HARI SELDON/SHUTTERSTOCK ©

Palais Madame, Turin

Érigé au XIIIe siècle, ce palais doit son nom de Palazzo Madama à Christine de France, qui en fit sa résidence principale à la mort de son époux, le duc de Savoie, VictorAmédée Ier, en 1637. Aujourd'hui, la majeure partie de l'édifice accueille un vaste musée dédié à l'art décoratif et à l'art contemporain.

PAOLO GALLO/SHUTTERSTOCK ©

KARL ALLEN LUGMAYER/SHUTTERSTOCK ©

Cattedrale di San Giovanni Battista, Turin

La cathédrale cache une précieuse relique : le saint suaire de Turin, à l'abri dans une châsse en verre blindé remplie d'un gaz inerte. Ce linceul qui aurait enveloppé le corps du Christ attire une foule de fidèles. De la célèbre étoffe, vous ne verrez pourtant que son écrin. Une vidéo retrace son histoire.

Palazzi dei Rolli, Gênes

À la lisière nord de la cité médiévale de Gênes, trois des *palazzi* de la Via Garibaldi constituent le complexe des Musei di Strada Nuova, réunissant la plus belle collection d'œuvres de maîtres de la ville. Le Palazzo Reale (Palais royal) est une autre demeure à ne pas manquer parmi les Palazzi dei Rolli (p. 109) !

PICASA/STOCK.ADOBE.COM ©

ARKANTO/STOCK.ADOBE.COM ©

Villages des Cinque Terre

Joyaux de la côte ligure, classés au patrimoine mondial de l'Unesco depuis 1997, les cinq villages des Cinque Terre (Corniglia, Manarola, Monterosso, Riomaggiore, Vernazza ; p. 116), ont conservé leur singularité et leur attrait en dépit de la pression touristique. Ils se distinguent avant tout par leur architecture traditionnelle – de hautes maisons aux façades peintes –, et par des falaises taillées en terrasses, modelées par l'homme en un réseau complexe de champs et de jardins retenus par des *muretti* (murets de pierre) entretenus depuis près de deux millénaires.

10 VERCELLI la méconnue

CULTURE | EXCURSION À LA JOURNÉE | GASTRONOMIE

Au cœur des rizières de la vallée du Pô, cette cité d'époque médiévale reste à l'écart des circuits classiques. Destination idéale pour une escapade à la journée (elle est à 80 km de Turin), cette petite ville aux trésors bien gardés réjouit aussi les papilles par ses délicieuses spécialités culinaires.

DI LUCA PONTI/SHUTTERSTOCK ©

En pratique

S'y rendre La ligne régionale Turin-Milan est desservie, dans un sens comme dans l'autre, par des trains réguliers toutes les heures.

Quand Toute l'année, mais l'automne, le printemps et le début de l'été sont ravissants.

À savoir Entre la gare et le centre-ville, faites halte à l'**ATL Vercelli** (atlvalsesiavercelli.it) pour avoir des informations détaillées sur la ville.

Pour les mélomanes qui souhaitent plus d'informations sur le **concours Viotti** : concorsoviotti.it.

GERVASIO S._EUREKA_89/SHUTTERSTOCK ©

Page de gauche, en haut Croisées d'ogives de la Basilica di Sant'Andrea
En bas Piazza Cavour, Vercelli

L'Europe avant l'heure Si modeste de taille soit-elle, Vercelli (Verceil) réserve quelques surprises. La **Basilica di Sant'Andrea** (p. 120) témoigne des débuts du gothique en Italie. Des moines de l'abbaye de Saint-Victor à Paris furent appelés pour la construction de l'abbaye et de l'hôpital pour pèlerins sur la Via Francigena. Ne manquez surtout pas la bibliothèque capitulaire de la cathédrale Sant'Eusebio car elle abrite le **Livre de Verceil**, l'un des quatre codex en vieil anglais subsistant dans le monde (fin du Xe siècle) et parvenu à Vercelli au Moyen Âge.

Places Nombre de places, rues et édifices invitent le promeneur à remonter le temps. La médiévale **Torre dell'Angelo** surplombe la **Piazza Cavour**, cœur de l'action et site du marché de producteurs (mardi et vendredi). Non loin, la minuscule **Piazza Broletto** (aussi appelée place du Poisson) vous replonge au XIVe siècle.

Piano et chant Depuis les années 1950, Vercelli accueille le Concours international de musique **Viotti** (voir p. 94). Consacrée selon que l'année est paire ou impaire au piano ou au chant, cette compétition attire des milliers de musiciens accomplis et de renom international. Elle se déroule sur plusieurs week-ends de suite, de fin octobre à début novembre.

Gourmands, goûtez donc...

Impossible de quitter Vercelli sans avoir goûté son risotto, la *panissa*, un riz local aux haricots, saucisson, vin rouge et saindoux. Le modeste et raisonnable **Bislakko** (p. 123) en cuisine un très bon. Si vous aimez les douceurs, essayez les *bicciolani*, des biscuits épicés, et la *tartufata*, un gâteau imbibé de liqueur, de la pâtisserie **Follis** (p. 125). Laissez-vous tenter par la glace *fondente* (chocolat noir) de la **Gelateria Pagni** (p. 125) ou par son délicieux café à la crème.

Recommandé par Marta Mattea, *guide touristique à Vercelli*

11 TURIN en ses palais

ARCHITECTURE | PROMENADE | HISTOIRE

Antichambre du Risorgimento avec Cavour (un Turinois), l'éphémère capitale italienne en 1861 reste un lieu de cour. Ses élégants portiques, ses places pavées et ses somptueux palais, classés au patrimoine mondial de l'Unesco, rappellent qu'elle fut le fief de la maison de Savoie.

TARA VAN DER LINDEN PHOTO/SHUTTERSTOCK ©

En pratique

Circuler Les palais de Turin sont accessibles à pied ou en transports en commun. Prenez un train ou une navette (p. 119) pour atteindre ceux de la Corona di Delizie (p. 118), une ceinture de châteaux et de fastueux relais de chasse dans la campagne turinoise.

Quand Toute l'année, mais la fraîcheur due à la proximité des Alpes fait recommander la fin du printemps, l'été (sauf août) et le début de l'automne.

Tarif L'entrée coûte le plus souvent 10 €, mais il existe de nombreuses réductions.

MIKEDOTTA/SHUTTERSTOCK ©

EL GRECO 1973/SHUTTERSTOCK ©

Page de gauche, en haut Palazzo Reale **En bas** Borgo Medievale au Parco del Valentino **Ci-contre** Palazzo Carignano

Cœur de Turin Le palais le plus central et le plus connu forme l'actuel pôle des **Musei Reali** (p. 92) sur la Piazza Castello, au cœur de la ville. Au **Palazzo Reale**, principale résidence des ducs de Savoie en Piémont et haut lieu de la politique piémontaise depuis au moins trois siècles, s'ajoutent, entre autres, la **Biblioteca Reale** et ses inestimables collections, et la **Cappella della Sindone** (chapelle du Saint-Suaire), chef-d'œuvre baroque de la fin du XVIIe siècle rendu il y a peu au public après la méticuleuse restauration de sa coupole suite à l'énorme incendie de 1997.

Palais urbains Accessibles à pied du Palazzo Reale, d'autres résidences retiennent l'attention. La terrasse du toit du **Palazzo Madama** (p. 93) offre un superbe point de vue. Limitrophe du Parco et du **Castello del Valentino** (p. 118), le **Borgo Medievale** (p. 118) reconstitue un village médiéval. Et, pour comprendre l'histoire de l'unification italienne au XIXe siècle, visitez le musée que renferme le **Palazzo Carignano** (p. 120).

Couronne des Délices Parmi les palais en périphérie de Turin, le plus célèbre est **La Venaria Reale** (ou Reggia di Venaria, p. 119), classé au patrimoine mondial de l'Unesco. Dessiné par Amedeo di Castellamonte, puis par Michelangelo Garove, avec des dépendances conçues par Juvarra, ce château est une résidence de chasse bâtie en 1675 pour Charles-Emmanuel II de Savoie au cœur de l'immense parc de La Mandria, haras de la famille des Savoie. Autres palais remarquables : la **Palazzina di Caccia di Stupinigi** (p. 119) et le **Castello di Rivoli** (p. 118).

Turin gourmet

Pour un repas étoilé (au Michelin), réservez une table au **Ristorante del Cambio** (p. 124), face au Palazzo Carignano. Depuis le XVIIIe siècle, nombre de politiciens se sont attablés ici – comme Camillo Benso, le comte de Cavour, champion de l'unification italienne au XIXe siècle. Musiciens, comédiens et philosophes, au nombre desquels Verdi, Nietzsche ou... Audrey Hepburn, lui emboîtèrent le pas.

Recommandé par Gloria Faccio,
Office du tourisme de Turin

12 LE GOÛT des cafés turinois

ART DE VIVRE | PROMENADE | DOUCEURS

Il y a un petit air parisien dans les belles avenues arborées de Turin et un parfum viennois dans ses cafés Art nouveau. Cette ville élégante, encadrée par les Alpes, fut aussi la première à commercialiser du chocolat à croquer. Politiquement parlant, Turin joua un rôle majeur dans la création de la nation italienne au XIXe siècle. Les discussions dans les cafés devaient alors aller bon train et contribuer à bâtir un monde nouveau ! À votre tour de faire la tournée des cafés historiques et de succomber à leur charme.

En pratique

S'y rendre Ces cafés se trouvent dans le centre historique, près du Palais royal et du Musée égyptien.

Quand Dans l'après-midi pour déguster leurs succulents gâteaux, chocolats ou glaces.

Trio de choix Côtoyant des établissements toujours plus nombreux plutôt standardisés, les cafés classiques, présents depuis des lustres, ne changent guère. Vous serez sous le charme de leur cadre et leur carte vous fera fondre de plaisir !

Le **Caffè Al Bicerin** (p. 125), vénérable établissement ouvert en 1763 a conservé de ravissantes boiseries du début du XIXe siècle. Son nom fait référence à sa boisson emblématique, un puissant mélange de chocolat, café et crème, qui séduisit Dumas, Puccini,

Page de droite, en haut Une invitation à pousser la porte. **En bas** Le fameux, et réconfortant, *bicerin*, inventé dans le café du même nom et désormais reconnu comme une "boisson piémontaise typique" !

STEFY MORELLI/SHUTTERSTOCK ©

FILIPPOPH/STOCK.ADOBE.COM ©

La ville du chocolat

En 1806, le blocus continental de Napoléon Ier entraîne la raréfaction et l'augmentation des prix des produits coloniaux, semant la panique chez les pâtissiers. Michele Prochet remplace alors en partie le cacao par la noisette des Langhe. En 1865, la confiserie Caffarel présente le premier chocolat gianduiotto typiquement turinois. Vous aurez l'embarras du choix côté chocolatiers et pâtissiers : ils sont innombrables à Turin !

Nietzsche et Calvino, mais aussi la maison de Savoie et les ouvriers de Turin (le prix ne changea pas pendant un siècle, ce qui assura à tous de pouvoir y goûter).

Le **Caffè Torino** (p. 125), très rétro, a vu le jour en 1903, sous les arcades de la Piazza San Carlo. Une plaque de cuivre portant l'emblème de la ville, un taureau (*torino* signifie petit buffle), est scellée dans le trottoir devant. Frottez-y vos chaussures pour attirer la chance !

Il y a quelque chose de magique à s'asseoir à la place de Mark Twain et à contempler les dorures du **Fiorio** (p. 125) où les étudiants du XIXe siècle échafaudèrent des révolutions, et où le comte de Cavour joua au whist. Aujourd'hui, goûtez au chocolat chaud doux-amer.

13 Fêtes à FOISON

GASTRONOMIE | BOISSONS | MUSIQUE

La gastronomie est un des piliers de la culture italienne, surtout en Piémont. Dans les plaines, à la montagne comme sur les collines, fêtes et événements divers célèbrent mets et boissons les plus typiques et les plus savoureux.

En pratique

S'y rendre Les cités importantes comme Asti et Turin sont desservies par le train. Louez une voiture pour atteindre les plus petites villes et les villages.

Quand Il est bien sûr plus agréable de festoyer dehors aux beaux jours, de mai à octobre.

Infos Consultez des sites dédiés aux agendas festifs comme **Itinerari Nel Gusto** (itinerarinelgusto.it) ou le site de certaines manifestations : **Cioccolatò** (cioccola-to.eu) à Turin, la **course de tonneaux** (corsadellebottinizza.com) ou le **Carnevale d'Ivrea** (storicocarnevaleivrea.it).

Carpe diem

Cuisine Spécialités piémontaises, la *bagna càuda* (sauce épicée à l'ail et à l'anchois), la *toma* (tomme de vache), les truffes et les *agnolotti* (pâtes farcies) sont célébrés dans toute la région. En septembre, le **Festival delle Sagre di Asti** conjugue tous les plaisirs, tous les villages et les villes entourant Asti proposant chacun les leurs. Si vous aimez les friandises, assistez au **Cioccolatò**, grand rendez-vous turinois qui se déroule généralement en novembre. C'est le paradis (ou l'enfer !) des fondus de chocolat.

Page de droite, en haut Bataille des oranges, Ivrea
En bas Cioccolatò, Turin

ILLPAXPHOTOMATIC/SHUTTERSTOCK ©

STEFANO GUIDI/SHUTTERSTOCK ©

Bon à savoir

Tenue Chaussez-vous bien : les rues en Italie ne pas toujours de tout repos.

Arrivez tôt Les premiers arrivés sont les premiers servis. Or, il y aura du monde (et des voitures).

Du calme ! Pas de fête sans petits désordres et files d'attente : cela fait partie de l'ambiance.

Conseils de l'équipe de l'office du tourisme de Nizza Monferrato

Boissons Outre le Festival delle Sagre, Asti accueille la **Douja d'Or**, l'une des plus importantes foires aux vins piémontaises. Elle permet de s'approvisionner en barolo, barbera et autres vins de la région. Il existe aussi des fêtes de la bière, et notamment de la bière artisanale.

Fêtes L'allégresse est de mise à la **course de tonneaux** annuelle de Nizza Monferrato, qui consiste à faire rouler d'énormes tonneaux dans les rues, au **Collisioni Festival** de Barolo qui rassemble des musiciens internationaux, ou à la fameuse **Bataille d'oranges** du Carnevale d'Ivrea.

14 Sur les terres du SLOW FOOD

GASTRONOMIE | DÉVELOPPEMENT DURABLE | ROAD TRIP

Le sud du Piémont est le grenier de l'Italie du Nord. Sa campagne verdoyante et vallonnée compose un riche terroir. Noisettes, truffes blanches, riz arborio, veau élevé sous la mère, grappes de nebbiolo, fromages... ont donné le goût de manger local ! C'est ici qu'est né en 1986 le mouvement qui valorise les produits "de la fourche à la fourchette" !

ROSTISLAV GLINSKY/SHUTTERSTOCK ©

En pratique

S'y rendre Des trains fréquents relient Alba, la jolie capitale dynamique des Langhe, à Bra, Turin et d'autres villes italiennes.

Quand Les vendanges (d'août à octobre) sont une période grisante : il fait doux et la lumière est superbe. Le printemps est le moment idéal pour faire du tourisme.

Notre conseil Pour goûter pleinement la vie à l'italienne, ralentissez la cadence en circulant à Vespa ou à vélo électrique. **Langhe Experience** (langhe-experience.it) en loue à Alba.

TENNIS/SHUTTERSTOCK ©

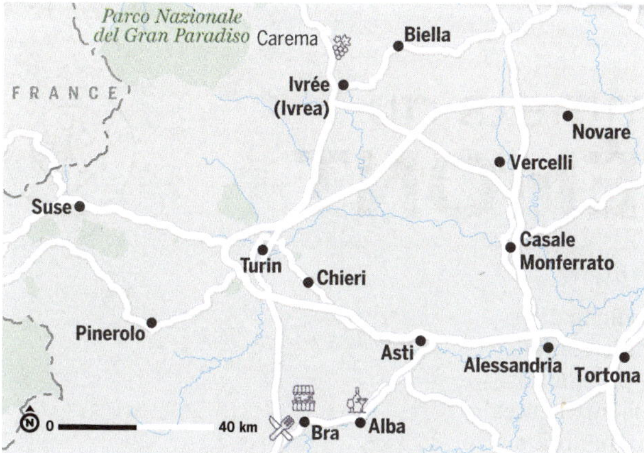

Marchés du terroir La ville de Bra est le berceau du Slow Food. Tout un réseau de marchés de petits producteurs promeut ainsi des "aliments bons, propres et équitables", tel le Mercato della Terra di Bra où sont vendus charcuterie, miel, noisettes, fromages de chèvre et de vache, *saras* (ricotta locale) et autres produits régionaux. Vous pourrez aussi visiter laiteries et laboratoires de fabrication du chèvre, boulangers...

Accords novateurs Le mouvement locavore unissant chefs en cuisine et producteurs locaux dépasse le simple cadre de la table. Ainsi, à Alba, les cocktails éclatants de l'élégant **Soda** (p. 124) se marient à des plats végans, toujours à base de produits locaux. Ses cocktails au gin inhabituels mêlent les saveurs de la citronnelle, du céleri et du poivre. Son Bloody Mary "slow" allie vodka fumée, tomates cerises, romarin et sel gemme.

Sauvegarde des savoir-faire Les amateurs de vins curieux oublieront le barolo et le barbaresco, ces vins réputés du Piémont, pour aller à Carema, dans le Nord, où façades et jardins sont couverts d'espaliers, tonnelles et pergolas pour soutenir les treilles de nebbiolo. Sur 12 hectares de terrasses escarpées, la vigne s'enroule ainsi vers le haut pour s'étirer ensuite à l'horizontale. La chaleur accumulée le jour par les piliers de pierre de la pergola dispense la nuit ses bienfaits, créant une sorte de microclimat bénéfique à la vigne. Goûtez le rouge sec AOC pour mesurer l'importance du travail réalisé pour protéger les productions menacées d'extinction et les pratiques agricoles durables.

Page de gauche, en haut Riche étal de fromages sur un marché à Bra
En bas Treilles de Nebbiolo, Carema

Premier locavore

À Bra, l'**Osteria del Boccondivino** (p. 124) est l'endroit idéal pour découvrir la philosophie du Slow Food, car c'est le siège du mouvement. Carlo Petrini l'a ouverte avant de se consacrer au Slow Food. Au menu figurent nombre de *Slow Food Presidia*, autant de produits locaux menacés de disparition. Deux spécialités emblématiques sont servies en permanence : les *tajarin*, sortes de fines tagliatelles faites chaque jour à la main (40 œufs par kilo de farine), et la meilleure pannacotta du monde. Personne n'a jamais affirmé en avoir mangé de meilleure.

Roberto Burdese, *membre du comité exécutif de Slow Food International et ancien président de Slow Food Italy, @SlowFood*

15 Sommets du PIÉMONT

NATURE | CULTURE | RANDONNÉES

Le "pied du mont" affiche dans son nom même la géographie comme le patrimoine de la région piémontaise. Des sommets les plus hauts aux pentes vallonnées des Préalpes, un panorama merveilleux s'offre à vous dès que vous commencez à grimper.

En pratique

Quand Pour randonner, optez pour les mois les plus doux en sorte d'éviter la pluie. Il risque d'y avoir plus de monde le week-end et durant les vacances.

Tarifs Comptez environ 8 € d'entrée à la Sacra di San Michele. Pour passer la nuit en refuge, comptez entre 40 et 150 € en demi-pension.

Mesurer ses efforts Que vous soyez un randonneur aguerri ou simple marcheur, il existe des itinéraires de toutes difficultés, de la simple promenade en toute autonomie au trek sur glaciers exigeant de l'expérience et un guide pour la course.

Neige et sanctuaires Mille et un sanctuaires couvrent les monts du Piémont, mais c'est l'austère silhouette de la **Sacra di San Michele** (p. 120), dans le Val di Susa, qui symbolise la région. Surtout depuis que le "mont Saint-Michel italien" a été immortalisé par *Le Nom de la rose* d'Umberto Eco. On parvient au monastère en 800 m à pied sans gros effort, ou bien le long d'une corde sur 600 m, voire en 3 heures de VTT. Autre symbole sur la hauteur, la "nouvelle Jérusalem" de la Valsesia, le **Sacro Monte di Varallo** (p. 120), inscrit au patrimoine

Page de droite, en haut Sacra di San Michele **En bas** Randonneur face au mont Rose

Vallées walsers et occitanes

Peuple alémanique, les **Walsers** se sont installés au Moyen Âge dans les hautes vallées du Val d'Aoste et du nord du Piémont. À Alagna Valsesia, la fête du saint patron, Jean le Baptiste, fin juin, permet de mieux connaître les traditions locales. L'Occitanie s'étend jusqu'à l'extrême ouest du Piémont. Si vous souhaitez écouter de la musique occitane du Xe siècle, l'association Espaci Occitan vous recommande le Festival de musique **Occit'Amo**.

mondial de l'Unesco, fut le premier des monts sacrés (Sacri Monti) créés pour les pèlerins trop pauvres pour aller jusqu'en Terre sainte. L'ascension jusqu'au sommet est scandée par 45 étapes/chapelles, à moins de grimper jusqu'à la basilique par le téléphérique.

Refuges alpins Pour une ascension en pleine nature, rejoignez le **Rifugio Pastore** (p. 121), à 50 minutes d'Alagna Valsesia. Si vous avez plus d'endurance, visez le **Monte Rosa** (4 634 m, p. 120), second plus haut sommet des Alpes après le Mont-Blanc. Les alpinistes chevronnés s'aventureront ainsi jusqu'au **Capanna Margherita** (p. 120), à 4 554 m.

FEDERICO CAPPONE/SHUTTERSTOCK ©

ROBERTO CAUCINO/SHUTTERSTOCK ©

16 Échappée belle au LAC D'ORTA

NATURE | CULTURE | RANDONNÉES

Niché dans d'épaisses forêts vert sombre, le paisible lac d'Orta (ou lac Cusio), voisin de l'immense lac Majeur (p. 144), constitue une belle escapade romantique, à 2 heures en voiture de Turin. De courts sentiers autour du village partent à l'assaut du Sacro Monte di San Francesco.

LUCA LORENZELLI/STOCK ADOBE.COM ©

En pratique

S'y rendre Comptez 1 heure 40 en voiture par l'A4 (130 km) ou 2 heures 15 par l'E70 (200 km) au départ de Turin.

Circuler Bateaux au départ de la Piazza Motta, à destination notamment de l'Isola San Giulio (aller-retour 3,20 €), d'Omegna, de Pella et de Ronco. Billet pour des trajets illimités sur le lac à la journée : 9,20 €. Contact : **Navigazione Lago d'Orta** (☎ 345 5170005 ; www.navigazionelagodorta.it).

Bon plan Il est possible de piquer une tête dans le lac en été.

ROBERTO BINETTI/STOCK.ADOBE.COM ©

Page de gauche, en haut Isola San Giulia, lac d'Orta **En bas** Point de vue sur le lac

Des rives du lac au sommet d'un mont sacré

Orta San Giulio Le village d'Orta San Giulio (Orta) et sa belle basilique romane sur l'île San Giulio est le point central du lac. Étagée sur les rives boisées du lac scintillant, Orta vous séduira par sa douceur de vivre. Elle occupe une petite péninsule dont toutes les ruelles ou presque sont parallèles au lac et convergent vers la Piazza Mario Motta et son petit port.

Isola San Giulia Du port, il est facile de rejoindre l'Isola San Giulia, dominée par la **Basilica di San Giulio** (p. 118), datant du XIIe siècle. Ses fresques éclatantes valent le détour. Elles représentent essentiellement des saints, et parfois leur martyre. La basilique, l'île et le village portent le nom du moine évangéliste grec Jules, qui aurait vaincu, à la fin du IVe siècle, les serpents, dragons et autres créatures monstrueuses qui infestaient l'île.

Sacro Monte di San Francesco Des sentiers d'environ 3 km de long contournent le village et sa colline dominée par le mont sacré. Au-delà des jardins luxuriants et des résidences qui ponctuent la colline derrière Orta, le Sacro Monte di San Francesco, voué à saint François d'Assise, consiste en une vingtaine de chapelles qui jalonnent le versant de la colline. La vue sur le lac est saisissante, et il est très agréable de progresser tranquillement de chapelle en chapelle.

Bonnes tables sous la glycine

Besoin de reprendre des forces après une randonnée au mont sacré ? Le bourg compte plusieurs adresses de choix.

Le **Cucchiaio di Legno** (p. 123) est un authentique restaurant d'*agriturismo*. Il concocte de délicieux plats locaux : poisson du lac, salami et fromage des vallées voisines... L'ambiance est particulièrement plaisante dehors, sous la tonnelle.

Noyée sous les glycines, au cœur du village, la **Locanda di Orta** (p. 124) est une table plus créative qui met également les produits régionaux à l'honneur. Vous serez au paradis si vous décrochez une table : mieux vaut réserver car il n'y a que 17 couverts.

17 LA MER en chansons

MUSIQUE | CULTURE | FESTIVALS

Montagnes plongeant à pic dans la mer et panoramas spectaculaires ne suffisent pas à qualifier la Ligurie. Adossée aux Alpes maritimes, l'étroite bande côtière déroule sa Riviera entre Gênes et Vintimille, entre stations huppées, hameaux perchés et oliveraies. Cette terre aux contours âpres et doux a vu naître de grands auteurs-compositeurs. Petit guide pour vivre sur place cet amour de la chanson.

ANDREA RAFFIN/SHUTTERSTOCK ©

En pratique

S'y rendre Les trains de Trenitalia desservent la plupart des villes de la Riviera. Ils sont parfois en retard mais grâce à eux pas de problème de stationnement !

Quand Le **festival de San Remo** (www.rai.it/programmi/sanremo/) et le **Premio Tenco** (clubtenco.it) ont généralement lieu en février. Mais rien ne vous empêche de profiter des mois plus chauds.

Notre conseil Le matin ou à midi, la *focaccia alla genovese* est toujours la bienvenue.

LUCIANO VITI/GETTY IMAGES ©

Page de gauche, en haut Les Pinguini Tattici Nucleari au festival de San Remo en 2020 **En bas** Fabrizio De André

Au diapason des flots

L'esprit de la chanson Auteurs, compositeurs et chanteurs italiens ont depuis longtemps trouvé l'inspiration dans les rues de la fière cité génoise. Dans les années 1960 y est né un mouvement artistique appelé *Scuola Genovese* (école de Gênes) dont les auteurs-compositeurs ont marqué de leur empreinte la musique italienne. Classé au rang des poètes dans les manuels de littérature, Fabrizio De André, dit Faber, fut l'un de ses chefs de file. Situé dans une rue du centre de Gênes qui a donné son nom à l'une des mélodies les plus célèbres du chansonnier, le petit **musée** (voir p. 119) Via Del Campo 29 Rosso lui rend hommage.

Théâtre Ariston Prononcez "musique" et "Ligurie", tout Italien vous répondra : **Festival de San Remo**. À la source du fameux Eurovision de la chanson, le plus célèbre concours de la chanson en Italie se déroule sur 5 nuits en novembre. Il est retransmis sur les chaînes nationales mais les places s'arrachent au théâtre Ariston, si onéreuses soient-elles. C'est LE spectacle de variétés italiennes par excellence. À la même période, l'Ariston accueille le **Premio Tenco**, concours d'auteurs-compositeurs organisé par le Club Tenco en l'honneur de Luigi Tenco, autre grand nom de la Scuola Genovese.

Gênes

Gênes, le plus grand port d'Italie, possède un riche patrimoine architectural, qui témoigne de son histoire : la république de Gênes régna sur la Méditerranée aux XIIe et XIIIe siècles. Au printemps (vers avril) ou à l'automne (vers octobre) ont lieu des journées du patrimoine, les **Rolli Days** (visitgenoa.it/rolli) qui ouvrent au public les portes des 42 palais classés au patrimoine mondial de l'Unesco. Gênes brille en effet de tous ses feux sous les ors des **Palazzi dei Rolli** (p. 93), des demeures grandioses, qui avaient pour vocation d'héberger chacune à leur tour les officiels reçus par la puissante république maritime. Ce remarquable modèle urbain gagna en notoriété dans le reste de l'Europe grâce aux dessins de Rubens (*Palazzi di Genova*, Anvers, 1622) et l'ensemble architectural est inscrit au patrimoine mondial de l'Unesco. Outre la visite de ces lieux splendides, plusieurs manifestations ont lieu à l'occasion de ces journées portes ouvertes.

18 Romance sur la RIVIERA

HISTOIRE | PLAGE | GLAMOUR

Immortalisée dès le XVIIIe siècle par écrivains et artistes du Grand Tour, la Riviera di Levante (de Gênes au golfe des Poètes), ses paysages enchanteurs et son glamour inouï incarnent le romantisme par excellence. Un charme qui opère toujours.

ALBERTO MASNOVO/SHUTTERSTOCK ©

En pratique

S'y rendre et circuler Gênes est bien reliée au reste de l'Italie par des trains (plutôt lents). Il faut avoir le cœur bien accroché pour circuler en voiture.

Quand Au printemps, en septembre ou en octobre, le temps reste doux et l'affluence moindre.

Notre conseil Dégustez un cornet ou une coupe de *panera* (café-crème, un mélange génois), de citron de Sorrente ou d'orange amère dans l'élégante **Gelateria Profumo** (p. 125), un glacier à l'ancienne, à Gênes.

ESCAPETHEOFFICEJOB/SHUTTERSTOCK ©

Plages de charme

Lové entre deux superbes baies abritées, le village de **Fiascherino** et son sable doré vous séduiront tout autant que l'écrivain anglais D. H. Lawrence venu écrire ici en 1913-1914 dans une villa avec vue sur la mer. Pour découvrir les criques, louez un kayak et rejoignez à 1 km plus au sud les maisons de pêcheurs rose et orange délavés de **Tellaro**, où Lawrence allait chaque semaine chercher son courrier et siroter un *spritz* face au couchant. Faites de même à la terrasse du bar La Marina sur le port.

INU/SHUTTERSTOCK ©

Contemplation

Du promontoire occidental du fameux **Golfo dei Poeti** (golfe des Poètes) à **Porto Venere**, on se prend à rêver face aux mouettes qui survolent la crique déchiquetée. Et la perspective sur les Cinque Terre, qui se

En amoureux au crépuscule

Après une journée de balade, existe-t-il cadre plus romantique pour un apéritif face à la mer que le **Bar Dai Muagetti** (p. 123) ? Datant des années 1960, il se trouve à côté du minuscule San Rocco. Réservation impérative.

Par Lorenzo Marsano, *un bon vivant génois, @L_Marsano*

En haut Fiascherino **En bas** Tellaro
Ci-dessus Grotta Arpaia (Grotta di Byron), Porto Venere

déploie depuis les rochers aménagés en terrasses de la **Grotta Arpaia** (rebaptisée affectueusement la Grotta di Byron), rappelle combien elle enchantait les romantiques anglais du XIXe siècle, lord Byron en tête.

Nature préservée

Avec ses 60 km de sentiers de randonnée, le **Parco Naturale Regional di Portofino** (p. 121) semble à des lieues du luxe tapageur de Portofino. La ferme écologique **La Portofinese** (p. 124) exploite de nouveau en méthodes traditionnelles vignobles, oliveraies et moulins à huile jadis laissés à l'abandon.

Sentiers côtiers

Lerici était un charmant hameau de pêcheurs avant de devenir une station balnéaire huppée aux belles villas accrochées aux falaises. Magnolias, ifs et cèdres peuplent ses jardins publics des années 1930. Partant du front de mer adossé aux falaises, un pittoresque

Mes *passeggiate* préférées

Gênes Dans la ville que j'aime (voir aussi p. 109), ma *passeggiata* débute à Santa Maria Assunta di Carignano, une église de la Renaissance, puis je passe devant l'École d'architecture de la Collina di Castello où j'ai étudié, l'église médiévale de San Donato, le Palazzo Ducale et la cathédrale avant de rejoindre la mer.

De Portofino à San Fruttuoso. Une balade facile de 1 heure 30 entre prairies, pins, genévriers, myrtes et oliviers avec la mer en contrebas.

Riserva Naturale Statale Agoraie di Sopra e Moggetto (p. 121) Non loin de Gênes, ce parc protégé abrite des lacs glaciaires et un environnement alpin préservé.

Filippo Casaccia, *Romancier et scénariste génois, @DzigaCacace*

Page de gauche San Fruttuoso
Ci-dessous Dolceacqua

sentier côtier serpente sur 3 km jusqu'au discret village de **San Terenzo** au nord-ouest. Sa plage de sable, sa forteresse génoise et ses villas pastel en équilibre au-dessus des flots ont séduit dans les années 1820 Percy Bysshe-Shelley et son épouse la romancière Mary Shelley. Ils habitaient en bord de mer la **Villa Magni**, désormais fermée en dehors des séances de cinéma estival dans le jardin.

Côte sauvage

Pas vraiment déserte, mais agréablement épargnée par la foule, la minuscule **île de Palmaria** (p. 120) compte une cinquantaine d'habitants. On dit que Botticelli se serait inspiré de sa côte sauvage pour dessiner le cadre de *La Naissance de Vénus* (1484-1486)... Une promenade de reconnaissance s'impose le long de ses falaises, criques et plages rocheuses.

Ruelles d'un autre temps

Le dédale sinueux des *caruggi*, toutes petites rues étroites et sombres de la Gênes médiévale, fut le théâtre de nombreux baisers volés et de maintes idylles sous le linge séchant sur les cordes. Il s'en dégage un charme fou, particulièrement Via Orefici ou Vico all Chiesa delle Vigne, qui abrite l'étonnante **galerie d'art de Primo Piano** (p. 119) à **Gênes**. Mais il en va de même à **La Pigna**, vieille ville perchée de **San Remo**, ou dans le centre médiéval de **Dolceaqua** si pentu.

CINQUE TERRE
Les couleurs de la Ligurie

01

03

04

02

01 Manarola
Agrippé à la roche au-dessus de la grande bleue, le charmant village de Manarola marque le point de départ de la fameuse Via dell'Amore.

02 Neptune
Suspendu à la falaise, le Neptune en béton armé de Monterosso al Mare a survécu au bombardement de la Villa Pastine.

03 Pesto ligure
Le vert émeraude du basilic, ingrédient clé du célèbre pesto, fait partie du paysage des Cinque Terre.

04 Citrons
Chaque année, Monterosso al Mare, réputé pour ses citronniers, se pare de jaune pour fêter l'agrume.

05 Riomaggiore
Lorsque le soir tombe sur le port de Riomaggiore, les hautes façades multicolores qui le surplombent chatoient un peu plus encore.

06 Vernazza
Avec ses maisons suspendues au-dessus du petit port, Vernazza est la merveille des Cinque Terre.

08

09

10

05

06

07 Scène de la Nativité
Depuis 1961, un vigneron de Manarola transforme année après année tout un pan du village en gigantesque crèche lumineuse, la plus grande au monde.

08 Pin maritime
Aisément reconnaissable, cette essence emblématique de la végétation méditerranéenne est omniprésente dans les Cinque Terre.

09 Schiacchetrà
Ce blanc liquoreux propre aux Cinque Terre est produit dans des conditions extrêmes, tant sont pentues les terrasses.

10 Torre Aurora
Cette tour de guet du XIIIe siècle juchée au-dessus de Monterosso al Mare visait à prévenir les raids des pirates sur Gênes.

11 Corniglia
L'un des seuls villages des Cinque Terre à ne pas être bordé par la mer. Du fait de son altitude, Corniglia couvre en revanche un panorama sans pareil.

19 Cinque Terre entre TERRE ET CIEL

RANDONNÉE | EXCURSION D'UN JOUR | VUES SUBLIMES

La topographie des Cinque Terre est unique. Nichés au cœur de terrasses verdoyantes, ces cinq villages (voir p. 93) aux tons pastel se détachent de falaises ciselées par les éléments sur fond de flots azur. Les admirer d'un sentier de randonnée perché au sommet de la falaise est particulièrement gratifiant.

ELLOBOJ/GETTY IMAGES ©

En pratique

S'y rendre Les trains longent la côte, reliant Gênes à La Spezia en 2 heures environ. Ils s'arrêtent dans chaque village des Cinque Terre.

Quand D'avril à juin, et en octobre, car il fait plus frais et il y a moins de monde.

S'organiser Engagé pour l'environnement, le tour-opérateur local **ArbaSPàa** (p. 120) loue des hébergements, propose des excursions, des circuits en bateau, et toute une gamme d'activités (circuits à vélo électrique sur les sentiers, parapente, escalade, sports nautiques).

GIORGIO PARAVAGNA/SHUTTERSTOCK ©

HEMIS/ALAMY STOCK PHOTO ©

À savoir !

Une voie ferrée du XIXe siècle relie les villages à travers une série de tunnels côtiers, et les voitures sont interdites ici. Les voyageurs avec de jeunes enfants auront intérêt à troquer leur poussette contre un porte-bébé.

Page de gauche, en haut Randonneur près de Manarola
En bas Vendanges à Manarola
Ci-contre Torre Aurora, Monterosso

Question de point de vue...

En chemin Randonner sur les sentiers des Cinque Terre apporte sans cesse l'extase face au grand bleu de la Méditerranée. Plus on progresse, plus les images se multiplient sur les cinq villages de pêcheurs accrochés à flanc de falaise dans un paysage de terrasses façonnées par l'homme. Au lieu de parcourir les 12 km très fréquentés du **Sentiero Azzurro** qui longe le littoral, cheminez sans la foule, sans effort (c'est plat !) et sur la hauteur, le long de l'**Alta Via delle Cinque Terre** – 38 km de sentier panoramique entre Porto Venere et Levanto. Ou optez pour une **balade vers la chapelle** au-dessus de Riomaggiore : oubliez la foule et le sentier côtier menant au **Santuario della Madonna di Montenero** (XVIIIe siècle), mais suivez depuis le haut du village l'itinéraire balisé, moins fréquenté et plus facile, qui part de la Via Colombo.

Vignerons à la tâche Découvrir de près ces terrasses dédiées à la vigne permet de dépasser le simple regard touristique sur ces célèbres villages et de mesurer quelle passion sous-tend l'activité viticole. Par leur ténacité et leurs efforts pour aménager et cultiver ces terrasses en à-pic, les vignerons continuent de faire vivre les Cinque Terre grâce à leurs 70 vignobles en terrasses. Vous n'en apprécierez que plus le verre de sciacchetrà dégusté au domaine **CheO** (p. 124) de Bartolomeo Lercari et Lise Bertram à Vernazza. Sur son domaine de **Terre Sospese** (p. 124) à Riomaggiore, Andrea Pecunia vous expliquera comment il fait vieillir ses vins dans des amphores en terre cuite au cours de la visite de son vignoble.

Verre avec vue

Torre Aurora (p. 124) "Mer, cuisine et cocktails" est le mot d'ordre de ce petit bar-restaurant branché de Monterosso. Juché au sommet d'une tour du XIIIe siècle, il offre une vue captivante sur la mer depuis sa terrasse.

A Piè de Campu (p. 123) Profitez des conseils du sommelier et d'une vue sensationnelle sur la mer depuis ce bar à vins légendaire sur les hauteurs de Manarola.

La Scuna (p. 123) Les cocktails ou la bière brassée à la Birrificio La Taverna del Vara, avec de la menthe des jardins du B&B Il Magàn-Cinque Terre de Corniglia, ne vous décevront pas. La vue sur la mer au couchant est à couper le souffle.

Carnet d'adresses

Les grands classiques

Cattedrale di San Giovanni Battista, Turin

Voir p. 93. (011 436 15 40 ; www.duomoditorino.it ; Via Settembre 87 ; 7h-12h30 et 15h-19h lun-sam, 8h-12h30 et 15h-19h dim).

Museo Egizio, Turin

Voir p. 92. (Musée égyptien ; 011 561 7776 ; www.museoegizio.it ; Via Accademia delle Scienze 6 ; tarif plein/réduit 15/12 € ; 9h-14h lun, 9h-18h30 mar-dim)

Palais et musées royaux, Turin

Voir p. 92. (www.museireali.beniculturali.it ; Piazza Castello ; tarif plein/réduit 15/2 €, tarif plein 10 € lun, gratuit 1er dim du mois oct-mars, jardins gratuits ; 9h-19h mar-dim, Jardins royaux 8h30-18h45)

Palais Madame, Turin

Voir p. 93. (011 443 35 01 ; www.palazzomadamatorino.it ; Piazza Castello ; tarif plein/réduit 10/8 € ; 10h-18h lun, mer et ven-dim, 13h-21h jeu)

Palazzi dei Rolli, Gênes

Palazzo Reale, voir aussi p. 93. (349 8433808 ; www.palazzorealegenova.beniculturali.it ; Via Balbi 10 ; tarif plein/réduit 4/2 € ; 13h30-19h mer-sam).
Palazzi dei Rolli, voir aussi p. 109. (010 557 21 93 ; www.museidigenova.it/en/strada-nuova-museums ; Via Garibaldi ; tarif plein/réduit 9/7 € ; 9h-19h mar-ven, 10h-19h30 sam-dim avr-sept, 9h30-18h30 oct-mars)

Villages des Cinque Terre

Voir p. 93.

Art et architecture

Basilica di San Giulio, lac d'Orta

Voir p. 107. (9h30-17h mar-dim, 14h-17h lun, horaires réduits hors saison)

Borgo Medievale, Turin

Voir p. 97. (www.borgomedievaletorino.it ; Viale Virgilio 107 ; 9h-19h mar-dim nov-mars, 9h-20h mar-dim avr-oct ;) GRATUIT

Castello del Valentino, Turin

Voir p. 97. (castellodelvalentino.polito.it ; visites guidées gratuites uniquement, sur réservation ; 9h30-11h30 certains sam)

Castello di Rivoli

Admirez la richesse de l'art contemporain piémontais dans ce château Renaissance remanié par Juvarra à l'époque baroque et inscrit au patrimoine de l'Unesco. La Villa Cerruti voisine accueille aussi des œuvres de Modigliani, Kandinsky, Picasso, Klee... (Museo d'Arte Contemporanea ; 011 956 52 22 ; www.castellodirivoli.org ; Piazza Mafalda di Savoia, Rivoli ; tarif plein/réduit 8,50/6,50 €, incluant Villa Cerruti tarif plein/réduit 26,50/19,50 € ; 10h-17h mar-ven, 10h-19h sam-dim)

Corona di Delizie ("Couronne des délices")

Aux abords de Turin, cet ensemble de résidences royales classées au patrimoine mondial de l'Unesco, va de la Palazzina di Caccia di Stupinigi (p. 119) à la spectaculaire Venaria Reale (p. 97), du Castello di Rivoli

HEMIS/ALAMY STOCK PHOTO ©

Al Faro di Portofino

(p. 118) à la silhouette rigoureuse et militaire du Castello di Moncalieri.

Galerie d'art de Primo Piano, Gênes

Des œuvres modernes et contemporaines, souvent photographiques, sont exposées par thèmes dans cette galerie située à l'étage d'un palais du XVIe siècle accueillant l'hôtel Palazzo Grillo. Voir aussi p. 113. (www.hotelpalazzogrillo.it ; Vico alla Chiesa delle Vigne 18r ; 16h-20h mer-dim) GRATUIT

Museo Casa Mollino, Turin

Les amoureux d'art et d'architecture du XXe siècle apprécieront la visite guidée de cette maison-musée de Turin. Peu connue, elle reflète l'esthétique follement chic et le savoir-faire de l'architecte, designer et photographe turinois Carlo Mollino. (011 812 98 68 ; carlomollino.org/museo-casa-mollinos ; Via Napione 2 ; visite 1-2 heures 40 € ; sur rdv)

Palazzina di Caccia di Stupinigi

C'est l'un des plus beaux châteaux de cette Couronne des délices (p. 118). À l'origine simple pavillon de chasse commandé par Victor-Amédée II à Juvarra en 1729, il devint par la suite l'une des résidences favorites de la maison de Savoie, et tout particulièrement de Marguerite. La coupole est coiffée d'une statue de cerf (une copie, l'original est conservé à l'intérieur). Les salles, presque dépourvues de mobilier, sont riches en boiseries précieuses et en trompe-l'œil. Depuis 1925, la Palazzina accueille le Museo dell'Ammobigliamento e Arredamento et ses collections de meubles et de décorations provenant des résidences de Savoie. (011 62 00 634 ; www.ordinemauriziano.it/tesori.html ; Piazza Principe Amededo 7, Nichelino ; tarif plein/réduit 12/8 € ; 10h-17h30 mar-ven, 10h-18h30 sam-dim)

Podere Case Lovara

En 1 heure 45 de marche enthousiasmante sur le magnifique sentier côtier qui part de Levanto, vous atteindrez cette ferme

Procession durant la Fiera del Tartufo à Alba

traditionnelle sur la falaise. Un beau résumé de l'architecture agricole des Cinque Terre et de l'agriculture durable. (02 4676 15317 ; fondoambiente.it/luoghi/podere-case-lovara ; punta Mesco, Levanto ; 10h-17h sam-dim mar-oct)

Venaria Reale, Turin

Ce magnifique palais (ou Reggia di Venaria, p. 97) de la maison de Savoie, à 14 km au nord-ouest de Turin, dont plusieurs édifices ont été dessinés par Filippo Juvarra, grand architecte sicilien des années 1720, est immense. Prévoyez une journée entière pour visiter le domaine dans son ensemble. Vous pouvez y accéder par la navette Venaria Express, l'un des bus touristiques circulant en été, ou par les bus n°11 ou n°72 depuis la gare de Porta Nuova. (011 499 23 33 ; www.lavenaria.it ; Piazza della Repubblica ; tarif plein/réduit avec expos 20/16 €, Reggia et jardin 14/10 € ; 9h30-17h mar-ven, 9h30-18h30 sam-dim)

Via Del Campo 29 Rosso, Gênes

Voir p. 109. (010 247 40 64 ; viadelcampo29rosso.com ; 10h30-12h30 et 15h-19h jeu-dim)

Musées

Museo Nazionale dell'Automobile, Turin

Berceau de l'un des principaux constructeurs automobiles mondiaux (le T du nom Fiat est celui de Turin), il n'y a rien de surprenant à ce que Turin accueille ce musée moderne, remis au goût du jour par le scénographe et muséographe suisse François Confino, à environ 5 km au sud de la ville. Il abrite une collection de quelque 200 modèles allant de la Peugeot de 1892 à la Ferrari 308 de 1980 (rouge, bien sûr). Les contenus pédagogiques et scientifiques sur 3 niveaux offrent une véritable plongée au cœur de cet univers mécanique : la première partie présente une chronologie de l'automobile ; la deuxième, une approche plus technique de la conception et du design ; la troisième, un regard critique sur les problèmes de pollution et de trafic routier. (011 67 76 66 ; www.museoauto.it ; Corso Unità d'Italia 40 ; tarif plein/réduit/enfant 12/10/5 € ; 10h-19h mar-dim, 10h-14h lun ; M Lingotto)

Palazzo Carignano, Museo Nazionale del Risorgimento Italiano, Turin
Voir p. 97. (011 562 11 47 ; www.museorisorgimentotorino.it ; Via Accademia delle Scienze 5 ; tarif plein/réduit 10/8 € ; 10h-18h mar-dim)

Abbayes, cathédrales et autres sanctuaires

Basilica di Sant'Andrea, Vercelli
Voir p. 95. (santandreavercelli.com ; Via Galileo Ferraris, 2 ; 7h30-18h30, cloître 7h30-19h)

Museo del Tesoro del Duomo, Vercelli
Voir p. 95. (0161.51650 ; tesorodelduomovc.it ; Piazza Alessandro D'Angennes, 5 ; bibliothèque 9h-12h et 15h-18 mar-mer, 9h-12h sam sauf août, musée 15h-18h mer-ven, 9h-12h et 14h-18h sam)

Sacra di San Michele, Piémont
Postée au-dessus de la route, à 14 km de Turin, cette abbaye mêlant les styles roman et gothique veille sur le Monte Pirchiriano (962 m) depuis le Xe siècle. Voir aussi p. 104. (011.93.91.30 ; www.sacradisanmichele.com ; Via alla Sacra 14, Avigliana ; tarif plein/réduit 8/6 € ; 9h30-17h30)

Sacro Monte di Varallo, Piémont
Édifié sur les contreforts rocheux du Monte Tre Croci, l'ensemble religieux comprend une basilique de 1614 et 45 chapelles qui illustrent la Passion du Christ par des fresques et 800 statues grandeur nature en terre cuite. Les scènes sont parfois macabres. On accède au Monte par un sentier sinueux depuis la Piazza Ferrari à Varallo ou par un téléphérique (5 €). Voir aussi p. 104. (0163 5 11 31 ; www.sacromontedivarallo.it ; 9h-12h20 et 14h15-18h30 lun-sam, 8h30-12h20 et 14h15-18h dim) GRATUIT

Un bon bol d'air

Arbaspàa
Voir p. 116. (0187 76 00 83 ; www.arbaspaa.com ; Via Discovolo 252 ;)

Capanna Margherita
Voir p. 105. (www.rifugimonterosa.it/fr/web/capanna-margherita-7 ; fermé en hiver)

Île de Palmaria
La plus grande île de la Riviera italienne se trouve à quelques encablures de Porto Venere. Avec ses falaises imposantes, ses grottes et ses plages rocheuses, Palmaria (p. 113) est une destination passionnante que l'on peut visiter en une journée. Plusieurs sentiers de randonnée bien entretenus, y compris le 510, font découvrir l'île de

LUCA/STOCK.ADOBE.COM ©

Île de Palmaria

19 km², ses pentes abruptes, sa forêt méditerranéenne et ses côtes aux eaux cristallines. Comptez 3 heures de marche (difficulté modérée) pour en faire le tour. De fin mars à octobre, le **Consorzio Marittimo Turistico Cinque Terre Golfo dei Poeti** (☎ 0187 73 29 87 ; www.navigazionegolfodeipoeti.it) propose des excursions d'une heure (13 €) sur Palmaria au départ de Porto Venere.

Monte Rosa

Les trois vallées de l'arrière-pays, Ayas, Gressoney et Valsesia dans le nord du Piémont, sont propices à une myriade d'activités : rafting, randonnées ardues, canyoning. Sans compter que le Monte Rosa (p. 105) est un paradis de l'alpinisme et du ski, et l'un des plus beaux domaines de ski hors-piste et d'héliski d'Europe. (www.visitmonterosa.com)

Parco Naturale Alpi Marittime

Jumelé à son voisin le parc national du Mercantour (ils partagent 33 km de frontière commune), ce territoire alpin austère offre en Piémont un terrain de randonnée exaltant. Ponctué de fleurs sauvages, de lacs topaze, de glaciers miroitants, de bouquetins, le réseau de sentiers mène à des sommets escarpés, pour certains culminant à plus de 3 000 m. (www.parcoalpimarittime.it)

Parco Naturale Regional di Portofino

Les sentiers étroits, qui sillonnent sur plus de 60 km la péninsule de Portofino, semblent appartenir à un autre monde que celui de la route sinueuse, encombrée par les voitures de sport, qui part de Santa Margherita. Pour la plupart isolés, les sentiers sont tous en accès libre et décrits, carte à l'appui sur le site du parc. (www.parcoportofino.com)

Rifugio Pastore

Voir p. 105. (www.rifugimonterosa.it/fr/web/refuge-pastore-70)

Santier dans le parc naturel de Portofino

Riserva Naturale Statale Agoraie di Sopra e Moggetto

Voir p. 112. Carte interactive en ligne. (www.parks.it/riserva.statale.agoraie.sopra)

Whale Watch Liguria

Voir une baleine lors d'une sortie d'une demi-journée en bateau depuis le Porto Antico de Gênes, organisée avec l'aide du WWF, est un moment magique. À bord, un biologiste vous renseignera sur les huit espèces de cétacés qui peuplent la zone. (☎ 010.265712 ; Consorzio Liguria Via Mare ; www.whalewatchliguria.it ; Marinai d'Italia, Gênes ; billets adulte/enfant 40/25 € ; départs 13h mar-mer et 14h sam-dim printemps-été ou 10h hiver)

Fêtes, foires et festivals

Cioccolatò

Turin célèbre son statut de capitale du chocolat pendant 10 jours en novembre. D'innombrables artisans chocolatiers exposent alors leurs créations dans la Via Roma et sur la Piazza San Carlo. Dégustations, débats, démonstrations culinaires et activités pour les enfants. Voir aussi p. 100.

Premio Tenco

Voir p. 108. (clubtenco.it)

Rolli Days

Voir p. 109. (visitgenoa.it/rolli)

Cinéma Massimo, à Turin

Salone del Gusto – Terre Madre, Turin
Cet événement initié en 1996 par le mouvement Slow Food, qui avait lieu à l'origine fin septembre les années paires, a changé de forme. Il réunit, au fil de l'année et sur différents sites de Turin, producteurs, chefs, militants, restaurateurs, fermiers "sentinelles", universitaires, écologistes et gastronomes de toute la planète. Des événements digitaux, organisés par le mouvement Slow Food et ses partenaires dans 75 pays, complètent désormais les rendez-vous traditionnels. (terramadresalonedelgusto.com)

Torino Film Festival
Festival international renommé proposant des projections dans plusieurs cinémas lors des dernières semaines de novembre. Le **Cinema Massimo** (☎ 011 813 85 74 ; www.cinemamassimotorino.it ; Via Verdi 18), à l'angle de la Mole Antonelliana, est l'une des salles principales de l'événement. (www.torinofilmfest.org ; ⌚ nov)

Aperitivo

Al Faro di Portofino €€
Sis sur la falaise à côté du phare de Portofino, ce bar américain réputé offre une vue féerique depuis sa terrasse. Sirotez un *spritz* d'exception dans un transat et observez les facéties des dauphins dans les vagues. À environ 20 minutes de marche de la grand-place. (☎ 320 308 70 36 ; Via alla Penisola 18, Portofino)

Bar Cavour €€€
Baptisé ainsi en l'honneur du comte de Cavour, son plus célèbre client, ce beau bar historique de Turin possède un décor sublime alliant miroirs et art contemporain. Ses cocktails artistiquement préparés sont servis avec de délicieux en-cas. (☎ 011 1921 1270 ; delcambio.it/it/bar-cavour/home ; Piazza Carignano 2, Turin ; aperitivo 15 € ; ⌚ 19h-minuit)

Farmacia Del Cambio €€
Une ancienne pharmacie des années 1830 héberge ce bar très glamour dans la lignée du fameux restaurant du même nom (p. 97). Ouvert toute la journée, il est très apprécié à l'heure du café ou de l'*aperitivo*. Prenez place à côté des boiseries, près de la cuisine théâtralement ouverte ou bien sur la place. (☎ 011 1921 1250 ; www.delcambio.it/farmacia ; Piazza Carignano 2, Turin ; ⌚ 9h-20h30)

Bardotto €
Pour savourer de délicieux cocktails, un *spritz*, une bière artisanale en compagnie de Turinois branchés qui se retrouvent dans cette librairie et ce café-bar littéraire à la mode. En-cas de l'*aperitivo* (2 €). (☎ 011 88 50 04 ; www.bardotto.it ; Via Giolitti 18a, Turin)

Boia Fauss Pensavo Peggio €
Dans ce restaurant-brasserie, goûtez l'ambiance dynamique d'Alba, ainsi que d'excellentes bières microbrassées, de singuliers vins des Langhe et le légendaire buffet de l'*aperitivo* (18h-22h). (☎ 0173 190 0929 ; facebook.com/boiafausspensavopeggio ; Corso Langhe 59, Alba ; ⌚ 11h-22h30 mar-jeu, 11h-23h ven-sam)

Beerba

Voir p. 91. (☎ 339 284 3133 ; Via Sant'Anselmo 13b, Turin ; ⌚ 18h-minuit mar-dim)

Pastis

Voir p. 91. (☎ 011 521 1085 ; Piazza Emanuele Filiberto 9, Turin ; ⌚ 9h-15h lun, 9h-15h et 18h-2h mar-dim)

La Scuna

Voir p. 117. (☎ 342 350 5356 ; facebook.com/laScunaBarCorniglia; Via Fieschi 185, Corniglia ; ⌚ 8h-minuit)

Bar Dai Muagetti

Voir p. 111. (bardaimuagetti.eatbu.com/ ; Via Mortola 2, San Rocco ; ⌚ tlj midi-minuit)

Riz, truffes blanches et noisettes

Fiera del Tartufo €€€

Les précieuses truffes blanches récoltées en octobre sont l'objet de cette foire d'Alba, qui attire un public de connaisseurs, venus parfois de très loin. Au programme : vente, achat et célébrations le week-end. Venez pour regarder les truffes se négocier à prix d'or et déguster ce mets délicieusement parfumé. (www.fieradeltartufo.org ; ⌚ mi-oct à déc)

Gaudenzio €€

Pour goûter les noisettes du Piémont, pas de meilleur lieu à Turin que cet espace tendance encensé pour ses inventives assiettes pleines de saveurs locales et son association fantastique mets-vins naturels. (☎ 011 860 02 42 ; www.gaudenziovinoecucina.it ; Via Gaudenzio Ferrari 2, Turin ; repas 30-55 € ; ⌚ 19h-23h mar-jeu, 12h-15h et 19h-23h ven-dim)

Osteria More e Morcine €

Que ce soit pour ses pâtes *tajarin* ou son *risotto alla piemontese* (au beurre et au fromage), ce restaurant de La Morra est un haut lieu de la cuisine régionale. (☎ 0173 50 03 95 ; Via Settembre 18, La Morra ; repas 25-30 € ; ⌚ 11h-1h)

Perino Vesco €

Boulanger culte du mouvement Slow Food, le Turinois Andrea Perino prépare une *torta langarola* (gâteau aux noisettes) parfumé, un panettone naturellement levé et une focaccia qui ravit les Ligures nostalgiques. Patience dans la file d'attente pour une pizza ou une tranche de focaccia à emporter. (☎ 011 068 60 56 ; www.perinovesco.it ; Via Cavour 10, Turin ; en-cas à partir de 5 € ; ⌚ 7h30-19h30 lun-ven, 8h-20h sam)

Restaurants classiques

A Piè de Campu €€

Voir p. 117. (☎ 338 222 0088 ; apiedecampu5terre.wordpress.com ; via Discovolo, Manarola ; ⌚ 19-22h mar-dim)

Bislakko

Voir p. 95. (☎ 0161 30.24.60 ; bislakko.com; Via Thaon de Revel, 87, Vercelli ; menus dégustation 50-70 €, plats 11-25 €)

Cucchiaio di Legno, lac d'Orta

Voir p. 107. (☎ 339 5775385 ; www.ilcucchiaiodilegno.com ; Via Prisciola 10, Legro ; menu 32 € ; ⌚ 18h-21h mer-ven, 12h-14h30 et 18h-21h sam-dim ; P ❄ wifi)

La Scuna

Voir p. 117. (☎ 342 350 5356 ; facebook.com/laScunaBarCorniglia ; Via Fieschi 185, Corniglia ; ⌚ 8h-minuit)

ALESSANDRO CRISTIANO/SHUTTERSTOCK ©

Truffe blanche

La Portofinese €€

Voir p. 112. (☎ 320 308 70 36 ; laportofinese.it ; Via alla Penisola 18, Portofino)

Locanda di Orta €€€

Voir p. 107. (☎ 0322 90 51 88 ; www.locandaorta.com ; Via Olina 18 ; repas 55-80 €, menus 75-90 € ; ⏲ 12h-14h30 et 19h30-21h)

Osteria del Boccondivino €€

Voir p. 103. (☎ 0172 42 56 74 ; www.boccondivinoslow.it ; Via Mendicità Istruita 14, Bra ; repas 28-38 €, menus 20-24 € ; ⏲ 12h-14h30 et 19h-22h mar-sam)

Ristorante del Cambio €€€

Voir p. 97. (☎ 011 54 66 90 ; delcambio.it/en/ristorante-del-cambio/home ; Piazza Carignano 2, Turin ; menu 110-135 €, menu déj 2/3 plats 45/65 € ; ⏲ 19h30-22h30 mar-jeu, 12h30-14h30 et 19h30-22h30 ven-sam, 12h30-15h dim)

Soda €€

Voir p. 103. (☎ 346 593 88 38 ; www.facebook.com/sodaveganfood ; Corso Italia 6, Alba ; plats 20-30 € ; ⏲ 18h30-1h)

Torre Aurora €€€

Voir p. 117. (☎ 366 1453702 ; www.torreauroracinqueterre.com ; Via Bastione 5, Monterosso ; repas 50-60 € ; ⏲ 12h-21h30 mars-mai et sept-oct, 12h-22h30 juin-août)

Dégustation de vins

Azienda CheO

Ce domaine cultive des parcelles de vigne en terrasses et produit plusieurs vins AOC, dont un vin moelleux. Voir aussi p. 117. (cheo.it ; Via Brigate Partigiane 1, Vernazza)

Agrilab Wine Tasting Tour

Dans le *cortile* du château-musée de Barolo, cette salle de dégustation moderne à la carte insuffle un vent nouveau. Humez et goûtez les quelque 36 crus présentés : barolo, barbaresco ou barbera, mais aussi des cépages moins connus, comme le nascetta, le ruche et le pelaverga. (☎ 0346 35 745 14 ; www.barolowinetastingtour.com ; Piazza Falletti 2, Barolo ; dégustation 1-4 € ; ⏲ 10h-19h lun-ven, 10h-20h sam-dim)

Enoteca Sciacchetrà

Quand on est de passage dans le village aux maisons de poupées colorées de Vernazza, sous les terrasses abruptes des vignobles, la dégustation du fameux *sciacchetrà* des Cinque Terre, un vin doux à la robe ambre vendu dans des bouteilles de 37,5 cl, tient du rite. (Via Roma 19, Vernazza, 10h-19h)

Rocche Dei Barbari

Goûter des vins issus de raisins extrêmement mûrs dans cet établissement historique est un plaisir. Le producteur offre invariablement des dégustations gratuites dans sa cave et sa boutique. Ses commentaires sont un enchantement. (☎ 0173 63 51 38 ; www.rocchedeibarbari.it ; Via Torino 62, Barbaresco ; ⏲ horaires sur demande)

Terre Sospese

Voir p. 117. (terresospese.it ; Via Pecunia 122, Riomaggiore)

Déguster un verre de barolo, le "vin roi" du Piémont

Cafés et douceurs

Caffè Al Bicerin, Turin

Voir p. 98. (☎ 011 436 9325 ; www.bicerin.it ; Piazza della Consolata 5, Turin ; ⏲ 8h30-19h30 jeu-mar, fermé en août)

Caffè Torino, Turin

Voir p. 99. (☎ 011 547356 ; Piazza San Carlo 204, Turin ; ⏲ 8h-minuit)

Fiorio, Turin

Voir p. 99. (☎ 011 817 3225 ; Via Po 8, Turin ; ⏲ 8h-1h dim-jeu, 8h-2h ven-sam)

Follis, Vercelli

Voir p. 95. (☎ 0161 394559 ; follis.it ; corso Libertà 164 et strada Torino 81, Vercelli ; ⏲ 8h30-12h30 et 16h-19h mar-sam, 8h30-13h et 16h-19h dim)

Gelateria Pagni, Vercelli

Voir p. 95. (☎ 334 778 6648 ; www.facebook.com/simoneilcusu ; Via Gioberti 9, Vercelli ; ⏲ 7h-19h30 mar et ven, 7h30-19h30 mer, 7h30-17h jeu, 8h-19h30 sam, 9h-19h dim)

KHORZHEVSKA/SHUTTERSTOCK ©

Dans une *gelateria*

Gelateria Profumo, Gênes

Voir p. 111. (www.villa1827.it ; Vico Superiore del Ferro 14, Gênes ; cornets à partir de 2,50 € ; ⏲ 12h-19h mar-sam)

MILAN ET LES LACS

ART | HISTOIRE | PLEIN AIR

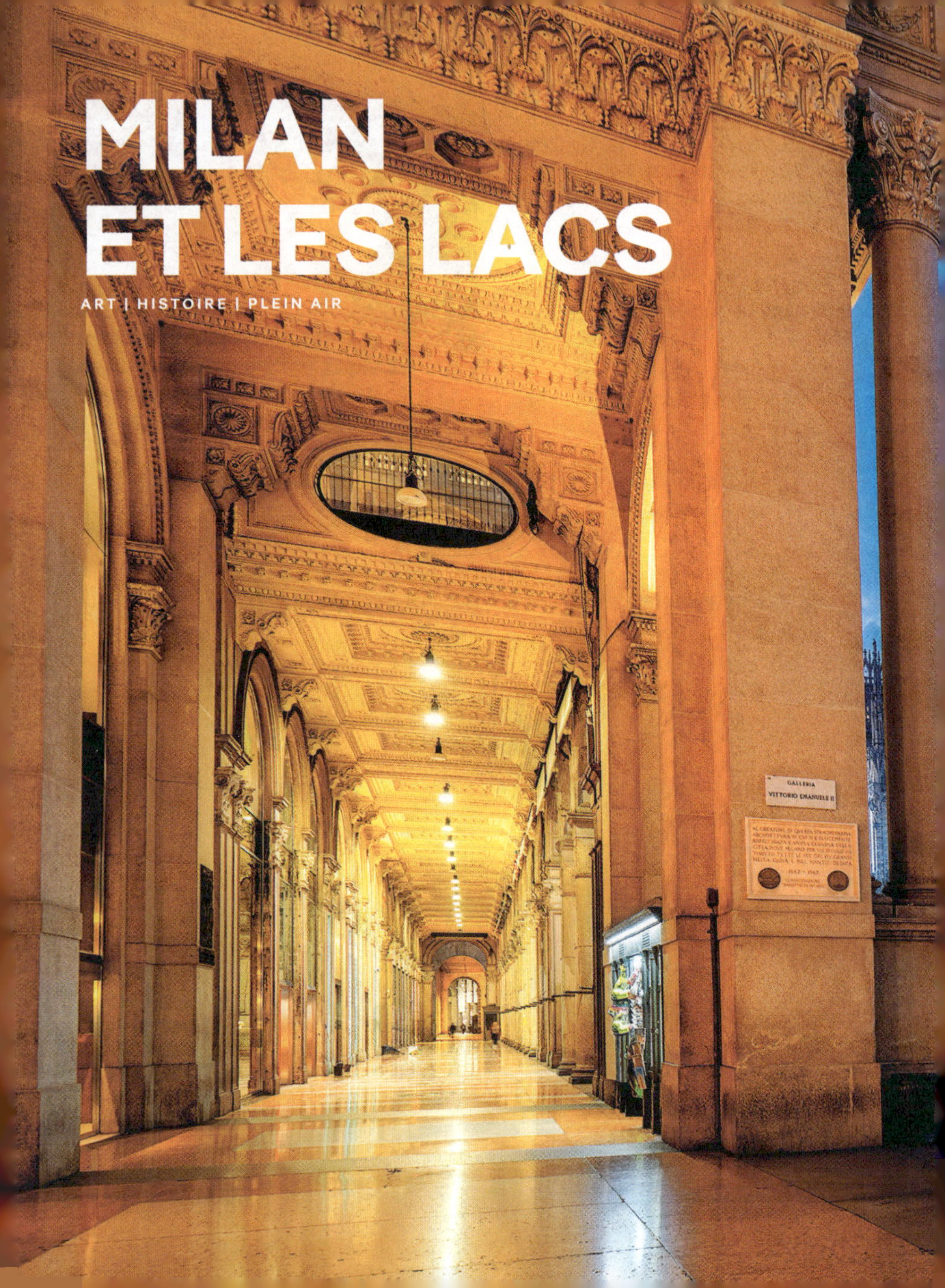

BORIS STROUJKO/SHUTTERSTOCK

MILAN ET LES LACS

à la carte

Milan, c'est une histoire millénaire, une modernité et un dynamisme que beaucoup de capitales lui envient, sans oublier ses quartiers singuliers. Réservez un moment à soigner votre style dans le fameux Quadrilatero d'Oro avant de rejoindre les repaires favoris des Milanais. Prenez exemple sur eux : offrez-vous de vivifiantes escapades à la journée dans la région des lacs !

Ne manquez pas les fresques de Vinci retrouvées au **Castello Sforzesco** (p. 155).
3 heures

Offrez-vous une place de ballet ou d'opéra à **La Scala** (p. 157).
3 heures

Voir ***La Cène*** (p. 136), peinte par Léonard de Vinci, est un privilège à réserver suffisamment tôt.
2 heures

Visitez le **Duomo** de Milan et grimpez sur son toit : vue imprenable (p. 132) !
2 heures

Les lacs

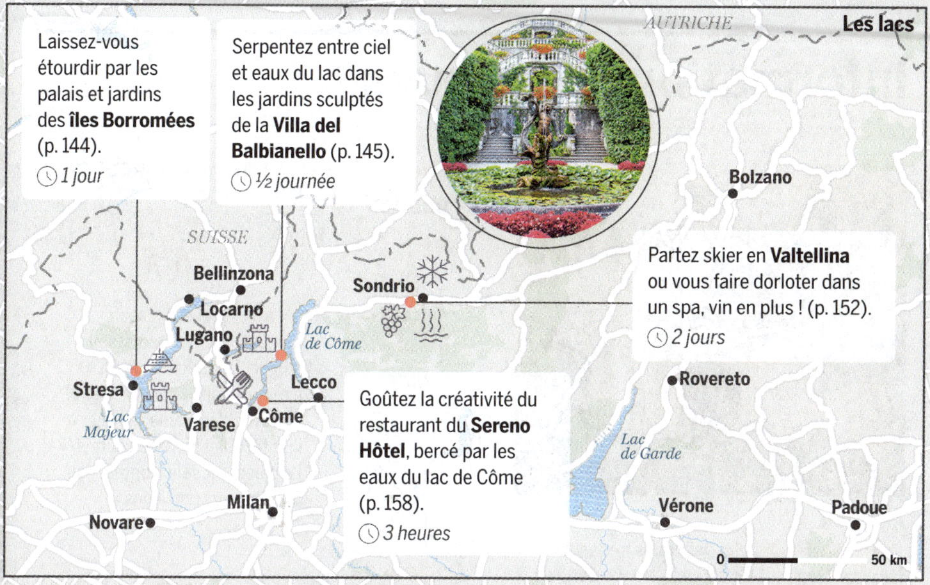

Laissez-vous étourdir par les palais et jardins des **îles Borromées** (p. 144).

1 jour

Serpentez entre ciel et eaux du lac dans les jardins sculptés de la **Villa del Balbianello** (p. 145).

½ journée

Partez skier en **Valtellina** ou vous faire dorloter dans un spa, vin en plus ! (p. 152).

2 jours

Goûtez la créativité du restaurant du **Sereno Hôtel**, bercé par les eaux du lac de Côme (p. 158).

3 heures

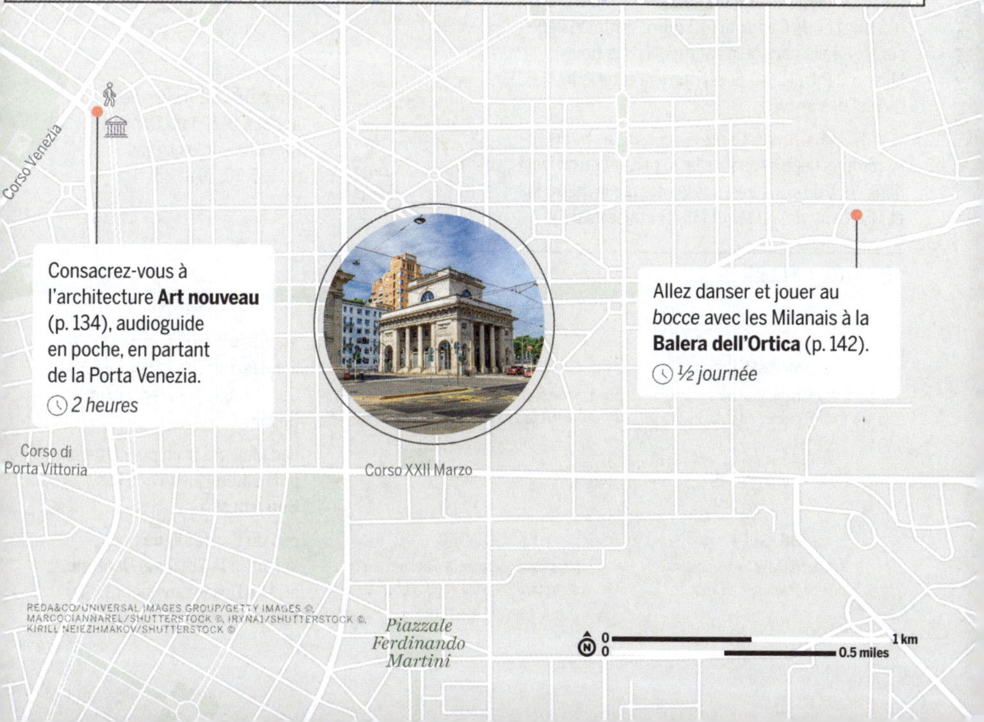

Consacrez-vous à l'architecture **Art nouveau** (p. 134), audioguide en poche, en partant de la Porta Venezia.

2 heures

Allez danser et jouer au *bocce* avec les Milanais à la **Balera dell'Ortica** (p. 142).

½ journée

Informations pratiques

RESUL MUSLU/SHUTTERSTOCK ©

ARRIVER

Aéroport Malpensa Des trains fréquents (aller 13 €) rallient les gares de Milano Centrale (55 min) et de Cadorna (40 min). Vente en ligne sur trenitalia.com ou à l'aéroport. Bus pour Milano Centrale (10 €, 60 min) à l'extérieur du hall des arrivées.

Milano Centrale/Porta Garibaldi Les trains (y compris depuis/vers les lacs) partent ou arrivent dans l'une de ces gares, desservies par le métro M2 et M3 (Centrale) ou M2 et M5 (Porta Garibaldi).

BUDGET

Spritz 6 €

Cotoletta alla milanese 20 €

Bateau Côme-Bellagio 10,40 €

COMMENT CIRCULER

Métro L'excellent réseau métropolitain milanais, soit 4 lignes, fonctionne de 5h30 à minuit. Valide dans le métro, les bus et les trams, le trajet à l'unité/billet journée coûte 2/7 €. Le paiement sans contact est possible aux portillons.

Tram Des tramways des années 1920 fonctionnent toujours sur les lignes n°s 1, 5, 10, 19 et 33.

Jusqu'aux lacs Lac de Côme : ligne ferroviaire Milan Cadorna-Como Lago, puis ferry jusqu'à Bellagio.

Lac Majeur : train pour Stresa, puis bateau jusqu'aux îles Borromées.

Lac de Garde : ligne pour Vérone à la Stazione Centrale, arrêt à Desenzano pour rallier l'embarcadère de Sirmione.

QUAND Y ALLER

JAN-MARS
Période touristique la plus calme mais froide (rares chutes de neige).

AVR-JUIN
Temps doux et ensoleillé, quelques tempêtes de pluie, mais forte affluence touristique.

JUIL-SEPT
Temps chaud et ensoleillé. Fuite des Milanais en août.

OCT-DÉC
Mois idéal : octobre, avant l'arrivée du froid, de la pluie et de la brume.

SE RESTAURER

Tables milanaises La cuisine traditionnelle est roborative et très carnée : *ossobuco con risotto alla milanese* (osso-buco avec risotto au safran) et *cotoletta alla milanese* (escalope milanaise). Les trattorias sont parfaites pour ces plats classiques.

Repas lacustres Le poisson s'invite volontiers au menu dans la région des Lacs : *persico* (perche), *lavarello* (corégone) et truite, assortis de pâtes ou d'un risotto, sinon en *secondo* (plat principal). Si vous êtes en fonds, vous opterez peut-être pour une table étoilée au Michelin.

Meilleure trattoria La Balera dell'Ortica (p. 142)

Meilleurs poissons du lac Lido 84 (p. 158)

SE CONNECTER ET S'ORIENTER

Wi-Fi Le réseau est généralement très bon à Milan et dans la région des Lacs. Il y a des points d'accès Wi-Fi gratuits à Milan dans les bibliothèques publiques, les musées et plusieurs lieux où figure le logo "Open Wi-Fi Milano". À Côme, il y a des hotspots en extérieur.

GPS Les systèmes de navigation fonctionnent bien à Milan et dans la région des Lacs.

LOCATION DE VOITURE

SI vous souhaitez sillonner la région des Lacs, mieux vaut louer une voiture dans une agence à Milan ou à l'aéroport de Malpensa (carte bancaire exigée).

OÙ LOGER

La vie est assez chère à Milan et dans la région des Lacs, mais les prix sont revus à la baisse en basse saison. Sinon, il reste les auberges de jeunesse et les appartements à louer.

Quartier/ville	Pour/Contre
Milano Centrale (gare de Milan)	Large choix pour tous les budgets près de la grande gare de Milan. Un peu louche la nuit.
Centre-ville de Milan	Le meilleur quartier pour les emplettes et les visites, mais le plus cher de la capitale lombarde.
Navigli (quartier des canaux, Milan)	Pittoresque et animé la nuit, mais parfois bruyant et trop fréquenté.
Stresa	Ville pittoresque au bord du lac Majeur, face aux îles Borromées.
Bellagio	Pour saisir toute l'authenticité et la magie du lac de Côme.
Sirmione	Choix idéal pour un séjour au bord du lac de Garde.

PASS TOURISTIQUE

La **MilanoCard** (24/48/72 heures 11/17/19,50 €) combine accès gratuit aux transports publics, tarifs réduits sur les transferts depuis/vers l'aéroport, les entrées de musées et de sites, et un café de bienvenue. Achetez-la en ligne et récupérez-la à Milan.

Les grands classiques

Pour les infos pratiques de chaque site, reportez-vous au carnet d'adresses p. 154.

Duomo de Milan

En marbre rose de Candoglia, la cathédrale matérialise le génie créatif et l'ambition de la ville. Lancé en 1387, ce projet titanesque demanda 600 ans de travaux (certains details néogothiques datent de la présence napoléonienne) et nécessita même de construire des canaux pour acheminer le marbre… Grimpez jusqu'aux terrasses du toit pour approcher les 135 flèches coiffées de statues et leur forêt d'arcs-boutants. La cathédrale était conçue à l'origine pour accueillir la population de Milan, soit quelque 40 000 âmes. Une fois accoutumé à la lumière tamisée et aux proportions grandioses de ses cinq nefs portées par 52 colonnes, levez les yeux vers les 144 vitraux, considérés comme les plus grands de la chrétienté. Puis baissez les vers le sol, une merveille de marbres polychromes !

GENTIAN POLOVINA/STOCK.ADOBE.COM ©

DEMERZEL21/STOCK.ADOBE.COM ©

La Cène

Classée au Patrimoine mondial, *La Cène* (*Il Cenacolo*) de Léonard de Vinci représente le dernier repas du Christ avec ses apôtres, peint par le maître sur le mur du réfectoire des moines dominicains, attenant à la Basilica di Santa Maria delle Grazie (voir p. 136). C'est une étude psychologique magistrale d'une scène emblématique, d'une expressivité bouleversante : les gestes des apôtres rendent les émotions de chacun, de l'incrédulité au trouble et à la colère.

Îles Borromées, lac Majeur

Le lac Majeur, écrin de ces îles féeriques, a conservé tout le charme de la Belle Époque. Acquises par la famille Borromeo, originaire de Milan, entre le XVe et le XVIIe siècle, trois de ces îles se visitent – voir aussi p. 144. L'Isola Bella est connue pour son palais et ses jardins en terrasses qui lui donnent l'allure d'un navire. Un enchantement !

SAIKO3P/SHUTTERSTOCK ©

Galleria Vittorio Emanuele II, Milan

Face au Duomo, cette galerie couverte de verre et d'acier, qui relie la Piazza di Duomo à la Piazza di Marino, à deux pas de la Scala, est surnommée *il Salotto buono* (le "beau salon") de la ville. Passage obligé de la *passeggiata* (promenade du soir), cette icône du modernisme est au centre de la vie milanaise depuis 1877.

MINERVA STUDIO/STOCK.ADOBE.COM ©

LIBERO_MONTERISI/SHUTTERSTOCK ©

Pinacoteca di Brera, Milan

Ce musée possède une collection de toiles de maîtres qui représente en fait une partie du "butin" que Napoléon déroba à Venise. Les grands noms de la peinture italienne (Piero della Francesca, Raphaël, Titien, le Tintoret, Véronèse, le Caravage, Mantegna) y sont représentés et la plupart des œuvres forcent l'émotion.

BORIS STROUJKO/STOCK.ADOBE.COM ©

Côme

Nichée au sud du lac, l'élégante Côme doit sa prospérité à l'industrie de la soie. Son centre historique, bien doté en bars, restaurants et hôtels, en fait un point de chute idéal – ne manquez pas le Duomo, paré de marbre, le musée de la Soie (p. 157) ou la balade en funiculaire (p. 155) jusqu'à Brunate.

20 LIBERTY
Balade Art nouveau

PROMENADE | ARCHITECTURE | HISTOIRE

L'Art nouveau italien, dit style Liberty, a fleuri à Milan fin XIXe-début XXe siècle, développant ses lignes fluides et organiques à l'image de la nature dont il s'inspire. À l'abri des rues tranquilles proches de la station de métro Porta Venezia se cachent quelques-uns de ses fleurons, à dénicher au fil d'une agréable balade à pied.

MASSIMO SERZIO/CIMITERO MONUMENTALE DI MILANO ©

En pratique

S'y rendre Ne comptez guère plus de 15 minutes à pied depuis la station Porta Venezia (ligne M1), quel que soit le site. En tout, prévoyez environ une heure.

Quand Le matin, le cimetière est plus calme. Respectez l'intimité du lieu.

Pause-café Goûtez le café napolitain et le praliné de la Casa Capitano.

Visites guidées Pour une visite en français, contactez : www.in-lombardia.it/fr/attivita/visite-à-pied-de-liberty-milan ou www.milanaccueil.com/évènement/les-joyaux-du-liberty-porta-venezia/

Cimitero Monumentale

Plusieurs tombes et mausolées de cette nécropole de Milan marquent l'apogée du style Liberty tels l'Edicola Reyna, le Monumento Elisi (photo) et l'Edicola Origgi.

01 Commencez par la **Casa Galimberti**, à 2 minutes de la station de métro Porta Venezia, pour l'élégance de ses ferronneries aux balcons et ses lumineuses céramiques.

02 Au bas de la Via Malpighi, la **Casa Guazzoni** arbore des *putti* et des têtes féminines mêlées à des guirlandes de feuilles et des branches. Notez le travail de ferronnerie aux derniers étages.

03 Au coin de la Via Melzo et de la Via Frisi se dresse l'élégante façade Liberty du premier cinéma de Milan, le **Cinéma Dumont**, devenu une bibliothèque publique.

04 À un quart d'heure, les cariatides de la **Casa Campanini** et son élégant portail caractérisent pleinement le Liberty, sans compter les fresques et stucs du hall d'entrée, une pure merveille.

REDA&CO/GETTY IMAGES ©

05 Sur le retour vers la station Porta Venezia, la **Casa Berri Meregalli** conjugue les thèmes de l'Art nouveau au néogothique des gargouilles et aux mosaïques.

L'émotion de La Cène

ART, ÉMOTION, SPIRITUALITÉ

Si nombreuses soient les représentations du dernier repas du Christ, aucune n'exprime avec une telle intensité la diversité des sentiments des apôtres au moment où Jésus annonce la trahison de Judas. Une émotion que rendent encore plus tangible la technique fragile de la détrempe et la survie miraculeuse de cette œuvre mythique.

En haut *La Cène*, réfectoire du monastère de la Basilica di Santa Maria delle Grazie (p. 154) **Page de droite, à gauche** façade de la basilique **À droite** *Crucifixion* faisant face à *La Cène*

Copié, interprété, décliné, le chef-d'œuvre de Léonard de Vinci – magistrale étude psychologique que le maître ne cessa de reprendre sur des années – fascine et dérange à la fois, d'où nombre de théories plus ou moins sérieuses sur l'objectif suivi par Vinci. Et pour cause, *La Cène*, inscrite au patrimoine mondial de l'Unesco depuis 1980, annonce la Haute Renaissance. La subtilité des tons, la complexité de la construction, la technique innovatrice permettant au peintre des retouches successives et la profondeur psychologique bouleversent alors la scène artistique. Face à ces 40 m² de fresque restée lumineuse en dépit des aléas, il n'est pas difficile d'imaginer à quel point elle différait de ce qui se faisait à l'époque.

Réalisme révolutionnaire

Comme l'explique l'historienne de l'art et guide conférencière Silvia Regonelli, la fresque est un chef-d'œuvre parce que Léonard de Vinci a su bousculer "les règles, les traditions et les canons de la peinture religieuse et rendre la scène réaliste". Les gestes de chaque apôtre expriment toutes sortes d'émotions, de l'incrédulité au trouble et à la colère. Ce qui semble un lieu commun aujourd'hui ne l'était nullement dans les années 1490, "c'était la première fois que de tels gestes étaient représentés".

Même Judas est montré sous un jour compatissant et intégré à la scène. "Pour la première fois, souligne l'historienne de l'art, nous sommes invités à entrer en relation avec Judas." Le traître a renversé du sel à l'annonce du Christ, ses gestes trahissent sa nervosité.

Pour donner cette impression d'instantané, Léonard de Vinci a combiné un point de fuite central et des illusions

optiques afin que l'image soit le moins déformée possible quel que soit l'angle de vue du spectateur. Comparez l'*Ultima Cena* et la fresque débutée la même année sur le mur opposé, la *Crucifixion* de Giovanni Donato da Montorfano : des années-lumière semblent séparer les deux œuvres !

Résistance aux malheurs

En fait, la technique choisie par Léonard échoua. Peu satisfait de la technique traditionnelle de la fresque – une réalisation *al fresco*, où les pigments s'appliquent très rapidement sur un enduit frais –, Léonard de Vinci expérimenta en effet une nouvelle méthode en appliquant la peinture sur une surface sèche, ce qui lui permit de travailler plus lentement et de procéder à des modifications tout au long de la réalisation qui dura trois ans (1495-1498). Cette pose à sec des pigments les empêcha d'adhérer et la fresque s'écailla vite.

Puis s'enchaînèrent les malheurs. En 1652, le creusement d'une porte gomma les pieds de Jésus. Plus d'un siècle plus tard, le réfectoire fut converti en écurie par les soldats de Napoléon qui jetèrent, dit-on, des briques à la tête des apôtres. Au siècle dernier, les bombardements de la Seconde Guerre mondiale sur Milan et le monastère épargnèrent miraculeusement le chef-d'œuvre, le laissant néanmoins la proie des intempéries. Puis des restaurations précaires lui portèrent un peu plus préjudice avant sa "résurrection" en 1999, après vingt ans de restauration. Si l'original peint par Léonard ne peut entièrement être restitué, la fresque que l'on peut voir (15 minutes) par petits groupes de visiteurs n'en illustre pas moins l'éternel génie de l'artiste et l'importance des efforts déployés pour préserver un des plus grands chefs-d'œuvre de tous les temps.

Léonard au quotidien

Après chaque journée de travail acharné, Léonard regagnait la **Casa degli Atellani** (casadegliatellani.it) voisine, dont il appréciait le **vignoble** (vignadileonardo.com), cadeau de son mécène, le duc Ludovic Sforza dit le More. Aujourd'hui, vous pouvez comme lui, non seulement dormir dans le *palazzo* du XVe siècle (aménagé avec tout le confort et un décor contemporain !), mais aussi arpenter le vignoble identique à celui dont le maître buvait le vin.

Bon plan

Vous serez assuré de pouvoir admirer ce chef-d'œuvre en réservant le Milan City Tour Leonardo (tarif plein 75 €) auprès d'**Autostradale Viaggi** (www.autostradaleviaggi.it ; Passaggio Duomo 2 ; 9h-18h lun-ven ; ; M Duomo).

21 Chic et fashion AU QUAD

PROMENADE | MODE | SHOPPING

Même si la mode vous importe peu, partez découvrir le Quadrilatero d'Oro, ou Quad, fameux quartier commerçant aux rues pavées, depuis longtemps synonyme de marques luxueuses et d'aisance matérielle ! Même si vous n'avez pas l'intention de faire des folies, ce micro-quartier mérite le détour.

BROGGI PRODUCTION/SHUTTERSTOCK ©

En pratique

S'y rendre Le Quad est délimité par les Vie Monte Napoleone, Sant'Andrea della Spiga, Senato et Alessandro Manzoni. La station de métro la plus proche est Ⓜ Monte Napoleone.

Quand Le soir, après la fermeture des boutiques, pour apprécier le calme des rues désertées et ne pas vous sentir toiser par les élégants vêtus en Dolce & Gabbana (si vous ne l'êtes pas vous-même !).

ZONABIANCA/SHUTTERSTOCK ©

Place forte financière Le Carré d'Or (Quadrilatero d'Oro, ou Quad) est synonyme d'élégance et d'argent – le Palazzo Monte fut dès 1782 le siège du Monte Camerale di Santa Teresa, chargé de la dette de l'État, devenu le Monte Napoleone sous la domination française.

Industrie de la mode Milan, capitale économique du pays, tissa tôt des liens avec les marchés européens. La ville a construit son industrie du textile en s'appuyant sur les sites de production de soie et de tissus du nord de la Lombardie. Après la Seconde Guerre mondiale, elle mit l'accent sur les foires et les salons, propices à l'échange de biens et d'idées. Puis elle lança le prêt-à-porter pour les marchés étrangers.

Armani, Missoni, Versace, Prada, Dolce & Gabbana En 1971, Walter Albini fabriqua en série robes, chemises, manteaux, pantalons, et chapeaux destinés à être vendus en boutique, puis des couturiers comme Armani, Missoni et Versace initièrent de nouvelles tendances. Dolce & Gabbana devint synonyme de sensualité à l'italienne, et Miuccia Prada relança l'entreprise de maroquinerie de luxe en déclin de son père avec des sacs à dos et cabas solides, faits de tissus nouveaux. Les dés étaient lancés : Milan devint une ville vivant pour et par la mode et où les marques étaient prises très au sérieux.

Shopping alternatif Le Quad accueille plus de 500 boutiques. Les collections tout juste descendues des podiums de la Fashion Week sont vendues à des prix vertigineux. Mais, en dehors du Quad, il existe quantité de boutiques vintage, de concept stores, et de jolies échoppes plus abordables.

Page de gauche, en haut Le luxe à l'italienne **En bas** Des accessoires indispensables

La Settimana della Moda

Les Italiens sont réputés pour leur élégance vestimentaire – ils apprécient faire *bella figura*. Au milieu du XXe siècle, ils participèrent au renouveau de la mode lorsque Milan accueillit la première Settimana della moda (Semaine de la mode) en 1958. Les collections d'hiver sont dévoilées en janvier (homme) et en février (femme), et la mode printemps/été est à l'honneur en juin (homme) et en septembre (femme). Avec plus de 100 000 mannequins, critiques, acheteurs et producteurs, réunis pour plus de 350 défilés, Milan connaît une véritable effervescence lors de sa *fashion week*. Retrouvez le programme complet sur www.cameramoda.it et www.milanfashionweeklive.com.

22 CANAUX autour de Milan

VÉLO | NATURE | PRINTEMPS

Fuyez l'agitation urbaine à pied ou à vélo le long des quatre canaux qui ceinturent Milan. Ce furent longtemps ses seules voies d'approvisionnement et la Lombardie agricole du passé reste tangible au fil des charmants villages traversés. Les eaux du Ticino et son parc naturel qui s'étire jusqu'au lac Majeur offrent aussi une belle échappée à la force de la pagaie.

CLAUDIO GIOVANNI COLOMBO/SHUTTERSTOCK ©

En pratique

S'y rendre Le Naviglio Grande : au départ du centre de Milan. Le Naviglio Martesana : en partant de la station de métro Gioia (M2). Le Naviglio di Bereguardo : à 20 minutes de train du centre, arrêt à Abbiategrasso. Le Canale Muzza : à 50 minutes de train du centre, arrêt à Cassano d'Adda. Comptez 3 € en sus du billet pour le transport de votre vélo.

Quand En semaine, au printemps et en automne.

Louer un vélo **Smile and Bike** (p. 140) a une agence près des Naviglii Grande et à Martesana. Vélo/e-bike 20/45 € par jour.

AGF/GETTY IMAGES ©

Page de gauche, en haut Naviglio di Bereguardo **En bas** Canale Muzza

Quel canal choisir ?

Le plus proche Quittez la Darsena (bassin artificiel formant l'ancien port fluvial de Milan) et longez le **Naviglio Grande** en traversant la pittoresque Gaggiano à la sortie de Milan. Le canal oblique vers le nord à Abbiategrasso, passé de cossues villas et quelques ponts médiévaux. La piste cyclable prend fin 50 km plus loin, à la centrale électrique de Turbigo avec en toile de fond le Monte Rosa (mont Rose) enneigé. Prenez le train à Turbigo pour regagner Milan (45 minutes).

Le plus caché Reliant Abbiategrasso à la ville de Bereguardo, 18,5 km plus au sud, le **Naviglio di Bereguardo** longe d'anciennes *cascine* (fermes) et des champs de blé et de riz. Rares sont les promeneurs, surtout en semaine. Le lieu est donc propice à une balade à pied ou à vélo, et l'occasion de découvrir, à 1 km, l'architecture romane de l'**Abbazia di Morimondo** (p. 154).

Le plus pratique à pied Si vous préférez marcher, choisissez le **Naviglio Martesana** qui rejoint la rivière Adda à 42 km de Milan. La ligne M2 du métro le longe, vous donnant la possibilité de morceler votre promenade. Les 6 km séparant Cernusco sul Naviglio de Gorgonzola sont très pittoresques.

Le plus agricole Parcourez le sud de la plaine lombarde, grenier de l'Italie, en pédalant sans gros effort le long du **Canale Muzza**, l'un des plus anciens canaux artificiels d'Europe puisqu'il date du XIIIe siècle. Les 36 km non pavés séparant Cassano d'Adda de Lodi constituent un lieu d'escapade prisé au printemps quand les arbres sont en fleurs.

Descente du Ticino

Miraculeusement épargné par le surdéveloppement, le Ticino, partie lombarde du Tessin qui prend sa source en Suisse, est l'une des rivières les plus pures d'Italie. Il n'a pas de berges et son cours change chaque année en sinuant au milieu des roseaux, des ronces et des forêts de feuillus, avant qu'il ne se jette dans le lac Majeur. Parcourez-le en kayak ou en faisant du rafting pour découvrir sa biodiversité, puis pique-niquez au couchant de produits locaux. Pour en profiter plus encore, accordez-vous 4 jours de descente, du lac Majeur jusqu'à Pavie, en campant en chemin. Le Parco Ticino (parc naturel de la vallée du Tessin) a été l'un des premiers parcs naturels régionaux créés en Italie (1974).

Alberto Vincenzi,
propriétaire/fondateur d'Aqqua Canoa & Rafting, Vigevano, @aqqua_canoa_rafting

23 AU BAL avec les Milanais

DANCING | JEU DE BOULES | TRATTORIA

Souvenirs, souvenirs… La Balera dell'Ortica est ce genre de lieu que tous les habitants et leurs grands-parents connaissent. Un dancing de 1925 niché à la périphérie est de Milan, à mille lieues, semble-t-il, du monde de la mode, du design ou de la finance milanais. Les fashionistas et les jeunes yuppies y viennent néanmoins danser comme au bon vieux temps.

DANIELE FRAGALE PHOTOGRAPHY ©

En pratique

S'y rendre Comptez une demi-heure en bus (n° 54) depuis le centre.

Quand L'été est le meilleur moment pour les concerts et les événements en plein air avec danses et musiciens. Le programme est mis en ligne : www.labaleradellortica.com.

Tarifs La trattoria affiche des plats entre 18 et 25 €. Côté divertissement, événements gratuits ou moyennant 7 à 30 €.

Attraits L'atmosphère chaleureuse de la trattoria et le terrain de *bocce*, ouverts toute l'année.

DANIELE FRAGALE PHOTOGRAPHY ©

Page de gauche, en haut Tablées à La Balera dell'Ortica **En bas** L'affiche indique : "La piste de danse est là pour danser et trouver l'amour, pas pour fumer et boire." **Ci-contre** Fleurs des champs et nappe à carreaux : la simplicité fait recette

Nostalgie

Résurrection Jadis les cheminots du coin se retrouvaient là après le travail. Petit à petit, **La Balera dell'Ortica** (p. 157) est devenue un rendez-vous incontournable du quartier. On y dansait le traditionnel *liscio* (danse du nord de l'Italie), l'on mangeait de solides plats et l'on jouait au *bocce* (jeu de boules). Puis les discothèques et boîtes de nuit ont signé la mort des dancings. Quinze ans durant, La Balera s'est délabrée, jusqu'à ce jour de 2012 où la famille Di Furia a décidé de la faire revivre comme le souhaitait Antonio, qui adorait y aller dans sa jeunesse et trouvait important de sauver ce lieu historique. Pour Marina, sa fille qui dirige le lieu, La Balera est synonyme d'authenticité, de simplicité, de concerts et de bonne "bouffe" italienne.

Dîner, danses et bocce Désormais on revient y jouer au *bocce* et partager dans une sonore ambiance de *sagra* (fête culinaire locale) les plats familiaux concoctés par Rita, la mère de Marina – *polpette* (boulettes de viande) et *arrosticini* (brochettes) – dans le décor un peu kitsch de papy et mamie versus discothèque des années 1970.

Les danses n'ont pas changé. Le swing, le *lindy hop* et le *liscio* au son d'un orchestre prédominent toujours. Seule nouveauté : des passionnés de mode et des jeunes branchés côtoient désormais sur la piste des retraités !

Le charme d'Ortica

La Balera dell'Ortica se trouve dans le quartier populaire d'**Ortica** immortalisé en 1966 par Enzo Jannacci, l'auteur-compositeur-interprète de *la Banda dell'Ortica* ("la Bande de l'Ortica"). Cet ancien village ouvrier, incorporé depuis à Milan, a néanmoins conservé son identité. Flânez dans ses ruelles encore bordées de *case di ringhiera* (immeubles populaires à longues galeries communes). L'art urbain contemporain retrace fièrement son histoire. Et pour retrouver l'âme du village médiéval, faites halte à la **Chiesa dei Santi Faustino e Giovita** (XIIIe siècle).

24 Palais des ÎLES

EXCURSION À LA JOURNÉE | HISTOIRE | LAC MAJEUR

Tels des joyaux surgis des eaux saphir du lac Majeur, palais et jardins des îles Borromées relèvent du pur enchantement. Abordez en priorité l'Isola Bella et son palais baroque commandant une dizaine de jardins en terrasses peuplés de paons blancs. Sa voisine, l'Isola Madre, est plus sauvage. Retournez dîner à Milan ou dormez sur l'Isola dei Pescatori (Isola Superiore) ou sur l'Isola Bella.

LUCA LORENZELLI/SHUTTERSTOCK ©

En pratique

S'y rendre Des trains (70 min ; 8,60 €) relient toutes les heures Milan Centrale à Stresa, d'où partent les bateaux.

Quand De mars à octobre. Les jardins en fleurs attirent la foule en mai. L'été, évitez le week-end.

Tarifs
Isola Bella 18 €/pers, Isola Madre 15 €/pers.

Nuit sur place Location d'appartements (200 € et plus) sur l'Isola Bella. Sur l'Isola dei Pescatori, une adresse de charme : l'**Albergo Verbano** (www.hotelverbano.it ; d 140-210 €).

EASY GOING/SHUTTERSTOCK ©

Page de gauche, en haut Palazzo Borromeo, Teatro Massimo du jardin, Isola Bella **En bas** Paon blanc, jardin botanique, Isola Madre

Explorez les îles

Inimaginable beauté L'**Isola Bella** déploie une telle richesse qu'il est difficile d'imaginer que c'était jadis un îlot insignifiant, où vivaient des pêcheurs. En 1630, la famille Borromeo y fit ériger un somptueux *palazzo* et dessiner des jardins paysagers à l'italienne, créant le merveilleux domaine baroque que vous contemplez aujourd'hui.

La visite du **Palazzo Borromeo** (p. 156) évoque les grandes heures de l'Europe aristocratique. Ne ratez pas la Galleria Berthier où sont exposés 130 tableaux de maîtres. Plongez dans ce monde lacustre qu'évoquent les salles des grottes tapissées de galets du lac, de pierres de lave et de marbre rose. Avec ses tapis de fleurs, ses coquilles, ses deux obélisques, ses statues et ses fontaines, le Teatro Massimo et sa licorne cabrée vers le ciel coiffent orgueilleusement ces jardins incomparables.

Propriété de famille L'**Isola Madre**, la plus vaste des îles, dévoile mieux l'histoire de la famille Borromeo. Son palais élégant mais sobre tranche sur l'opulence de l'Isola Bella. Le mobilier et les éléments décoratifs proviennent des diverses résidences lombardes des Borromeo. Le théâtre de marionnettes et le salon vénitien au plafond en trompe-l'œil captent plus particulièrement l'attention. Décrit par Gustave Flaubert comme "l'endroit le plus voluptueux du monde", un jardin botanique d'inspiration anglaise couvre le reste de l'île. Grâce au climat doux du lac, les plantes exotiques, des camélias aux rhododendrons, en passant par les protées royales, y prospèrent. Des paons blancs, des faisans et des perroquets s'y promènent librement.

Autres palais lacustres

Il Vittoriale degli Italiani

Près de Gardone Riviera sur la rive ouest du lac de Garde, le Vittoriale (voir p. 155) est l'ancien domaine du poète militant Gabriele d'Annunzio. Commencez par visiter la **Priora**, dont la décoration reflète l'excentricité du poète, puis allez voir les jardins qui abritent un amphithéâtre et un navire de guerre.

Villa del Balbianello

Bâtie au XVIIIe siècle sur la rive du lac de Côme (voir aussi p. 146), cette magnifique villa peut vous sembler familière car elle a servi de cadre à des scènes de *Star Wars : l'Attaque des clones* et de *Casino Royale*. Ancienne propriété de l'explorateur Guido Monzino, elle renferme des souvenirs de ses voyages. Ses jardins aux buis sculptés, ornés de platanes chandeliers et d'innombrables plantes semblent comme suspendus au-dessus des eaux.

25 LAC DE CÔME
de villas en jardins

EXCURSION À LA JOURNÉE | ARCHITECTURE | JARDINS

À l'ombre des Alpes rhétiques, le lac de Côme (ou Lago di Lario) est le plus spectaculaire des trois grands lacs de Lombardie mais aussi le moins visité. À tort, car il est bordé de villas prolongées par des jardins féeriques, tous reliés par des promenades. Savants, écrivains et artistes ont flâné sur ces rivages, et souvent ils y ont trouvé l'inspiration.

GIOVANNI APPIANI/STOCK.ADOBE.COM ©

En pratique

S'y rendre En train depuis Milan (4,80 €, 1 heure, toutes les 30 min) jusqu'à Côme au sud-ouest du lac. En voiture, prenez l'A8 et l'A9 depuis Milan jusqu'à Côme (1 heure, 52 km). Pour aller sur la rive est, prenez la SS36 de Milan jusqu'à Lecco (1 heure, 56 km).

Circuler Les ferries et les hydroglisseurs de Navigazione Lago del Como (p. 158) circulent toute l'année. Des ferries entre Bellagio et Varenna/Cadenabbia permettent aussi d'embarquer son véhicule.

Quand Au printemps, lorsque la végétation s'épanouit.

LUCIAN MILASAN/STOCK.ADOBE.COM ©

Page de gauche, en haut Villa del Balbianello En bas Bellagio

Côme, le kilomètre du savoir et de la beauté Le dimanche, trois villas de Côme (voir aussi p. 145 et p. 156 pour la **Villa del Balbianello**), la principale ville du lac, lovée au point de convergence des rives sud et ouest, ouvrent au public l'ensemble de leurs jardins réunis au nord-ouest du centre. Longeant le lac en contrebas, une promenade de 1 km relie la **Villa Olmo** (p. 156), la **Villa del Grumello** (p. 156) et la **Villa Sucota** (p. 157). Entre nature et culture, ce "Chilometro della Conoscenza" dévoile la beauté de ces rivages admirés par des générations d'artistes, de peintres et d'écrivains.

Bellagio Avec son rivage où se balancent les bateaux, son dédale d'escaliers de pierre et ses jardins fleuris de rhododendrons, Bellagio, situé sur un promontoire, est une merveille qui attire les foules en été.

Le jardin de la **Villa Melzi d'Eril** (1808 ; p. 156) compte parmi les plus beaux sites des rives du lac de Côme. Agrémenté de statues, planté d'azalées et de rhododendrons qui flamboient au printemps, ce fut le premier parc à l'anglaise aménagé au bord du lac. Il voisine un jardin japonais, une grotte et un musée de l'Orangerie dans lequel sont exposés quelques bustes romains et des sépultures étrusques.

Les jardins luxuriants de la **Villa Serbelloni** (p. 156), qui a accueilli Ludovic Sforza dit le More, l'empereur Maximilien d'Autriche et la reine Victoria couvrent une grande partie du promontoire de Bellagio. La villa elle-même est fermée au public, mais le parc et les jardins en terrasses se visitent (circuit guidé uniquement auprès de PromoBellagio, près de l'église).

En bateau cigare comme James Bond !

Pour jouer les stars, embarquez à bord de l'un des élégants bateaux Cigarette en acajou de Barindelli (p. 158), qui organise des sorties d'une heure au coucher du soleil autour du promontoire de Bellagio. Excursions personnalisées à la demande.

26 LAC DE GARDE
activités tout schuss

RANDONNÉES | VOILE | JARDINS | SOURCES CHAUDES

Poètes, politiciens et divas n'ont pas résisté à son charme. À cheval sur la Lombardie et la Vénétie, le plus grand des lacs italiens est encaissé entre montagnes et collines plantées de vignobles, d'oliveraies et de citronneraies. Quelques villes (Sirmione, Gardone Riviera, Riva del Garda) sont installées ici et là, autour de petits ports naturels.

POINTBREAK/SHUTTERSTOCK ©

En pratique

S'y rendre Par l'A4 Milan-Venise ou l'A22 Modène-Trente. Une route à voie unique fait le tour du lac. Pas de train direct entre Milan et le lac (gares à Desenzano ou à Peschiera), il faut passer par Vérone et Brescia.

Quand Évitez l'été quand l'affluence est à son maximum et la circulation très dense.

Infos et réservations Les offices du tourisme renseignent sur les activités (randonnée, escalade, parapente, sports nautiques, etc.). Consultez le site www.gardatrentino.it.

LAURAVR/SHUTTERSTOCK ©

Bain dans des sources thermales Au large de Sirmione jaillissent plusieurs sources chaudes, dont les eaux atteignent 37°C. Elles ont été découvertes à la fin du XIXe siècle et utilisées depuis pour leurs vertus thérapeutiques. Le **spa de l'Aquaria** (p. 158) permet de se prélasser dans deux piscines thermales – l'une, extérieure, jouxte le lac.

Jardins et art contemporain Icône de la Belle Époque, Gardone Riviera s'étend à flanc de colline entre le centre historique, Gardone Sopra ("Gardone d'en haut") et le *lungolago* (bord de lac) de Gardone Sotto ("Gardone d'en bas"), avec ses cafés. Vous pourrez visitez **Il Vittoriale degli Italiani** (voir aussi p. 145 et p. 155) et le **Giardino Botanico Fondazione André Heller** (p. 157).

Nautisme, rando et escalade à Riva del Garda Enserrée sur une étroite bande de terre entre le lac et la montagne, Riva fait officiellement partie du Trentin-Haut-Adige. Villégiature prisée par l'intelligentsia européenne et les écrivains, elle séduit les amateurs de loisirs sportifs. Faites un tour sur Punta Lido, où le rivage se transforme en plages de galets. La majorité des centres de sports nautiques y sont installés : voile, planche à voile et kitesurf. Programmez ensuite une **randonnée le long du Ponale** (p. 158), un chemin de 7 km dédié aux piétons et aux cyclistes entre Riva et Limone. Taillé dans la falaise telle une crevasse horizontale, il rejoint la pointe nord du lac de Garde. De loin, il ressemble à une via ferrata mais, de près, le chemin est assez large pour que cyclistes et randonneurs puissent le partager. Pour l'**escalade**, contactez Arco Mountain Guide (p. 157).

Page de gauche, en haut Panorama sur le lac de Garde **En bas** Kitesurf

La plus ancienne régate d'Italie

À une dizaine de kilomètres au nord de Gardone, le petit port de Gargnano accueille chaque année en septembre la **Centomiglia** (www.alsegnavento.com/fr/centomiglia#!), la régate la plus prestigieuse de la région.

27 BERGAME
joyau de la plaine du Pô

EXCURSION À LA JOURNÉE | ARCHITECTURE | ART

Bergame compte parmi les plus belles cités du nord de l'Italie. Du haut de ses remparts, le regard porte par temps clair jusqu'à Milan à travers la plaine du Pô ! Prévoyez une journée d'excursion pour vous imprégner de sa beauté empreinte du style vénitien. Et chaussez de bonnes chaussures pour parcourir la Città Alta (ville haute) !

RASTO SK/SHUTTERSTOCK ©

En pratique

S'y rendre De nombreux trains rallient la gare (☎ 035 24 79 50 ; Piazza Marconi) de Bergame depuis Milan et le trajet ne dure que 50 min/1 heure (4,80-5,60 €).

Circuler La Città Alta, au sommet de la colline, est un dédale de ruelles médiévales clos par un mur d'enceinte, où l'on circule à pied. Elle est reliée par un funiculaire à la Città Bassa (ville basse).

Office du tourisme Le bureau de la **ville haute** (☎ 035 24 22 26 ; www.visitbergamo.net ; Via Gombito 13 ; ⏲10h-19h) vous renseignera.

PATRYK KOSMIDER/SHUTTERSTOCK ©

Page de gauche, en haut Vue sur la vieille ville de Bergame, avec la Basilica di Santa Maria Maggiore au premier plan **En bas** La Piazza Vecchia au crépuscule

Plus belle place d'Europe Bordée de cafés, la Piazza Vecchia se trouve au centre de l'enchevêtrement de ruelles médiévales de la Città Alta. C'est ici que bat le cœur de la vieille ville. Cette splendide place Renaissance raconte à elle seule la riche et longue histoire de la cité. Les Bergamasques rasèrent tous les édifices médiévaux qui s'y trouvaient pour dessiner ce que Le Corbusier aurait qualifié de "plus belle place d'Europe".

6 km de remparts Le mur d'enceinte vénitien a été inscrit en 2017 au patrimoine mondial de l'Unesco. Profitez d'une longue matinée pour le parcourir et contempler la Città Bassa (ville basse) et la plaine lombarde au-delà.

Piazza Duomo Retournez au centre-ville pour admirer les arcades du Palazzo della Ragione, entre lesquelles vous apercevrez la Piazza Duomo, où s'élève la **cathédrale baroque** (p. 155) et, à côté, la **Basilica di Santa Maria Maggiore** (p. 154), construite à partir de 1137 et bien plus intéressante. Ajoutée entre 1472 et 1476, la **Cappella Colleoni** (p. 154) est la dernière demeure du plus célèbre condottiere de Venise, Bartolomeo Colleoni (1696-1770). Son tombeau est aujourd'hui tenu pour un chef-d'œuvre de l'art lombard.

Art de la Renaissance L'**Accademia Carrara** (p. 157) est à la fois une école et un musée. Sa collection éblouissante rassemble 1 800 tableaux des maîtres italiens (Mantegna, Botticelli, Titien, Raphaël et Canaletto notamment) rassemblés par le comte Giacomo Carrara (1714-1796), un érudit local.

La longue histoire de Bergame

Baptisée par les Gaulois "la ville sur le mont", Bergame devint romaine au IIe siècle av. J.-C. et rejoignit la Ligue lombarde au Moyen Âge. Située au pied des Préalpes, elle fut dirigée par Venise pendant 350 ans (1428-1797), jusqu'à l'arrivée de Napoléon, en 1796, qui contribua à créer la République bergamasque. La ville passa ensuite sous domination autrichienne, avant d'être rattachée au nouveau royaume d'Italie.

28 Pistes et sources de la VALTELLINA

SPORT | DÉTENTE | HIVER

Souvent éclipsée par les célébrissimes Dolomites (p. 162), cette vallée sinueuse en lisière de la Suisse a pourtant peu à leur envier. Outre ses paysages montagneux spectaculaires, ses vins difficiles à produire et sa riche cuisine au beurre, elle possède deux atouts maîtres : ses sources chaudes vivifiantes et un domaine skiable ouvert toute l'année.

SLAWOMIR KRUZ/SHUTTERSTOCK ©

En pratique

S'y rendre De Milan, comptez 2 heures de train et presque 1 heure de plus depuis Bergame. Billets en vente sur trenord.it.

Quand Toute l'année tant pour le ski que pour le thermalisme. Pistes et bains attirent foule de décembre à mars.

Tarifs Le forfait de ski coûte 37-45 €/jour pour un adulte. Comptez 15 € pour accéder à Bormio Terme et 42 à 64 € pour les QC Terme.

Infos Les 3 stations de ski, Livigno, Bormio et Madesimo, ont chacune leur site Internet : www.livigno.eu, www.bormioski.eu et www.madesimo.com.

DIEGO BONACINA/SHUTTERSTOCK ©

Page de gauche, en haut Snowboardeur à Livigno **En bas** Terme Bagni Nuovi à Bormio

Ski, snowboard et hors-piste Avec ses 400 km de pistes bien entretenues, ses snowparks et ses ébouriffants itinéraires hors-piste, la Valtellina séduit les skieurs novices ou expérimentés comme les fous de poudreuse. Un domaine unique, comme le souligne Giuliano Bordoni, guide de montagne dans la Valtellina, par la variété de ses tracés, ses stations à l'abri du clinquant et de la foule, et un ensoleillement quasi permanent.

L'une des stations les plus populaires en dépit de son éloignement, **Livigno**, est appréciée pour ses produits détaxés et les larges pistes de son domaine skiable. Elle possède des snowparks parmi les meilleurs d'Europe et accueille les skieurs sur une large saison courant de novembre à mai. Skier à **Bormio** nécessite plus de technique, notamment pour descendre l'une des pistes les plus techniques de Coupe du monde de ski alpin, la pente du Stelvio dévalée à plus de 100 km/h par les champions. On y pratique aussi le ski d'été au col de Stelvio. Sinon, à moins de 2 heures de Milan, la station de **Madesimo** a la faveur des skieurs, ravis de filer sur les 3,5 km exigeants de la Canalone, une piste à la beauté sauvage.

Bain dans les sources chaudes Un bon nombre de sources chaudes existent à Bormio, mais rien ne vaut les QC Bagni Vecchi, thermes romains deux fois millénaires pour retrouver la jeunesse de ses articuations ! Bien plus récents, les QC Terme Bagni Nuovi sont l'établissement thermal le plus vaste des Alpes. Proches du centre-ville mai splus sommaires, les Bormio Terme offrent des prix attractifs.

Bains gratuits !

Pour sortir des sentiers battus, allez au **Pozza di Leonardo** (bassin baptisé du nom du peintre qui aimait, dit-on, les bains ; p. 158). Les habitants du coin y profitent gratuitement des sources chaudes. Gagnez en voiture le col du Stelvio depuis Bormio, puis tournez dès que vous voyez le panneau indiquant Livigno. Au bout de 2 km environ, vous remarquerez des voitures garées et des graffitis sur votre droite. À quelques pas de là à travers bois (attention au sol glissant en cas de neige), impossible de rater les bassins. Il y a même des crochets pour pendre ses vêtements.

Carnet d'adresses

Les grands classiques

Côme

Voir p. 133, 145-147, p. 155 et p. 157.

Duomo de Milan

Voir p. 132. Il est vivement recommandé de réserver ses billets en ligne afin de limiter l'attente. (☎ 02 7202 3375 ; www.duomomilano.it ; Piazza del Duomo ; tarif plein/réduit Duomo 5/2 €, accès au toit par l'escalier 10/5 €, par l'ascenseur 14/7 €, musée tarif plein/réduit 5/2 €; ⌚ Duomo et toit-terrasse 9h-19h, musée ⌚ 10h-19h mar-dim ; Ⓜ Duomo)

La Cène, Santa Maria delle Grazie (Milan)

Voir p. 132 et p. 136. (Il Cenacolo ; ☎ 02 9280 0360 ; cenacolovinciano.net ; Piazza Santa Maria delle Grazie 2 ; tarif plein/réduit 15/2 €, réservation obligatoire ; ⌚ 8h15-19h mar-sam, 14h-19h dim ; Ⓜ Cadorna)

Galleria Vittorio Emanuele II, Milan

Cette galerie couverte signée Giuseppe Mengoni abrite aujourd'hui des restaurants et des boutiques haut de gamme, dont la boutique Prada originale. Selon la tradition, tourner trois fois sur soi-même avec le talon sur les testicules du taureau de la mosaïque centrale porte chance. Voir aussi p. 133. (Piazza del Duomo ; Ⓜ Duomo)

Îles Borromées

Voir p. 133 et p. 144.

Pinacoteca di Brera, Milan

Cette fabuleuse collection de toiles de maîtres occupe l'étage de la prestigieuse école des beaux-arts de Milan. Piero della Francesca, Raphaël, Titien, le Tintoret, Véronèse, le Caravage... la plupart des œuvres forcent l'émotion, notamment le poignant Christ mort peint en raccourci par Mantegna (*Lamentation sur le Christ mort*, vers 1480). Autre époque, le romantique adieu des amants, *Le Baiser* (1859) de Hayez, symbolise le départ au combat pour réunifier l'Italie encore sous la coupe des Habsbourg. Voir aussi p. 133. (☎ 02 72105 141 ; www.pinacotecabrera.org ; Via Brera 28 ; tarif plein/réduit 15/10 € ; audioguides en français 5 € ; ⌚ 9h30-18h30 mar-dim, 9h30-22h15 3e jeu du mois ; Ⓜ Lanza, Montenapoleone)

Cathédrales, châteaux et villas

Abbazia di Morimondo

Voir p. 141. (☎ 02 9496 1919; www.abbaziamorimondo.it ; piazza Municipio 6, Morimondo; ⌚ 8h30-16h lun-ven, 8h30-17h30 sam, 9h-18h dim oct-mars, ⌚ 8h30-18h lun-ven, 8h30-19h sam, 9h-19h dim avr-sep) GRATUIT

Basilica di Santa Maria Maggiore, Bergame

Voir p. 151. (Piazza del Duomo ; ⌚ 9h-12h30 et 14h30-18h lun-ven, 9h-18h sam-dim avr-oct, horaires réduits nov-mars)

Cappella Colleoni, Bergame

Voir p. 151. (Piazza del Duomo ; ⌚ 9h-12h30 et 14h-18h30 mars-oct, 9h-12h30 et 14h-16h30 mar-dim nov-fév)

Certosa di Pavia

Castello Sforzesco, Milan

La puissante dynastie des Sforza régna depuis cet immense château en brique rouge bordant le principal parc de Milan. L'immense édifice abrite une dizaine de musées remarquables et l'on y a mis au jour un travail de fresque réalisé par Léonard de Vinci. (☎ 02 8846 3703 ; www.milanocastello.it ; Piazza Castello, Milan ; billet combiné musées et expo tarif plein/réduit 10/8 €, tarifs variables ; ⏲ 10h-17h30 mar-dim ; Ⓜ Cairoli)

Certosa di Pavia

À 10 km au nord de Milan, la chartreuse de Pavie, bastion de la Renaissance (et de sa diffusion vers la France), eut pour commanditaire le duc de Milan Gian Galeazzo Visconti. L'église devait servir de mausolée à sa lignée, d'où sa magnificence. (☎ 03 8292 5613 ; www.certosadipavia.it ; Viale Monumento ; don apprécié ; ⏲ 9h-11h30 et 14h30-16h30, horaires étendus en été (jusqu'à 18h), susceptibles de changements)

Chiesa di San Maurizio, Milan

L'église du couvent bénédictin (XVIe siècle) abrite un véritable trésor caché. Sa façade quelconque ne laisse en rien présager la beauté de son intérieur recouvert de superbes fresques, pour la plupart de la main de Bernardino Luini, élève de Léonard de Vinci. Beaucoup immortalisent Ippolita Sforza, grande figure de la scène littéraire milanaise, et d'autres membres des puissants clans Sforza et Bentivoglio, qui financèrent la décoration et sont représentés sur des lunettes de la chapelle des Fidèles. (museoarcheologicomilano.it/oltre-il-museo/la-chiesa-s.-maurizio-al-monastero-maggiore ; Corso Magenta 15 ; ⏲ 10h-17h30 ven-dim, sur réservation ; Ⓜ Cadorna) GRATUIT

Cimitero Monumentale, Milan

Voir p. 134. (☎ 02 8844 1274 ; Piazzale Cimitero Monumentale ; ⏲ 8h-18h mar-dim ; Ⓜ Monumentale) GRATUIT

MC MEDIASTUDIO/SHUTTERSTOCK ©

Remparts de la vieille ville de Bergame

Duomo de Bergame

Voir p. 151. (☎ 035 21 02 23 ; www.cattedraledibergamo.it ; Piazza del Duomo ; ⏲ 7h30-12h30 et 15h-18h30 lun-ven, 7h-19h sam-dim)

Duomo de Côme

Voir p. 133. (Cattedrale di Como ; ☎ 031 331 22 75 ; cattedraledicomo.it ; Piazza del Duomo ; ⏲ 7h30-12h30 et 17h-19h lun-ven, 7h30-12h30 et 16h-18h sam, 9h30-13h30 et 16h30-20h dim)

Funicolare Como-Brunate

Ce funiculaire, construit en 1894, est situé au nord-est du cœur historique. Il mène en 7 minutes au village de Brunate (720 m), offrant une vue époustouflante sur les lacs et les montagnes. Voir aussi p. 133. (☎ 031 30 36 08 ; www.funicolarecomo.it ; Piazza de Gasperi 4 ; tarif plein/réduit aller 3,10/2,10 €, aller-retour 5,70/3,30 € ; ⏲ toutes les 30 min 6h-minuit été, 8h-22h30 hiver)

Il Vittoriale degli Italiani

Voir p. 145. (☎ 0365 29 65 11 ; www.vittoriale.it ; Piazza Vittoriale ; parc, demeure et musées tarif plein/réduit 16/13 € ; ⏲ 9h30-19h ; Ⓟ)

Monastero Santa Giulia

Fondé en 753, cet imposant monastère d'origine lombarde se dresse à un jet de pierre du centre de Brescia. Construit sur les ruines de deux *domus* antiques, il englobe les successifs aménagments du site et l'actuel musée de Brescia. (Museo della Città ; ☎030 297 78 33 ; bresciamusei.com/santagiulia.asp ; Via dei Musei 81 ; tarif plein/réduit 10/7,50 € ; ⏲10h-18h mar-dim)

Palazzo Borromeo

Voir p. 145. (☎0323 93 34 78 ; www.isoleborromee.it, Isola Bella ; tarif plein/réduit 18/11 €, billet combiné avec le Palazzo Madre 25/13 € ; ⏲10h-18h, mi-mars à déb nov)

Palazzo Ducale, Mantoue

Siège du pouvoir des Gonzague pendant presque quatre siècles, le palais ducal est le reflet de la puissance de cette riche famille qui prit le pouvoir au XIVe siècle et devint l'une des grandes dynasties de la Renaissance. Il est immense : 500 pièces sur une superficie de 35 000 m². À ce jour, on peut visiter 40 des plus belles chambres. Admirez en particulier le cycle de fresques signé Mantegna (milieu du XVe siècle) dans la Camera degli Sposi (chambre des Époux) ou Camera Picta (chambre peinte). Louis III de Gonzague (Ludovico III, 1414-1478), marquis de Mantoue, y est représenté entouré de sa famille et de ses courtisans. Peints à la manière des naturalistes avec une grande attention portée aux perspectives, les murs voûtés évoquent des fenêtres sur l'univers des courti-sans ; on peut même voir l'envers de la robe de son épouse Barbara, comme si elle était assise au-dessus du visiteur. (☎0376 35 2100 ; mantovaducale.beniculturali.it ; Piazza Sordello 40 ; billet combiné Castello di San Giorgio avec Camera degli Sposi, Corte Nuova, Corte Vecchia et Museo Archeologico Nazionale tarif plein/réduit 13/7 € ; ⏲8h15-19h15 mar-dim, réservez pour la Camera degli Sposi)

EYESTRAVELLING/SHUTTERSTOCK ©

Palazzo Ducale, Mantoue

Palazzo Te, Mantoue

Le palais des plaisirs de Frédéric II Gonzague. Le duc de Mantoue y retrouvait la belle Isabella Boschetti dans un somptueux décor de fresques en trompe-l'œil aux motifs enjoués et aux symboles cachés. Le chef-d'œuvre de l'architecte maniériste Jules Romain, un disciple de Raphaël. (☎0376 36 58 86 ; www.palazzote.it ; Viale Te 13, Mantoue ; tarif plein/réduit 12/9 € ; ⏲13h-18h30 lun, 9h-18h30 mar-dim hiver, 13h-19h30 lun, 9h-19h30 mar-dim été)

Villa del Balbianello

Voir p. 145 et p. 147. (☎0344 5 61 10 ; www.fondoambiente.it/luoghi/villa-del-balbianello ; Via Comoedia 5, Località Balbianello ; tarif plein/réduit villa et jardins 22/12 €, jardins 11/6 € ; ⏲10h-18h mar et jeu-dim mars-jan)

Villa del Grumello, Côme

Voir p. 147. (☎031 2287620 ; www.villadelgrumello.it ; Via Cernobbio 11 ; ⏲jardin 10h-19h dim avr-oct)

Villa Melzi d'Eril, Bellagio

Voir p. 147. (☎339 4573838 ; www.giardinidivillamelzi.it ; Lungo Lario Manzoni ; tarif plein 8 € ; ⏲10h-18h mars-oct)

Villa Olmo, Côme

Voir p. 147. (☎031 25 23 52 ; www.villaolmocomo.it ; Via Cantoni 1 ; jardin gratuit, villa tarif variable selon expo ; ⏲villa 10h-18h mar-dim ; jardins 7h-23h avr-sept, 7h-19h oct-mars)

Villa Serbelloni, Bellagio

Voir p. 147. (☎031 95 15 55 ; Piazza della Chiesa 14 ; tarif plein/enfant 10/5 € ; ⏲visites 11h et 15h30 mar-dim mi-mars à début nov)

LUISA/STOCK.ADOBE.COM ©

Il Vittoriale degli Italiani, ancienne demeure de D'Annunzio

Villa Sucota, Côme
Voir p. 147. (031 338 49 76 ; www.fondazioneratti.org ; Via per Cernobbio 19 ; 9h-18h lun-ven)

Musées d'art, mode et design

Accademia Carrara, Bergame
À l'est des remparts de la vieille ville de Bergame, ce musée abrite la superbe collection de maîtres italiens, réunie par le comte Giacomo Carrara. Les œuvres de Mantegna, Botticelli, Titien, Raphaël et Canaletto en sont les joyaux. Voir p. 151. (035 23 43 96 ; www.lacarrara.it ; Piazza Carrara 82, Bergame ; tarif plein/réduit 10/8 € ; 10h-19h lun et mer-jeu, 10h-20h30 ven-dim)

Fondazione Prada, Milan
Proche de voies ferrées à l'abandon, une ancienne distillerie de gin milanaise a été remodelée en très chic galerie Prada : expositions d'avant-garde, revêtement de feuilles d'or sur un anguleux ancien bâtiment industriel et bar imaginé par Wes Anderson. (02 5666 2611 ; www.fondazioneprada.org ; Largo Isarco 2, Milan ; tarif plein/réduit 12/9 € ; 10h-18h mer-lun ; M Lodi TIBB)

Musée de la Soie, Côme
Voir p. 133. (Museo della Seta ; 031 30 31 80 ; museosetacomo.com ; Via Castelnuovo 9 ; tarif plein/réduit 10/7 € ; 15h-19h jeu-dim, sur réservation sam-dim)

Quadrilatero d'Oro, Milan
Voir p. 138. (M Monte Napoleone)

Opéra, musique et danse

La Balera dell'Ortica
Voir p. 142. (02 701 286 80 ; www.labaleradellortica.com ; Via G. A. Amadeo 78, Milan; dancing mar-dim juin-sept, trattoria 20h-minuit mar-sam oct-mai, 20h-0h30 mar-dim juin-sept, brunch dim 12h30-14h30)

La Scala, Milan
C'est le théâtre où Verdi s'est fait un nom et où Maria Callas est devenue une légende. Située derrière la Galleria Vittorrio Emanuele II (p. 133), La Scala au décor exquis reste l'endroit où écouter de grands opéras à Milan. On peut aussi en visiter le **musée** (www.museoscala.org) et les **Ateliers Ansaldo** (visite guidée uniquement), où sont notamment fabriqués les décors et les costumes. (02 7200 3744 ; www.teatroallascala.org ; Piazza della Scala, billetterie Largo Ghiringhelli ; 10h30-18h lun-sam, 12h-18h dim ; billets 30-300 € ; M Cordusio, Duomo).

Un bon bol d'air

Arco Mountain Guide
Un spécialiste de l'escalade près du lac de Garde. Comptez environ 55 € pour une session avec guide, plus pour une via ferrata. Voir p. 148. (330 567285 ; www.arcomountainguide.com)

Giardino Botanico Fondazione André Heller
Près du lac de Garde. Voir p. 149. (336 41 08 77 ; www.hellergarden.com ; Via Roma 2 ; tarif plein/enfant 12/5 € ; 9h-19h mars-oct)

Ligne de chemin fer rhétique
Les lignes Albula et Bernina de la voie ferrée historique reliant l'Italie à la Suisse

constituent une prouesse technique et un charmant moyen de jouir de la beauté époustouflante des Alpes.

Pozza di Leonardo
Voir p. 153. (www.facebook.com/LaPozzadibormio ; 23038 Valdidentro, Sondrio)

Spa de l'Aquaria, lac de Garde
Voir p. 149. (☎030 91 60 44 ; www.termedisirmione.com ; Piazza Piatti ; piscines 1 heure 30/journée 19/53 €, soins à partir de 40 € ; ⏲piscines 9h-22h, variations saisonnières possibles)

Randonnée sur le Ponale
Voir p. 149. (www.ponale.eu)

Smile and Bike
Voir p. 140. (www.smileandbike.com)

Sorties en bateau

Barindelli
Voir p. 147. (☎338 2110337 ; www.barindellitaxiboats.it ; Piazza Mazzini ; circuit 150 €/heure environ ; ⏲9h-19h30)

Navigazione Lago del Como
(☎800 551801 ; www.navigazionelaghi.it)

Navigazione Lago Maggiore
(☎800 551801 ; www.navigazionelaghi.it)

Dîner en refuge

Rifugio Motta €
Tout droit sorti d'un conte de fées, ce chaleureux refuge de l'Alpe Palù sert une revigorante cuisine valtellinoise, mais c'est la vue plongeante sur la vallée qui émerveille. (☎0342451406 ; www.rifugi.lombardia.it/sondrio/chiesa-in-valmalenco/rifugio-motta.html)

Rifugio Martina €
La vue et le cadre bucolique au-dessus du lac de Côme sont loin d'être dédaignables. Cependant, la cuisine, notamment la polenta crémeuse et le gibier sauvage, leur volent la vedette. (☎031 964695 ; www.rifugiomartina.com ; Parco Monte San Primo, Lezzeno ; ⏲déj sam-dim, sur demande reste sem)

Repas fins en bord de lac

Table du Sereno Hôtel €€€
Réunissant cadre chic et mise en assiettes artistique, le très couru restaurant de l'hôtel Sereno, avec une salle au niveau de l'eau, semble littéralement plonger dans le lac. (www.serenohotels.com/property/il-sereno/restaurant/)

Lido 84 €€€
La vue est secondaire dans ce restaurant étoilé au Michelin, à 5 minutes à pied du Grand Hotel Fasano. Tenu par deux frères, dont le célèbre chef Riccardo Camanini, il sert une excellente cuisine italienne. (☎0365 20019 ; www.ristorantelido84.com ; Corso Zanardelli 196, 25083 Gardone Riviera ; plats 32-50 €, menus 90-130 € ; ⏲12h30-14h30 et 19h30-22h30 jeu-lun)

Enoteche et domaines viticoles

Cantine Isola
Ce petit bar cosy sur la principale artère du chinatown milanais est apprécié depuis 1986. La famille Sarais, propriétaire des lieux, s'y connaît en matière de vins et saura vous

La Scala de Milan

POSZTOS/SHUTERSTOCK ©

prodiguer de bons conseils. (☎ 02 331 52 49 ; www.cantineisola.com ; Via Paolo Sarpi 30 ; ⏲ 10h-22h mar-dim)

Nino Negri

La vinification n'est pas une mince affaire dans la Valtellina, mais Nino Negri, dans le centre de Chiuro, relève le défi avec maestria. Découvrez son célèbre Sfursat 5 Stelle et d'autres vins capiteux de son vignoble de 33 hectares. (☎ 0342.485.211 ; www.gruppoitalianovini.it/index.cfm/it/brand/nino-negri ; Via Ghibellini 3, Chiuro ; visite-dégustation sur réservation 20 € ; ⏲ départs 10h30 et 15h)

29 Première VIA FERRATA

RANDONNÉE | MONTAGNE | AVENTURE

Vous pouvez randonner, grimper et crapahuter, tout en profitant d'une vue à 360 degrés grâce à la *via ferrata delle Bocchette Centrali.* Cet itinéraire protégé dans les Dolomites de Brenta permet de se déplacer horizontalement plutôt que verticalement sur des corniches naturelles, ce qui est parfait pour les débutants.

HWO/GETTY IMAGES ©

En pratique

S'y rendre Milan ou Venise sont à quelque 3 heures de route de Madonna di Campiglio. Prévoyez dès lors un minimum de 2 jours de randonnée dans les Bocchette Centrali, en passant une nuit au Rifugio Alimonta.

Quand Le Rifugio Alimonta est ouvert du 20 juin au 20 septembre. Les conditions sont meilleures en juillet et en août.

Tarifs À partir de 250 € pour deux jours avec un guide, la location d'équipement et une nuit dans un refuge (dortoirs uniquement).

LUBOS CHLUBNY/SHUTTERSTOCK ©

Marche d'approche Comptez près de 4 heures 30 de marche pour grimper de **Madonna di Campiglio** au **Rifugio Alimonta**, le plus proche des Bocchette Centrali. Prenez un bus jusqu'à la cascade de Vallesinella, puis entamez la montée au milieu d'une forêt d'épicéas. Au bout d'une heure, les majestueuses Dolomites de Brenta se dresseront devant vous.

Continuez jusqu'au **Rifugio Brentei** pour déjeuner au milieu d'un amphithéâtre rocheux. Attaquez dès lors la suite du parcours pour aller passer la nuit au Rifugio Alimonta. Lorsque le soleil est près de se coucher, l'**enrosadira** teinte de rose orangé tout le domaine rocheux et c'est ici, à Alimonta, que l'on profite au mieux du spectacle !

Via delle Bocchette Centrali Entreprendre l'aventure le matin multiplie les chances d'avoir une vue dégagée. Une demi-heure de marche sépare Alimonta du début de la via ferrata avec la traversée d'un ruisselet qui peut nécessiter des crampons. Cinq échelles successives mènent jusqu'à des corniches. La deuxième est la plus belle : le parcours en forme de sabot fait face au **Campanile Basso**, le pic le plus réputé des Dolomites de Brenta. La randonnée le long des vias ferratas est assez facile, mais il y a des sections exposées avec des précipices sur les côtés. Votre guide vous aidera ! Prévoyez 3 à 4 heures pour parcourir la via ferrata et une heure de plus pour rallier le Rifugio Brentei, où vous vous reposerez avant de rentrer à Madonna di Campiglio. Randonnez de préférence avec un guide alpin. **Mountain Friends** (mountainfriends.it) organise des randonnées de juillet à fin septembre.

Page de gauche, en haut Bocchette Centrali **En bas** Rifugio Alimonta

Qu'est qu'une via ferrata ?

Partout dans les Alpes, le terme via ferrata désigne un itinéraire sécurisé par des échelons, des câbles et des marches fixes permettant de traverser sans corde certaines sections exposées d'une montagne. Dans les Dolomites, de nombreuses vias ferratas datent de la Première Guerre mondiale, où elles servaient de routes secondaires. La présence de ces échelles aide beaucoup les randonneurs en facilitant les passages difficiles qui nécessiteraient autrement de maîtriser des techniques d'alpinisme. Néanmoins la compagnie d'un guide est recommandée outre l'équipement d'un harnais, d'un casque et d'une longe de via ferrata (généralement fournie par le guide). Dernière recommandation : maîtriser le vertige !

30 À pied dans les DOLOMITES

RANDONNÉE | MONTAGNE | AVENTURE

Envie de prolonger le séjour et de découvrir les Dolomites plus en profondeur ? Le massif recèle certains des plus beaux (et des plus vertigineux) sentiers de randonnée d'Italie. Les *alte vie* (sentiers de haute altitude) qui relient les refuges au cœur de la chaîne comptent parmi les plus impressionnantes d'Europe.

JANOKA82/STOCK.ADOBE.COM ©

En pratique

S'y rendre Le Parco Nazionale delle Dolomiti Bellunesi (www.dolomitipark.it), à 17 km de Belluno, est plus aisément accessible depuis Venise que depuis Milan.

Hébergement Il faut réserver *rifugi* et chalets de montagne en saison.

Cartes Équipement approprié et cartes détaillées nécessaires.

Offices du tourisme Renseignements à **Belluno** (Piazza del Duomo 2 ; ⏲10h-13h et 15h-18h) et à **Feltre** (www.infodolomiti.it ; Piazzale Zancanaro 1 ; ⏲9h-12h et 15h-17h lun, mer-jeu, 9h-12h mar et ven).

CHRIS/STOCK.ADOBE.COM ©

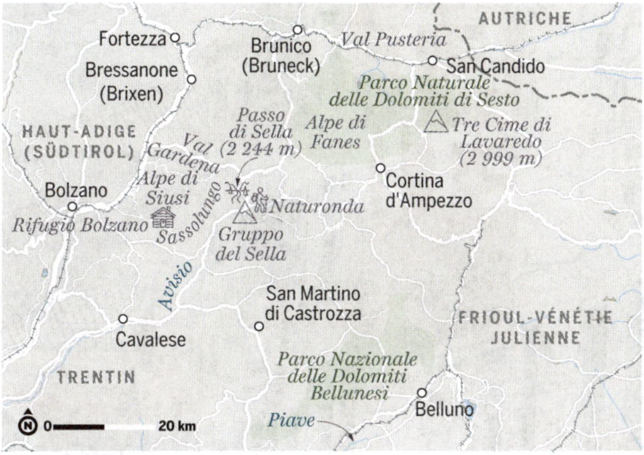

Page de gauche, en haut
Alpe di Siusi **En bas** Randonnée dans les Dolomites italiennes

Dans les Dolomites vénitiennes

Parco Nazionale delle Dolomiti Bellunesi, Vénétie
Ce parc aux sentiers fleuris englobe les Alte Vie delle Dolomiti, accessibles de juin à septembre. Perché sur de hautes falaises au-dessus du Piave et tournant le dos aux majestueux pics enneigés des Dolomites, Belluno est un point de départ stratégique (et magnifique) pour explorer les 315 km² du parc national. Et, après une bonne journée de randonnée, vous serez heureux de reprendre des forces dans sa vieille ville de style Renaissance en faisant honneur à la cuisine locale.

Autres sentiers de randonnée

Alpe di Siusi, Haut-Adige Le plus grand plateau d'Europe se termine de manière spectaculaire à la base du massif du Sciliar. Une randonnée de niveau moyen conduit jusqu'au Rifugio Bolzano, l'un des plus vieux refuges des Alpes.

Val Pusteria, Haut-Adige Cette étroite vallée tyrolienne s'étend de Bressanone (Brixen) à San Candido. Au-delà, les Dolomiti di Sesto sont sillonnées par des sentiers spectaculaires, dont des circuits de niveau intermédiaire autour des divins Tre Cime di Lavaredo (les Trois Pics).

Val Gardena, Haut-Adige Seules cinq vallées, dont celle-ci, ont conservé leur patrimoine ladin. Autour des sommets du Gruppo del Sella et de Sassolungo, les randonneurs pourront choisir entre des itinéraires difficiles le long des *alte vie* (sentiers de haute altitude) et des circuits plus faciles comme la Naturonda au Passo di Sella (2 244 m).

Culture ladine

Sur le plan culturel, cette région dite du Tyrol du Sud mêle des influences autrichiennes et italiennes à la culture locale, ladine. Les sommets et les vallées des Dolomites sont si beaux, et leur écosystème si particulier, qu'ils sont placés sous la protection de l'Unesco.

VENISE ET LA VÉNÉTIE

ART | PATRIMOINE | ŒNOLOGIE

YASONYA/SHUTTERSTOCK

VENISE ET LA VÉNÉTIE
à la carte

Histoire et géographie confèrent à Venise un caractère unique au monde. Mais la Sérénissime, c'est aussi tout un territoire gorgé de trésors : des cités historiques florissantes, des musées d'art moderne étonnants, des villas vénitiennes inscrites au Patrimoine mondial, des caves réputées où le prosecco coule à flots. *Salute !*

Bassano del Grappa

Parco Nazionale Regionale della Lessinia

Schio

Thiene

Admirez l'harmonie architecturale unique créée à **Vicence** par Palladio (p. 194).
1 jour

Vicence

Montecchio Maggiore

Vérone

Appréciez **Vérone** au-delà des poncifs sur Roméo et Juliette (p. 192).
3 jours

Parco Regionale dei Colli Euganei

De Venise à Pordenone, tracez le lien entre **fresques** et **bandes dessinées** (p. 184).
5 jours
Feltre
Testez les bulles plus ou moins pétillantes d'une ribambelle de **proseccos** (p. 196).
1 jour
Vittorio Veneto
Sacile
Pordenone
Refrontolo
Conegliano
Montebelluna
Entre canaux et pistes cyclables, faites une pause culture à **Trévise** (p. 202).
2 jours
Oderzo
Castelfranco Veneto
Trévise
San Donà di Piave
Observez le frémissement de la Renaissance sous le pinceau de Giotto à la **chapelle des Scrovegni** (p. 190) à Padoue.
1 à 2 jours
Apprenez à "**marcher sur l'eau**" comme un gondolier (p. 174).
½ journée
Mestre
Remontez le temps en compagnie des **Vénitiens** (p. 176).
1 à 2 jours
Venise
Padoue
Lido
Mer Adriatique
0
20 km

Informations pratiques

EQROY/SHUTTERSTOCK ©

ARRIVER

Aéroport Marco Polo Bateaux-navettes Alilaguna (www.alilaguna.it, 15 €) et bateaux-taxis (à partir de 110 € pour 4, ou de 25 €/pers pour les collectifs) vers Venise. Les bus (8 €) rallient la Piazzale Roma. Course en taxi : 40 €.

Aéroport de Villafranca di Verona Des bus rejoignent Vérone (6 €). Taxi : 25-30 €.

Venezia Mestre et Verona Porta Nuova Deux gares reliées aux principales villes de Vénétie.

BUDGET

Cicheto (en-cas)
1,50-5 €

Spritz
2,50-4 €

Risotto
8,50-12 €

QUAND Y ALLER

MARS-AVR
Temps humide, mais nombreux sites couverts à explorer et tarifs moindres.

MAI-AOÛT
La saison du vélo, des fêtes... et de la foule.

SEPT-NOV
Météo clémente et moindre affluence touristique, l'idéal pour les vignobles.

DÉC-FÉV
Temps frisquet mais de belles occasions à l'extérieur avec les marchés de Noël et le Carnaval.

COMMENT CIRCULER

Vaporetto Transport vénitien par excellence, assez onéreux : 7,50 € le ticket à l'unité ou forfaits de 1, 2, 3 ou 7 jours pour 20/30/40/60 €. À acheter dans les agences **Vènezia Unica** (veneziaunica.it) ou en ligne, aux guichets ou automates des embarcadères et dans les bureaux de tabac.

À pied La plupart des cités de Vénétie se visitent aisément à pied. À Venise même, le parcours pédestre est souvent plus rapide et dévoile à l'occasion maints lieux d'exception.

Trains et bus Fréquence, faible coût et fiabilité caractérisent le chemin de fer comme les services routiers. Des automates équipent les gares ferroviaires et routières. Au départ de Venise, il y a des trains pour Trévise, Conegliano, Padoue, Vicence et Vérone. Des bus relient Vicence à Bassano del Grappa.

SE RESTAURER ET PRENDRE UN VERRE

Produits de la lagune La pêche du jour agrémente la cuisine : *gò* (gobie noir), *folpetti* (petits poulpes), *peoci* (moules), *seppie* (seiches), schie (crevettes) et *moeche* (crabes mous) selon la saison. Souvent servis entiers et sans trop de sauce, les poissons conservent toute leur saveur.

Risotto Le plat phare de Vénétie, c'est le risotto, servi à Venise avec du gobie noir (*risotto di gò*). À Trévise, en hiver, il est agrémenté de *radicchio rosso* (photo) et, à Bassano, de l'asperge blanche locale.

Meilleur risotto Toni del Spin (p. 204)

Meilleur bar à vins La Antica Bottega del Vino (p. 202)

SE CONNECTER ET S'ORIENTER

Wi-Fi Hôtels, B&B, appartements de location et cafés disposent d'une connexion Wi-Fi. On peut souscrire une connexion auprès de Vènezia Unica.

Déplacements De petite taille, les cités de Vénétie se parcourent à pied sans problème. Les systèmes GPS y fonctionnent bien mais vous font suivre les parcours les plus fréquentés.

PASS TOURISTIQUE

La carte **Vènezia Unica** (veneziaunica.it), pass officiel de Venise, donne accès à toute une gamme de services et réductions, y compris sur les transferts depuis/vers l'aéroport, les transports publics, les entrées aux musées et le Wi-Fi.

SE LOGER

Les prix sont élevés en Vénétie, surtout durant le carnaval, la saison d'opéra et les vacances scolaires. Pour profiter des meilleurs prix, réservez tôt. À Venise, mieux vaut être proche d'un arrêt de vaporetto.

Quartier, ville	Pour/Contre
Dorsoduro	Musées, hôtels design et promenade des Zattere… Quartier bohème mais ultra-fréquenté.
Castello et Cannaregio	Purement vénitiens, deux quartiers d'habitation populaires, avec bars et tables abordables.
Giudecca et le Lido	Face aux Zattere, l'île de la Giudecca est aimée des artistes. La plage du Lido, à quelques minutes en vaporetto, est courue en mai-septembre.
Vérone	Hôtels, B&B et appartements dans le cœur historique. À l'est du fleuve, le quartier de Veronetta est moins touristique.
Trévise	Choix limité de B&B et boutique-hôtels pleins de caractère dans le centre.
Vicence	Port d'attache central en Vénétie et adresses de charme dans les *palazzi*.

ARGENT

Les DAB sont nombreux en Vénétie. La limite de retrait s'élève à 250 €/jour. Les cartes American Express et Diners Club ne sont pas acceptées partout.

Les grands classiques

Pour les infos pratiques de chaque site, reportez-vous au carnet d'adresses p. 198.

Basilique Saint-Marc, Venise

Lorsque l'Orient rencontre l'Occident sous les dômes de mosaïques dorées, l'architecture vénitienne éblouit plus que jamais. Selon la légende, le corps de saint Marc fut ramené d'Alexandrie en 828 par des marchands vénitiens. Il fallut ensuite près de huit siècles pour édifier un sanctuaire à sa mesure. Aujourd'hui, la basilique semble aussi cosmopolite que la Sérénissime avec ses coupoles byzantines, son plan en croix grecque et ses murs en marbre égyptien.

MARCO RUBINO/SHUTTERSTOCK ©

Palais des Doges, Venise

Derrière son élégance gothique et ses atours en dentelle de marbre rose et blanc, le Palazzo Ducale (XIVe siècle) a été le siège du gouvernement vénitien pendant 700 ans. Il brava les guerres, les conspirations, les banqueroutes et de nombreux incendies. Sa sublime décoration intérieure est le plus séduisant manifeste politique jamais affiché – ne manquez pas la Sala del Maggior Consiglio, celle dello Scudo, la Scala d'Oro, l'Anticollegio et la Scala dei Giganti. Évidemment, le pont des Soupirs (p. 200) retient également l'attention.

DREAMER4787/SHUTTERSTOCK ©

ALEXMASTRO/STOCK.ADOBE.COM ©

Gallerie dell'Accademia, Venise

Ce vaste musée affiche sur ses murs davantage d'intrigues, de romances interdites et de manœuvres politiques que les fêtes vénitiennes les plus décadentes ! Pendant des siècles, la sérénité régna pourtant dans l'ancien couvent Santa Maria della Carità, jusqu'à ce que Napoléon y installât les œuvres razziées en 1807. Tous les représentants de la peinture vénitienne du XIVe au XIXe siècle sont présents : Tiepolo, Bellini, Carpaccio, Lotto, Giorgione, Véronèse, le Tintoret… Sans oublier le plus célèbre sculpteur vénitien : Antonio Canova.

FIGURNIY SERGEY/STOCK.ADOBE.COM ©

Grand Canal, Venise

Le bien nommé Grand Canal (p. 180) constitue l'artère principale de la cité des Doges, édifiée sur plusieurs îles. Au gré des arrêts du vaporetto n°1, il dessert la plupart des quartiers. Les quais sont bordés des plus beaux édifices de la Sérénissime avec, en point d'orgue, le palais des Doges et la basilique Saint-Marc.

ANITA PRAVITS/STOCK.ADOBE.COM ©

Scuola Grande di San Rocco, Venise

Le Tintoret accomplit une cinquantaine d'œuvres pour cette *scuola* (école, confrérie laïque) dédiée à saint Roch, le patron des pestiférés, entre 1564 et 1587, une commande reçue après une grande épidémie de peste noire qui frappa Venise. Au rez-de-chaussée, dans la Sala Inferiore, admirez son histoire de la Vierge, qui débute sur le mur de gauche avec *L'Annonciation*, et s'achève en face avec *L'Assomption*.

Basilica di Santa Maria Gloriosa dei Frari, Venise

Cette monumentale basilique franciscaine, simplement appelée I Frari, recèle, entre autres merveilles, un chœur bordé de stalles rehaussées de marqueterie, le mausolée de Canova, ainsi que celui du doge Giovanni Pesaro, attribué à Baldassare Longhena. Dans la sacristie, le touchant triptyque de la *Madone à l'Enfant* de Bellini ne peut rivaliser avec la lumière qui émane de *L'Assomption* de Titien (1518), près du maître-autel.

KAMELIA ILIEVA/SHUTTERSTOCK ©

Basilica di Santa Maria della Salute

Gardant l'entrée du Grand Canal sur la lagune, la splendide Salute, proche de la Punta della Dogana, fut bâtie en signe de gratitude par les rescapés de l'épidémie de peste qui décima 80 000 Vénitiens en 1630-1631. Merveille baroque, elle fut conçue par Baldassare Longhena ; sa construction nécessita d'enfoncer des milliers de pieux dans les *barene* (bancs de sédiments) pour consolider la pointe de Dorsoduro. Celle qui est devenue l'une des icônes de Venise, avec ses deux coupoles et ses deux campaniles renferme 12 chefs-d'œuvre de Titien, ainsi que *Les Noces de Cana*, du Tintoret (1561), qui célèbre le miracle de la vie et des réjouissances revenues.

ALEXANTON/STOCK.ADOBE.COM ©

DON MAMMOSER/STOCK.ADOBE.COM ©

Chiesa di San Giorgio Maggiore, Venise

Œuvre majestueuse dessinée par Palladio en 1565 et achevée en 1610, cette église occupe toute l'Isola di San Giorgio Maggiore (voir aussi p. 186), proche du canal de la Giudecca et que l'on aperçoit depuis la Salute. L'intérieur est un modèle de clarté et de sérénité, où l'on admire notamment deux œuvres tardives du Tintoret. Prenez l'ascenseur jusqu'au sommet du campanile, haut de 60 m, d'où la vue embrasse Venise et la lagune – une bonne alternative à celui de Saint-Marc.

DAVIDE MARZOTTO/STOCK.ADOBE.COM ©

Vicence

C'est dans la ville couleur de miel de Vicence (p. 194), aujourd'hui classée au patrimoine mondial de l'Unesco, que naquit l'un des grands architectes de la Renaissance, Andrea Palladio. On y trouve aussi de nombreuses *osterie* à l'ambiance animée, dont l'étoilé El Coq (p. 204).

CATARINA BELOVA/SHUTTERSTOCK ©

Padoue

Magnifique cité médiévale et siège d'une prestigieuse université (née en 1222), Padoue rivalisa avec Venise et Vérone pour la domination de la Vénétie, avant de tomber sous le contrôle de la Sérénissime en 1405. Ses cycles de fresques extraordinaires rappellent cet âge d'or, en particulier celles de Giotto dans la Cappella degli Scrovegni (p. 190), les créations de Menabuoi dans le baptistère et le *Saint Antoine* de Titien dans la Scoletta del Santo. À moins d'une heure de Venise, Padoue semble appartenir à un autre monde, avec ses étudiants branchés et sa dynamique industrie.

31 Tout un art, LA VOGA

CULTURE | AVENTURE | GONDOLE

Pendant des siècles, maîtriser la *voga alla Veneta*, la “nage à la vénitienne”, fut indispensable pour naviguer sur les eaux peu profondes de la lagune et les étroits canaux de la cité. La technique des *gondolieri* s’enseigne et c’est l’occasion de regarder la Sérénissime d’un autre œil. Une sorte de parcours initiatique !

GIVAGA/SHUTTERSTOCK ©

En pratique

Où Les arrêts de vaporetto les plus proches de la marina Sacca de la Misericordia sont San Marcuola (Grand Canal) et Fondamente Nove (lagune nord). Une fois à terre, suivez les panneaux Row Venice jusqu’au point de rendez-vous : le Ponte de la Sacca.

Quand L’art de la *voga* est enseigné tout au long de l’année. À la belle saison (avril-septembre), l’exercice est plus agréable.

Bonus Les sessions estivales se déroulant au couchant s’achèvent sur une halte rafraîchissante dans un *bacarò* (bar).

FOOTTOO/SHUTTERSTOCK ©

CHRISDORNEY/SHUTTERSTOCK ©

Page de gauche, en haut Gondolier en marinière **En bas** Charpente d'une gondole au *squero* **Ci-contre** Confort et décor d'une gondole sur l'eau

Apprentissage Les conseils avisés des meilleurs rameurs de régate réunis chez **Row Venice** (rowvenice.org) vous feront acquérir l'équilibre indispensable à l'exercice. Tout l'art consiste à rester debout en maniant une rame de 4 m de long (la nage) pour faire avancer une *batellina coda di gambero* (barque "queue de crevette") de fabrication artisanale. La leçon débute dans la zone tranquille de la Sacca de la Misericordia. Une fois monté sur la plateforme du gondolier, vous vous engagerez sur le paisible canal en ondulant la nage d'avant en arrière, délicate alternance entre *prèmer* (la poussée en avant) et *stalìr* (le retour en arrière).

Le squero, kesako ? Après cette approche physique de la *voga*, la fabrication de l'embarcation vous intrigue sûrement. Si vous souhaitez découvrir le lieu de naissance des gondoles, le *squero* (atelier naval), Luisella Romeo de **SeeVenice** (seevenice.it) vous emmène à la rencontre d'un *squeraríolo* (fabricant de gondoles) et de *remèri* (fabricants de rames). Et pour les fers de proue et de poupe ou encore les dauphins de gondole, entre autres décors raffinés, direction les fondeurs et graveurs.

Navigation sur la lagune Aussi musclé que vous soyez, naviguer au large sur la lagune, entre ses îles peuplées de flamants, nécessite plus qu'une simple gondole. Sans troubler la faune de la lagune ni déroger à la tradition du bateau en bois, vous pouvez louer une barque à l'ancienne propulsée par un moteur électrique auprès de **Classic Boats Venice** (classicboatsvenice.com). Après une prise en main de 30 minutes, vous appareillerez avec un guide GPS en sorte de ne pas vous perdre.

La Vogalonga

Depuis 1975 a lieu chaque année la **Vogalonga** (vogalonga.com), la régate la plus populaire de Venise. Elle se déroule généralement au mois de mai et tout rameur peut y participer car ce n'est pas une compétition. Le Grand Canal retrouve ce jour-là son atmosphère d'antan, sans le moindre moteur. Une fois le coup de canon tiré depuis la place Saint-Marc, plus d'un millier d'embarcations fébriles au pied du palais des Doges s'élancent dans la lagune pour 32 km de périple au-delà des îles de Burano et Murano. Passé l'effort, la récompense : un verre de prosecco à la Punta della Dogana, au milieu des vivats.

Cette régate appartient aux Vénitiens, à la différence du carnaval. Symbole de l'identité locale, la *vera Venezianità*, elle souligne la communion existant entre les habitants et la lagune.

32 VIVRE à la vénitienne

ART | HISTOIRE | CULTURE

La cité des Doges est un spectacle permanent, où les touristes envahissent trop souvent la scène. Dans les coulisses, il y a les Vénitiens que l'on aperçoit plus ou moins dans la foule. Voici quelques suggestions pour saisir qui ils sont, comment ils vivent et quelle Venise est la leur.

ERIC ISSELEE/SHUTTERSTOCK ©

En pratique

Circuler Le service de vaporetto géré par l'**ACTV** (actv.avmspa.it) est fiable et régulier. Toutefois, marcher est bien souvent plus rapide et plus instructif.

Quand En mai, période de floraison, ou en début d'automne, pour la douceur des jours et une ville moins envahie.

Au couchant Pour un *spritz* au coucher du soleil, les Zattere, le long du canal de la Giudecca, au petit kiosque **El Chioschetto**.

NELLA/SHUTTERSTOCK ©

Se perdre au gré des rues

Certes, il suffit de suivre les panneaux jaunes pour atteindre la **basilique Saint-Marc** (p. 170) ou les **Gallerie dell'Accademia** (p. 171). Mais comprendre Venise passe nécessairement par la case se perdre. Venise est avant tout une expérience physique à vivre, comme nous l'explique le Vénitien Tiziano Scarpa dans son fameux *Venise est un poisson* (2010), récit de voyage bien personnel. Suivez ses conseils, laissez-vous guider par le hasard pour explorer ce lacis de *calle* qui enserre tous les palais du **Grand Canal** (p. 180). Le meilleur conseil qui soit pour une ville qui est une œuvre d'art à elle seule !

DANIL BELOSHEIKIN/SHUTTERSTOCK ©

Bacari, ombre e cicchetti

La vie vénitienne est faite de trajets d'un *sestiere* (quartier) à l'autre et de petites haltes

Venise est un poisson

Comme l'a souligné l'écrivain Tiziano Scarpa, originaire de la Sérénissime, les îles vénitiennes ressemblent à un poisson, formé par les 6 *sestiere* (quartiers) de San Marco, San Polo, Santa Croce, Dorsoduro, Cannaregio et Castello, soulignés par le long tilde de l'île de la Giudecca au sud.

Page de gauche, en haut Rue, oratoire et canal **En bas** Ca' Pesaro sur le Grand Canal **Ci-dessus** Palazzo et terrasse

en chemin quand on rencontre un ami… L'occasion d'aller prendre un verre ensemble et de retrouver l'âme intemporelle de Venise, celle des *bacari* (bars), des *ombre* (petits verres de vin) et des *ciccheti* (en-cas). Pour en approcher l'essence, aller donc faire un tour à l'**All'Arco** (p. 205 ; San Polo), la **Cantina del vino già Schiavi** (p. 205 ; Fondamenta Nani), la **Malvasia dell'Adriatico Mar** (p. 205 ; Dorsoduro) et le **Vino Vero** (p. 205 ; Fondamenta della Misericordia).

Au travail !

Qui veut saisir l'esprit vénitien doit se jeter à l'eau et partager les passe-temps favoris des habitants. Apprenez à cuisiner avec la comtesse **Enrica Rocca** (p. 203), fabriquez des masques avec le maître de l'atelier **Ca' Macana** (p. 203), travaillez le verre avec **Davide Penso** (p. 203) et faites de la mosaïque à l'**Artefact Mosaic Studio** (p. 203).

Sachez que l'artisanat vénitien, par tradition, était celui du verre (p. 187), de la dentelle, du papier ou de la fonderie d'art (voir l'encadré ci-contre). Aujourd'hui, les verres à pied de Cesare Toffolo ou les billes de verre de Davide Penso sont le fruit de cet art verrier séculaire, parfois revisitéde façon contemporaine. Le gaufrage et le marbrage du papier, dont les relieurs vénitiens intégrèrent la pratique dès le XIVe siècle, sont toujours pratiqués par les artisans locaux, tel Paolo Olbi.

Vie insulaire

La lagune de Venise est un peu le jardin où les Vénitiens aiment venir se ressourcer loin du tumulte de la ville (voir aussi notre itinéraire p. 186). Prenez un bateau pour les plages du **Lido** (p. 187, p. 201), imaginez la Venise byzantine dans l'église de **Torcello** (p. 187) au beau milieu des oiseaux migrateurs, découvrez le vignoble et le restaurant du **Venissa** (p. 205), sillonnez les pistes de vélo et faites halte dans les fermes bio de Sant'Erasmo.

Page de gauche Ca' Macana

Trésors cachés

Oratorio de Crociferi (Campo dei Crociferi). Palma le Jeune, disciple de Titien, à l'apogée de sa carrière.

Elisabetta Mason (veniceoriginal.it/fr/artigiani/37-elisabetta-mason). Doreuse et restauratrice, Dona Mason applique l'or à la feuille sur les éléments décoratifs des gondoles. Visite de cet atelier de Santa Croce sur réservation.

La Fonderia Artistica Valese (valese.it/fonderia-artistica-valese-venezia).Carlo Semenzato dirige la fonderie d'art Valese, d'où sortent les plus célèbres heurtoirs de porte et hippocampes en cuivre.

Palazzo Cini (palazzocini.it). La maison-musée de l'aristocrate Vittorio Cini, étape de l'itinéraire artistique du Dorsoduro (Dorsoduro Museum Mile).

Recommandé par Luisella Romeo, *guide touristique vénitienne @luisella_romeo*

33 EN VAPORETTO sur le Grand Canal

ART | HISTOIRE | CULTURE

Avec un parcours de 3,5 km, ponctué de quelque cinquante palais et demeures aristocratiques, six églises et bien d'autres monuments, le vaporetto n°1 est le transport en commun le plus agréable (hors saison...) pour découvrir la ville en naviguant sur le Grand Canal.

INGUS KRUKLITIS/SHUTTERSTOCK ©

En pratique

Circuler Ligne 1 du vaporetto (voir p. 168). Prévoyez 7,50 € le billet vendu à l'unité mais il existe des forfaits plus avantageux. Les bateaux circulent de 5h à 23h40.

Embarcadères La ligne 1 dessert plus de 20 embarcadères de la Piazzale Roma au Lido, via notamment Ca'd'Oro, Rialto Mercato, Accademia et San Marco. Comptez 40 minutes pour aller de la Piazzale Roma à la place Saint-Marc.

Quand Les bateaux sont bondés lors du carnaval et en été. Trouvez une place qui laisse une large vue sur les édifices des quais.

STUDIO 37/SHUTTERSTOCK ©

Page de gauche, en haut Grand Canal **En bas** Pont du Rialto

Un ouvrage d'art controversé marque le début de l'itinéraire au départ de l'embarcadère Piazzale Roma : le **Ponte di Calatrava**, ouvrage ultramoderne de verre et d'acier. Apparaît ensuite l'imposant Fondaco dei Turchi, ancienne maison de commerce des Turcs qui héberge désormais le Museo di Storia Naturale, suivi par le Palazzo Vendramin, casino de style Renaissance, la **Ca'Pesaro** (p. 199), un édifice baroque de marbre orné de colonnes, et la **Ca'd'Oro**, joyau gothique de 1430. La Pescaria, la halle au poisson aménagée en 1907 sur la place où les poissonniers vendent depuis 600 ans les crabes de la lagune, et les autres secteurs du **marché du Rialto** font la fierté des Vénitiens. Le **pont du Rialto** (1592), envahi par les touristes, défie le temps, perché sur ses pilotis. Le Grand Canal forme ensuite deux coudes, dominés par le **Palazzo Grimani**, création Renaissance de Sanmicheli, et par le Palazzo Corner-Spinelli, de Mauro Codussi, suivis du **Palazzo Grassi** (p. 201), de Giorgio Massari, et du chef-d'œuvre baroque de Baldassare Longhena, la **Ca'Rezzonico**. Construit en bois à titre provisoire en 1933, le **Ponte dell'Accademia** est aujourd'hui un monument incontournable, récemment renforcé. Des lions en pierre gardent la Collection Peggy Guggenheim. Le dôme de la **Salute** (p. 172), de Longhena, se dresse au-dessus des toits, tandis que la **Punta della Dogana** (p. 201), pointe triangulaire de l'ancienne Douane de mer, est désormais dédiée à l'art contemporain. La silhouette gothique toute de pierre rosée du **palais des Doges** (Palazzo Ducale, p. 170) et le **pont des Soupirs** (p. 200) achèvent ce parcours en beauté si vous débarquez à San Marco.

Les traghetti pour traverser le canal

Un *traghetto* est une gondole empruntée (debout) par les Vénitiens pour franchir le Grand Canal là où il n'y a pas de pont. Le trajet coûte 2 € pour les non-résidents. La plupart des *traghetti* circulent entre 9h et 18h ; certains s'arrêtent à midi. Les traversées en *traghetto* se font au niveau du Campo San Marcuola, du marché Rialto, de la Riva del Vin, de San Tomà, de la Ca' Rezzonico et du Gritti Palace.

34 Conjuguer l'art AU PRÉSENT

ART | PATRIMOINE

Venise s'est taillé une solide réputation en matière d'art contemporain, en particulier grâce à sa très fameuse Biennale. La Sérénissime accueille des collections incontournables issues des Fondations de richissimes mécènes, principalement au sein du Palazzo Grazzi, de la Punta della Dogana et de la Fondation Guggenheim.

ANDREY ANDRONOV/STOCK.ADOBE.COM ©

En pratique

Tarifs Visiter les Fondations vous coûtera moins cher qu'acquérir une œuvre à la Biennale ! Pour la **Punta delle Dogana** : 15/12 € tarif plein/réduit, ou 18/15 € pour le billet jumelé avec le Palazzo Grassi. Pour la **Collection Guggenheim** : 15/9-13 € tarif plein/réduit

Conjuguer les dentelles de pierre à l'acier

Ne vous fiez pas aux apparences, les traditions vénitiennes cohabitent parfaitement avec l'art contemporain. Les Vénitiens adorent venir voir les œuvres de Klimt, de Kandinsky... à la **Ca' Pesaro** (p. 199) – et s'attarder à son café-terrasse sur le Grand Canal. Ils apprécient tout autant les expositions avant-gardistes du **Museo Fortuny** (p. 201), jadis demeure-atelier du couturier au fabuleux plissé à l'antique (robe "Delphes"), comme les expos photo de la **Casa dei Tre Oci** (p. 200), les projets vidéo expérimentaux de la **Fondation Prada** (p. 200) et les méga-installations de la Punta della Dogana. Ils ne boudent pas non plus la dernière Fondation à avoir investi un

palais des Zattere, la **V-A-C Foundation** (p. 201), qui met l'art contemporain russe à l'honneur dans la lagune.

Glorieux précurseurs

Mais si Venise est devenue l'un des porte-flamme de l'art contemporain, c'est aussi grâce à trois institutions majeures. Poussez la porte de la **Collection Peggy Guggenheim** (p. 200), dont les salles mais aussi le Jardin de sculptures réunissent notamment des œuvres de Moore, Giacometti et Brancusi, un *Arbre à souhaits* (*Wish Tree*) de Yoko Ono, et des créations de granit d'Anish Kapoor et d'Isamu Noguchi. Poursuivez ensuite à pied jusqu'à la **Punta della Dogana** (p. 201), dans les entrepôts historiques de la Douane de mer, face à la lagune. Le centre d'art contemporain accueille désormais les expositions tournantes de la Fondation François Pinault, qui privilégient les œuvres de grandes dimensions, nées des esprits les plus prolifiques et les plus audacieux du monde de l'art.

Prenez ensuite un *traghetto* ou remontez le Grand Canal en vaporetto pour rallier le **Palazzo Grassi** (p. 201), dans le quartier de San Marco. Il abrite depuis 2005 une partie de la collection d'art contemporain de l'homme d'affaires François Pinault, habilement présentée sous la forme d'expositions temporaires. L'architecture intérieure vaut presque autant le détour que les œuvres.

S'il vous reste un peu d'énergie, allez découvrir les **Giardini Pubblici**, les fameux jardins de la Biennale (voir l'encadré).

Page de gauche Punta della Dogana

La Biennale

Aussi nombreuses soient les biennales de par le monde, les milieux de l'art contemporain n'en connaissent qu'une, celle de Venise, appelée simplement "la Biennale". Est-il meilleur endroit pour une exposition d'art internationale que cette audacieuse cité millénaire ? Au-delà des pavillons historiques de la Biennale et des entrepôts de l'Arsenal voisin, ce sont les palais et jardins du tout-Venise qui s'ouvrent à la nouveauté, offrant l'occasion unique d'explorer des lieux souvent fermés au public. Organisée traditionnellement les années impaires (mais la pandémie a changé la donne et la 59e édition aura lieu une année paire, du 22 avril au 27 novembre 2022), la Biennale d'art contemporain (voir aussi p. 200) remonte à 1895. Les 29 pavillons historiques des Giardini Pubblici plus d'autres espaces en ville attirent une foule d'amateurs internationaux comme de simples curieux (labiennale.org ; Giardini della Biennale ; mi-mai à nov ; Giardini Biennale).

35 De l'art de la fresque À LA BD

ARTS GRAPHIQUES | CULTURE | ROAD TRIP

De la Sérénissime de Corto Maltese au voyage scolaire de l'homme-araignée à Venise (*Far from Home*, 2019), les graphistes honorent le berceau de l'impression et de l'édition. Cet héritage, peu mis en valeur, mérite pourtant attention.

TRAVELVIEW/SHUTTERSTOCK ©

Bassano

Petite ville bucolique au vieux pont (1569) jeté sur la Brenta par Palladio, Bassano del Grappa (photo) constitue un parfait camp de base pour rayonner dans les vignobles. Logez quelques jours au B&B **Le 33** (le33bnb.com), tenu par Julie, pour faire du vélo, de la randonnée ou du rafting. Le soir, profitez de l'happy hour à la distillerie **Nardini** (nardini.it), la plus ancienne d'Italie.

En pratique

Circuler La voiture est le moyen de transport le plus pratique, mais les transports publics mènent aisément partout.

Quand La fin du printemps enchante le paysage. En septembre, place au Festival de la BD de Trévise.

Conseil d'expert Faites halte à Asolo, au pied des Dolomites. Déjeunez au **Due Mori** (p. 204) si vous le pouvez.

05 La BD et les questions de société sont la raison d'être du **Palazzo Arti Fumetti Friuli** (p. 201), voulu par la communauté de graphistes de Pordenone, ville colorée s'il en est.

04 En septembre, **Trévise** (p. 202) accueille le plus grand salon de la BD d'Italie. Son Museo Salce conserve un trésor : des affiches des plus grands graphistes italiens, tel Cappiello.

03 Installée sur les rives de la Brenta, la famille d'imprimeurs Remondini a inondé l'Europe de ses livres et images pieuses, accusées de plagier les imagiers d'Augsbourg. Le **Palazzo Sturm** (p. 199) expose leur célèbre collection.

02 Les ébauches préliminaires à la peinture *a fresco* semblent être les ancêtres de la BD. Un art de la fresque à découvrir au Museo degli Affreschi de **Vérone** (p. 192), dite l'*urbs picta* ("la ville peinte").

01 Ancienne léproserie, le monastère mékhitariste de l'**Isola di San Lazzaro degli Armeni** (p. 186, p. 201) a possédé l'une des grandes presses à imprimer de Venise. Rencontrez ensuite **Paolo Olbi** (p. 179), maître ès papiers marbrés et gaufrés pour la reliure.

36 Gagner les ÎLES

ARTISANAT | PATRIMOINE | EXCURSION

Certes, vous pouvez explorer les îles au sud de la Sérénissime, mais c'est à l'extrémité nord de la lagune que se cachent les origines de Venise. Ces îles constituent des refuges agréables, (relativement) loin du tumulte de la ville. Au programme : ateliers de verre et mosaïques à Murano, festins de fruits de mer à Burano et à Mazzorbo, églises byzantines et mosaïques dorées à Torcello.

SANTOSHA57/QTOCK.ADOBE.COM ©

En pratique

Circuler Les bateaux-navettes **Alilaguna** (p. 168) desservent notamment Murano, la Giudecca et le Lido. La ligne verte est dédiée à une excursion autour de Murano, Burano et Torcello, sans arrêt (commentaires en français sur 2 horaires ; 40 min). La ligne n°12 du vaporetto au départ des Fondamente Nove dessert Murano (en 10 min), Burano (50 min) et Mazzorbo ; la n°9 fait la navette entre Burano et Torcello. Certains vaporettos de la ligne n°12 s'arrêtent aussi à Torcello et la relient à Burano, Mazzorbo, Murano et Fondamente Nove.

À savoir Le vaporetto pour les îles du Nord est généralement rempli de touristes en saison.

Giudecca, Lido et les îles du Sud

Les plus pittoresques des îles du Sud ne sont que des îlots surmontés d'un monastère, comme San Giorgio Maggiore. La Giudecca, plus vaste, abrite des chefs-d'œuvre palladiens, des hôtels de luxe, des vestiges de son passé industriel et une prison pour femmes. Le **Lido** (p. 201), une île de 12 km aux plages sablonneuses où se tient la Mostra de Venise, rappelle l'époque glorieuse où elle était une station balnéaire glamour. Vous pourrez aussi contempler l'**Isola di San Lazzaro degli Armeni** (p. 201) ou l'**Isola di San Giorgio Maggiore** (p. 173) et sa magnifique église.

Murano, Burano et les îles du Nord

Murano est encore jalonnée d'ateliers de verriers, en particulier sur la Fondamenta dei Vetrai. Visitez le **Museo del Vetro** (p. 201), installé dans le Palazzo Giustinian, du XVIIe siècle, mais aussi la Basilica dei SS Maria e Donato, pour admirer ses somptueuses mosaïques. **Burano**, pleine de charme avec ses maisons colorées, a longtemps été renommée pour sa dentelle, aujourd'hui en déclin. La tranquille Mazzorbo est reliée à sa voisine par un pont de 60 m. Cet îlot est parfait pour pique-niquer ou s'attabler sans regarder sa montre. **Torcello** (p. 202) est une île délicieuse qui compte aujourd'hui de rares habitants. Elle fut jadis une cité byzantine de 20 000 âmes, rivale de Venise, avant que des épidémies de paludisme déciment sa population. Ne manquez pas la visite de la Basilica di Santa Maria Assunta et la Chiesa di Santa Fosca.

Agir pour demain

L'**Ocean Space Centre** (p. 201), installé dans la Chiesa di San Lorenzo, restaurée et reconvertie, organise événements et expositions autour de la lagune et, plus largement, sur l'océan et sa préservation. Et cela, dans le quartier du Castello, pas très loin de la place Saint-Marc.

Page de gauche Maisons de Burano

Le travail du verre

Si les Vénitiens travaillaient le cristal et le verre depuis le Xe siècle, c'est au XIIIe siècle que leurs ateliers furent transférés à Murano pour prévenir les risques d'incendie liés à l'emploi des fours. Un choix également motivé par la volonté de garder secrètes les techniques de fabrication. Au XVe siècle, les artisans de Murano établirent des normes de qualité strictes ; ils détinrent pendant des siècles le monopole de la fabrication des miroirs.

JAR068/SHUTTERSTOCK ©

Venise et le tourisme

TOURISME VERSUS VIE LOCALE : QUEL ÉQUILIBRE ?

"Vous nous étreignez, cela nous flatte, fait remarquer Paolo Lanapoppi dans son essai de 2011 intitulé *Caro turista* ("Cher touriste"). Certains d'entre nous – beaucoup en réalité – vivent grâce à votre présence certes. Mais aujourd'hui, à l'aube du XXIe siècle, nous ne pouvons continuer de la sorte."

En haut "Ville flottante" désormais interdite **Page de droite, à gauche** Embouteillage de gondoles **À droite** Verriers d'exception à Murano

Le professeur de littérature retiré à Venise n'a pas tort. Sans cesse croissant (20 à 25 millions de visiteurs par an avant la pandémie de la Covid), l'afflux touristique a fini par rendre très difficile la vie dans la plus belle ville du monde. Pour les 53 000 Vénitiens, les difficultés sont multiples : pénurie de logements abordables (Venise détient le record italien du nombre d'Airbnb par habitants), marché du travail réduit et peu rémunérateur, disparition des petits commerces et entreprises, infrastructures et services publics peu soutenus financièrement.

L'Unesco a tiré la sonnette d'alarme, envisageant une éventuelle inscription sur la Liste du patrimoine mondial en péril pour susciter des mesures correctives. Dans son essai *Si Venise meurt* (Hazan, 2015), l'historien d'art Salvatore Settis analyse la surchauffe touristique plus en profondeur : "On sait ce qu'il en est des fondations fragilisées de Venise, on sait moins ce qu'il en est des autres menaces qui pèsent sur la ville, devenue la coquille vide de tous les excès du divertissement mondialisé", soulignant que les progrès accomplis en Occident seraient réduits à néant si des cités historiques comme Venise venaient à plier sous le poids du tourisme de masse. Que doit-on faire pour préserver la ville de l'attrait qu'elle suscite dans le monde entier et des dommages croissants sur l'environnement engendrés par les bateaux de croisière et l'*acqua alta* (hautes eaux) ?

Étape incontournable du Grand Tour au XVIIIe et au XIXe siècles, Venise tient d'ailleurs toujours la vedette avec sa Biennale (p. 183), qui dure près de six mois, et son carnaval. Mais le tourisme de masse de ces dernières décennies n'est pas adapté à sa réalité géographique :

ROSSHELEN/SHUTTERSTOCK ©

DELBO ANDREA/SHUTTERSTOCK ©

un bout de terre de 2 km² aux ruelles médiévales d'à peine 2 m de large. Plus les touristes prennent de place, moins les habitants en ont, voire plus du tout. Face à l'injustice de l'exil forcé, la résistance s'est organisée. Des organisations comme Venessia (www.venessia.com) et We Are Here Venice (www.wearehere venice.org) œuvrent pour sensibiliser les gens sur les difficultés rencontrées par les Vénitiens et faire pression sur les politiques. Mais tant que le tourisme dominait, les alternatives semblaient irréalistes.

Puis, en mars 2020, les touristes se sont volatilisés avec l'émergence de la Covid-19. Gioielle Romanelli, qui habite Venise, évoque une atmosphère apocalyptique suite à cette désertion. Claudio Scarpa, directeur de l'association des hôtels, estime la perte à plus d'un milliard d'euros. Difficultés économiques mises à part, la pandémie a néanmoins permis d'entamer un débat nouveau sur le tourisme. Ce qui relevait de l'utopie comme attirer de nouvelles Fondations, des pépinières d'entreprises et des télétravailleurs est devenu non seulement réalisable, mais aussi nécessaire. Les Airbnb vacants sont retournés sur le marché du logement traditionnel et le souffle nouveau de la lagune a souligné sans pitié l'impact dramatique des paquebots sur l'environnement. Et en juillet 2021, le gouvernement italien a fini par interdire aux bateaux de plus de 25 000 tonnes de s'amarrer à Venise.

Les visiteurs eux-mêmes ont leur rôle à jouer dans cette renaissance de Venise, ils doivent se comporter en touristes engagés. En séjournant davantage dans les hébergements touristiques officiels, en mangeant dans les restaurants locaux, en achetant des produits d'artisanat et en explorant la ville et sa lagune, ils peuvent contribuer à améliorer la qualité de vie sur l'île.

Adresses du cru

Artisanat secret
Luisella Romeo (venice.it) vous emmène à la rencontre des batteurs d'or, des tisserands de soie et des apiculteurs.

Vrais bacari
Les derniers bars branchés où grignoter des *cicchetti* sont sur le blog de **Monica Cesarato** (monicacesarato.com).

Chez l'habitant
Pourquoi ne pas essayer la plateforme d'échange de maison **fairbnb** (fairbnb.coop/fr/) ? À moins de choisir un établissement appartenant à des habitants, tel le **B&B San Marco** (realvenice.it), l'**Hotel Flora** (www.hotelflora.it/fr/) ou le **Cima Rosa** (cimarosavenezia.com).

Comme un Vénitien
Laissez-vous guider par **Venezia Autentica** (veneziaautentica.com) vers les tables locales, les boutiques et les ateliers d'artisanat originaux.

SPATULETAIL/SHUTTERSTOCK ©

Padoue la visionnaire

HISTOIRE ÉPIQUE À TAILLE HUMAINE

Il est souvent fait référence à Padoue comme berceau de la science moderne. Son université (1222) fut l'une des premières au monde avec Paris. En adoptant l'humanisme et en attirant par sa tolérance des figures controversées comme Copernic ou Galilée, Padoue a participé à l'émergence de la Renaissance et à l'essor de la science.

En haut *Les Noces de Cana*, fresque de Giotto, Cappella degli Scrovegni **Page de droite, à gauche** Palazzo Bò **À droite** Basilica di Sant'Antonio

Sans les brillants juristes padouans tels que Lovato dei Lovati (1241-1309), la Renaissance n'aurait peut-être jamais eu lieu. Ce sont eux qui ont ravivé les concepts de philosophie morale du monde antique. En rapprochant la figure du tyran antique au Moyen Âge de celle des capricieux dieux de la mythologie, ils ont mis en lumière la capacité de l'être humain à agir sur ce qui l'entoure et le rôle que peut jouer chaque individu dans la société.

C'est Giotto, dans son exceptionnel cycle de fresques de la **Cappella degli Scrovegni**, qui a le mieux illustré l'humanisme. Là où l'imagerie religieuse médiévale plaçait des saints au regard vide sur un trône, Giotto a donné aux figures bibliques une apparence humaine et les a introduites dans les décors du quotidien. Et cela a totalement modifié la perception que les gens avaient d'eux-mêmes. Ils n'étaient plus de simples vassaux, mais bien des incarnations du Divin, malgré leurs imperfections.

Le style naturaliste de Giotto reflète la philosophie aristotélicienne, soit la quête du savoir par l'observation, prônée par l'université de Padoue, dont les statuts réglementaient la dissection anatomique. C'est dans ce contexte qu'Andreas Vesalius (Vésale) a commencé à enseigner aux étudiants en médecine de croire en ce qu'ils voyaient plutôt que de voir ce en quoi ils croyaient. Son chef-d'œuvre, *La Fabrique du corps humain* (1543), illustré par Jan van Calcar, un disciple de Titien, a posé les bases de l'anatomie moderne et attiré scientifiques et artistes sur les bancs du théâtre anatomique de l'université. La *Lamentation sur le Christ mort* de Mantegna (vers 1480, pinacothèque de Milan) révèle des connaissances éclairées en anatomie. Léonard de

FEDELE FERRARA/SHUTTERSTOCK ©

M.BONOTTO/SHUTTERSTOCK ©

Vinci, le plus grand artiste-anatomiste de tous les temps, a fait ses classes auprès du professeur d'anatomie padouan Marcantonio della Torre. C'est ainsi que l'école de médecine de Padoue a permis aux arts de la Renaissance d'évoluer.

L'humanité qui se dégage des peintures de Vinci est nourrie de cet intérêt porté à l'homme, à ses activités et à ses qualités dans cette université qui a pour devise : *Universa Universis Patavina Libertas* (Liberté pour tous à Padoue comme ailleurs). Une référence à l'esprit de ses fondateurs en 1222, des savants (pas des *ex privilegio*, nommés par décret spécial) qui ont refusé de censurer le corps enseignant et de bannir des étudiants en raison de leurs origines ou de leurs principes.

Sur le seuil du Palazzo Bò, siège de l'université, on remarquera non sans émotion la présence de *Stolpersteine* (pierres d'achoppement) en cuivre dans les pavés. Elles rendent hommage à 6 des 200 Juifs renvoyés de l'université conformément aux lois raciales nazies de 1938. Alors qu'elle faisait partie de l'éphémère république de Salò (septembre 1943-avril 1945), État fantoche allemand, Padoue était un vivier de résistants antifascistes. Le recteur de l'université, Concetto Marchesi, a appelé ses étudiants à prendre les armes dans son discours inaugural de 1943. Le moine Placido Cortese, qui a aidé des centaines de personnes à fuir, a lui aussi une *Stolpersteine* à son nom sur la place de la basilique, et il sera bientôt béatifié.

Les traditions humanistes padouanes prouvent que les individus peuvent changer les choses. Aujourd'hui encore, les brillants étudiants abondent sur les places, les vélos rouillés se heurtent aux pavés du quartier juif et les pèlerins viennent en nombre toucher la tombe de saint Antoine.

Histoire vivante

Palazzo Bò (p. 199). Le cœur de l'université qui a fait entrer Padoue dans l'histoire. Sa visite guidée vous révélera ces lieux où vinrent étudier Érasme, Copernic et Galilée.

Basilica di Sant'Antonio (p. 198). "Il Santo", l'âme de Padoue, est l'endroit où repose la relique de la langue "incorruptible" de saint Antoine. Mais aussi un chef-d'œuvre architectural.

Orto Botanico (p. 199). Le tout premier jardin botanique au monde, berceau de la pharmacologie moderne.

Sotto il Salone Un centre commercial vieux de huit siècles sous les arches du Palazzo della Ragione. Halte conseillée : **Il Tira Bouchon** (p. 205) pour un verre de prosecco et des *spunci* (en-cas).

Prato della Valle La plus grande place d'Italie. Les Padouans s'y donnent rendez-vous aux côtés des 78 statues de personnages illustres.

37 Vérone outre ROMANCE

CULTURE | VIN | VISITES GUIDÉES

Shakespeare est-il venu un jour à Vérone ? Juliette et Roméo y ont-ils jamais habité ? Nul ne sait. Mais le drame shakespearien a placé à jamais Vérone au panthéon des amours universelles en dépit de ses amants maudits. Plutôt que de suivre la foule qui se presse à la Casa di Julietta pour y inscrire des mots d'amour, laissez cette petite Rome vous dévoiler son vrai charme.

PAOLO TRALLI/SHUTTERSTOCK ©

En pratique

S'y rendre et circuler Vérone est sur les axes principaux du réseau ferroviaire italien. Une fois sur place, mieux vaut visiter à pied.

Quand Juillet et août pour l'opéra, septembre pour les vendanges, décembre pour les marchés de Noël et février pour le carnaval.

Conseil d'expert La **Verona Card** (veronatouristoffice.it) réduit les frais dans de nombreux sites.

Meilleure table Goûtez aux plats de 4 chefs au top à la **Locanda 4 Cuochi** (p. 204).

MARIA VONOTNA/SHUTTERSTOCK ©

Angles de vue multiples Vérone ne se résume pas à ses ruines évocatrices et à ses couples en pleine romance. Regardez d'un autre œil la cité de Roméo et Juliette, en visitant la superbe **Galleria d'Arte Moderna** (p. 199), léguée à la ville par l'intellectuel juif Achille Forti. Dînez en beauté à la **Casa Perbellini** (p. 204), restaurant étoilé au Michelin, à moins de préférer mouiller votre chemise sur les eaux de l'Adige en pratiquant le **rafting** (adigerafting.it). Et pour roucouler, grimpez comme les ados de Vérone au **Castel San Pietro** (p. 199) pour regarder le soleil se coucher sur la vieille ville à vos pieds.

Petite Jérusalem Veronetta, sur la rive est du fleuve Adige, est l'autre visage de Vérone. C'est la partie la plus authentique de la ville, et il y a aussi beaucoup à y voir : les Giardini Giusti dessinés à la Renaissance, le théâtre romain à flanc de colline et son Musée archéologique. Les chevaliers du Temple y avaient leurs habitudes, Vérone étant censée devoir sa fondation au fils de Noé. Et les fresques des chapelles et des oratoires les plus cachés n'auront plus de secrets pour vous avec les visites organisées par **Hierusalem Tours** (veronaminorhierusalem.it).

Surprise pour les papilles L'opéra roi en ses arènes, Vérone oublierait-elle ses racines viticoles remontant aux Étrusques ? Non ! D'autant moins que les raisins partiellement séchés de la Valpolicella ("vallée aux nombreuses caves") produisent des vins aux saveurs aussi diverses que le Valpolicella Classico, le vigoureux *amarone* ("bonne amertume"), le *custoza* blanc ou encore le doux *recioto* rouge. Si vous ne devez visiter qu'une seule cave, optez pour l'**Antica Bottega del Vino** (p. 202).

Page de gauche, en haut Vue depuis le Castel San Pietro **En bas** Pause gourmande au bord de l'Adige

Références locales

Dolci Colori (p. 203) Depuis 1910, cette fabrique de couleurs unique utilise des procédés traditionnels pour créer des pigments naturels, organiques et non organiques, essentiels dans les domaines de l'art, de la restauration d'art et de la dorure. Visites sur demande.

Sala Morone (p. 200) La bibliothèque du monastère franciscain San Bernardino et son élégant cycle de fresques signé Domenico Moron, talentueux disciple de Mantegna.

Caffè Tubino (p. 205) Un petit café historique qui prépare des blends de qualité.

Veronetta Le quartier de Vérone le moins fréquenté par les touristes.

Alla Borsa (p. 203) Les tortellinis maison de ce restaurant en périphérie de Vérone font partie du patrimoine culturel.

Recommandé par Lorella et Valeria, *guides agréées à Vérone (veronatours.com)*

38 Leçon d'architecture à VICENCE

ARCHITECTURE | HISTOIRE | EXCURSION

Classé au Patrimoine mondial, le centre de Vicence est rempli des œuvres d'un architecte de génie, Palladio, qui bouleversa les canons de l'architecture Renaissance et classique. Vicence se distingue également par de beaux musées, ainsi que par de bons bars et restaurants. Elle constitue une escapade très agréable.

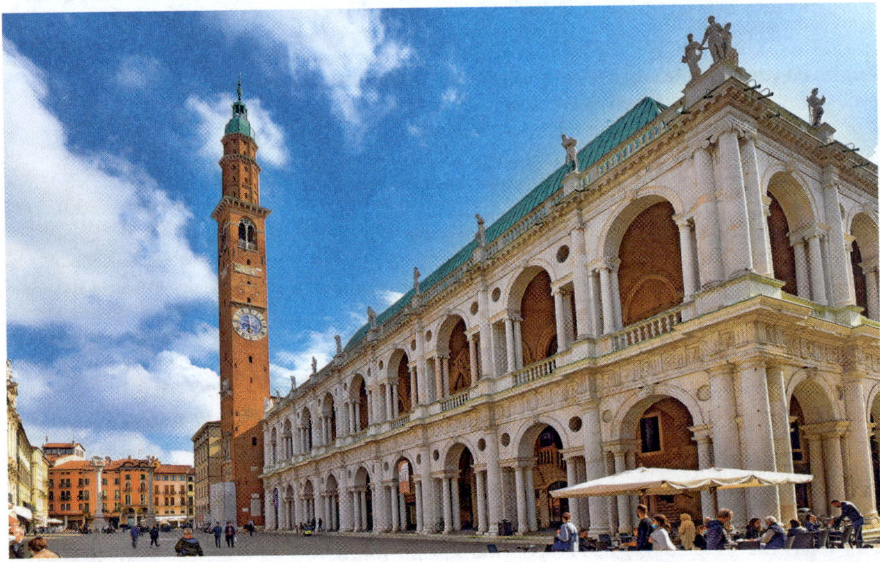

GIANCARLO PERUZZI/SHUTTERSTOCK ©

En pratique

S'y rendre Vicence est reliée à Padoue (4,45-19 €, 15-30 min, jusqu'à 5 trains/heure), Venise (6,50-21 €, 45 min-1 heure 20, jusqu'à 5 trains/heure) et Vérone (5,90-21, €, 25 min-1 heure 05, jusqu'à 4 trains/heure).

Circuler À pied ou avec les bus citadins.

Pass touristique La 4 MuseumCard (tarif plein/réduit 15/13 €), valable 3 jours, donne accès à 4 musées, dont le Teatro Olimpico. Il existe aussi la Vicenza Card, valable 8 jours (20/15 €).

Bonnes tables Envie de goûter des plats de *cucina vicentina* ? Poussez la porte d'**Al Pestello** (p. 204). Pour une cuisine plus créative, choisissez la table étoilée **El Coq** (p. 204).

ALIAKSANDR/STOCK.ADOBE.COM ©

Page de gauche Basilica Palladiana
C-contre Dans la cour du Teatro Olimpico

Inspiration antique La **Piazza dei Signori**, conçue par Palladio est le cœur du quartier historique de Vicence. L'architecte a su atténuer la sévérité des édifices institutionnels grâce à un jeu d'ombre et de lumière dont il était le spécialiste. Les arcs en pierre de Piovene d'un blanc immaculé encadrent les doubles arcades ombragées de la **Basilica Palladiana** (p. 198), contrepoint à la colonnade de brique rouge de la Loggia del Capitaniato, de l'autre côté de la place.

Nouvelles perspectives Dirigez vos pas vers le **Teatro Olimpico** (p. 200), pure merveille de la Renaissance et monument unique en son genre. Reflet des études menées par Palladio sur les amphithéâtres romains, il fut achevé par un autre architecte, Vincenzo Scamozzi, qui ajouta une fabuleuse perspective. Tout artiste italien rêve désormais de se produire sur cette scène extraordinaire. Le **Palazzo Chiericati** (p. 195), musée d'art municipal, occupe l'un des plus beaux édifices de Palladio. Faites halte enfin au **Palladio Museum** (p. 199), qui renferme des exemplaires anciens des *Quattro libri dell'architettura* (*Quatre Livres d'architecture*, 1570), signés Palladio, des maquettes de ses palais et villas, et une vidéo abordant différentes facettes de son génie.

Aux portes de Vicence **La Rotonda** (ou la Villa Almerico Capra, p. 199), édifiée par Palladio vers 1570, est l'une des créations les plus admirées et les plus copiées de Palladio. Elle est accessible depuis Vicence.

Ailleurs en Vénétie Située dans la région du prosecco (p. 196), au nord de Vicence et de Trévise, la **Villa di Maser** (p. 200) du XVIe siècle, inscrite au Patrimoine mondial, est un monument à la gloire de la *bea vita* (belle vie) de Vénétie. Dessinée par Andrea Palladio, sa façade, d'une suprême élégance, s'associe harmonieusement à un décor intérieur en trompe-l'œil né de l'imagination de Véronèse. Palladio a également conçu plusieurs édifices à Venise dont la magnifique basilique San Giorgio Maggiore (p. 173).

Les canons de Palladio

Dans les années 1520, lorsque Palladio (Andrea di Pietro de son vrai nom ; 1508-1580) quitta Padoue, sa ville natale, pour fuir un employeur tyrannique, on était loin de penser que ce tailleur de pierre transformerait non seulement Vicence, mais aussi marquerait l'histoire de l'architecture européenne. Il partit étudier à Rome les canons antiques et ceux de son temps et en tira profit : il conçut ensuite des édifices d'une suprême élégance en s'appuyant sur les principes romains classiques auxquels il adjoignit des notions de géométrie harmonieuse et de juste proportion.

39 La terre du PROSECCO

VIN | CUISINE | ROAD TRIP

Au nord du fleuve Piave, plus d'une centaine de vignobles tapissent les pentes des collines entre Valdobbiadene, Conegliano et Vittorio Veneto. C'est ici que pétille le fameux prosecco, indispensable à la préparation de l'emblématique Spritz vénitien.

PAVEL REZAC/SHUTTERSTOCK ©

En pratique

Circuler La voiture est essentielle. Conegliano, la plus grosse ville, est accessible en train depuis Venise et Trévise.

Quand N'importe quand, sauf début janvier, les deux dernières semaines d'août, et le dimanche, lorsque les domaines viticoles sont fermés. La pause déjeuner (12h-14h) est aussi sacrée !

La Strada del Prosecco C'est la plus ancienne route du vin d'Italie. Les vignobles qu'elle traverse sont répertoriés sur coneglianovaldobbiadene.it. **Visit Prosecco** (visitproseccoitaly.com) propose des visites guidées.

Dégustation, conseils d'experts

Un bon prosecco a une couleur paille aux reflets verts. Ses bulles sont fines, nombreuses, et restent longtemps dans le verre. Au nez, on sent des arômes de fruits blancs et d'herbe fraîchement coupée. En bouche, il est frais et fruité. Buvez-le jeune, lorsqu'il est plein de bulles !

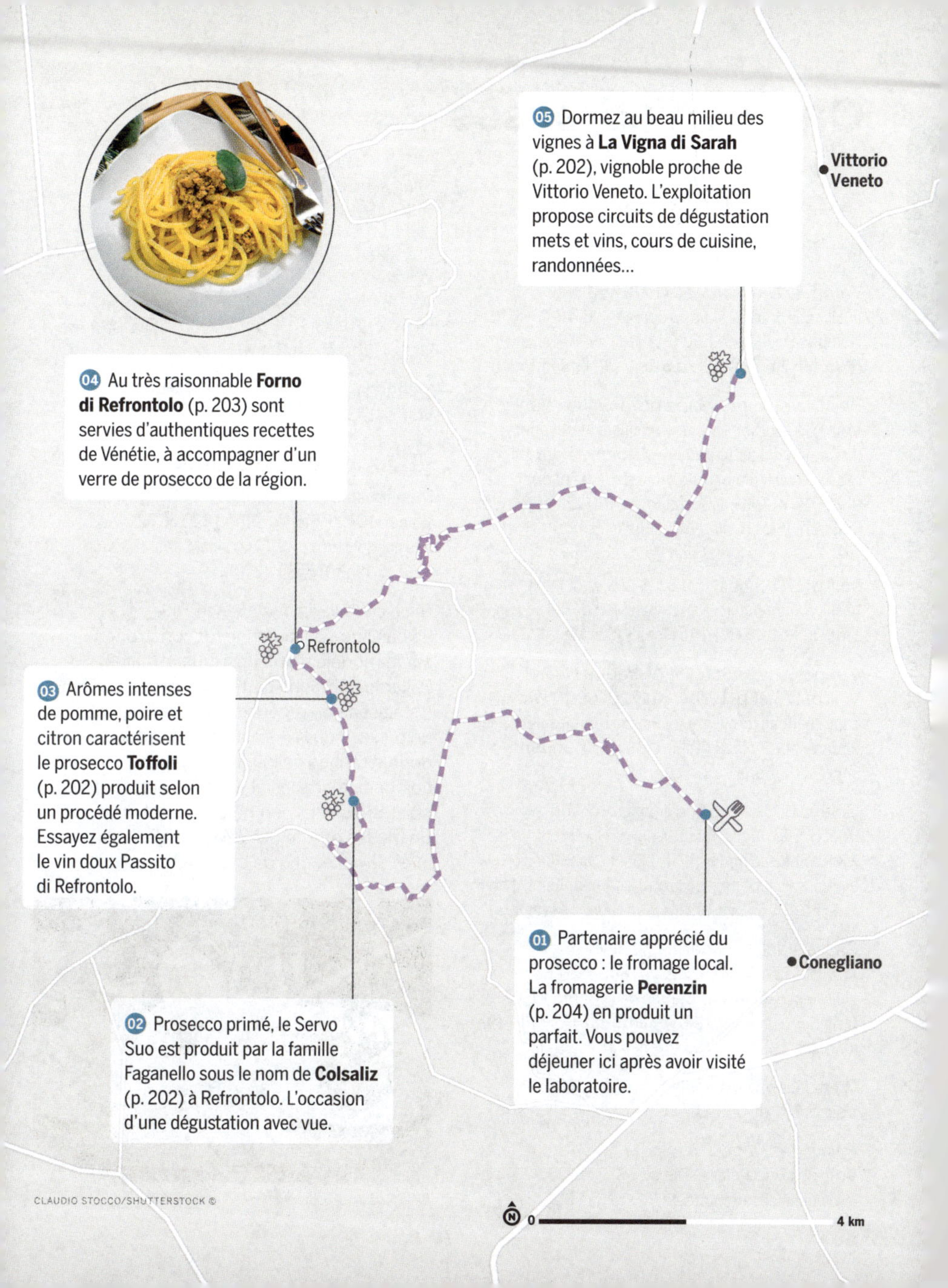

01 Partenaire apprécié du prosecco : le fromage local. La fromagerie **Perenzin** (p. 204) en produit un parfait. Vous pouvez déjeuner ici après avoir visité le laboratoire.

02 Prosecco primé, le Servo Suo est produit par la famille Faganello sous le nom de **Colsaliz** (p. 202) à Refrontolo. L'occasion d'une dégustation avec vue.

03 Arômes intenses de pomme, poire et citron caractérisent le prosecco **Toffoli** (p. 202) produit selon un procédé moderne. Essayez également le vin doux Passito di Refrontolo.

04 Au très raisonnable **Forno di Refrontolo** (p. 203) sont servies d'authentiques recettes de Vénétie, à accompagner d'un verre de prosecco de la région.

05 Dormez au beau milieu des vignes à **La Vigna di Sarah** (p. 202), vignoble proche de Vittorio Veneto. L'exploitation propose circuits de dégustation mets et vins, cours de cuisine, randonnées…

Carnet d'adresses

Les grands classiques

Basilica di Santa Maria Gloriosa dei Frari, Venise
Voir p. 172. (I Frari ; 041 272 8611 ; www.basilicadeifrari.it ; Campo dei Frari, San Polo 3072 ; tarif plein/réduit 3/1,50 €, gratuit avec Chorus Pass ; 9h-18h lun-sam, 13h-18h dim ; San Tomà)

Basilica di Santa Maria della Salute, Venise
Voir p. 172. (Salute ; www.basilicasalutevenezia.it ; Campo della Salute 1 ; accès basilique gratuit, sacristie tarif plein/réduit 4/2 € ; basilique 9h30-12h et 15h-17h30, sacristie 10h-12h et 15h-17h lun-sam, 15h-17h dim ; Salute)

Basilique Saint-Marc, Venise
Voir p. 170. (041 270 83 11 ; www.basilicasanmarco.it ; Piazza San Marco ; 3 € ; 9h30-17h15 lun-sam, 14h-17h15 dim ; San Marco)

Cappella degli Scrovegni, Padoue
Voir p. 173 et p. 190. (049 201 00 20 ; www.cappelladegliscrovegni.it ; Piazza Eremitani 8, Padoue ; tarif plein/réduit 14/10 € ; 9h-19h, sur réservation)

Chiesa di San Giorgio Maggiore, Venise
Voir p. 173. (église Saint-George ; 041 522 78 27 ; www.abbaziasangiorgio.it ; Isola di San Giorgio Maggiore ; accès église gratuit, campanile tarif plein/réduit 6/4 € ; 9h-19h ; San Giorgio Maggiore)

Gallerie dell'Accademia, Venise
Voir p. 171. (041 522 22 47, 800 150 666 ; www.gallerieaccademia.it ; Campo de la Carità 1050 ; tarif plein/réduit 12/2 € ; 8h15-14h lun, 8h15-19h15 mar-dim)

Grand Canal, Venise
Voir p. 171 et p. 180.

Palais des Doges, Venise
Voir p. 170. (Palazzo Ducale ; 041 270 83 11 ; www.basilicasanmarco.it ; Piazza San Marco ; 3 € ; lun-sam 9h30-17h15 lun-sam, 14h-17h15 dim ; San Marco)

Scuola Grande di San Rocco, Venise
Voir p. 171. (041 523 48 64 ; www.scuolagrandesanrocco.org ; Campo San Rocco 3052 ; tarif plein/réduit 10/8 € ; 9h30-17h30, Tesoro 9h30-17h15 ; San Tomà)

Vicence
Voir p. 173 et p. 194.

Joyaux du patrimoine

Basilica di Sant'Antonio, Padoue
Voir p. 191. (Il Santo ; 049 822 56 52 ; www.basilicadelsanto.org ; Piazza del Santo, Padoue ; 6h15-19h30) GRATUIT

Basilica Palladiana, Vicence
La basilique palladienne fut construite sur le modèle d'une basilique romaine. Palladio décrocha cette commande en 1549. Il s'agissait de repenser l'édifice original, un palazzo du XVe siècle, et d'ajouter une double rangée de loggias soutenue par des colonnes toscanes et ioniques surmontées de statues haut perchées. Elle est devenue un musée réputé (le Museo del Gioiello, avec sa collection de bijoux anciens et

YINGKO/SHUTTERSTOCK ©

Caffè Florian (p. 205)

contemporains). Voir p. 194. (☎ 0444 22 21 22 ; www.museicivicivicenza.it ; Piazza dei Signori ; basilique tarif plein/réduit 5/2 € ; ⏲ 9h-17h mar-dim)

Ca'Pesaro, Venise

Signé Longhena pour la famille Pesaro, ce palais aux somptueux plafonds réunit deux musées qui contrastent par leur contenu : des œuvres présentées à la Biennale de Venise et des souvenirs de voyage. Voir aussi p. 181-182. (☎ 041 72 11 27 ; www.capesaro.visitmuve.it ; Fondamenta di Ca' Pesaro 2076 ; tarif plein/réduit 10/7,50 ; ⏲ 11h-17h jeu-dim ; San Stae).

Castel San Pietro, Vérone

Voir p. 193. Funiculaire. (☎ 342 896 6695 ; www.funicolaredivérona.it ; Via Fontanelle Santo Stefano 6, Vérone ; aller/aller-retour 1,50/2,50 € ; ⏲ 10h-21h avr-oct, 10h-17h nov-mars)

Galleria d'Arte Moderna Achille Forti, Vérone

Voir p. 193. (Palazzo della Ragione ; ☎ 045 711 0129 ; gam.comune.verona.it ; Cortile Mercato Vecchio, Vérone ; tarif plein/réduit 4/2,50 €, avec Torre dei Lamberti 8/5 € ; ⏲ 11h-19h mar-dim)

La Rotonda, Vicence

L'édifice palladien (voir aussi p. 195) doit son nom au dôme qui coiffe la structure carrée, dont chaque côté est orné de façades symétriques aux frontons à colonnade prolongés par des escaliers. Il évoque le Panthéon, à Rome, situé précisément sur la Piazza de la Rotonda. À l'intérieur, le salon circulaire est tapissé de fresques en trompe-l'œil. Vous pourrez vous rendre à la villa à pied (25 min) ou en bus (n°8, 1,30-2 €) depuis la gare ferroviaire. (☎ 0444 32 1793 ; www.villalarotonda.it ; Via della Rotonda 45 ; tarif plein/enfant villa et jardins 10/5 € ; ⏲ villa et jardins 10h-12h et 15h-18h ven-dim avrdébut déc, horaires susceptibles de changer)

Museo degli Affreschi, Vérone

Voir p. 185. (☎ 045 8000361 ; museodegliaffreschi.comune.verona.it ; Via Luigi da Porto 5 , Vérone ; ⏲ 10h-19h mar-dim)

LEONID ANDRONOV/SHUTTERSTOCK ©

Théâtre de Vicence (p. 200), un monument signé Palladio

Orto Botanico, Padoue

Voir p. 191. (☎ 049 827 39 39 ; www.ortobotanicopd.it ; Via dell'Orto Botanico 15, Padoue ; tarif plein/réduit 10/8 € ; ⏲ 10h-17h nov-mars, 10h-19h avr-sept, 10h-18h oct, sur réservation)

Palazzo Bò, Padoue

Voir p. 191. (☎ 049 827 39 39 ; www.unipd.it/en/guidedtours ; Via VIII Febbraio, Padoue ; visites guidées tarif plein/réduit 7/4 € ; ⏲ horaires en ligne)

Palazzo Chiericati, Vicence

Au rez-de-chaussée, dévolu aux expositions, le plafond de la Sala dal Firmamento est orné d'une fresque osée de Domenico Brusasorci, figurant Diane et Hélios. Au 1er étage, vous admirerez notamment l'allégorie d'Antoine Van Dyck, *Les Quatre Âges de l'homme*, et le remarquablement moderne *Portrait de Maddalena Campiglia* d'Alessandro Maganza. (☎ 0444 22 28 11 ; www.museicivicivicenza.it ; Piazza Matteotti 37/39 ; tarif plein/réduit 7/5 € ; ⏲ 10h-18h mar-dim été, 9h-17h mar-dim hiver)

Palazzo Sturm, Bassano del Grappa

Voir p. 185. (☎ 0424 51 99 40 ; www.museibassano.it ; Via Schiavonetti 40, Bassano del Grappa ; tarif plein/réduit 7/5 €)

Palladio Museum, Vicence

Voir p. 195. (Palazzo Barbarano ; ☎ 0444 32 30 14 ; www.palladiomuseum.org ; Contrà Porti 11 ; tarif plein/réduit 8/6 € ; ⏲ 10h-18h mer-dim)

Pont des Soupirs, Venise

Le Ponte dei Sospiri, qui relie le palais des Doges (p. 170) aux prisons, est devenu populaire grâce à lord Byron (1788-1824) qui le cita dans l'un de ses poèmes, imaginant que les condamnés poussaient un soupir en traversant ce pont fermé d'où ils apercevaient la lagune pour la dernière fois.

Prato della Valle, Padoue

Voir p. 191. Au sud du centre historique.

Convento di San Bernardino (Sala Morone), Vérone

Voir p. 193. (; 045 59 64 97 ; sanbernardinoverona.it ; Str. A. Provolo 28, Vérone)

Teatro La Fenice, Venise

"Le phénix" de Venise est l'un des opéras les plus réputés au monde depuis 1792. (041 786 672 ; www.teatrolafenice.it ; Campo San Fantin 1977 ; visite tarif plein/réduit 11/7 €, billets opéra 25-250 € ; visites 9h30-18h ; Santa Maria del Giglio)

Teatro Olimpico, Vicence

Reflet des études menées par Palladio sur les amphithéâtres romains, il fut commencé en 1580 et achevé après sa mort par l'architecte vicentin Vincenzo Scamozzi. Ce dernier y a ajouté une scène modelée d'après l'ancienne cité de Thèbes, avec des rues construites en perspective plongeante de sorte à créer l'illusion d'une ville s'étendant à l'horizon. Consultez le site pour la programmation des opéras et des concerts. Voir aussi p. 195. (0444 96 43 80 ; www.teatrolimpicovicenza.it ; Piazza Matteotti 11 ; tarif plein/réduit 11/8 € ; 9h-17h mar-dim sept-juin, 10h-18h juil-août)

EQROY/SHUTTERSTOCK ©

Castel San Pietro, Vérone

Teatro Romano e Museo Archeologico, Vérone

Voir p. 193. (045 711 0129 ; museoarcheologico.comune.verona.it ; Regaste Redentore 2 ; tarif plein/réduit 4,50/3 €, inclus dans la VeronaCard ; 10h-18h mar-dim)

Villa di Maser

Voir p. 195. (Villa Barbaro ; 0423 92 30 04 ; www.villadimaser.it ; Via Cornuda 7, Maser ; tarif plein/réduit 9/7 € ; 10h-18h mar et jeu-dim avr-oct, 11h-17h sam-dim nov-début déc et mi-fév à fin mars, horaires susceptibles de changer ; P)

Art contemporain

Biennale de Venise

Voir p. 183. (labiennale.org ; Giardini della Biennale ; mi-mai à nov ; Giardini Biennale)

Casa dei Tre Oci, Venise

La "maison aux Trois Yeux" abrite les archives du peintre photographe Mario de Maria, tout en accueillant des expositions d'art contemporain et de photo. Voir p. 182. (041 241 23 32 ; www.treoci.org ; Fondamenta de le Zitelle 43 ; tarif plein/réduit 13/11 € ; 10h-19h mer-lun ; Zitelle)

Collection Peggy Guggenheim, Venise

Peggy Guggenheim réunit les œuvres avant-gardistes de quelque 200 artistes dans ce palais inachevé donnant sur le Grand Canal ; La plupart des courants du XXe siècle sont représentés. Voir aussi p. 183. (041 240 54 11 ; guggenheim-venice.it ; Calle San Cristoforo 701 ; tarif plein/réduit 15/9-13 € ; 10h-18h mer-lun ; Accademia)

Fondation Prada, Venise

Rénové par la fondation de la maison de couture milanaise, un nouveau palais du Grand Canal accueille à son tour des

XBRCHX/SHUTTERSTOCK ©

Trévise

expositions temporaires d'art avant-gardiste. (☎ 041 810 91 61 ; www.fondazioneprada.org ; Calle de Ca' Corner, Santa Croce ; San Stae ou Rialto)

Museo Fortuny, Venise

Voir p. 182. (☎ 041 520 09 95 ; www.fortuny.visitmuve.it ; Campo San Beneto 3958 ; tarif plein/réduit 12/10 € ; 10h-18h mer-lun ; Sant'Angelo)

Palazzo Arti Fumetti Friuli (PAFF!)

Ce musée créé en 2018 est dédié au 9e art, la BD. À travers le langage intuitif et ludique des images, PAFF! propose des expositions, des animations et des conférences pour tout public. Voir p. 185.(paff.it ; Villa di Parco Galvani, Viale Dante 33, Pordenone ; tarif plein/réduit 4/2 € ; 15h-20h mar-ven, 10h-13h et 15h-20h sam-dim)

Palazzo Grassi, Venise

Au détour du Grand Canal, on découvre des installations d'artistes contemporains devant le palais néoclassique de Giorgio Massari (bâti entre 1748 et 1772). Depuis 2005, le Palazzo Grassi abrite une partie de la collection d'art contemporain de l'homme d'affaires François Pinault, présentée sous la forme d'expositions temporaires. L'architecture intérieure (Tadao Andō) vaut presque autant le détour que les œuvres. Voir aussi p. 181 et p. 183. (☎ 041 200 10 57 ; www.palazzograssi.it ; Campo San Samuele 3231 ; tarif plein/réduit avec Punta della Dogana 15/12 € ; 10h-19h mer-lun ; San Samuele)

Punta della Dogana, Venise

Bâtis par Giuseppe Benoni en 1677 pour obliger les vaisseaux s'engageant sur le Grand Canal à acquitter un droit de douane, ces entrepôts sont désormais dédiés à l'art contemporain. Concédés pour 33 ans à la Fondation Pinault en 2007, ils furent réaménagés par l'architecte Tadao Andō avant d'ouvrir leurs portes au grand public en 2009. Voir aussi p. 181 et p. 183. (☎ 041 200 10 57 ; Fondamente Salute 2 ; tarif plein/réduit 15/12 € ; 10h-19h mer-lun ; Salute)

V-A-C Foundation, Venise

Ce vaste palazzo avec vue sur le canal de la Giudecca a été restauré par une fondation russe pour accueillir toute l'année expositions, projections et spectacles. (www.v-a-c.ru/en ; Fondamenta Zattere, al Ponte Longo 1401 ; 11h-17h sam-mar et jeu,11h-21h ven ; Zattere) GRATUIT

Cap sur les îles de la lagune

Isola di San Lazzaro degli Armeni

Voir p. 187. (☎ 041 526 01 04 ; tarif plein/réduit 6/4,50 € ; visite guidée 15h25 ; San Lazzaro)

Lido

L'île de 12 km aux plages sablonneuses où se tient la Mostra de Venise rappelle l'époque glorieuse où elle était l'une des stations balnéaires les plus glamour d'Europe. Voir p. 187. (Lido SME)

Museo del Vetro, Murano

P. 187. (www.museovetro.visitmuve.it ; Fondamenta Giustinian 8 ; 11h-17h jeu-dim ; tarif plein/réduit 10/7,50 €, gratuit avec Museum Pass ; Museo)

Ocean Space Centre, Chiesa di San Lorenzo

La collectionneuse et mécène autrichienne Francesca von Habsburg a fait restaurer l'église de San Lorenzo, à l'abandon, pour accueillir ce centre pluridisciplinaire qui expose les travaux de la TBA21 Academy (www.tba21.org) et offre une plateforme aux artistes, scientifiques et décideurs pour affronter le changement climatique. Voir aussi p. 187. (www.ocean-space.org/ ; Campo San Lorenzo 5069 ; 11h-19h mar-dim ; San Zaccaria)

Torcello

Voir p. 187. (041 73 01 19 ; Piazza Torcello ; tarif plein/réduit 5/4 € ; 10h30-18h mars-oct, 10h-17h nov-fév ; Torcello)

Caves et vignobles d'avant-garde

Allegrini

La famille Allegrini produit du vin à Valpolicella depuis le XVIe siècle. Les dégustations ont lieu dans le très bel édifice maniériste de la Villa della Torre. (045 683 20 11 ; allegrini.it ; Via Giare 9/11, Fumane ; visite du domaine 60 €/pers ; 10h-18h lun-ven, 10h-17h sam, visites sur rdv)

1898 Cantina di Soave

Jadis, cette coopérative de 2 000 producteurs de Soave était fournisseur officiel de la royauté italienne. Visitez les caves du Borgo Rocca Sveva. (045 613 98 45 ; cantinasoave.it ; Via Covergnino 7 ; 8h30-12h30 et 14h30-19h lun-ven, 9h-19h sam oct-avr, journée continue en haute saison)

Vignaioli Contra Soarda

Dans leur vallée volcanique, les ceps autochtones donnent des vins aux nombreuses récompenses. Si vous le pouvez, dînez au restaurant du vignoble, le Pulierin. (0424 50 55 62 ; www.contrasoarda.it ; Strada Soarda 26, San Michele di Bassano del Grappa ; dégustations 25 €/pers ; cantina 9h30-17h30, restaurant 12h-14h et 19h30-22h lun-ven, 19h30-22h sam, 12h-14h dim)

Antica Bottega del Vino

P. 193. (045 800 45 35 ; www.bottegavini.it ; Vicolo Scudo di Francia 3, Venise ; 11h-minuit)

La Vigna di Sarah

Un domaine viticole, doublé d'un *agriturismo*. Visites du domaine, dégustations, pique-nique et hébergement sur place. Voir p.196. (39 0438 1672623 ; lavignadisarah.it ; Via del bersagliere 30/A, 31029 Vittorio Veneto)

Toffoli

Un producteur de vins vénitiens. Voir p. 196. (39 0438 978204 ; proseccotoffoli.it ; Via Liberazione 26, Refrontolo)

Colsaliz

Un troisième domaine viticole situé à Refrontolo. Voir p. 196. (39 0438 894026 ; colsaliz.it ; Via Colvendrame 48/B, Refrontolo)

Vaut le détour

Trévise

Avec ses canaux et ses rues pavées, Trévise est une authentique ville vénitienne. Séjournez chez **Ai Bastioni** (0422 59 07 55 ; Viale Fratelli Bandiera 18 ; s 110-130 €, d 140-180 € ; P), appréciez des œuvres d'art moderne à la **Gallerie delle Prigioni** (Piazza del Duomo 20 ; 15h-19h ven, 10h-13h et 15h-19h sam-dim, variations saisonnières) GRATUIT, ancienne prison des Habsbourg, et savourez une glace à la Gelateria Dassie (www.stefanodassie.it ; Via Sant'Agostino 42 ; boule à partir de 1,50 € ; 11h30-minuit mar-dim, variations saisonnières).

Gysotheca et Museo Antonio Canova

Canova est le sculpteur italien par excellence, soutenu par des mécènes aussi divers et influents que le pape, Napoléon ou George Washington. Un génie bien présent dans son atelier de Possagno. (0423 54 43 23 ; www.museocanova.it ; Via Canova 74, Possagno ; tarif plein/réduit 10/8 € ; 9h30-18h mar-ven, 9h30-19h sam-dim)

Isola della Certosa

Ce parc insulaire vénitien est doté d'une mini-marina et d'un excellent restaurant, l'**Hostaria in Certosa** (347 0787755 ; alajmo.it/pages/homepage-hostaria-in-certosa ; Isola della Certosa ; ouverture saisonnière ; Certosa). **Venice Kayak** (041 523 6720 ; www.venicekayak.com ; Vento di Venezia, Isola della Certosa ; circuit 3 heures à partir de 80 € ; Certosa) y propose aussi des virées.

Artisanat d'exception

Artefact Mosaic Studio

Voir p. 178. (041 877 83 42 ; artefactmosaicworkshops.com ; Calle del Cafetier 6477a, Venise ; cours débutants 50-110 € ; 10h-19h mar-sam ; San Zaccaria)

Ca' Macana Atelier

Voir p. 178. (041 718 655 ; www.camacanaatelier.blogspot.it ; Rio Terà San Leonardo 1374, Venise ; 9h-20h ; San Marcuola)

Chiarastella Cattana

Linge de maison et vêtements dans un superbe style vénitien, mais aussi des vêtements, des tapis et du verre de Murano. (041 522 43 69 ; www.chiarastellacattana.com ; Salizada San Samuele 3216, Venise ; 11h-19h lun-sam ; San Samuele)

Davide Penso

Voir p. 178. (041 73 98 19 ; www.davidepenso.it ; Fondamenta Riva Longa 48, Murano ; 10h-18h lun-sam ; Museo)

Dolci Colori

Voir p. 193. (045 800 71 26 ; www.dolcicolor.it/fr ; Via Cantarane 16, Vérone)

Enrica Rocca

Voir p. 178. (enricarocca.com/venice)

L'Isola

Dans ce lieu sacré du verre de Murano, le virtuose Carlo Moretti sublime vases et verres par des effets de lumière. (041 523 1973 ; www.lisola.com ; showroom San Marco, Calle de le Botteghe 2970, Murano)

Pied à Terre

Les traditionnelles *furlane* (espadrilles vénitiennes) aux couleurs acidulées sont fabriquées à la main à partir de pneus de vélo recyclés. Idéal pour les virées en gondole ! (041 528 55 13 ; www.piedaterrevenezia.com ; Sotoportego di Rialto 60, Venise ; 10h-19h30 lun-sam, 10h-18h30 dim ; Rialto Mercato)

CHAMELEONSEYE/SHUTTERSTOCK ©

Verrerie colorée de Murano

Pinarello

Pour champions ! Des vélos de route, de piste ou de cross, dont 13 vélos vainqueurs du Tour de France chez ce fabricant trévisan. (0422 54 38 21 ; www.pinarello.com ; Borgo Mazzini 9, Trévise ; 9h-12h30 et 15h30-19h30 mar-sam, 15h30-19h30 lun)

Festins en Vénétie

Al Covo — €€€

Honneur aux produits de la lagune vénitienne. Le *fritto misto* (mélange de poissons frits) est culte, mais tous les plats sont délicieux. (041 522 38 12 ; www.ristorantealcovo.com ; Campiello de la Pescaria 3969, Venise ; repas 42-67 € ; 12h45-15h30 et 19h30-minuit ven-mar ; San-Marco-San Zaccaria ou Arsenale)

Alla Borsa — €

Voir p. 193. (045 795 0093 ; ristoranteborsa.it ; Via Goito 2, Valeggio sul Mincio ; tlj sauf mar et mer)

Antica Osteria al Forno, Refrontolo — €€

Au cœur de la région de production du prosecco, cette chaleureuse auberge à l'ancienne mitonne des plats de cuisine traditionnelle, à base de produits du terroir. Voir aussi p. 197. (39 0438.894496 ; alforno.it ; Viale degli Alpini 5, Refrontolo)

Antiche Carampane €€€

Ici, on mange du poisson frais. Francesco propose des versions tout en maîtrise de plats sophistiqués tels que la *cassopipa* (spaghettis aux fruits de mer épicés). (041 524 01 65 ; www.antichecarampane.com ; Rio Terà de le Carampane 1911, Venise ; repas 55-63 € ; 12h45-14h30 et 19h30-22h30 mar-sam ; San Stae)

Casa Perbellini €€€

Voir p. 193. (045 8780860 ; casaperbellini.com ; Piazza San Zeno 16, Vérone ; 12h30-14h et 19h30-21h)

Da Nane della Giulia €

Retour aux sources dans la plus vieille taverne de Padoue. Le poulet padouan à la grappa rouge est servi avec sa pancetta. (049 66 07 42 ; Via Santa Sofia 1 , Padoue ; repas 25-30 € ; 12h-15h et 19h-minuit mer-dim ;)

Due Mori

Voir p. 184. (0423 95 09 53 ; www.2mori.it ; Piazza Gabriele D'Annunzio 5, Asolo ; repas 40-50 € ; 12h30-14h30 et 19h30-21h30 mer-dim)

El Coq

Table étoilée au Michelin, où le chef Lorenzo Cogo donne toute la mesure de son talent. Mieux vaut réserver. (www.elcoq.com/elcoq/eng-chef.html ; Piazza Dei Signori 1, Vicence)

Fromagerie Perenzin

Voir p. 197. (043 83 48 74 ;perperenzin.it ; Via Cervano 77/D, San Pietro di Feletto ; 8h-13h et 16h-20h30 mar-jeu et dim, 8h-13h et 16h-21h ven, 8h-21h sam)

Spaguettis aux fruits de mer

Locanda 4 Cuochi

Voir p. 192. (045 803 03 11 ; locanda4cuochi.it ; Via Alberto Mario 12, Vérone ; repas 40 €, menu 3 plats 43 € ; 19h30-22h30 lun-mar, 12h30-14h30 et 19h30-22h30 mer-dim ;)

Locanda Cipriani €€€

L'auberge de campagne du groupe Cipriani à Torcello (5 chambres) ne date pas d'hier ! Hemingway s'y installait volontiers. Un rêve pour un déjeuner à la campagne. (041 73 01 50 ; www.locandacipriani.com ; Piazza Torcello 29, Torcello ; repas 54-69 € ; 12h-15h mer-lun mars-déc, 12h-15h et 18h-23h ven-sam avr-sept ; ; Torcello)

Restaurant Al Pestello €€

Trattoria axée sur la cuisine typique de Vicence, parfaite pour commander la *panà* (soupe au pain), l'âne braisé au vin rouge ou les "sucettes" de bresaola fourrées d'un mélange grana padano-mascarpone parfumé à la grappa. (0444 32 37 21 ; Contrà San Stefano 3, Vicence ; repas 35 € ; 19h30-minuit mer-ven, 12h30-14h et 19h30-minuit sam-dim ;)

Riviera €€€

Donnant sur le canal de la Giudecca, la meilleure adresse qui soit pour les poissons de la lagune. (041 522 76 21 ; www.ristoranteriviera.it ; Fondamenta Zattere al Ponte Lungo 1473, Venise ; repas 67-157 € ; 19h-22h30 mer-ven, 12h30-14h30 et 19h-22h30 sam-dim ; Zattere)

Toni del Spin €€

Une référence à Trévise depuis 1880. Toni y sert d'exquises assiettes de risotto aux asperges blanches et de tagliatelle au *ragù* de canard. (393 986 3597 ; www.ristorantetonidelspin.com ; Via Inferiore 7, Trévise ; repas 35-50 € ; 12h15-14h30 et 19h15-22h30 mar-dim, 19h15-22h30 lun)

ALEO2/SHUTTERSTOCK ©

Risotto aux asperges

Venissa

Voir p. 179. La belle histoire de cette table gastronomique est liée à la renaissance du vin des doges, le dorona. (041 527 22 81 ; www.venissa.it ; Fondamenta Santa Caterina 3, Mazzorbo ; menus 110-175 € ; 12h30-14h et 19h30-21h mer-lun avr-oct ; Mazzorbo)

Cafés de caractère

Café Carducci

Salamis doux et fromages locaux au top dans ce café des années 1920. (045 803 06 04 ; www.cafecarducci.it ; Via Carducci 12, Vérone ; repas 25-45 € ; 8h-15h et 18h-23h mar-sam ;)

Caffè Florian

Musée vivant (sa création date de 1720), le rendez-vous glamour pour déguster chocolat chaud et pâtisseries fines avec vue sur Saint-Marc. (041 520 56 41 ; www.caffeflorian.com ; Piazza San Marco 57, Venise ; 9h-23h ; San Marco)

Caffè Pedrocchi

Décoré dans le style viennois, un repère de la vie padouane au pied du Museo del Risorgimento. Les troupes austro-hongroises ont ici tiré sur les étudiants en révolte en 1848. (049 878 12 31 ; www.caffepedrocchi.it ; Via VIII Febbraio 15, Padoue ; 8h-23h lun-jeu, 8h-minuit ven-dim)

Caffè Tubino

Voir p. 193. (045 803 01 75 ; Corso Borsari 15D, Vérone)

Pasticceria Flego

C'est la référence véronaise en matière de pâtisserie, le choix est immense et le Pandoro emblématique de Vérone remporte tous les suffrages. (045 803 24 71 ; Via Stella 13, Vérone ; pâtisseries 1,30-1,60 € ; 8h-19h lun-sam)

Pasticceria Soraru

La pâtisserie historique de Vicence pour se régaler en terrasse avec vue sur la Basilica Palladiana. (0444 32 09 15 ; Corso Andrea Palladio 17, Vicence ; 7h30-12h-30 et 15h30-19h30, lun-mar, jeu-ven, 7h30-19h30 sam-dim)

Bars

All'Arco

Voir p. 178. (041 520 56 66 ; Calle de l'Ochialer 436, Venise ; ciccheti 2-2,50 € ; 9h-14h30 lun-sam ; Rialto Mercato)

Cantina del Vino già Schiavi

Voir p. 178. (041 523 00 34 ; www.cantinaschiavi.com ; Fondamenta Nani, Venise ; ciccheti 1,50 € ; 8h30-20h30 lun-sam ; Zattere)

Malvasia dell'Adriatico Mar

Voir p. 178. (041 476 43 22 ; www.facebook.com/MalvasiaAdriaticoMar ; Calle Crosera 3771, Venise ; 17h-22h lun, 10h-22h mar-dim ; San Tomà)

Vino Vero

Voir p. 178. (041 275 00 44 ; vinovero.wine ; Fondamenta de la Misericordia 2497, Venise ; 17h-minuit lun-jeu 12h-1h ven-sam, 12h-minuit dim ; San Marcuola)

Il Tira Bouchon

Voir p. 191. (049 875 21 38 ; Sotto il Salone 23/24, Padoue ; 10h-21h lun-mer, 10h-22h jeu-sam)

BOLOGNE ET L'ÉMILIE-ROMAGNE

ART | HISTOIRE | GASTRONOMIE

MINO ANDRIANI/STOCK.ADOBE.COM ©

BOLOGNE ET L'ÉMILIE-ROMAGNE
à la carte

Cette terre qui a vu naître Verdi et Pavarotti séduira les amateurs de musique, de peinture et d'architecture avec ses merveilleuses cités – Bologne, Parme, Modène, Ravenne ou Ferrare –, leur riche patrimoine et leur culture. Mais les gourmets savent déjà qu'ils entrent sur un grand terroir, berceau des *tagliatelle al ragù*, du jambon de Parme, du vinaigre balsamique et du *parmigiano reggiano*. Et les amateurs de grosses cylindrées seront ravis d'apprendre que Ferrari, Ducati, Maserati et Lamborghini sont également originaires de l'Émilie-Romagne...

Goûtez aux plaisirs de la table à **Modène** (p. 228) avant de faire le tour des producteurs.
½ journée

Passez une soirée au **Teatro Regio** ou au **Teatro Farnese de Parme** (p. 230), haut lieu de la gastronomie, mais aussi de tous les arts, et capitale musicale.
1 journée

Faites vrombir les moteurs des voitures de sport les plus mythiques du monde dans la **Motor Valley** (p. 226).
3 heures

Parme
Carpi
Reggio Emilia
Modène
Motor Valley
Amalfi
LIGURIE
Parco Nazionale dell'Appennino Tosco-Emiliano
Mer Ligurienne
0 50 km

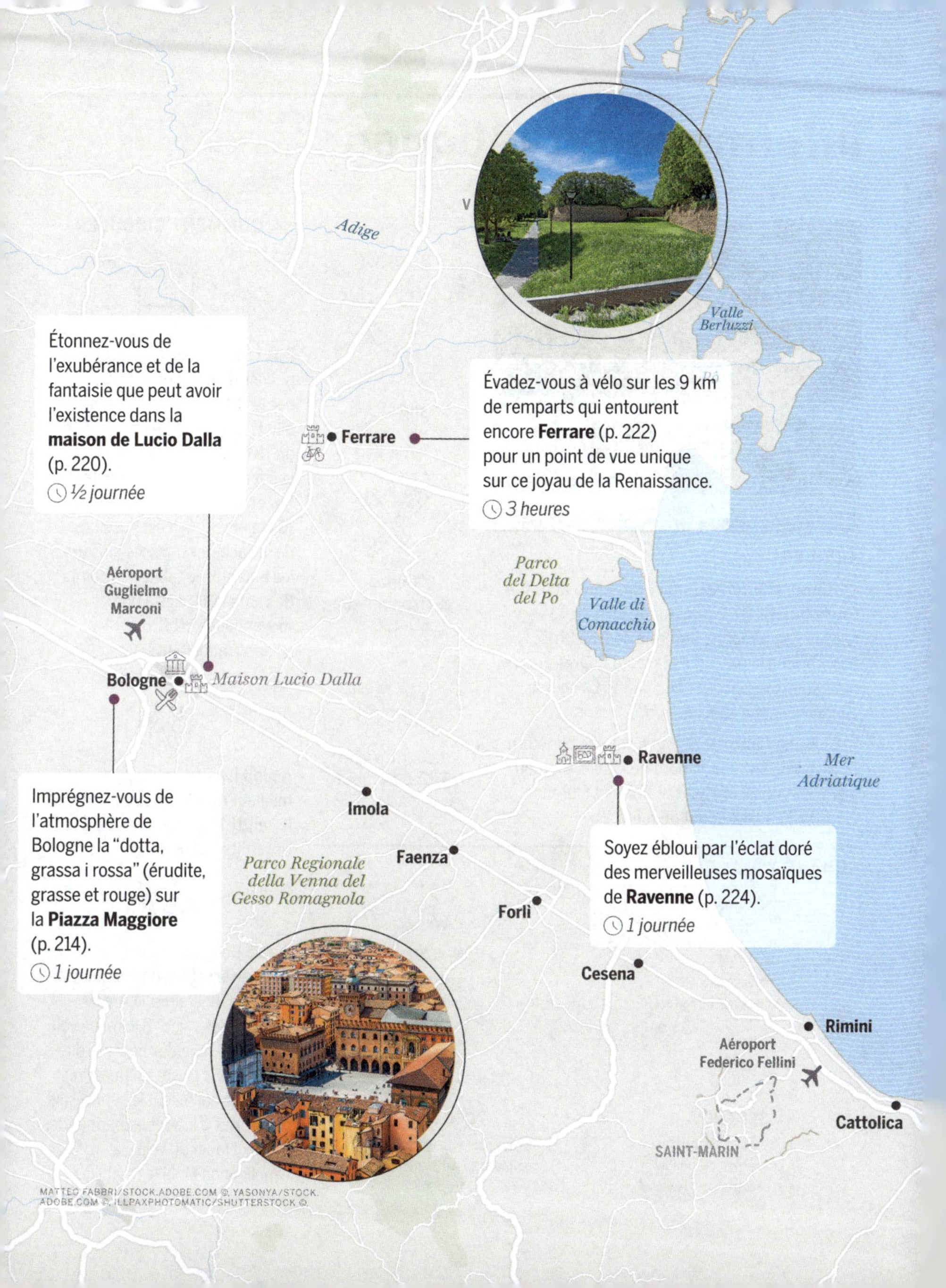

Évadez-vous à vélo sur les 9 km de remparts qui entourent encore **Ferrare** (p. 222) pour un point de vue unique sur ce joyau de la Renaissance.

3 heures

Étonnez-vous de l'exubérance et de la fantaisie que peut avoir l'existence dans la **maison de Lucio Dalla** (p. 220).

½ journée

Imprégnez-vous de l'atmosphère de Bologne la "dotta, grassa i rossa" (érudite, grasse et rouge) sur la **Piazza Maggiore** (p. 214).

1 journée

Soyez ébloui par l'éclat doré des merveilleuses mosaïques de **Ravenne** (p. 224).

1 journée

Informations pratiques

KAGAN KAYA/SHUTTERSTOCK ©

ARRIVER

Aéroport international Guglielmo Marconi L'**Aerobus-BLQ** (www.aerobus.bo.it ; 6 €) rallie la gare Bologna Centrale de 5h à 0h15, tout comme le monorail **Marconi Express** (www.marconiexpress.it ; 8,50 € ; 7min). La course en taxi revient à 18 € environ.

Bologna Centrale Bologne est une plateforme ferroviaire pour tout le nord de l'Italie. Un train à grande vitesse rejoint notamment Florence (18,90 €) en seulement 35 minutes.

BUDGET

Sandwich à la mortadelle 5-8 €

Repas gastronomique 50-250 €

Louer un vélo 7-12 € par jour

QUAND Y ALLER

MAI
Ambiance paisible sauf lors du Palio de Ferrare !

JUIN-AOÛT
Les festivals de musique se succèdent tout l'été de Bologne à Ravenne

SEPT-NOV
Période propice pour profiter de la ville, peu de monde et des températures douces.

DÉC-FÉV
Temps plus frais mais les foires commerciales attirent du monde à Bologne.

COMMENT CIRCULER

Bus Le réseau de transports publics de Bologne est géré par le TPER (www.tper.it). Les billets ont une durée de validité de 75 min et coûtent 1,30 €. Les forfaits journaliers coûtent 5 € et les citypass, valables pour 10 trajets, 12 €. Il est possible de les acheter dans les kiosques, les bureaux de tabac, les points de vente autorisés à bord moyennant 1,50 €, ou grâce à l'application Muver.

À pied La marche reste le meilleur moyen de circuler dans le centre historique, classé ZTL (interdit aux voitures).

À vélo Bologne, comme les autres villes de la région, offre un bon réseau d'itinéraires. Outre la "rocade des vélos", 8,4 km de voie cyclable le long des boulevards extérieurs, il existe 13 itinéraires cyclables qui relient le centre-ville à des sites d'intérêt en périphérie. On peut louer un vélo via l'application Mobike (mobike.com) ou auprès de loueurs classiques.

SE RESTAURER ET PRENDRE UN VERRE

Pâtes faites maison Les trattorias préparent des pâtes fraîches sous les yeux des convives et les régalent de *tortellini al pasticcio* (tortellinis au porc gratinés, recouverts de *ragù* et de crème fraîche), de tagliatelles au *prosciutto* et au citron ou de *tagliatelle al ragù*, sauce à la viande, préparée avec du bœuf émincé, mijoté avec de la *pancetta*, des oignons et des carottes, et une bonne quantité de lait et de vin... Rien à voir avec celle qu'on appelle bolognaise !

Fromage et charcuteries Parme est la ville du *parmigiano reggiano* et du *prosciutto di Parma* – voir nos adresses p. 231.

Meilleur gelato La Cremeria D'Azeglio (p. 235)

SE CONNECTER ET S'ORIENTER

Wi-Fi Pour accéder au Wi-Fi gratuit à Bologne, consultez le site www.comune.bologna.it/wireless.

Orientation Les offices du tourisme de toutes ces villes touristiques fournissent d'utiles cartes et plans.

SE LOGER

Se loger à Bologne peut s'avérer coûteux en période de foire (automne/hiver), les prix ayant tendance à s'envoler. Réservez tôt. Très nombreuses en ville, les chambres d'hôtes offrent une prestation de catégorie moyenne, voire supérieure, à un meilleur prix que les hôtels.

Ville	Pour/Contre
Bologne	Hébergements surtout destinés à une clientèle d'affaires, concentrés dans le nord de la ville. Optez pour les B&B du centre.
Parme	La rive gauche du Parma est un quartier étudiant plus bohème que le *centro storico*, plus touristique.

ARGENT

Les cartes bancaires sont acceptées dans la plupart des hôtels, restaurants et magasins.

Les *bancomat* (distributeurs automatiques de billets) sont répandus.

PASS TOURISTIQUE

Carte **Bologna Welcome** (25/40 € ; www.bolognawelcome.com/home/card). Cette carte donne accès aux principaux musées de la ville, à une visite guidée de 2 heures dans le centre et à de nombreuses réductions dans des restaurants, des magasins, des spas, etc. Elle est en vente en ligne et à l'office du tourisme.

Carte **Musei Metropolitani** (www.cardmuseibologna.it ; tarif plein/réduit 25/20 €). Valable 12 mois, elle permet d'entrer gratuitement dans de nombreux musées de Bologne et des environs.

Les grands classiques

Pour les infos pratiques de chaque site, reportez-vous au carnet d'adresses p. 232.

Piazza Maggiore, Bologne

Au croisement de deux axes majeurs du centre historique, la Piazza Maggiore (voir aussi p. 214) est la place emblématique de Bologne. Ce vaste espace fut aménagé à partir du XIIIe siècle pour accueillir les centres du pouvoir politique et économique de la cité, ainsi qu'une imposante basilique dédiée au saint patron de la ville. Dans son prolongement se dresse la célèbre fontaine de Neptune, point de rencontre favori des habitants.

YASONYA/STOCK.ADOBE.COM ©

Duomo et baptistère, Parme

Consacrée en 1106, la cathédrale parmesane présente une façade de style roman-lombard qui contraste avec l'exubérance baroque de l'intérieur. Des fresques du Corrège recouvrent la coupole et, dans le transept central, la *Descente de Croix* (1178) est un chef-d'œuvre du genre. Dominant même la cathédrale, le magnifique baptistère octogonal de marbre rose, édifié dès 1196, associe styles roman et gothique. L'intérieur est une succession de fines colonnes de marbre et de fresques colorées de style byzantin, jalonnée de statues et de bas-reliefs.

SERGEY DZYUBA/SHUTTERSTOCK ©

CGE2010/STOCK.ADOBE.COM ©

Duomo, Modène

Édifié à partir de 1099, ce chef-d'œuvre de l'architecture romane italienne figure sur la Liste du patrimoine mondial. Dédiée au saint patron de la ville, Geminiano (Géminien), elle fut consacrée en 1184. La nef aux murs de brique est éclairée par une rosace ajoutée au XIIIe siècle. À l'extérieur, de superbes bas-reliefs illustrant des épisodes de la *Genèse* datent du XIIe siècle. À l'intérieur, admirez les *Scènes de la Passion*, le jubé et, dans la crypte, la *Madonna della pappa* de Guido Mazzoni, un groupe de cinq personnages en terre cuite peinte.

CATARINA BELOVA/SHUTTERSTOCK ©

Castello Estense, Ferrare

C'est en 1385 que Niccolò II d'Este fit édifier l'imposant château, pour protéger les siens lors des soulèvements populaires déclenchés notamment par la hausse des impôts. Quelques salles se visitent, en particulier les appartements royaux. Admirez la Sala dei Giganti (salle des Géants), le Salone dei Giochi (salle des Jeux) et la chapelle de Renée de France, puis faites un tour aux oubliettes, avant de gravir les 122 marches de la Torre dei Leoni pour admirer la vue panoramique sur Ferrare.

MI.TI./STOCK.ADOBE.COM ©

Palazzo Schifanoia, Ferrare

Construit en 1385, ce palais des plaisirs et divertissements de la famille d'Este a subi d'importants dégâts lors du séisme de mai 2012, à la suite duquel il a fait l'objet d'importants travaux de restauration et de modernisation. Son Salone dei Mesi (salon des Mois) renferme l'une des plus célèbres fresques de Ferrare : créée par Francesco del Cossa en 1470, elle représente les mois, les saisons et les signes du zodiaque ; sa beauté et son harmonie en font un exemple exceptionnel d'art profane de la Renaissance.

40 Autour de la Piazza MAGGIORE

PATRIMOINE | ART DE VIVRE | PROMENADE

La découverte de Bologne commence inévitablement par la Piazza Maggiore, où se dressent les anciens sièges du pouvoir communal et la Basilica San Petronio. À proximité, il fait bon se promener dans les rues du Quadrilatère (voir p. 217) pour prendre le pouls de Bologne la Rouge !

RH2010/STOCK.ADOBE.COM ©

En pratique

S'y rendre/circuler

Le quartier est desservi par de nombreuses lignes de bus. Les lignes à plus grande fréquence sont les A, C, 11, 13, 14, 19, 20, 25, 27, 29, 30. La place elle-même est ouverte sur plusieurs rues : Via d'Azeglio, Via dell'Archiginnasio, Via Clavature, Via Pescherie Vecchie, Piazza Re Enzo, Piazza del Nettuno

Office du tourisme

Bologna Welcome (www.bolognawelcome.com ; 9h-19h lun-sam, 10h-17h dim), au rez-de-chaussée du Palazzo del Podestà.

GUSSONI DAVIDE/STOCK.ADOBE.COM ©

L'immense **Basilica di San Petronio** (p. 232), édifice central de la place, reste inachevée. Pourtant, l'ambition des bâtisseurs était de dépasser l'église Saint-Pierre de Rome ! Plusieurs palais bordent la place. Le Palazzo d'Accursio, siège du gouvernement de la ville à partir de 1336, abrite les **Collezioni Comunali d'Arte** (p. 233) dans l'ancien appartement des légats pontificaux. Du haut de la **Torre dell'Orologio** qui domine l'ensemble, la vue est spectaculaire. Lui même dominé par une autre tour, la Torre dell'Arengo, crenelée, le **Palazzo del Podestà** était à l'époque communale la résidence du premier magistrat (le podestat) de Bologne. Sa voûte est dotée d'une particularité acoustique : deux personnes placées aux angles opposés s'entendent chuchoter. À l'ouest de la basilique se dresse le **Palazzo dei Notai**, ancien siège des notaires reconnaissable à ses fenêtres géminées et à son toit crénelé. À l'est, le **Palazzo dei Banchi** doit son nom aux agents de change qui, depuis le Moyen Âge, occupaient cette partie de la place. Au XVIe siècle, il fut décidé de dissimuler d'anciennes demeures sous une façade d'apparat. La longue succession d'arcades courant jusqu'au superbe **Palazzo dell'Archiginnasio** (p. 234), connue sous le nom de **Pavaglione**, est aujourd'hui une promenade.

Piazza del Nettuno, dans la continuité de la Piazza Maggiore, tous les regards convergent vers le géant de bronze de la **Fontana del Nettuno** (p. 233). Remarquez le trident de Neptune : c'est le symbole que Maserati, le constructeur automobile né à Bologne, a choisi pour logo.

Place maintenant aux trésors du **Quadrilatero** (voir p. 217) qui s'étend à l'est de la Piazza Maggiore.

Page de gauche, en haut Piazza Maggiore **En bas** Fontana del Nettuno

Une statuaire très expressive

Au cœur du Quadrilatero, le **Santuario di Santa Maria della Vita** renferme un groupe sculpté d'une grande intensité, *Lamentation sur le Christ mort*, chef-d'œuvre du maître Niccolò dell'Arca (début de la Renaissance). La Vierge, les trois Marie, saint Jean l'Évangéliste et Joseph d'Arimathie représentés en terre cuite (autrefois polychrome) pleurent le Christ. Marie Madeleine, à droite, est le personnage le plus puissant avec son mouvement dynamique qu'elle communique au public. À l'écart, vêtu à la mode Renaissance, Joseph d'Arimathie montre les outils avec lesquels il a libéré Jésus de la croix, et regarde vers le spectateur, comme pour le prendre à témoin.

41 Le goût de BOLOGNE

CUISINE | ART DE VIVRE | TERROIR

Bologne est la vitrine de l'Émilie-Romagne. Or, celle-ci est sans doute la capitale gastronomique de l'Italie, une région gourmande d'où sont originaires des mets riches et renommés comme le *ragù* (p. 211), les lasagnes ou les tortellinis. Bref, ce n'est pas ici que vous perdrez du poids !

En pratique

S'y rendre et circuler L'aéroport Guglielmo Marconi de Bologne accueille des vols en provenance de toute l'Europe. La gare Bologna Centrale est desservie par le TGV. Quant au centre-ville, il se parcourt aisément à pied. Ses 40 km de portiques et arcades mettent à l'abri de la pluie comme du soleil. Le réseau de bus est bon.

Quand Il fait en général bon en avril et mai et en septembre-octobre. Il n'y a pas trop de monde.

Original Découvrez les bières artisanales italiennes à **Il Punto** (p. 235).

Laissez-vous guider par vos sens

Vieux marché alimentaire de Bologne, le **Quadrilatero** doit son nom au quadrillage d'allées étroites à l'angle sud-est de la Piazza Maggiore. Depuis le Moyen Âge, les spécialités locales y sont à l'honneur. Naviguez entre les échoppes de petits producteurs, de traiteurs et tous ces étals en vous fiant à votre odorat. Ici sont vendus les meilleurs produits de Bologne : des monceaux de tortellinis frais à la ricotta, de la mortadelle finement tranchée ou des pots de sauce *ragù* longuement mijotée.

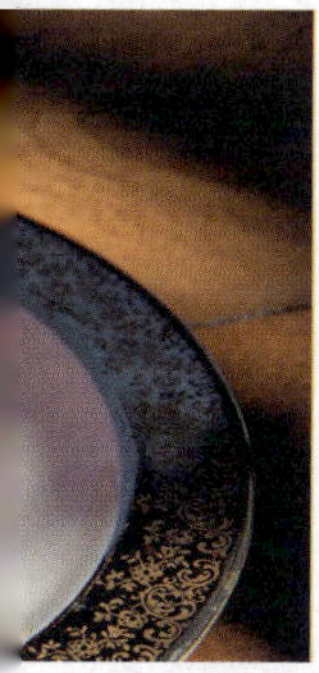

Une cuisine confidentielle

Le Cesarine (p. 236) est un réseau italien de cours de cuisine privés né à Bologne. Il offre la possibilité de faire des plats typiques chez des cuisiniers locaux. À Bologne, cela signifie bien

Spécialités

Je n'oublierai jamais les plats que ma grand-mère Ada préparait. Ses tagliatelles au *ragù* étaient un régal, sa côtelette de porc sautée avec de la sauce tomate et des petits pois, une référence, et sa *zuppa inglese* (génoise à la crème pâtissière) la meilleure consolation qui soit !

Elisa Rusconi, *propriétaire et cheffe de la Trattoria da Me, @trattoriadame*

En haut Étals, centre de Bologne. **En bas** *Zuppa inglese* **Ci-dessus** *Tagliatelle al ragù*

sûr apprendre à confectionner les tagliatelles, ces pâtes aux œufs traditionnelles qui se marient si bien avec le *ragù*, la fameuse sauce à la viande. Que les amateurs de douceurs ne s'inquiètent pas : ils prépareront la *zuppa inglese*, le dessert bolognais par excellence (qui n'est pas une soupe et qui n'a rien d'anglais !).

Les sfogline

En flânant dans les merveilleuses rues médiévales de Bologne, faites un saut au bien nommé **Le Sfogline** (p. 236), où deux sœurs, Daniela et Monica, font équipe pour façonner des pâtes dans l'ambiance la plus conviviale qui soit. Traditionnellement, une *sfgolina* est une femme spécialisée dans la confection artisanale des pâtes de la région (tagliatelles, tortellinis, lasagnes). Monica vous accueille à bras ouverts dans son atelier. Regardez les spécialistes à l'œuvre avant de ressortir de l'échoppe avec un kilo de pâtes (impossible de faire autrement).

Une chronique culinaire

Depuis le Moyen Âge, Bologne porte deux surnoms : la Dotta (l'Érudite) et la Grassa (la Grasse). Ces deux caractéristiques sont profondément liées, la ville abritant la plus vieille université d'Europe et étant un haut lieu de la gastronomie. L'abondance et la qualité de ses mets ont joué un rôle dans le formidable accueil réservé aux étrangers à l'époque où la cité fut un lieu de brassage des nationalités. Étudiants et professeurs enrichirent la culture locale, introduisirent de nouvelles saveurs et coutumes et contribuèrent à la renommée internationale de Bologne.

Massimo Montanari,
historien de la cuisine et de la gastronomie, université de Bologne

GAYVORONSKAYA_YANA/SHUTTERSTOCK ©

Page de gauche Tortellinis artisanaux **Ci-contre** Boulettes de viande aux petits pois **Ci-dessous** *Tigelle* et *crescentine*

Gourmets et fans de foot

Au dernier recensement, le centre de Bologne totalisait plus de 700 restaurants : de quoi donner le tournis ! Il est en général difficile de mal tomber, mais rien ne vaut l'expérience que la **Trattoria Bertozzi** (p. 236) vous réserve juste à l'extérieur des portes de la ville. Les habitants au parfum, les gourmets venus de loin et les fans du Bologna FC y savourent d'authentiques spécialités : *tagliatelle al ragù*, boulettes de viande aux petits pois et pâtes *gramigna* au safran, à la *guanciale* (joue de porc) et aux courgettes. La jovialité du chef Alessandro et du sommelier Fabio ajoute à l'ambiance du lieu.

Escapade sur les collines

Les collines voisines de Bologne, les *colli bolognesi*, recèlent des trattorias typiques, qui offrent souvent une vue bucolique sur la campagne (et sur la ville au loin). Des adresses authentiques comme **Nuova Roma**, l'**Osteria dal Nonno** et la **Trattoria Gilberto** (tous trois p. 236) méritent le déplacement. Les gens du coin y dévorent des assiettes de mortadelle, de jambon de Parme DOP, de *salume* (charcuterie) de la région et de fromages fermiers servis avec des *crescentine* (petits pains frits) et des *tigelle* (petits pains ronds) – et ce, sans le moindre touriste à l'horizon !

PICTUREPIXX/SHUTTERSTOCK ©, FPWING/SHUTTERSTOCK ©

42 L'esprit de LUCIO DALLA

MUSIQUE | CULTURE POP | ART

La Casa di Lucio Dalla, demeure bolognaise de l'un des auteurs-compositeurs-interprètes les plus appréciés d'Italie, tient de la caverne d'Ali Baba. À l'abri du Palazzo Casa Fontana poi Gamberini (XVe siècle), cette maison-musée vous plonge au cœur d'une existence étonnante, celle de cet artiste iconique.

BAILEY-COOPER PHOTOGRAPHY/ALAMY STOCK PHOTO ©

En pratique

S'y rendre La Casa est aisément accessible à pied du centre-ville.

Quand Le vendredi uniquement (tarif plein/réduit 15/10 €) et hors les mois de juillet et août.

Où réserver Auprès de la **Fondazione Lucio Dalla** (fondazioneluciodalla.it) ou de **Bologna Welcome** (bolognawelcome.com).

Avant-goût À la **Cremeria D'Azeglio**, avec une boule (ou deux) de glace au parfum inspiré des paroles d'une chanson de Dalla : *Ma l'impresa eccezionale è essere normale* ("l'exploit exceptionnel, c'est être normal").

ROBERTO SERRA - IGUANA PRESS/GETTY IMAGES ©

LUCA SCHILIRO/EDT SRL ©

Page de gauche, en haut Silhouette au pochoir sur la façade de la Casa di Lucio Dalla **En bas** Lucio Dalla **Ci-contre** Intérieur, Casa di Lucio Dalla

Une légende en Italie Plus de quarante ans de carrière entre jazz, folk et pop ont inscrit l'auteur-compositeur-interprète italien Lucio Dalla (1943-2012) au panthéon des chanteurs italiens. Si son immense popularité et son excentricité n'ont pas énormément dépassé les frontières de la Botte italienne, ses mélodies accompagnent nombre de générations.

Un maelström culturel Le *palazzo* du XVe siècle qui est devenu la Casa di Lucio Dalla conserve l'éclectique collection constituée par le chanteur, des crèches napolitaines du XVIIIe siècle à des œuvres au caractère plus provocateur. Depuis 2012, date du décès de l'artiste, sa demeure a peu changé, envahie de récompenses, d'étuis à cigarettes, de montres, d'instruments de musique, mais aussi d'antiquités du monde entier. La visite s'apparente ainsi à un voyage dans l'imaginaire de ce génie de la musique.

Un refuge fascinant Le parcours s'achève dans la *Stanza dello Scemo* (Pièce de l'Idiot), offrant au visiteur l'occasion de plonger dans l'univers ésotérique du chanteur. Si vous y jetez un coup d'œil, votre regard sera attiré par l'écran de projection, un petit train électrique pour enfants et les sièges d'un cinéma porno. À mieux y regarder, on découvre là un incroyable bric-à-brac : art provocateur, voitures et manèges miniatures, mobilier importé, plafond à fresques historique.

Une musique bouleversante

J'adore "Meri Luis", "Futura" et "Le Rondini". Mais il y a une chanson que Lucio n'a pas écrite mais merveilleusement adaptée, et qui compte beaucoup pour moi : "Ayrton". L'auteur en personne la lui avait confiée, sans que ce soit proprement un chef-d'œuvre, mais Lucio avait dit qu'il l'enregistrerait quoi qu'il en soit et que sa version me ferait pleurer. Et c'est exactement ce qui s'est passé. Une fois la chanson enregistrée, il m'a emmené dans son studio. Dès la première seconde d'écoute, j'ai été submergé par l'émotion, les larmes me sont montées aux yeux. "Je le savais !" s'est aussitôt exclamé Lucio.

Gianni Salvioni,
producteur basé à Paris, @giannisalvioni1

43 Ferrare au rythme du PALIO

TRADITION | FÊTE | PATRIMOINE

Tous les ans en mai, le cœur des habitants de Ferrare bat au rythme du Palio, une course de chevaux effrénée, et cette ville au riche patrimoine retrouve un peu de son atmosphère médiévale ! C'est l'occasion de la découvrir sous un autre angle.

RICCARDO FE/SHUTTERSTOCK ©

En pratique

S'y rendre **Ferrara Bus & Fly** (www.ferrarabusandfly.it) : 8 navettes directes tlj entre l'aéroport Guglielmo Marconi de Bologne et Ferrare (15 €, 1 heure). Les bus partent de la gare et du Viale Cavour. Trains fréquents depuis/vers Bologne (à partir de 4,75 €, 30-50 min, fréquents) et Ravenne (à partir de 6,65 €, 1 heure-1 heure 30, toutes les heures) au départ de la **Stazione di Ferrara** (Piazzale della Stazione 28).

Circuler À pied ou à vélo.

Quand Dernier dimanche de mai.

Renseignements www.paliodiferrara.it

STEFY MORELLI/SHUTTERSTOCK ©

Page de gauche, en haut L'arrivée sur la place des étendards des différents *contrade* **En bas** Palazzo dei Diamanti

Le Palio Le dernier dimanche de mai, les cavaliers des 8 *contrade* (quartiers) de Ferrare s'affrontent sur la Piazza Ariostea, où se tient une foire médiévale. Considéré comme la plus vieille course de ce type en Italie, ce Palio eut lieu pour la première fois en 1259, et devint un événement annuel à partir de 1279. Un autre fameux Palio a lieu à Sienne (p. 268).

Joyau de la famille d'Este Cerné par des remparts médiévaux quasi intacts, le centre de Ferrare a été parsemé de trésors architecturaux et artistiques par la famille d'Este, qui fut aux commandes de la ville durant plusieurs siècles. Dans cette ville inscrite au Patrimoine mondial, voici notre sélection des sites à voir. Le **Castello Estense** (p. 213), une forteresse massive qui a conservé ses douves et son pont-levis, devint à la fin du XVe siècle la résidence permanente de la dynastie d'Este. Grimpez les 122 marches de la Torre dei Leoni pour admirer la vue panoramique. Un passage surélevé relie le Castello au **Palazzo Municipale** (p. 234) qui fut la résidence de la famille d'Este jusqu'à la fin du XVe siècle. Le somptueux **Palazzo dei Diamanti** (p. 234) qui doit son nom aux pierres taillées en pointe de sa façade accueille la Pinacoteca Nazionale où sont exposés des tableaux de maîtres. Enfin, même s'ils sont encore en travaux à la suite du séisme de 2012, allez jeter un œil au **Palazzo Schifanoia** (p. 213) et au Duomo à la façade en marbre rose et blanc (XIIe siècle).

À vélo Les **9 km de remparts**, pourvus de voies piétonnes et de pistes cyclables, sont intacts au niveau des tronçons nord et est. Ils comptent parmi les plus impressionnants du pays.

Bonnes adresses

Parmi les spécialités culinaires locales figurent les *cappellacci di zucca* (raviolis farcis à la courge et aux fines herbes, servis avec une sauce au beurre fondu à la sauge), la *salama da sugo* (saucisse de porc), et le *pasticcio di maccheroni* (gratin de macaronis au parmesan). Le pain de Ferrare est réputé pour son croustillant et sa forme en spirale. Pour vous faire une idée de la cuisine locale, poussez la porte de la **Trattoria da Noemi** (p. 237), où toutes les spécialités traditionnelles de Ferrare sont servies *con molto amore* (avec beaucoup d'amour) !

Symphonie de couleurs à Ravenne

SIMONE CRESPIATICO/STOCK.ADOBE.COM ©

MOSAÏQUES PALÉOCHRÉTIENNES : UN ÂGE D'OR DE TROIS SIÈCLES

Trois siècles durant à partir de 402, Ravenne fut la capitale de l'Empire romain occidental et du royaume ostrogoth d'Italie, et le centre du puissant exarchat byzantin. Pendant ce long âge d'or, loin de subir les affres des invasions barbares qui touchaient le reste de la Péninsule, Ravenne devint un atelier fécond pour des artisans habiles qui tapissèrent ses églises de mosaïques d'une bouleversante beauté.

En haut Mausoleo di Galla Placidia **Page de droite, à gauche** Basilica di Sant'Apollinare in Classe **À droite** Battistero Neoniano

Éclatantes, rehaussées d'or, d'émeraudes et de saphirs, les mosaïques de Ravenne datant du IVe au VIe siècle furent décrites comme une "symphonie de couleurs" par le poète Dante Alighieri, qui passa les dernières années de sa vie à les admirer – après avoir vu les églises, vous pouvez vous recueillir sur sa tombe (p. 235). Ravenne compte aujourd'hui huit sites inscrits au patrimoine mondial de l'Unesco : sept dans la ville même, un à 5 km au sud-est.

La **Basilica di San Vitale** (p. 232) du VIe siècle, cache derrière sa façade un peu austère un éblouissant trésor de couleurs lorsque le peu de lumière qui filtre fait étinceler ses mosaïques aux tons vert, or et bleu. Dans le même ensemble que la Basilica di San Vitale, se trouve le petit **Mausoleo di Galla Placidia** (p. 234), tout aussi somptueux.

La **Basilica di Sant'Apollinare Nuovo** (p. 233), édifiée vers 560, associe plusieurs influences architecturales, comme en témoignent ses portiques en marbre et son clocher de forme conique. Elle abrite les plus grandes et certaines des plus belles mosaïques de Ravenne.

La **Basilica di Sant'Apollinare in Classe** (p. 233), plus claire que les autres églises, est la plus parfaite sur le plan architectural. Elle a été érigée au début du VIe siècle sur le site où fut enterré saint Apollinaire, qui convertit la ville au christianisme au IIe siècle. La magnifique mosaïque de l'abside centrale montre justement le saint patron de Ravenne, dans un paysage d'un vert extraordinaire.

Bâti sur le site d'anciens bains romains à la fin du IVe siècle, le **Battistero Neoniano** (p. 233) est le plus ancien édifice encore intact de Ravenne. De forme

RENATA SEDMAKOVA/SHUTTERSTOCK ©

SIMONE CRESPIATICO/SHUTTERSTOCK ©

octogonale, comme il était alors d'usage, le baptistère était attenant à une église aujourd'hui détruite. Les mosaïques représentant le baptême de Jésus par saint Jean-Baptiste dans le Jourdain, ont été ajoutées à la fin du Ve siècle.

Le petit prix de l'entrée (une exception !) ne préjuge en rien de la qualité des œuvres présentes dans le **Battistero degli Ariani** (p. 233). Commencée au Ve siècle, l'extraordinaire coupole en mosaïque décrivant le baptême de Jésus entouré des douze apôtres nécessita plusieurs années de travail.

Moins impressionnants que les sites classés par l'Unesco, les sols en mosaïque provenant de la **Domus dei Tappeti di Pietra** (p. 233), vaste demeure de 14 pièces (VIe siècle), n'en sont pas moins remarquables. Exhumés en 1993 et désormais restaurés (mais incomplets), ils présentent des motifs géométriques et floraux, et témoignent d'une haute qualité artistique.

Le récent **Museo TAMO Mosaico** (p. 234), consacré à l'histoire de la mosaïque à Ravenne, permet de plonger dans douze siècles d'artisanat, grâce à des présentations technologiques et multimédias, dont l'accent est mis en particulier sur la période contemporaine.

Sa visite incite clairement à apprendre l'art de la mosaïque : des cours et ateliers sont proposés à Ravenne même ! En plein centre, l'école **Gruppo Mosaicisti** (p. 235) propose divers cours de mosaïque (en italien ou en anglais) destinés aux débutants, aux artistes confirmés et aux restaurateurs, tandis que la **Mosaic Art School** (p. 235) assure des stages intensifs de 5 jours pour tous niveaux.

Bon plan

Un **billet combiné** (biglietto cumulativo ; tarif plein/réduit 10,50/9,50 €), valable 7 jours, permet d'en visiter cinq : la Basilica di San Vitale, le Mausoleo di Galla Placidia, la Basilica di Sant'Apollinare Nuovo, le Museo Arcivescovile et le Battistero Neoniano. Trois autres – la Basilica di Sant'Apollinare in Classe, le Mausoleo di Teodorico et le Battistero degli Ariani – requièrent des billets spécifiques. Ces billets sont en vente à la billetterie pour l'**Opera di Religione della Diocesi di Ravenna** (☎ 0544 54 16 88 ; www.ravennamosaici.it ; Via Argentario 22 ; 9h-16h lun-ven), près de la basilique San Vitale.

44 WEEK-END dans la Motor Valley

SUPERCARS | DESIGN | MUSÉES

Le sanctuaire de l'automobile sportive de luxe se situe en Émilie-Romagne, dans le triangle formé par Bologne, Modène et Maranello, berceau de la vitesse. L'habillage de mécaniques uniques par les plus brillants designers italiens définit ces voitures incroyablement performantes que sont les Ferrari, les Lamborghini, les Maserati, les Ducati et les Pagani. Foncez donc découvrir sur place ces supercars !

En pratique

S'y rendre/circuler à votre arrivée (à l'aéroport Guglielmo Marconi de Bologne ou à la gare p. 210), mieux vaut louer un véhicule pour rallier la Motor Valley.

Quand Le printemps (avr-mai) et l'automne (sept-oct) sont des mois parfaits pour conduire.

Où louer un supercar À Bologne, **GTRent** (gtrent.com) et **Dolce V-Italy** (dolcev-italy.com) proposent à la location des Ferrari et des Lamborghini.

Page de gauche, en haut Musée Enzo Ferrari, Modène **En bas** Musée Ducati, Bologne

Des Lamborghini, des Ferrari et des Maserati ! Époustouflantes, les collections des musées de la Motor Valley célèbrent l'histoire, les performances et le design italien (toutes les adresses figurent p. 235). À Bologne, le **Museo Ducati** dévoile aux visiteurs la fabrication des motos de luxe, des condensateurs au Superbike. Deux musées consacrés à Ferrari méritent un pèlerinage : l'exceptionnel **Museo Ferrari** situé au siège de Maranello, qui renferme la plus importante collection de Ferrari, et le **Museo Enzo Ferrari** à Modène, qui expose des souvenirs du fondateur. Lamborghini n'est pas en reste. À Sant'Agata Bolognese, **Mudetec** met à l'honneur l'histoire et les innovations du constructeur, tandis qu'à Argelato le **Museo Ferruccio Lamborghini** présente sur 9 000 m² l'héritage familial : hélicoptères, tracteurs et voitures de légende.

Sous le capot La visite du saint des saints, à savoir les usines de supercars, comblera les mordus d'automobile. La découverte de la chaîne de fabrication des Lamborghini à Sant'Agata Bolognese est une passionnante plongée dans l'univers de ces mécaniques parfaitement huilées. À Modène, l'assemblage des moteurs et la fabrication des nouvelles MC20 de **Maserati** ont de quoi vous impressionner. Le **Museo Horacio Pagani** de San Cesario sul Panaro est une usine à rêves : la production annuelle se limite à 40 supercars assemblées à la main, des œuvres d'art motorisées vendues de 1,3 à 2,5 millions d'euros ! Une réalisation artisanale qu'aucun connaisseur ne saurait manquer.

Naissance d'une légende

L'histoire de la supercar s'est écrite dans la Motor Valley. Il y a plus d'un siècle, la famille Maserati a choisi ce lieu pour fonder son usine car on y fabriquait depuis longtemps des voitures, d'abord à chevaux, puis à moteur. L'arrivée d'Enzo Ferrari, plus de 30 ans plus tard, puis de Lamborghini a conforté cette tradition et fait naître une véritable industrie et des dynasties d'artisans spécialisés. Au fil du temps, ils ont fait émerger une culture unique, aujourd'hui associée à la gastronomie réputée, à l'art et à la beauté de la région.

Horacio Pagani, *fondateur et designer, Pagani Automobili, @paganiautomobili*

45 *Buon appetito* À MODÈNE

GASTRONOMIE | ATMOSPHÈRE | TERROIR

Si le nom de Modène rime avec Pavarotti (qui est né et a vécu ici) et avec Ferrari (p. 226), la ville est aussi un haut lieu de la gastronomie italienne. Place ici au vinaigre balsamique, aux tortellinis et au lambrusco. Ses petites rues sont jalonnées d'adresses où s'attabler, d'épiceries fines et de marchés qui mettent l'eau à la bouche !

FOOTTOO/SHUTTERSTOCK ©

En pratique

S'y rendre En voiture, comptez 50 minutes par l'A1 depuis Bologne. Des trains desservent la ville depuis/vers Bologne (à partir de 3,85 €, 30 min, plusieurs/heure), Parme (à partir de 5,40 €, 30 min, plusieurs/heure).

Office du tourisme Il fournit des plans de la ville, renseigne sur le patrimoine et les visites guidées à pied, et s'occupe des **billets** (www.visitmodena.it ; Piazza Grande 14 ; 9h-18h lun-sam, 9h30-18h dim).

Circuits accompagnés **Emilia Delizia** (www.emiliadelizia.com)

LUIGI MORBIDELLI/SHUTTERSTOCK ©

La meilleure table du monde ? Il faut réserver des mois à l'avance (ou bénéficier d'une miraculeuse annulation) pour découvrir l'**Osteria Francescana** (p. 236), célèbre restaurant de 12 tables, où la cuisine italienne revisitée est portée au rang d'art par le chef Massimo Bottura et où les menus dégustation atteignent 270 €! Son bistrot **Franceschetta 58** (p. 235), à 1 km au sud-est du centre-ville, propose une cuisine internationale inventive à des prix plus modérés.

Grand choix de trattorias Si vous ne parvenez pas à obtenir le précieux sésame, aucune inquiétude : d'autres tables vous attendent, telles l'**Osteria Ermes**, la **Trattoria Aldina** ou le **Ristorante da Danilo** (tous trois p. 236). À 12 km de Modène, La **Piazzetta del Gusto** (p. 235) a pour spécialité les *passatelli*, des pâtes d'Émile-Romagne à base de *parmigiano reggiano*, de chapelure et d'œufs, que l'on trouve rarement hors d'Italie.

Circuit court Autre solution pour découvrir le "goût de Modène", flanez entre les étals du **Mercato Albinelli** ou poussez la porte de **La Consorteria 1966** (tous deux p. 237), fameuse épicerie fine et la meilleure adresse pour se procurer du vinaigre balsamique.

Enfin, pour vraiment aller au cœur de la question, et rencontrer les producteurs, optez pour un circuit accompagné orchestré par l'agence **Emilia Delizia** (p. 228), certes onéreuse mais qui vous garantit une expérience hors du commun (visites en français possibles). Vinaigre balsamique artisanal, parmesan, jambon de Parme : préparez-vous à en prendre plein les papilles !

Page de gauche, en haut Vieille ville de Modène **En bas** Passatelli

Échappée belle au pays de la truffe

Un petit détour au sud-est de Modène (à quelque 30 km de Bologne) vous conduira au village de Savigno et à l'inoubliable **Trattoria da Amerigo** (p. 237). Une étoile au Michelin, et pas une once de prétention dans cette trattoria tenue par Nonna Giuliana Vespucci et le chef Alberto Bettini, adeptes du Slow Food. Les assiettes traditionnelles et les créations de saison (*tortelli* farcis au parmesan et prosciutto fumé au bois, gnocchis à la truffe locale, œuf poché dans sa coquille de parmesan, avec champignons et copeaux de truffe) permettent de goûter toute la gamme des saveurs d'Émilie-Romagne. L'épicerie fine attenante regorge de produits tous plus tentants les uns que les autres.

46 Art et musique À PARME

ART | EXCURSION

La ville natale du chef d'orchestre Toscanini évoque le nom de Stendhal (pour la Chartreuse...) mais surtout celui des Farnèse, la dynastie qui a édifié l'immense Palazzo dello Pilotta, où prennent place un musée d'arts et le beau théâtre Farnèse. Parme est ainsi placée sous le signe de l'érudition, de la musique et des beaux-arts !

ALESSANDRODM/STOCK.ADOBE.COM ©

En pratique

S'y rendre Parme se trouve sur l'A1 qui relie Bologne. En train, comptez 1 heure pour rallier Bologne (7,35 €) et 30 minutes pour Modène (5,40 €).

Tarifs Tarif plein/réduit 12/2 € pour l'ensemble des sites.

Sortir La ville offre une belle programmation d'opéras, de concerts et de pièces de théâtre. Le magazine **Teatri** (www.teatridiparma.it) publie la liste complète des spectacles.

GIMAS/SHUTTERSTOCK ©

Palazzo della Pilotta Construit vers 1580-1620 sous la dynastie des Farnèse, l'édifice se développe autour du Corridore, un long couloir rectiligne sur piliers, qui reliait la tour Rocchetta au palais ducal. Son nom évoque le jeu de la pelote, auquel on jouait dans le duché de Parme.

Beaux-Arts et sculpture antique La **Galleria Nazionale** (p. 234) présente la plus importante collection d'art de la ville, dans un cadre à l'ambiance évocatrice.Elle donne accès au **Museo Archeologico**, fondé en 1760 avec des objets datant de la préhistoire, de la Grèce antique, de l'Égypte ancienne et de l'époque romaine. Renseignez-vous aussi sur les accès possibles à la **Bibliothèque palatine** (*Biblioteca Palatina di Parma*), qui comprend des milliers de manuscrits et incunables, ainsi qu'une section musicale.

Théâtre et musique Le **Teatro Farnese** (p. 234), auquel on accède également par la Galleria Nazionale, est un superbe théâtre en bois édifié par Aleotti à partir de 1619 : il fut conçu comme une réplique du Teatro Olimpico d'Andrea Palladio à Vicence (p. 194). En 1628, le compositeur Monteverdi, irrité de constater les insuffisances acoustiques du bâtiment juste avant son inauguration, se résigna à installer son orchestre en contrebas de la scène. Renseignez-vous sur les visites mais aussi sur les spectacles donnés dans ce lieu éblouissant ! Consultez aussi la programmation du **Teatro Regio** (créé en 1829 ; p. 234) qui accueille chaque année un festival dédié à Verdi. Parme est bien une ville musicale !

Page de gauche, en haut Teatro Farnese **En bas** Bibliothèque palatine

Gourmandises locales

Si l'on apprécie le riche calendrier culturel de la ville et son patrimoine, les appétissantes vitrines de ses *prosciutteria* mettent l'eau à la bouche car Parme, c'est aussi la ville du *prosciuttio di Parma*, un jambon cru qui mature au moins 10 mois, et du *parmigiano reggiano*, le fameux parmesan. L'agence **Maestro Travel Experience** (www.maestrotravelexperience.com ; Piazza Garibaldi) propose diverses formules pour partir à la découverte de ce terroir et rencontrer les producteurs locaux. À défaut faites des emplettes dans ces deux adresses réputées : **La Prosciutteria** (p. 237) où une armée de *prosciutti di Parma* pend au-dessus du comptoir et la **Salumeria Garibaldi** (p. 237), une épicerie fine abondamment fournie.

Carnet d'adresses

Les grands classiques

Battistero, Parme

Voir p. 212. (www.piazzaduomoparma.com ; Piazza del Duomo ; tarif plein/réduit avec Museo Diocesano 12/10 € ; 10h-18h avr-oct, 10h-17h nov-mars)

Castello Estense, Ferrare

Voir p. 213. (www.castelloestense.it ; Viale Cavour ; tarif plein/réduit 12/10 € ; 10h-18h mer-lun)

Duomo, Modène

Voir p. 213. (Cattedrale Metropolitana di Santa Maria Assunta e San Geminiano ; www.duomodimodena.it ; Corso Duomo ; 7h-12h30 et 15h30-19h lun, 7h-19h mar-dim)

Duomo, Parme

Voir p. 212. (Cattedrale di Santa Maria Assunta ; www.piazzaduomoparma.com ; Piazza del Duomo ; 7h30-19h15)

Palazzo Schifanoia, Ferrare

Voir p. 213. Avec le même billet, on peut visiter le **Museo Lapidario** (www.artecultura.fe.it/242/lapidario-civico ; Via Camposabbionario 1 ; 10h-19h mar-dim), tout proche, qui renferme une petite collection de stèles, tombeaux et inscriptions romains et étrusques. (www.artecultura.fe.it/159/museo-schifanoia ; Via Scandiana 23 ; tarif plein/réduit 10/8 € ; 10h-19h mar-dim)

Piazza Maggiore, Bologne

Voir p. 212 et p. 214.

Joyaux de l'Émilie-Romagne

Basilica di San Petronio, Bologne

Voir p. 214-215. Cette basilique colossale (132 m de long, 66 m de large et 47 m de haut) a été édifiée à partir de 1390. Le chantier, financé grâce aux corporations de marchands, s'éternisa jusqu'au XVIe siècle, où il fut relancé par des plans tout aussi ambitieux. À l'intérieur, un immense cadran solaire (1656) s'étend sur le sol du bas-côté oriental. À l'extérieur, attardez-vous devant la Porta Magna, portail central réalisé par le sculpteur siennois Jacopo della Quercia en 1425. L'expressivité des personnages des scènes bibliques représentées impressionna Michel-Ange. (051 23 14 15 ; www.basilicadisanpetronio.org ; Piazza Maggiore ; entrée libre à la basilique et au musée ; Cappella dei Re Magi 3 € ; terrasse 3 €, gratuit avec la carte Bologna Welcome ; basilique 7h45-18h30, musée 10h-12h et 15h-17h mar, jeu, ven, 10h-13h mer, 10h-12h sam, 15h-17h dim, Cappella dei Magi 10h-18h, terrasse 10h-13h et 15h-18h tlj)

Basilica di San Vitale, Ravenne

Consacrée en 547 par l'archevêque Maximien, cette basilique cache de somptueuses mosaïques. Celles de l'abside illustrent des épisodes de l'Ancien Testament : sur la gauche, Abraham s'apprête à sacrifier Isaac en présence de trois anges ; sur la droite, observez les représentations de la mort d'Abel et du sacrifice de Melchisédech ; sur les murs latéraux du chœur, deux mosaïques célèbres pour leur style solennel et expressif représentent l'empereur Justinien avec l'évêque Maximien (à gauche) et l'impératrice

Basilica di San Petronio, Bologne

Théodora, son épouse (à droite). Voir aussi p. 224. (www.ravennamosaici.it ; Via San Vitale ; comprise dans le billet combiné ; 9h-19h mars-oct, 10h-17h nov-fév)

Basilica di Sant'Apollinare in Classe, Ravenne
Dédiée au saint patron de Ravenne, cette basilique est décorée de remarquables mosaïques, représentant Apollinaire, l'empereur Constantin IV (652-685) ou des figures bibliques comme Abel et Abraham. Elle est située à 5 km de la ville Pour y accéder, prenez le train pour Classe (1,50 €, 5 min), à un arrêt de Ravenne en direction de Rimini, ou le bus n°4 en face de la gare ferroviaire. Voir aussi p. 224. (Via Romea Sud 224 ; tarif plein/réduit 5/2 € ; 8h30-19h30 lun-sam, 13h30-19h30 dim)

Basilica di Sant'Apollinare Nuovo, Ravenne
Elle abrite les plus grandes et certaines des plus belles mosaïques de Ravenne. Sur le mur de droite, 26 martyrs vêtus de blanc se dirigent vers le Christ entouré des apôtres, tandis que sur le mur de gauche, des mosaïques tout aussi expressives représentent le cortège des jeunes filles apportant des offrandes à la Vierge à l'Enfant. On raconte que le pape Grégoire le Grand aurait fait noircir ces mosaïques qui distrayaient les fidèles de la prière. Voir aussi p. 224. (www.ravennamosaici.it ; Via di Roma 52 ; comprise dans le billet combiné ; 9h-19h mars-oct, 10h-17h nov-fév).

Battistero Neoniano, Ravenne
Voir p. 224. (www.ravennamosaici.it ; Piazza del Duomo 1 ; compris dans le billet combiné, avec supp de 2 € ; 9h-19h mars-oct, 10h-17h nov-fév)

Battistero degli Ariani, Ravenne
Voir p. 225. (320 953 9916 ; Via degli Ariani ; tarif plein 2 € ; 9h-12h)

Castello Estense, Ferrare
Voir p. 213. (www.castelloestense.it ; Viale Cavour ; tarif plein/réduit 12/10 € ; 10h-18h mer-lun)

AVRIL/STOCK.ADOBE.COM ©

Battistero degli Ariani, Ravenne

Collezioni Comunali d'Arte, Bologne
Cette belle collection rassemble des objets sacrés, des meubles anciens et des peintures (Artemisia Gentileschi, école de Bologne, Francesco Hayez). Voir p. 215. (www.museibologna.it ; Piazza Maggiore 6 ; tarif plein/réduit 5/3 €, gratuit avec les cartes Musei Metropolitani et Bologna Welcome ; 10h-18h30 mar-dim)

Domus dei Tappeti di Pietra, Ravenne
Voir p. 225. (www.domusdeitappetidipietra.it ; Via Gianbattista Barbiani ; tarif plein/réduit 4/3 € ; 10h-18h30)

Duomo, Ferrare
La façade en marbre rose et blanc du Duomo (XIIe siècle) présente un mélange de styles inhabituel : roman dans sa partie inférieure, gothique dans la moitié supérieure. Sur le tympan est représenté le *Jugement dernier*, avec le Paradis et l'Enfer. (Cattedrale di San Giorgio ; Piazza Cattedrale ; 7h30-12h et 15h30-18h30 lun-sam, 7h30-12h30 et 15h30-19h dim)

Fontana del Nettuno, Bologne
Attenante à la Piazza Maggiore, la place de Neptune doit son nom à la statue en bronze sculptée en 1566 par Jean Bologne (ou Giambologna). Sous le puissant dieu de la Mer, quatre chérubins représentent les vents, et quatre sirènes symbolisent les continents connus au XVIe siècle. (Piazza del Nettuno)

Galleria Nazionale, Parme

À côté de ceux d'artistes originaires de Parme comme le Corrège et Parmigianino, on y admire des tableaux de Fra Angelico, Canaletto et le Greco. Ne manquez pas *La Scapigliata* (*L'Ébouriffée*, ou *Tête de jeune fille*) de Léonard de Vinci, magnifique huile sur bois de la Haute Renaissance. Quelques tableaux attestent de la présence française au XVIIIe siècle. Voir aussi p. 231. (complessopilotta.it/en/; Piazza della Pilotta 5, Parme ; tarif plein/réduit avec autres musées della Pilotta 12/2 € ; ⌚10h30-18h30 mar-dim)

Mausoleo di Galla Placidia, Ravenne

Il fut édifié pour Galla Placidia, demi-sœur de l'empereur Honorius à qui l'on doit certains des édifices les plus grandioses de Ravenne. De couleur un peu moins intense que celles de la basilique, ses mosaïques sont les plus anciennes de la ville ; elles remonteraient aux environs de l'an 430. Voir aussi p. 224. (www.ravennamosaici.it ; Via San Vitale ; compris dans le billet combiné, avec supp de 2 € ; ⌚9h-19h mars-oct, 10h-17h nov-fév)

Museo TAMO Mosaico, Ravenne

Voir p. 225. (☎320 9539916 ; www.tamoravenna.it ; Via Nicolò Rondinelli 2, Ravenne ; tarif plein/réduit 4/3 € ; ⌚10h-14h lun-ven, horaires étendus en haute saison)

Santuario di Santa Maria della Vita, Bologne

Palazzo Casa Fontana poi Gamberini / Maison de Lucio Dalla, Bologne

Voir p. 220. (☎051 27 35 30 ; www.fondazioneluciodalla.it ; Via D'Azeglio 15 ; tarif plein/réduit 15/10 € ; ⌚visite guidée sur réservation)

Palazzo dell'Archiginnasio, Bologne

Voir p. 215. (www.archiginnasio.it/teatro.htm ; Piazza Galvani 1 ; 3 € ; ⌚10h-18h lun-sam)

Palazzo dei Diamanti et Pinacoteca Nazionale, Ferrare

Construit à la fin du XVe siècle pour Sigismondo d'Este, l'étonnant "palais des diamants" (p. 223) abrite la superbe Pinacoteca Nazionale, où sont notamment réunies des œuvres d'artistes de l'école de Ferrare (XVIe-XVIIe siècle), qui compta parmi ses chefs de file le Guerchin (il Guercino, "le bigleux") et il Maestro degli Occhi Spalancati ("le maître des yeux écarquillés"). Un audioguide gratuit rend la visite encore plus captivante. (www.palazzodiamanti.it ; Corso Ercole I d'Este 21) et (www.gallerie-estensi.beniculturali.it/pinacoteca-nazionale ; tarif plein/réduit 6/2-3 € ; ⌚10h-17h30 mar-dim)

Palazzo Municipale, Ferrare

Voir p. 223. (Palazzo Ducale ; Piazza del Municipio 1 ; ⌚9h-13h lun, mer et ven, 9h-13h et 15h-17h mar et jeu) GRATUIT

Santuario di Santa Maria della Vita, Bologne

Voir p. 215 (Via Clavature 8-10 ; Compianto tarif plein/réduit 5/3 € ; ⌚10h-19h mar-dim)

Teatro Farnese, Parme

Ce magnifique théâtre a été reconstruit à l'identique après avoir été détruit lors de la Seconde Guerre mondiale. Son charme est intact ! Voir aussi p. 231. (complessopilotta.it/en/; Piazzale della Pilotta 15, Parme ; tarif plein/réduit avec autres musées della Pilotta 12/2 € ; ⌚10h30-18h30 mar-dim)

Teatro Regio, Parme

Riche programmation de concerts et d'opéras. Voir aussi p. 231. (☎0521 203 999 ;

teatroregioparma.it/en/homepage ; Via Garibaldi 16a, Parme ; ⌚ billetterie 11h-13h et 17h-19h mar-sam et 1 heure avant le spectacle)

Tomba di Dante, Ravenne
Après avoir été banni de Florence, sa ville natale, en 1302, Dante finit par se réfugier à Ravenne, où il écrivit une grande partie de sa *Divine Comédie* et mourut en 1321. Il admira les mosaïques des églises paléochrétiennes et sut en souligner la beauté comme l'élan spirituel qu'elles pouvaient créer. En signe de repentir, Florence continue de fournir l'huile de la lampe qui brûle en permanence dans son tombeau. (Via D Alighieri 9, Ravenne ; ⌚ 10h-18h nov-mars, 10h-19h avr-oct) GRATUIT

Cylindrées de rêve

Maserati, Motor Valley
Voir p. 226. (www.maserati.com/fr/fr/univers-maserati/visite-d-usine ou maseratifactorytour.modenatur.it ; Viale Ciro Menotti à Modène ; tarif plein 50 €; ⌚ 9h-17h lun-ven)

Mudetec, Motor Valley
Voir p. 226. (☎ 051 681 7611 ; www.lamborghini.com/fr-en/musée; Via Modena 12, Sant'Agata Bolognese ; tarif plein/réduit 15/12 €, avec visite usine 75/72 € ; ⌚ 9h30-18h lun-dim)

Museo Ducati, Motor Valley
Voir p. 226. (ducati.com ; Via Antonio Cavalieri Ducati 3, Bologne ; musée tarif plein/réduit 17/12 €, avec visite usine 32/22 € ; ⌚ 9h-12h et 14h30-18h lun et ven, 9h-18h sam-dim)

Museo Ferrari, Maranello (Motor Valley)
Voir p. 226. (☎ 0536949713 ; www.ferrari.com/it-IT/museums/ferrari-maranello ; Via Alfredo Dino Ferrari 43, Maranello ; tarif plein/réduit/- 19 ans 17/15/7 €, pass 24 € avec Modène ; ⌚ 9h30-19h avr-sep, 10h-18h oct-mars)

Museo Enzo Ferrari, Modène
Voir p. 226. (☎ 0594397979 ; www.ferrari.com/it-IT/museums/enzo-ferrari-modena ; Via Paolo Ferrari 85, Modène ; tarif plein/réduit/- 19 ans 17/15/7 €, avec musée Maranello tarif plein/moins de 19 ans 24/10 € ; ⌚ 9h30-19h avr-sept, 10h-18h oct-mars)

Museo Ferruccio Lamborghini (Motor Valley)
Voir p. 226. (☎ 051 863366 ; museolamborghini.com ; Via Galliera319, Funo di Argelato ; tarif plein/réduit 15/10 € ; ⌚ 10h-13h et 14h-18h mar-ven, 10h-13h et 14h-18h 30 sam)

Museo Horacio Pagani, Motor Valley
Voir p. 226. (☎ 059220022 ; pagani.com ou pagani.modenatur.it ; tarif plein/réduit 18/15 € ; ⌚ 9h30-17h lun-ven, 9h30-12h30 sam)

Apprendre la mosaïque

Gruppo Mosaicisti, Ravenne
Voir p. 225. (☎ 0544 3 47 99 ; www.gruppomosaicisti.it ; Via Fiandrini 8, Ravenne ; cours à partir de 550 €)

Mosaic Art School, Ravenne
Stages de 5 jours 750 €. Voir p. 225. (☎ 0544 6 70 61 ; www.mosaicschool.com ; Via Francesco Negri 14, Ravenne)

Pâtes, ragú, prosciutto, parmesan...

Cremeria D'Azeglio €
Un délicieux glacier de Bologne
(☎ 051 0476143 ; Via Massimo d'Azeglio 75, Bologne ; ⌚ 12h-23h lun-dim)

Franceschetta 58 €€
Voir p. 229. (☎ 059 309 10 08 ; www.franceschetta58.it ; Via Vignolese 58, Modène ; repas 35-40 €, menus dégustation 50-70 €, menu midi 3 plats 25 € ; ⌚ 12h30-15h30 et 20h-minuit lun-sam ; wifi)

Il Punto €
Voir p. 217. (☎ 051 649 2895 ; www.puntobologna.com ; Via S. Rocco 1/g, Bologne ; ⌚ 17h30-1h30 tlj)

La Piazzetta del Gusto €€
À quelque 12 km de Modène, Max, le patron, propose ici 15 variétés de *passatelli asciutti* (séchés, c'est-à-dire sans bouillon), ainsi

que des pâtes extrêmement nourrissantes. À plusieurs, panachez vos *passatelli* avec une assiette de basilic frais, tomates *datterino*, amandes et huile d'olive, et des pâtes *orecchie elefante* (oreille d'éléphant) aux petits pois et au *gambuccio* (jarret de porc). En outre, le festin pourra se poursuivre par la visite d'une célèbre abbaye romane située non loin du restaurant.Voir p. 229. (☎ 059 54 62 55 ; www.lapiazzettadelgusto.com ; Via Roma 24, Nonantola ; repas 28-33 € ; ⏲ 12h30-14h30 et 19h-22h30 mar-ven, 19h-22h30 sam, 12h-14h30 dim ; 📶)

Le Cesarine €€
Voir p. 217. (cesarine.com)

Le Sfogline €€
Voir p. 218. (☎ 051 220558 ; lesfogline.it ; Via Belvedere 7/b, Bologne ; ⏲ 8h30-19h30 lun-ven, 8h30-14h sam)

Nuova Roma €
Voir p. 219. (☎ 051 6760140 ; ristorantenuovaroma.it ; Via Olivetta 87, Sasso Marconi, Bologne ; ⏲ mer soir-lun ; plats 8-16 €)

Osteria dal Nonno €
Voir p. 219. (☎ 051 589093 ; osteriadalnonno.bologna.it ; Via di Casaglia, 62, Bologne)

Osteria Ermes €
Ouverte depuis 1963, cette merveilleuse petite adresse abordable occupe une unique salle lambrissée à la lisière nord du centre-ville de Modène. Le sympathique Ermes Rinaldi gère l'établissement avec sa femme Bruna, en cuisine. Voir p. 229. (☎ 059 23 80 65 ; Via Ganaceto 89, Modène ; repas 20 € ; ⏲ 12h-14h30 lun-sam)

Osteria Francescana €€€
Le chef et propriétaire Massimo Bottura a obtenu en 2011 une troisième étoile au Michelin, et son restaurant est arrivé en première place sur la liste des 50 meilleurs du monde en 2016 et 2018. Astuce (onéreuse) pour obtenir l'une des 12 tables plus facilement : 6 tables sont dédiées aux personnes ayant réservé un séjour à la **Casa Maria Luigia** (www.casamarialuigia.com ; Stradello Bonaghino 56, San Damaso ; d 450-750 € ; ⏲ fermé dim-lun ; P ❄ 📶 🚭), le B&B luxueux situé à l'écart de Modène... Voir aussi p. 229. (☎ 059 22 39 12 ; www.osteriafrancescana.it ; Via Stella 22, Modène ; menus dégustation 250-270 €, vin compris 390-450 € ; ⏲ 12h30-14h30 et 20h-22h30)

Ristorante da Danilo €€
Jonglant avec des corbeilles à pain et des bouteilles de vin, les serveurs s'empressent dans ce charmant restaurant traditionnel. Le buffet d'antipasti et les *gnocchi fritti* (gnocchis frits, à consommer avec du prosciutto) sont excellents, mais gardez une place pour les *tortellini alla Vecchia Modena* (farcis à la ricotta et aux épinards, avec une sauce crémeuse au lard), tout bonnement divins. Voir p. 229. (☎ 059 225498 ; www.ristorantedadanilomodena.it ; Via Coltellini 31, Modène ; repas 25-30 € ; ⏲ 12h-15h et 19h-23h lun-sam)

Trattoria Bertozzi €€
Voir p. 219. (☎ 051 614 14 25 ; trattoriabertozzibologna.it ; Via Andrea Costa 84, Bologne ; repas 26-40 € ; ⏲ 12h-15h lun, 12h-15h et 19h30-22h30 mar-jeu, 19h30-22h30 sam)

Trattoria da Me €
Voir p. 217. (☎ 051555486 ; www.trattoriadame.it ; Via S. Felice, 50, Bologne ; plats 10-20 € ; ⏲ 12h30-14h30 et 19h30-22h mar-ven, 12h-14h30 et 19h30-22h sam-dim)

Trattoria Gilberto €
Voir p. 219. (☎ 051 6766715 ; trattoriagilberto.it ; Via San Lorenzo 26, Monte San Pietro ; menus 25-36 € ; ⏲ 19h-23h jeu-sam, 12h-15h et 19h-23h dim)

Trattoria Aldina €
C'est dans cette trattoria installée à l'étage d'un immeuble d'habitation que déjeunent les habitants après avoir arpenté le marché attenant. On y savoure une cuisine maison

sans chichis, concoctée par une *mamma* experte. En l'absence de carte, demandez quel est le plat du jour. Et, si on vous propose des lasagnes, dites oui ! Paiement en espèces uniquement. Pas de réservation le midi, recommandée le soir. Voir p. 229. (☎ 059 23 61 06 ; trattoriaaldina.it ; Via Albinelli 40, Modène ; repas 16-25 € ; ⏲ 12h-14h30 lun-jeu, 12h-14h30 et 20h-22h30 ven-sam)

Trattoria da Amerigo €€

Voir p. 229. (☎ 051 670 83 26 ; www.amerigo1934.it ; Via Marconi 14-16, Savigno ; repas 45-55 €, menus dégustation 38-50 € ; ⏲ 19h30-22h30 mer-ven, 12h-14h30 et 19h30-22h30 sam-dim)

Trattoria da Noemi €€

Toutes les spécialités traditionnelles de Ferrare (p. 223) vous seront servies dans ce restaurant que Maria Cristina Borgazzi, la propriétaire, a baptisé du prénom de sa mère. L'endroit étant prisé, arrivez de bonne heure pour goûter aux *cappellacci di zucca* (pâtes farcies au potiron), aux viandes grillées et aux *pasticci di maccheroni*. Terminez par une divine *zuppa inglese* (génoise imbibée de liqueur, et nappée de crème pâtissière et de cacao). (☎ 0532 76 90 70 ; trattoriadanoemi.it/it/ ; Via Ragno 31a, Ferrare ; repas 28-42 € ; ⏲ 12h15-14h30 et 19h30-22h jeu-lun, 19h30-22h mer ; wifi)

Souvenirs gourmands

La Consorteria 1966

La meilleure adresse pour se procurer du vinaigre balsamique. puisqu'elle propose une vingtaine de DOP issus de producteurs appartenant au plus strict des trois consortiums adhérents à la dénomination. Vous pourrez déguster avant d'acheter. Une bouteille de 100 ml, dessinée par le célèbre concepteur de voitures Giorgetto Giugiaro, coûte entre 50 et 150 €. (www.facebook.com/laconsorteria1966 ; Piazza Mazzini 9, Modène ; ⏲ 11h-18h lun-sam, 11h-17h dim)

BARBAJONES/SHUTTERSTOCK ©

Vinaigre balsamique, l'une des spécialités de Modène

La Prosciutteria

L'une des meilleures charcuteries de Parme. On y trouve du prosciutto, du *culatello*, du *salami* et du *strolghino*, mais aussi du *parmigiano reggiano*, des vins et des plats de pâtes. (www.silvanoromaniparma.com ; Strada Farini 9c, Parme ; ⏲ 8h30-13h30 et 16h-19h30 lun-sam, 9h-13h dim)

Mercato Albinelli

Dans ce marché couvert de Modène, les gourmands craqueront pour de généreuses parts de parmesan, des bouteilles de Vecchia Modena Lambrusco ou de vinaigre balsamique vieilli, des tortellinis fraîchement farcis et des montagnes de produits frais. De quoi préparer un pique-nique gargantuesque ! (mercatoalbinelli.it ; Via Luigi Albinelli 13, Modène ; ⏲ stands 7h-15h lun-ven, 7h-18h30 sam, restaurants 12h-15h et 18h30-23h lun-sam)

Salumeria Garibaldi

Faites le plein de victuailles dans cette épicerie fine, établie en 1829, qui vous mettra en appétit avec ses saucisses, ses bouteilles de lambrusco, ses jambons de Parme et ses meules de parmesan. (www.salumeriagaribaldi.com ; Via Garibaldi 42, Parme ; ⏲ 8h-20h lun-sam)

FLORENCE ET LA TOSCANE

ART | PAYSAGE | ŒNOLOGIE

GASPAR JANOS/SHUTTERSTOCK ©

FLORENCE ET LA TOSCANE
à la carte

Harmonie des paysages, rythme paisible, délicieuse *cucina contadina* (cuisine paysanne), en Toscane, vous vous sentirez en parfaite symbiose avec la terre. Et, pour varier les plaisirs, Florence, sa capitale, vous éblouira par la richesse de ses églises ornées de fresques, la beauté de son architecture Renaissance et sa profusion de trésors artistiques. Le charme de cette région, c'est aussi de retrouver les mêmes cités, villages perchés ou paysages tant dans les œuvres d'art que dans les paysages d'aujourd'hui.

Sondez les mystères de l'héritage étrusque à **Pise**, puis flânez le long des rives de l'Arno (p. 264).

1 jour

Partez à la voile observer les dauphins et baleines qui croisent dans les eaux de l'**archipel toscan** (p. 260).

1 à 2 jours

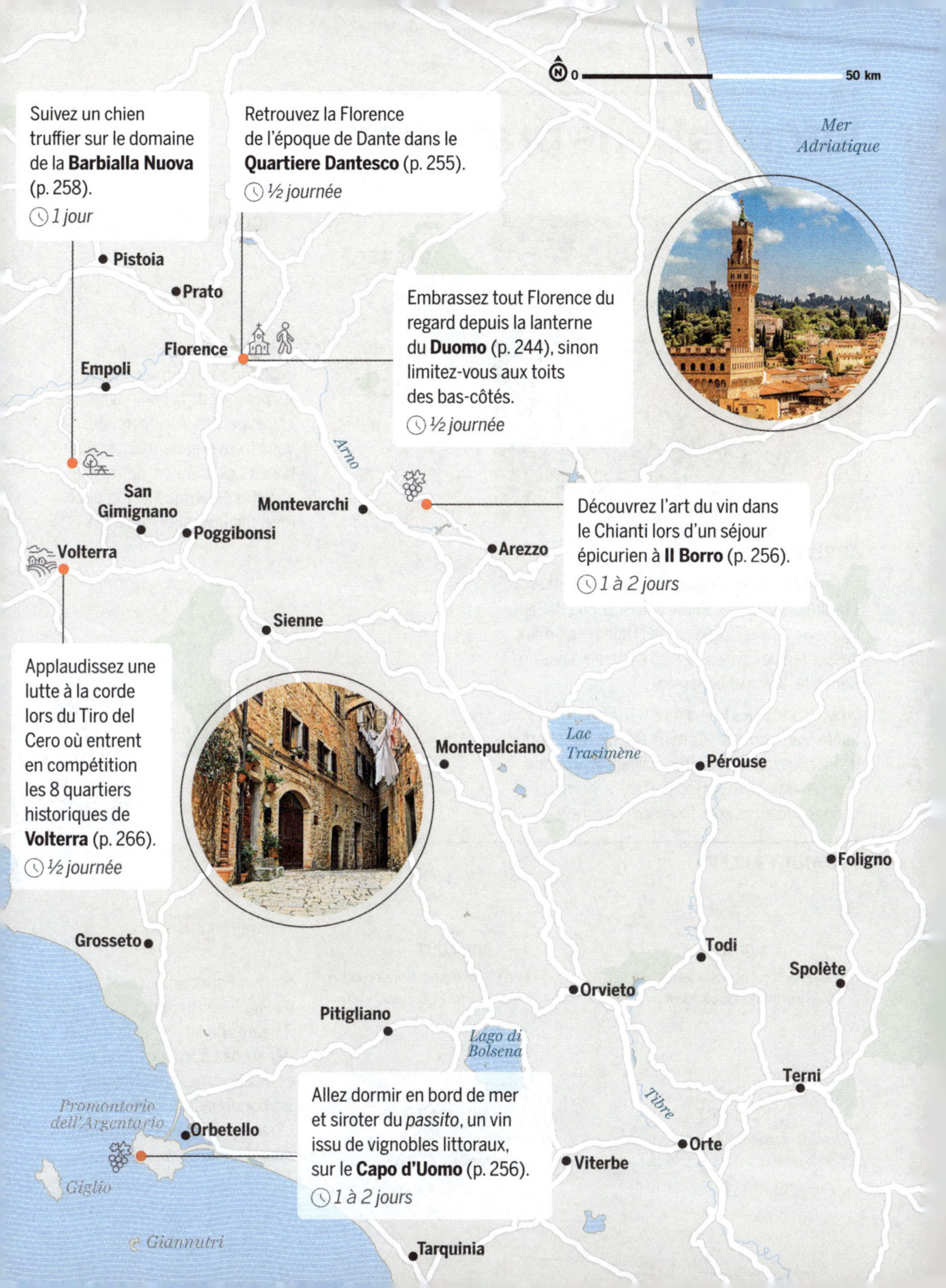

0
50 km
Mer Adriatique
Suivez un chien truffier sur le domaine de la **Barbialla Nuova** (p. 258).
1 jour
Retrouvez la Florence de l'époque de Dante dans le **Quartiere Dantesco** (p. 255).
½ journée
Pistoia
Prato
Florence
Empoli
Embrassez tout Florence du regard depuis la lanterne du **Duomo** (p. 244), sinon limitez-vous aux toits des bas-côtés.
½ journée
Arno
San Gimignano
Montevarchi
Poggibonsi
Arezzo
Volterra
Découvrez l'art du vin dans le Chianti lors d'un séjour épicurien à **Il Borro** (p. 256).
1 à 2 jours
Sienne
Applaudissez une lutte à la corde lors du Tiro del Cero où entrent en compétition les 8 quartiers historiques de **Volterra** (p. 266).
½ journée
Montepulciano
Lac Trasimène
Pérouse
Foligno
Grosseto
Todi
Spolète
Orvieto
Pitigliano
Lago di Bolsena
Terni
Promontorio dell'Argentario
Orbetello
Tibre
Allez dormir en bord de mer et siroter du *passito*, un vin issu de vignobles littoraux, sur le **Capo d'Uomo** (p. 256).
1 à 2 jours
Orte
Viterbe
Giglio
Giannutri
Tarquinia

Informations pratiques

V_E/SHUTTERSTOCK ©

ARRIVER

Train Des trains à grande vitesse relient en 1 heure 30 Milan ou Rome à la Stazione di Santa Maria Novella à Florence. Des trains régionaux desservent les gares de Pisa Centrale, Livorno Centrale, Siena et Grosseto.

Aéroports Des trams relient l'aéroport à la gare Santa Maria Novella (22 min). Depuis l'aéroport de Pise, les trains PisaMover rallient la Stazione Pisa Centrale (5 min) d'où partent/arrivent des correspondances pour Florence (1 heure 30).

BUDGET

Entrée de musée
10 €

Pâtes Pici
15 €

Aperitivo
8 €

COMMENT CIRCULER

Voiture et vélo L'idéal pour explorer à son rythme toutes les beautés de la campagne et des petites villes perchées. Vous trouverez de très nombreux loueurs de voitures, de vélos et de vélos électriques à Florence, Pise, Sienne et Lucques.

Bus et train Des bus Intercity circulent entre Florence et Sienne. Pour gagner Lucques et Pise, comme d'autres villes toscanes, le train est préférable, les services régionaux étant plus lents que les trains Intercity.

Ferries Pour rejoindre les îles de l'archipel, comptez 2 à 3 heures de ferry (selon l'île) au départ des ports de Piombino et de Livourne. Vérifiez avant les horaires de la saison en cours et s'il n'y a pas de changement pour cause de mauvais temps.

QUAND Y ALLER

AVR-JUIN
Le temps idéal pour voyager et une affluence touristique parfois intense.

JUIL-AOÛT
Haute saison estivale : fortes chaleurs parfois à l'intérieur des terres et foule sur la côte

SEPT-OCT
Avec de la chance, il fait encore beau et le nombre de visiteurs décroît.

NOV-MARS
Basse saison : on n'a plus à faire la queue mais la météo n'est pas au top !

SE RESTAURER ET PRENDRE UN VERRE

Bistecca alla fiorentina Le steak grillé à la florentine (photo ci-contre) est enduit d'huile d'olive, saisi sur le gril, assaisonné et servi à votre goût, de saignant à bien cuit. On le pèse avant de le cuire, d'où son prix à *l'etto* (100 g) indiqué sur les menus.

Soupes La Toscane est réputée pour ses soupes, idéales quand il fait frais. Ne manquez pas la *ribollita* (photo ci-contre), bouillie deux fois comme son nom l'indique, une soupe à base de chou, de haricots et de pain.

Meilleur panino aux tripes Trippaio Sergio Pollini (p. 278)

Truffes blanches Le Lune (p. 279)

SE CONNECTER ET S'ORIENTER

Wi-fi Le Wi-Fi gratuit est très répandu. Dans les hôtels, l'épaisseur des murs, s'il s'agit de palais du XVe siècle, limite la qualité de la connexion.

Orientation Les offices du tourisme distribuent des cartes. L'étroitesse des rues dans les vieilles villes limite l'efficacité des GPS et applications numériques. Évitez d'entrer en ZTL (zone à circulation limitée) car l'infraction est punie d'une amende corsée.

SHOPPING

Dans les grandes villes, la plupart des commerces ouvrent en continu du matin au soir. Dans les bourgs et les villages, les commerces ferment souvent entre 14h et 16h.

OÙ LOGER

Le choix ne manquent pas en Toscane. Appartement chic en ville comme vieille maison de campagne, chaque hébergement possède une atmosphère unique.

Ville	Pour/Contre
Florence	Adresses de charme, surfréquentées l'été.
San Miniato	Les *agriturismi* (hébergement à la ferme) abondent dans les collines alentour ; il faut être motorisé.
Lucques	L'hébergement affiche vite complet en été et pour le festival de BD Lucca Comics & Games.
Chianti	Charmantes villas et *agriturismi* mais nombre d'entre eux n'ouvrent que d'avril à septembre.
Sienne	Son centre classe en fait une étape de charme. Attention à la flambée des prix en saison, en particulier lors du Palio, début juillet et mi-août.
Elbe	Le plus beau des paysages ; le transport nécessite une planification précise.

ARGENT ET PASS TOURISTIQUE

Sachez que certains endroits n'acceptent que l'argent liquide. Les DAB sont nombreux dans les villes, mais rares en campagne. Pour visiter Florence, il peut être avantageux d'acheter une **Firenzecard** (firenzecard.it), valable 72 heures.

Les grands classiques

Pour les infos pratiques de chaque site, reportez-vous au carnet d'adresses p. 272.

Duomo de Florence

La Cattedrale di Santa Maria del Fiore (voir aussi p. 252) est le monument emblématique de Florence, inégalée avec la célèbre coupole de Brunelleschi, son gracieux campanile et sa façade de marbre rose, blanc et vert. Après l'éclat de la façade, le dépouillement intérieur surprend, surtout au regard de la superficie de l'édifice qui s'étend sur 155 m de long et 90 m de large. La plupart de ses trésors artistiques sont exposés dans le Grande Museo del Duomo.

CHICCODODIFC/SHUTTERSTOCK ©

Les Offices, Florence

La Galleria degli Uffizi possède la plus belle et la plus grande collection d'art de la Renaissance italienne du monde, avec des chefs-d'œuvre de Giotto, Michel-Ange, Vinci, Raphaël, Titien ou le Caravage – une matinée entière ne suffit pas à admirer les seuls tableaux de Botticelli, en particulier *Naissance de Vénus* (vers 1485), *Le Printemps* (vers 1482) et *La Madone du Magnificat* (1483). Ce vaste musée présente aussi un vaste panorama de l'art occidental, dans l'ordre chronologique, de la sculpture grecque antique aux tableaux vénitiens du XVIIIe siècle.

VERESHCHAGIN DMITRY/SHUTTERSTOCK ©

EDUARDTITOV.COM/STOCK.ADOBE.COM ©

Palazzo Vecchio, Florence

Avec ses créneaux et sa tour haute de 94 m, ce palais du XIVe siècle abrite aujourd'hui le bureau du maire et les salles du conseil. Depuis le sommet de la Torre d'Arnolfo, la vue est fabuleuse. À l'intérieur, la sculpture du *Génie de la Victoire* de Michel-Ange orne le Salone dei Cinquecento, une salle créée pour accueillir le Consiglio dei Cinquecento (conseil des Cinq-Cents), qui gouverna Florence à la fin du XVe siècle.

ALIAKSANDR/STOCK.ADOBE.COM ©

Basilica di Santa Maria Novella, Florence

Derrière la façade en marbre rayée vert et blanc se cache un ensemble monastique occupé par les Dominicains. Cet écrin renferme des chefs-d'œuvre. Ne manquez pas le Chiostro Verde (cloître vert) et ses fresques en grisaille, et le Chiostro Grande (grand cloître), orné de fresques magnifiques.

BEBOY_PHOTOGRAPHIES/STOCK.ADOBE.COM ©

Ponte Vecchio, Florence

Ce pont (1345) qui enjambe l'Arno accueille les boutiques des orfèvres depuis le XVIe siècle, lorsque Ferdinand Ier de Médicis ordonna à ces artisans de remplacer les échoppes malodorantes des bouchers. C'est le seul de Florence à ne pas avoir été détruit par les Allemands lors de leur retraite en 1944. Un passage couvert long de 1 km, le Corridoio Vasariano, emprunté en son temps par les Médicis, relie le Palazzo Vecchio au Palazzo Pitti via le pont.

Galleria dell'Accademia, Florence

Une file d'attente marque l'entrée de ce musée où est exposé le David de Michel-Ange, marbre monumental d'une expressivité rare. Michel-Ange est aussi l'auteur ici d'un *Saint Matthieu* et du groupe *Esclaves* (ou *Captifs*), des prisonniers qui semblent lutter pour se libérer du marbre. Les pièces adjacentes comptent une section peinture prestigieuse avec des tableaux signés Uccello, Botticelli, Ghirlandaio, Lippi ou le Pérugin.

SILVERFOX999/SHUTTERSTOCK ©

Palazzo Pitti et Giardino di Boboli

Ce palais (vers 1458) érigé pour la famille Pitti, rivale des Médicis, est relié par le Corridoio Vasariano à la galerie des Offices (p. 244). Il abrite plusieurs musées dédiés à la peinture (Raphaël, Lippi, Botticelli et Rubens), aux arts décoratifs, à l'orfèvrerie et aux costumes. Au milieu du XVIe siècle, furent aménagés les jardins agrémentés de fontaines et de sculptures. Dans leur partie basse, ne passez pas à côté de la Grotta del Buontalenti, incrustée de coquillages et de pierres, et habitée par Vénus sortant des eaux.

SURONIN/SHUTTERSTOCK ©

Basilica di Santa Croce

Cette basilique conjugue une façade rehaussée de diverses nuances de marbre coloré à une nef au décor austère, éclairée par des fresques de Giotto et de ses disciples. Construite entre 1294 et 1385, elle tient son nom d'un éclat de bois de la Sainte Croix. C'est aussi la dernière demeure de Florentins célèbres : Michel-Ange, Galilée et Ghiberti.

Sienne

Son patrimoine artistique, son tissu urbain préservé et son Palio sur la Piazza del Campo : tout dans cette ville évoque les fastes d'une histoire flamboyante. Impossible de faire l'impasse sur ses joyaux (p. 268) : le Palazzo Pubblico et le Museo Civico, le Duomo et le Complesso Museale di Santa Maria della Scala. Pour autant, la cité toscane ne reste pas tournée vers le passé. La foule qui se presse dans les rues du centre, l'atmosphère estudiantine décontractée et ses tables de qualité témoignent d'un présent plein de vitalité.

Pise

Ancien port maritime, Pise tire aujourd'hui sa renommée de la fameuse Tour penchée sur la Piazza dei Miracoli. Mais son centre-ville possède aussi des cafés animés, et l'on croise, dans ses rues bordées de beaux édifices romans, d'églises gothiques et de places Renaissance, plus de Pisans que de touristes.

47

La Florence des MÉDICIS

RENAISSANCE | ART | HISTOIRE

Florence résonne encore aujourd'hui d'une histoire millénaire, marquée par l'aura des Médicis, une flamboyante dynastie de banquiers qui, par son mécénat éclairé, a contribué à faire de la cité-État du Moyen Âge le plus illustre berceau de la Renaissance.

DEAGOSTINI/GETTY IMAGES ©

En pratique

Circuler C'est à pied et bien chaussé qu'il faut sillonner cette ville aux rues pavées.

Quand Au printemps et en fin d'été, la foule est moins dense et la lumière plus belle – l'idéal pour contempler Florence du haut des tours de guet telles la Torre d'Adolfo du Palazzo Vecchio.

Conseil Ne manquez pas le **Corridoio Vasariano**, un passage couvert de 1 km de longueur, qui permettait aux Médicis de traverser l'Arno sans être vus et d'aller ainsi du Palazzo degli Uffizi, lieu du pouvoir, au Palazzo Pitti, leur demeure.

THE PRINT COLLECTOR/GETTY IMAGES ©

En odeur de sainteté

La plupart des artistes ne sont pas des saints. Fra Angelico (vers 1395-1455), moine-peintre natif de Toscane, fut une brillante exception. Cosme de Médicis, dit l'Ancien, sut distinguer le talent de l'artiste. Mû par son désir de gagner une place au paradis, il fit reconstruire en 1437 l'ancien couvent dominicain de Saint-Marc (actuel **Museo di San Marco**, p. 275) et chargea Fra Angelico d'en couvrir les murs de fresques. Contemplez l'*Annonciation* (vers 1440) et l'*Adoration des Mages* dans la cellule où Cosme l'Ancien venait se retirer pour méditer et prier.

MONDADORI PORTFOLIO/GETTY IMAGES ©

Montée vers les lumières de l'esprit

Depuis le paisible cloître de la **Basilica di San Lorenzo** (l'un des plus harmonieux exemples d'architecture Renaissance,

L'or des fresques

En visitant le palais Medici Riccardi, imaginez la **chapelle des Mages** (p. 273), peinte par Benozzo Gozzoli, éclairée aux bougies. Le cortège mené par Laurent le Magnifique, ses ors et la toute puissance imposent le respect.

Alexandra Lawrence, *guide touristique, exploreflorence.it*

En haut et ci-dessus Couvent San Marco
En bas Chapelle des Mages, palais Medici-Riccardi (détail)

p. 273), accédez à la **Biblioteca Medicea Laurenziana** (p. 273) et à son sublime escalier dessiné par Michel-Ange en 1524 pour cette prestigieuse bibliothèque des Médicis qui abrite plus de 11 000 manuscrits. Les trois volées de marches parallèles taillées dans la *pietra serena* (un grès gris foncé) emplissent totalement le petit espace du vestibule. Jouant de l'illusion, ce chef-d'œuvre maniériste est comme un prélude sombre et sobre à la salle de lecture inondée de lumière.

Chapelles à la gloire des Médicis

L'orgueil des Médicis n'est nulle part aussi manifeste que dans les **Cappelle Medicee** (p. 275) qui abritent les sépultures de 49 membres de la dynastie. La chapelle des Princes présente une débauche de marbres, de granit et de pierres semi-précieuses. L'autre chapelle funéraire, ou Nouvelle Sacristie, abrite les tombeaux sculptés par Michel-Ange entre 1521 et 1531. Des allégories de l'*Aurore* et du *Crépuscule* sont couchées

Les Offices des Médicis

Le Printemps de Sandro Botticelli. Cette *Primavera* (vers 1480) exalte bien des aspects de la Florence des Médicis : jardins, mythologie, amour, néoplatonisme, Renaissance, danse.

Soliman le Magnifique de Cristofano Altissimo. Sous les Médicis, les échanges avec le sultan ottoman ont joué un rôle vital pour l'art et l'érudition.

Tribune des Offices de Buontalenti. Dessinée vers 1581-1583 par l'architecte-peintre, cette salle octogonale, décorée de coquilles de nacre, reflète l'intérêt de François Ier de Médicis pour l'art, l'alchimie et l'ésotérisme.

Par Molly McIlwrath, *historienne d'art, et guide basée à Pistoia, @vicolodeifuggiti*

aux pieds de Laurent II (1492-1519) en général romain. Celles du *Jour* et de la *Nuit* entourent le tombeau de Julien (1478-1516), le plus jeune fils de Laurent le Magnifique. Une *Vierge à l'Enfant* accompagne le sobre sarcophage de Laurent le Magnifique (1449-1492).

L'apothéose de Cosme Ier

Le faste de la Florence du XVe siècle au **Palazzo Vecchio** (p. 245) avait pour vocation d'éblouir. Ce vieux palais-forteresse construit entre 1298 et 1314 pour abriter la *signoria* (gouvernement de la cité) devint à partir de 1540 la résidence du grand-duc Cosme Ier de Médicis (1519-1574). Et, au centre du plafond du Salone dei Cinquecento, il se fit représenter comme un dieu triomphant, entouré de scènes de bataille glorifiant les victoires florentines sur Pise et Sienne !

Une collection d'art pour l'éternité

La plus grande collection d'art de la Renaissance italienne est accrochée aux cimaises du **Palazzo degli Uffizi** (p. 244 et p. 272), commandé par Cosme Ier en 1560 pour réunir tous les *uffizi* (bureaux) de son administration. Cette collection fut léguée à la ville par la famille Médicis en 1743, à condition qu'elle ne quitte jamais Florence. Ainsi la Galerie des Offices réunit certains des chefs-d'œuvre les plus illustres d'Italie.

À gauche *Le Printemps* de Botticelli, galerie des Offices **Ci-dessous** Plafond du Salone dei Cinquecento, Palazzo Vecchio

LE DUOMO
Art et architecture

01 Campanile

Un escalier de 414 marches grimpe en haut (85 m) du gracieux campanile édifié par Giotto.

02 Coupole de Brunelleschi

Prouesse architecturale et chef-d'œuvre de la Renaissance, la coupole conçue par Filippo Brunelleschi (1377-1446) s'élève à plus de 90 m au-dessus du chœur.

03 Jugement dernier

La coupole est ornée d'une immense fresque de Giorgio Vasari et Federico Zuccari. La vision de l'Enfer y est terrifiante.

04 La Madone aux yeux de verre

Les rayons du soleil éclairant la façade du Duomo faisaient briller les yeux en pâte de verre de la *Vierge à l'Enfant* d'Arnolfo di Cambio (Museo dell'Opera del Duomo).

05 Marie-Madeleine de Donatello

Au XVe siècle, les Florentins vénéraient cette Marie-Madeleine décharnée et désolée, expression féminine de l'ermite pénitent (Museo dell'Opera del Duomo).

09

05

08

06 Pietá de Michel-Ange

Le sonnet de Michel-Ange, composé alors qu'il sculptait *La Pietá Bandini* dite *Piéta inachevée* (salle 10, Museo dell'Opera del Duomo) dans les années 1550, est aussi poignant et empli de doute que la sculpture de l'artiste initialement destinée à son propre tombeau.

07 Baptistère

Depuis le XIe siècle, les bébés de la paroisse de San Lorenzo sont baptisés dans ce baptistère revêtu de marbre blanc et vert.

08 Porte du Paradis

Les Florentins ont longtemps lu les histoires de l'Ancien Testament sur la Porta del Paradiso du baptistère, sculptée en bronze doré par Lorenzo Ghiberti (Museo dell'Opera del Duomo).

09 Porte sud de Pisano

Sculptée en bronze par Andrea Pisano, la porte sud (1330-1346) illustre avec profusion de détails la vie de saint Jean-Baptiste (Museo dell'Opera del Duomo).

48 DANTE et sa *Commedia*

ART | LITTÉRATURE | CULTURE

On ne saurait décrire en quelques mots l'influence considérable qu'ont eue Dante Alighieri et sa *Divine Comédie* sur la culture italienne. De nombreuses villes d'Italie conservent des traces de la vie d'*il Sommo Poeta* (le poète suprême), mais c'est à Florence que son esprit reste le plus vivace. Il continue de planer sur des églises et des ruelles médiévales de sa ville natale.

ZVONIMIR ATLETIC/SHUTTERSTOCK ©

En pratique

Quand Toute l'année. Sachant qu'il y a beaucoup plus de monde dès qu'il fait beau, ainsi que les week-ends et pendant les vacances officielles.

Tarifs Le prix d'entrée dans les musées et églises tourne autour de 10 €, avec des réductions pour les étudiants et les familles.

Nourrir son esprit Pour reprendre des forces en chemin, allez grignoter une *schiacciata*, une sorte de focaccia florentine inspirée par Dante, du côté de Santa Croce, à **All'Antico Vinaio** (p. 278).

NATALY REINCH/SHUTTERSTOCK ©

Page de gauche Monument à Dante, Piazza Santa Croce **En bas** Casa di Dante **Ci-contre** *Dante et "la Divine Comédie"*, peinture *a tempera* de Domenico di Michelino, nef de Santa Maria del Fiore (Duomo)

La Florence de Dante Alighieri

Quartier de Dante Délimité par la Piazza della Signoria, Orsanmichele, la Torre della Castagna et la Badia Fiorentina, ce qu'on appelle le **Quartiere Dantesco** est celui qui ressemble sans doute le plus à la ville que Dante a connue. C'est là qu'on peut voir le plus de plaques dédiées à Dante : 34 en tout, citant des tercets de *La Divine Comédie*. C'est là que se trouve aussi la maison familiale des Alighieri, aujourd'hui transformée en musée : la **Casa di Dante** (p. 274).

Églises **Santa Croce** abrite la célèbre imposante statue de Dante et **Santa Maria del Fiore** (le Duomo, p. 244) une fresque représentant Dante avec son chef d'œuvre qui figure dans tous les manuels scolaires italiens. Mais les deux endroits que Dante a vus de ses propres yeux au Moyen-Âge sont le **Baptistère** (p. 254), où il a été baptisé (il le mentionne même dans le XIXe chant de l'*Enfer*) et **Santa Margherita De' Cerchi**, où Dante a épousé sa femme, Gemma Donati, et rencontré sa muse, Beatrice Portinari.

Manifestations L'événement le plus emblématique lié à Dante reste une **Lectura Dantis**, une lecture publique de la *Commedia* (ou d'un passage de celle-ci). La **Società Dantesca Italiana** (dantesca.it) est le meilleur endroit pour savoir s'il y en a une prochainement (elle en organise plus ou moins deux fois par an, pas forcément à date fixe).

Sur le chemin de Dante

Les villes et villages qui ont marqué la vie de Dante, après son exil de Florence en 1302, sont reliés par un sentier de randonnée relativement récent, **Il Cammino di Dante** (camminodante.com). Cette boucle de 400 km (21 étapes) traverse toutes sortes de paysages entre Florence à Ravenne, la ville où Dante est enterré. Le long du sentier, entretenu par des bénévoles qui offrent aussi soutien et conseils aux randonneurs, vous trouverez des panneaux résumant les 100 *canti* de *La Divine Comédie* pour en apprendre davantage sur le poème au fur et à mesure de votre progression. Conférences, spectacles et autres manifestations sont aussi organisés le long du parcours à la belle saison.

49 La route des DES VINS

VIN | CAMPAGNE | CIRCUIT EN VOITURE

Vous avez envie de goûter des crus locaux ? Vous ne serez pas déçu : c'est une des grandes spécialités de la Toscane. Entre le chianti, le passito, le brunello et autres, il y a l'embarras du choix. Pour aller visiter des caves et faire des dégustations, il ne vous reste qu'à choisir et à rouler un peu à travers la campagne.

© DIEGOMARIOTTINI/SHUTTERSTOCK

Plaisirs extrêmes

Si vous êtes à la recherche d'expériences aventureuses au milieu des vignobles de Toscane, allez voir **Avignonesi** (avignonesi.it), où vous pourrez réserver un vol en montgolfière au-dessus de la campagne ou une promenade en Ferrari (dégustations incluses – *après* la promenade bien sûr).

En pratique

Circuler Le mieux consiste à louer une voiture dans la ville la plus proche de la région viticole qui vous tente. Faute de désigner un conducteur parmi vous, vous pouvez faire appel aux services d'un chauffeur privé.

Quand Les mois les plus agréables sont les plus chauds, de mi-avril à mi-octobre. Les vendanges ont lieu entre septembre et octobre.

À savoir Les **offices du tourisme de Sienne** (terredisiena.it), **Arezzo** (arezzoturismo.it), **Grosseto** (provinciagrosseto.com) et **Livourne** (visit-livorno.it) peuvent vous fournir des informations détaillées sur la région.

01 Le domaine **Il Borro** (p. 277) propose toute une palette de découvertes : dégustation de vins, visite de cave, chasse aux truffes ou soins de bien-être.

02 Le **Castello di Ama** (p. 277) produit des chiantis depuis le XVIIIe siècle. Outre les dégustations et les visites guidées du domaine, profitez de la large collection d'art contemporain.

03 Sur le littoral de Livourne, vous apprécierez à l'**Ornellaia** (p. 277) non seulement les vins mais aussi l'art des étiquettes. Chaque nouveau millésime arbore une étiquette différente dessinée par un artiste international.

04 **Rocca di Frassinello** (p. 277) est un lieu pour le moins étonnant. L'architecte Renzo Piano a créé l'écrin architectural idéal pour découvrir tous les vins de la région de la Maremme.

05 Sirotez un passito, vin fameux, face aux vignobles surplombant la mer au **Poderi di Capo d'Uomo** (p. 277), sur le promontoire de l'Argentario.

50 AGAPES à la ferme

CUISINE | CIRCUIT EN VOITURE | AGRITURISMI

Oubliez les fleurons que sont Florence, Sienne et Pise pour un délectable périple au pas d'escargot dans le nord-ouest verdoyant de la Toscane. Toutes les richesses naturelles de cette région éminemment agricole alimentent des circuits courts, de la terre à l'assiette. L'occasion de faire de passionnantes rencontres avec les agriculteurs et les artisans locaux.

FRANTICOO/SHUTTERSTOCK ©

En pratique

Circuler À deux ou quatre roues. Louez une voiture à l'aéroport de Florence ou de Pise, ou bien une Vespa chez **Toscana In Tour** (toscanaintour.it) et donnez libre cours à votre fantaisie en rêvant à Audrey Hepburn.

Quand Peu importe le moment de l'année, sauf pour la chasse aux truffes (octobre à mi-décembre) !

Conseil San Miniato ou Castelnuovo di Garfagnana sont de parfaites cités gastronomiques où passer la nuit, à moins de choisir un hébergement à la ferme, à l'*agriturismo* de Barbialla Nuova ou d'Al Benefizio.

Truffes blanches au déjeuner

Vous rêvez d'un festin de truffes blanches dans les collines florentines ? Alors, nous vous conseillons **Le Lune** (p. 279), un restaurant à la ferme situé dans une pépinière sur la Collina di San Domenico près de Florence. Il sert des truffes blanches, du bœuf Chianina et autres produits bio en direct de ses exploitations.

Par Guido Manfredi Rasponi, *agriculteur bio, @barbialla*

03 Rendez-vous à **Colonnata**, dans les Alpes Apuanes (p. 276), pour découvrir son *lardo*, du lard blanc vieilli dans des cuves en marbre remplies d'huile d'olive et d'herbes aromatiques puis découpé en fines tranches. Un délice !

04 Mettez la main à la pâte en participant à la récolte des olives (fin novembre) ou à celle du miel (de Pâques à septembre) avec l'apicultrice Francesca en séjournant dans sa magnifique ferme **Al Benefizio** (p. 279) proche de Lucques.

01 Dans la ferme bio **Barbialla Nuova** (p. 279), à une heure de route de Florence ou de Pise, et à 20 km au sud de San Miniato, randonnez au milieu des champs où pâturent les vaches de race Chianina ou allez chasser les truffes blanches.

02 Regardez la pâte passer à la main dans les moules en bronze traditionnels de la fabrique familiale de **pâtes Martelli**, puis mangez et achetez des pâtes artisanales dans le village de Lari, à 40 km à l'ouest de Barbialla.

51 ÎLES de Toscane

NATURE | ÎLES | CULTURE

Les sept îles principales de l'archipel toscan (Elbe, Giglio, Capraia, Montecristo, Pianosa, Giannutri et Gorgona), avec leur guirlande d'îlots et de récifs, déploient des panoramas époustouflants et un éventail d'activités axées sur la nature.

FOTOMONKEY/SHUTTERSTOCK ©

En pratique

S'y rendre Le ferry est le moyen le plus courant pour rejoindre les îles. De multiples compagnies assurent la traversée au départ de Piombino, Livourne ou Porto Santo Stefano, ainsi que de Portoferraio sur l'île d'Elbe (pour les plus petites îles). Prévoyez 1 à 3 heures de bateau (environ 10 € et tarif réduit pour les enfants). Valider les horaires de départ en fonction de la saison et de la météo.

Quand Les mois d'été sont les plus agréables, mais si vous voulez éviter la grande chaleur, allez-y à la fin du printemps ou en début d'automne.

JOSEPH SOHM/SHUTTERSTOCK ©

Exil napoléonien

L'île d'**Elbe**, la plus grande de l'archipel toscan, résonne avec l'histoire de Napoléon qui en fut un temps le souverain, lorsque l'empereur déchu y fut envoyé en exil. On peut facilement suivre les traces de son passage sur l'île, en particulier dans les demeures où il résida : la **Palazzina dei Mulini** (Piazzale Napoleone) et la **Villa San Martino** (Via di San Martino), toutes deux à Portoferraio, la principale ville d'Elbe. Non loin de la *palazzina* se trouve la **Spiaggia delle Viste**, d'où Napoléon s'enfuit pour revenir en France. Cet ultime retour de l'empereur dura cent jours.

REDA &CO SRL/ALAMY STOCK PHOTO ©

Paradis naturel

Une fois débarqué sur l'île d'Elbe, vous aurez le choix entre une foule d'activités de plein air, à commencer par les nombreux

À table

Les experts du Parco Nazionale Arcipelago Toscano disent que c'est à **Rio nell'Elba**, un ancien bourg minier sur le versant est de l'île d'Elbe, qu'il faut déguster des plats typiques comme la *sburrita* (soupe de morue salée) et la *schiaccia briaca*, un gâteau aux raisins secs et aux pignons, à accompagner d'un verre de vin local.

En haut Palazzina dei Mulini, Elbe.
En bas *Schiaccia briaca*.
Ci-dessus Villa San Martino, Elbe.

sentiers de randonnée, pour tous niveaux, qui mènent aux villages de l'intérieur, aux sanctuaires et aux phares. Depuis Rio nell'Elba (p. 261), par exemple, vous pouvez grimper à l'**Ermitage de Sainte-Catherine**, qui abrite une vaste collection de flore ainsi que des colonies d'abeilles. Cheminer sur le **"sentier du granit"**, une boucle partant et se terminant à San Piero, révèle l'histoire de l'exploitation minière sur l'île tout en profitant de formidables échappées sur ses voisines.

Pour retrouver l'âme des transports d'antan, on peut marcher au côté d'un âne bâté, l'ancien mode de transport de l'île. à défaut, les plongeurs amateurs trouveront moult endroits où explorer les fonds, telle l'épave du MS *Elviscot* au large de Pomonte.

Le domaine du Comte

Parmi les plus petites îles de l'archipel, l'une des plus séduisantes est **Montecristo**, au sud d'Elbe. Elle doit sa célébrité au roman d'Alexandre Dumas, *Le Comte de Monte-Cristo*

Observer la faune

Le **Parco Nazionale Arcipelago Toscano** (p. 276) protège l'ensemble de l'archipel. De ce fait, il n'est guère meilleur endroit en Italie pour observer la faune marine et terrestre. Vous pouvez plonger dans les eaux autour de Giglio pour découvrir les buissons que forme la gorgone rouge, ou grimper au sommet du mont Serra sur l'île d'Elbe pour compter les oiseaux de proie. Le parc national fait également partie du Sanctuaire Pelagos pour la protection des mammifères marins. Vous aurez sans doute l'opportunité d'observer des dauphins et des baleines lors de sorties en mer. Pour en savoir plus, consultez l'**Association Marelibero** (asdmarelibero.org), basée sur Elbe.

Sur terre, sous l'eau

Les sites suivants vous renseigneront sur les activités dans les zones protégées, qu'il s'agisse de randonnée à pied ou avec un âne bâté, de plongée, etc.

somareriadellelba.com

visitelba.info.

islepark.it/visitare-il-parco/montecristo

(1844), dont le héros découvre sur cette île le trésor qui lui donnera les moyens d'exercer sa vengeance. Mais ce n'est pas seulement sa renommée littéraire qui rend cette petite île si unique, c'est aussi son caractère quasi inaccessible. En tant que réserve naturelle, son accès est très réglementé : seuls 2 000 visiteurs par an peuvent obtenir l'autorisation de visiter l'île de Montecristo. La liste d'attente est longue, mais ce joyau isolé vaut la peine qu'on planifie sa visite, dût-on attendre plusieurs années.

Petits plaisirs

Les trois plus petites îles de l'archipel sont Pianosa, Giannutri et Gorgona. Vous pouvez explorer **Pianosa** avec des circuits en VTT ou en bus, ou la découvrir par la mer en longeant en kayak sa côte la plus orientale. **Giannutri** et **Gorgona** sont parfaites pour la randonnée. La traversée vers Giannutri est assurée durant la saison chaude, ce qui permet de parcourir l'île et de s'imprégner de ses paysages. La visite de Gorgona est, en revanche, strictement réglementée. L'île étant l'une des dernières colonies pénitentiaires européennes, elle est sous la juridiction de la police pénitentiaire. Les randonneurs doivent réserver et suivre un itinéraire prédéfini avec un guide.

Page de gauche Vie marine autour de l'île d'Elbe **Ci-dessus** Pianosa

52 Pise par-delà les MIRACLES

ARCHITECTURE | HISTOIRE | CULTURE

Pisa (Pise) est connue dans le monde entier pour sa Tour penchée, dressée sur la Piazza dei Miracoli au sein d'un ensemble monumental étincelant de marbre blanc. Mais, outre ce site inscrit au patrimoine mondial de l'Unesco, cette ancienne république maritime réserve bien d'autres découvertes, artistiques, architecturales, historiques et scientifiques.

En pratique

S'y rendre Pise est facilement accessible en train depuis la plupart des grandes gares italiennes.

Quand Pour éviter les grosses chaleurs estivales (et la foule), songez plutôt à venir en avril, en mai ou en septembre.

En-cas ? La *cecina*, sorte de focaccia garnie de pois chiches, est l'un des classiques de la cuisine pisane. Vous en trouverez dans toute la ville : essayez **Il Montino** (p. 279) ou **Al Bagno di Nerone** (p. 278).

En remontant l'histoire Comme de nombreuses villes toscanes, Pise était étrusque avant d'être romaine. Ce peuple mystérieux, aux origines encore floues, a laissé l'un des plus étonnants sites funéraires aux portes de Pise, l'impressionnant **tumulus du Prince étrusque** (Via San Jacopo 183). Autre spécificité de Pise, son **anneau de murailles**, parmi les mieux conservées d'Italie et en haut desquelles les visiteurs peuvent cheminer sur 3 km.

Pôle scientifique Pise est le berceau de plusieurs savants, parmi lesquels les plus grands sont assurément le mathématicien Leonardo Fibonacci et l'astronome Galileo Galilei. La célèbre

Page de droite Campo Santo, Piazza dei Miracoli
En bas Lungarni

ATLANTIDE PHOTOTRAVEL/SHUTTERSTOCK ©

PISAPHOTOGRAPHY/SHUTTERSTOCK ©

Les Miracles

Officiellement, la **Piazza dei Miracoli** s'appelle Piazza del Duomo. C'est le poète Gabriele D'Annunzio qui l'a ainsi surnommée dans les années 1910, en raison de ses 4 monuments médiévaux : le Duomo, le campanile, le baptistère et le cimetière monumental. Et le plus célèbre de ces édifices, le campanile, est mieux connu comme la Tour penchée (Torre pendente) de Pise.

suite de Fibonacci serait immortalisée dans l'une des lunettes situées au-dessus de l'entrée de l'**église Saint-Nicolas** (Via Santa Maria 2), où les diamètres et les circonférences de la marqueterie suivent les premiers chiffres. La maison de Galilée se trouve Via Giuseppe Giusti 2. Les tombes de Fibonacci et de Galilée se situent toutes deux à l'intérieur du **Campo Santo**, Piazza dei Miracoli.

Une cité très animée

Pour profiter de la vie nocturne locale, allez vers les **Lungarni**, les quais qui bordent l'Arno. Vous y trouverez une multitude de bars et de petits restaurants où vous pourrez prendre un *aperitivo*. La **Piazza delle Vettovaglie** et la **Piazza Garibaldi** sont deux autres endroits animés en soirée.

53 Le tour des cités MÉDIÉVALES

CULTURE | ARCHITECTURE | CIRCUIT

L'histoire reste omniprésente en Italie, notamment dans les cités médiévales de Toscane. Partout, des tours, des châteaux et d'étroites ruelles pavées rendent bien vivant ce passé. Il ne vous reste qu'à choisir, parmi toutes ces pittoresques cités, celle que vous irez visiter en premier.

ARKANTO/SHUTTERSTOCK ©

Droit au château

Vous voulez vous imprégner de l'univers de la noblesse au Moyen Âge ? Alors, visitez l'un des nombreux châteaux médiévaux toscans : le **Nozzano Castello** (photo), aux portes de Lucques ; ou bien **Spedaletto**, ancienne halte sur la Via Francigena, la route de pèlerinage vers Rome ; ou encore l'un des nombreux autres châteaux recensés sur le site **Castelli Toscani** (castellitoscani.com).

En pratique

Circuler Les villes les plus importantes sont accessibles en train ; pour les villes plus petites, le mieux consiste à louer une voiture (San Gimignano est également desservi par une ligne de bus dédiée depuis Sienne).

Étape Si vous voyagez vers la fin octobre et que vous êtes fan de culture pop, ne manquez pas **Lucca Comics & Games**. Ce festival de bandes dessinées, aussi renommé que celui d'Angoulême, se tient dans le cadre Renaissance de Lucques.

01 **Volterra** ne manque pas de vestiges étrusques et romains ni de traditions médiévales. Début juin, le Tiro del Cero est l'équivalent du Palio pour les 8 *contrade* historiques de Volterra qui s'affrontent à la corde pour tirer de leur côté un énorme cierge placé sur un chariot de bois.

02 **San Gimignano** se repère facilement de loin grâce à ses tours emblématiques. Classé au patrimoine mondial de l'Unesco, c'est un des plus beaux exemples en Europe de ce à quoi devait ressembler une cité médiévale.

03 Depuis cinq siècles, les quartiers ancestraux de **Sienne** (voir aussi p. 268) s'affrontent chaque année lors du Palio. Une promenade dans le centre historique de la cité inscrite au patrimoine de l'Unesco vous dévoilera emblèmes, couleurs et rivalités de ces *contrade*.

04 Pittoresque cité d'origine étrusque, **Montepulciano** conserve bien vivantes des traditions telles que les courses de tonneaux ou le théâtre de rue. Tous deux se déroulent au mois d'août.

05 **Sovana** est un village médiéval qui a conservé ses remparts, des palais et des églises, témoins de son glorieux passé. Son parc archéologique offre aussi de belles possibilités de randonnées.

54 Élever son esprit À SIENNE

PATRIMOINE | ART DE VIVRE | PANORAMA

Sienne est une ville où l'architecture, tout comme l'âme, aspire à s'élever. Gigantesque musée à ciel ouvert célébrant le style gothique, la ville est ponctuée de monuments religieux et profanes dont les caractéristiques médiévales, aussi bien que leurs collections d'art ont été préservées. Émerveillement garanti.

FLIPHOTO/STOCK.ADOBE.COM ©

En pratique

S'y rendre Un train régional direct relie Sienne depuis Florence (9,30 €, 1 heure 30-2 heures, 1/heure).

Circuler Un escalator (*scala mobile*) gratuit relie la gare ferroviaire (Piazza Carlo Rosselli) au Viale Vittorio Emanuele II, près de la Porta Camollia dans le centre historique. Le centre se parcourt à pied.

CANADASTOCK/SHUTTERSTOCK ©

Piazza del Campo Rendez-vous sur le Campo, centre de la vie sociale de Sienne depuis le XIIIe siècle (et lieu où se déroule le Palio). Remarquez son pavage divisé en 9 parties représentant les 9 membres du Conseil du Moyen Âge. Construit pour montrer la richesse et l'indépendance de la cité, le **Palazzo Pubblico** (XIVe siècle, p. 275) est la pièce maîtresse de la place. On accède au magnifique **Museo Civico** (p. 275), dont les salles sont ornées par des artistes de l'école de Sienne, depuis le Cortile del Podestà (cour du Podestà). Commandées par les autorités municipales, les œuvres traitent de sujets profanes, à l'exemple des deux fresques fameuses : *Allégorie et effets du bon et du mauvais gouvernement* (vers 1338-1340) d'Ambrogio Lorenzetti.

Piazza del Duomo Autre édifice phare avec sa somptueuse façade de marbre polychrome blanc, vert et rouge, le **Duomo** (p. 274), édifié à partir de 1179, cache un intérieur splendide auquel de nombreux artistes ont collaboré. Le sol est notamment décoré de 56 panneaux incrustés de marbre (visibles uniquement de mi-août à fin octobre par souci de préservation). Nicola Pisano a sculpté la chaire, Pinturicchio a peint les fresques de l'extraordinaire **Libreria Piccolomini** (p. 274) et Michel-Ange, Donatello et le Bernin ont réalisé des sculptures. En face de la cathédrale, le **Complesso Museale di Santa Maria della Scala** (p. 274) est un grandiose ensemble de chapelles et de salles parées de fresques, séparées par des rues intérieures. Cet ancien hôpital fut, pendant plus de mille ans, un lieu d'accueil pour les pèlerins empruntant la Via Francigena, mais aussi pour les indigents, les malades et les orphelins.

Se perdre dans les contrade

Les *contrade* (quartiers) historiques de la ville demeurent aussi hauts en couleur qu'au XVIIe siècle, quand fut inauguré le Palio. Chaque *contrada* forme un lacis de rues animées, bordées de boutiques artisanales, de pâtisseries et de restaurants.

Page de gauche Sienne
En bas Cattedrale di Santa Maria Assunta (Duomo) au crépuscule

Sienne vue du ciel (ou presque)

Pour profiter d'une vue plongeante sur la ville, participez à la visite guidée de la Porta del Cielo (p. 274) qui permet d'accéder au toit et à la coupole de la cathédrale. Billets vendus en ligne (www.operaduomo.siena.it) et à l'office du tourisme du Complesso Museale di Santa Maria della Scala. À défaut, vous pouvez grimper au clocher du Palazzo Comunal, la Torre del Mangia, qui offre à ceux prêts à gravir ses quelque 400 marches une vue magnifique depuis son sommet.

55 Explorer les CRETE SENESI

GRANDS ESPACES | PATRIMOINE | ROAD TRIP

Pour certains voyageurs, les Crete Senesi revêtent une dimension spirituelle, qui dépasse la douceur des coteaux et l'incessant bal chromatique. Situés entre Sienne et le Val d'Orcia, ces paysages frappent assurément l'imagination et réservent de belles surprises aux gourmets comme aux amateurs d'art.

FORCDAN/STOCK.ADOBE.COM ©

En pratique

S'y rendre et circuler

En voiture, la Strada di Leonina, qui va de Sienne à Asciano, permet d'explorer à fond les Crete Senesi.

Office du tourisme

Pour vous informer, allez à l'**ufficio turistico di Asciano** (☎0577 71 88 11 ; Corso Matteotti 78 ; ⏲10h-13h et 15h-18h mar-dim avr-sept, 10h-13h et 15h-18h sam-dim oct-mars).

DRAGONCELLO/SHUTTERSTOCK ©

Page de gauche Crete Senesi
En bas Buonconvento

Asciano Carrefour des routes les plus évocatrices des Crete, Asciano vous séduira par son calme et la beauté de ses édifices et musées. L'élégant Palazzo Corboli accueille le **Museo Civico Archeologico e d'Arte Sacra** (p. 275) qui renferme des chefs-d'œuvre d'art sacré – ne manquez pas les fresques du XIVe siècle. À moins que vous ne préfériez admirer les tableaux de peintres siennois du XIXe siècle au **Museo Amos Cassioli** (p. 275) ou dans les fresques de la **Collegiata di Sant'Agata** (p. 274). Le 2e dimanche de septembre, les sept *contrade* (quartiers) d'Asciano se disputent un étendard peint lors de la traditionnelle course des ânes (Palio dei Ciuchi).

Abbazia di Monte Oliveto Maggiore À 10 km au sud d'Asciano, cette extraordinaire **abbaye** (p. 273) abrite le principal joyau artistique des Crete, le Chiostro Grande ("grand cloître").

San Giovanni d'Asso Ce nom parlera aux amateurs de truffe blanche. On y organise tous les ans en novembre la **Mostra del Tartufo Bianco** (www.mostradeltartufobianco.it), une grande manifestation autour du précieux champignon. À défaut, vous pourrez visiter le **Museo del Tartufo** (p. 275).

Buonconvento À 18 km à l'ouest de San Giovanni d'Asso, cette ville abrite le **Museo d'Arte Sacra della Val d'Arbia** (p. 275), un insolite palais Art nouveau converti en musée d'Art sacré. Sa collection comprend des œuvres de Duccio di Buoninsegna, Pietro Lorenzetti, Sano di Pietro et d'autres maîtres des XIVe et XVe siècles.

Les yeux perdus dans le paysage

Les Crete Senesi, ce sont avant tout des paysages, façonnés par le terrain argileux auquel ils doivent leur nom (*creta* signifiant argile). Rangez votre plan et perdez-vous par les sinueux chemins en pente entre les calanques, les *biancane* (reliefs arrondis de couleur claire) et les aspérités désertiques du territoire.

Carnet d'adresses

Les grands classiques

Basilica di Santa Maria Novella, Florence

Voir p. 245. L'accès à l'ensemble ecclésiastique se fait par l'entrée principale de la basilique, ou bien par l'office du tourisme en face de la gare ferroviaire sur la Piazza della Stazione (vous arriverez alors directement dans le Chiostro dei Morti). (☎055 21 92 57 ; www.smn.it ; Piazza di Santa Maria Novella 18 ; tarif plein/réduit 7,50/5 € ; ⏲10h-17h lun-sam, 12h-17h dim juil à mi-sept, horaires restreints mi-sept à juil)

Initiative gérée par la ville, **Mus.e** (☎055 276 85 58, 055 276 82 24 ; www.musefirenze.it ; visites et activités 5 € ; ⏲réservations 9h30-13h et 14h30-17h lun-sam, 9h30-12h30 dim) organise d'excellentes visites guidées (5 €, 1 heure 15), globales ou seulement de la chapelle pontificale en français.

Basilica di Santa Croce, Florence

Voir p. 247. (☎055 246 61 05 ; www.santacroceopera.it ; Piazza di Santa Croce 16 ; tarif plein/réduit 8/6 € ; ⏲9h30-17h30 lun et mer-sam, 13h-17h30 dim)

Corridoio Vasariano, Florence

Voir p. 249. (Corridor de Vasari ; visite guidée sur réservation mars-oct 45 €, nov-fév 20 €)

Duomo, Florence

Voir p. 244 et p. 252. (Cattedrale di Santa Maria del Fiore ; ☎055 230 28 85 ; duomo.firenze.it ; Piazza del Duomo ; ⏲10h45-16h30 lun-sam ; tarif plein/réduit avec baptistère, coupole, crypte musée 18/3 € ; campanile ⏲8h15-18h45, coupole ⏲8h15-18h45 lun-ven, 8h15-16h30 sam, 12h45-16h30 dim)

Galleria dell'Accademia

Voir p. 246. (☎055 29 48 83 ; www.galleriaaccademiafirenze.it ; Via Ricasoli 60 ; tarif plein/réduit 12/2 € ; ⏲9h-18h45 mar-dim, sur rdv sam-dim).

Giardino di Boboli, Florence

Voir p. 246. (☎055 29 48 83 ; www.uffizi.it/en/boboli-garden ; Palazzo Pitti, Piazza dei Pitti ; tarif plein/réduit avec Giardino Bardini et Museo delle Porcellane mars-oct 10/2 €, nov-fév 6/2 €, avec Offices et Palazzo Pitti mars-oct 38/21 €, nov-fév 18/11 € ; ⏲8h15-19h juin-août, jusqu'à 16h30 nov-fév, jusqu'à 17h30 mars et fin oct, jusqu'à 18h30 avr-mai et sept-oct, fermé 1er et dernier lun du mois nov-mai)

Offices, Galleria degli Uffizi, Florence

Voir p. 244. Il y a foule en toute saison ! Aussi pour réduire le temps d'attente, réservez vos billets en ligne (frais de 4 €) et récupérez-les à l'arrivée. (☎055 29 48 83 ; www.uffizi.it ; Piazzale degli Uffizi 6 ; tarif plein/réduit mars-oct 20/10 €, nov-fév 12/2 € ; ⏲8h15-18h50 mar-dim)

Palazzo Pitti, Florence

Voir p. 246. (☎055 29 48 83 ; www.uffizi.it/en/pitti-palace ; Piazza dei Pitti ; tarif plein/réduit mars-oct 16/8 €, nov-fév 10/2 €, billet combiné avec les Offices et le Giardino di Boboli mars-oct 38/21 €, nov-fév 18/11 € ; ⏲8h15-18h50 mar-dim mar-oct, 13h30-18h50 mar-dim nov-fév)

Palazzo Vecchio, Florence

Voir p. 245. (☎055 276 85 58 ; www.musefirenze.it ; Piazza della Signoria ; musée tarif plein/

VILIAM M/SHUTTERSTOCK ©

Val d'Orcia

réduit 12,50/10 €, tour 12,50/10 €, musée et tour 17,50/15 €, musée et visite archéologique 16/13,50 €, visite archéologique 4 €, billet combiné 19,50/17,50 € ; musée 9h-19h ven-mer, 9h-14h jeu mai-sept, 9h-19h ven-mer, 9h-14h jeu oct-avr ; tour 9h-21h ven-mer, 9h-14h jeu avr-sept, 10h-17h ven-mer, 10h-14h jeu oct-mars)

Tour penchée, Pise

Voir p. 247. (Torre Pendente ; 050 83 50 11 ; www.opapisa.it ; Piazza del Duomo ; 20 € ; 8h30-22h mi-juin à août, 9h-20h avril à mi-juin et sept, 9h-18h oct et mars, horaires variables en hiver, consultez le site Internet)

Joyaux florentins

Badia Fiorentina, Florence

Voir p. 255. (www.badiafiorentina.org ; Via del Proconsolo ; église visite guidée cloître 3 €, 15h-17h30 lun)

Basilica di San Lorenzo, Florence

Voir p. 249. (055 21 40 42 ; www.operamedicealaurenziana.org ; Piazza San Lorenzo ; 7 €, avec la Biblioteca Medicea Laurenziana 8,50 € ; 10h-17h30 lun-sam)

Basilica di San Miniato al Monte, Florence

(055 234 27 31 ; www.sanminiatoalmonte.it ; Via Monte alle Croci ; 9h30-13h et 15h-19h30 été, jusqu'à 19h hiver, 8h15-19h30 dim été, jusqu'à 19h hiver)

Battistero di San Giovanni, Florence

Voir p. 255. (055 230 28 85 ; duomo.firenze.it ; Piazza di San Giovanni ; tarif plein/réduit avec campanile, coupole, crypte et musée 18/3 € ; 11h15-17h30)

Biblioteca Medicea Laurenziana, Florence

Voir p. 250. (bibliothèque des Médicis ; 055 293 79 11 ; www.bmlonline.it ; Piazza San Lorenzo 9 ; 3 €, avec basilique 8,50 € ; 8h30-13h30 lun, mer et ven, 8h30-16h30 mar et jeu)

Cappella Brancacci, Florence

(055 238 21 95 ; cultura.comune.fi.it/musei ; Piazza del Carmine 14 ; tarif plein/réduit 10/7 € ; 10h-17h lun et mer-sam, 10h-13h dim)

D-VISIONS/SHUTTERSTOCK ©

Carrière de marbre, Alpes Apuanes

Cappella dei Magi, Florence

Voir p. 249. (Chapelle des Mages ; Palazzo Medici-Riccardi ; 055-276 0552 ; www.palazzomediciriccardi.it ; Via Cavour 3 ; tarif plein/réduit 7/4 € ; 9h-19h jeu-mar)

Chiesa et museo Orsanmichele, Florence

Voir p. 255. (Via dell'Arte della Lana ; 2 € ; église 10h-16h50 tlj, fermée lun août, musée 10h-17h lun, 10h-12h30 sam)

Patrimoine de Toscane

Abbazia di Monte Oliveto Maggiore

Cette abbaye des Crete Senesi (p. 270) est remarquable notamment pour ses fresques consacrées à la vie de saint Benoît. Leur réalisation fut confiée à Luca Signorelli en 1495, avant d'être complétée à partir de 1505 par le Sodoma, auquel on doit 27 de ses 35 panneaux. L'abbaye, fondée au XIVe siècle par Bernardo Tolomei, est le siège d'une petite communauté de bénédictins. L'église baroque abrite un chœur en bois (1503-1505) de Giovanni da Verona, l'une des plus grandes œuvres de marqueterie au monde ; on peut y entendre des chants grégoriens (7h30, 12h30, 15h30 et 18h30 tlj, et aussi 11h dim). (0577 70 76 11 ; www.monteolivetomaggiore.it ; Monte Oliveto Maggiore ; gratuit ; 9h15-12h et 15h15-17h nov-mars, 9h15-12h et 15h-18h avr-oct)

Baptistère, Pise

Voir p. 264. (Battistero di San Giovanni ; 050 83 50 11 ; www.opapisa.it ; Piazza del Duomo/Piazza dei Miracoli ; 9h-18h hiver, 8h-20h été ; billet combiné 2/5 monuments 7/10 € ; 8h-20h avr-oct, 9h-18h ou 19h nov-mars)

Camposanto, Pise

Voir p. 264. (050 83 50 11 ; www.opapisa.it ; Piazza del Duomo/Piazza dei Miracoli ; 9h-18h, 8h-20h été ; billet combiné 2/5 monuments 7/10 € ; 8h-20h avr-juil et sept-oct, 8h-22h août, 9h-18h nov-déc et mars, 9h-17h jan-fév)

Collegiata di Sant'Agata, Asciano

Voir p. 271. (Piazza della Basilica ; 9h-22h l'été, 9h-20h l'hiver)

Complesso Museale di Santa Maria della Scala, Sienne

Cet ancien hôpital du XIIIe siècle fut construit pour servir d'hospice aux pèlerins cheminant sur la Via Francigena ("venant de France"). À l'étage, admirez le Pellegrinaio (salle des Pèlerins), orné de fresques du XVe siècle exécutées par Lorenzo di Pietro (dit Vecchietta), Priamo della Quercia et Domenico di Bartolo. Tous font l'éloge de l'hôpital et de ses donateurs ; *Il governo degli infermi* (Gestion et soin des infirmes ; 1440-1441) de di Bartolo illustre les nombreuses activités pratiquées ici. L'hôpital a été transformé à la fin des années 1990 en un ensemble muséal si riche qu'une demi-journée de visite est à peine suffisante. Voir aussi p. 269. (0577 28 63 00 ; www.santamariadellascala.com ; Piazza Duomo 2 ; tarif plein/réduit 9/7 € ; 10h-19h mi-mars à mi-oct, 10h-17h lun et mer-ven, 10h-19h sam-dim mi-oct à mi-mars).

Coupole de la chapelle des Médicis

Duomo de Pise

Voir p. 264. (Duomo di Santa Maria Assunta ; 050 83 50 11 ; www.opapisa.it ; Piazza del Duomo/Piazza dei Miracoli ; 10h-20h avr-oct, 10h-18h ou 19h nov-fév). GRATUIT

Duomo de Sienne

Les murs et les piliers poursuivent le thème des rayures en noir et blanc, et les voûtes, peintes en bleu, arborent des étoiles dorées. Voir aussi p. 269. (Cattedrale di Santa Maria Assunta ; 0577 28 63 00 ; www.operaduomo.siena.it ; Piazza Duomo ; 18 oct-25 juin, 1er-17 août 5 €, 26 juin-juil et 18 août- 17 oct quand le pavement est exposé 8 € ; 10h30-18h lun-sam et 13h30-17h30 dim mars-oct, 10h30-17h30 lun-sam et 13h30-17h30 dim nov-fév)

Libreria Piccolomini, Sienne

Voir p. 269. (bibliothèque Piccolomini ; 2 € ; 10h30-18h30 lun-sam et 13h30-17h30 dim mars-oct, 10h30-17h lun-sam et 13h30-17h dim nov-fév)

Murailles, Pise

Voir p. 264. (050 098 74 80 ; www.muradipisa.it ; Piazza del Duomo/Piazza dei Miracoli ; tarif plein 3 € ; 9h-19h été, 10h-15h30 hiver)

Porta del Cielo, Sienne

Voir p. 269. (0577 28 63 00 ; operaduomo.siena.it ; Duomo ; tarif plein/enfant 20/5 € ; 10h30-19h lun-sam, 13h30-17h30 dim mars-fin août et oct-début jan, 10h30-19h lun-sam, 9h30-17h30 dim fin août-fin oct)

Torre del Mangia, Sienne

Voir p. 269. (0577 29 26 15 ; ticket@comune.siena.it ; tarif plein/famille 10/25 € ; 10h-13h45 et 14h30-19h mars-oct, 10h-13h et 13h45-16h nov-fév)

DUDLAJZOV/STOCK.ADOBE.COM ©

Cimetière du Camposanto, Pise

Tout l'art des musées toscans

Casa di Dante, Florence

Voir p. 255. (055 219 416 ; museocasadidante.it ; Via Santa Margherita 1 ; tarif plein/réduit 8/5 € ; 10h-17h mar-ven, 10h-18h sam-dim nov-mars, 10h-18h tlj avr-oct)

Museo Amos Cassioli, Asciano

Voir p. 271. (0577 71 44 50 ou 348 084 78 75 ; Via Fiume 8 ; tarif plein/réduit 5/3 €, combiné avec le Museo Palazzo Corboli 6 € ; 10h-13h et 15h-19h sam-dim)

Museo Civico, Sienne

Voir p. 269. (0577 29 26 15 ; Palazzo Pubblico ; tarif plein/réduit 10/9 €, avec la Torre del Mangia 14 €, avec la Torre del Mangia et le Complesso Museale di Santa Maria della Scala 20 € ; 10h-19h mars-oct, 10h-18h nov-fév).

Museo Civico Archeologico e d'Arte Sacra, Asciano

Voir p. 271. (0577 71 44 50 ou 348 084 78 75 ; Corso Matteotti 122, Asciano ; tarif plein/réduit 5/3 €, combiné avec le Museo Cassioli 6 € ; 10h-13h et 15h-19h mer-dim avr-sept, 10h-13h et 14h-17h sam-dim oct-mars)

Museo d'Arte Sacra della Val d'Arbia, Buonconvento

Voir p. 271. (0577 80 97 44 ; www.artesacra.museibuonconvento.com ; Via Soccini 18, Buonconvento ; tarif plein/réduit 3/2 € ; 9h-13h mar-mer et ven, 10h-13h et 15h-18h sam-dim)

Museo del Bargello, Florence

La plus vaste collection de sculptures de la Renaissance toscane visible en Italie, avec des travaux de jeunesse de Michel-Ange et une salle dévolue aux œuvres de Donatello. (055 064 94 40 ; www.bargellomusei.beniculturali.it ; Via del Proconsolo 4 ; tarif plein/réduit 10/2 € ; 8h45-13h30 dim-ven, 8h45-18h30 sam, fermé 1er et 3e mar du mois)

Museo delle Cappelle Medicee, Florence

Voir p. 250. (chapelles des Médicis ; 055 064 94 30 ; www.bargellomusei.beniculturali.it/musei/2/medicee ; Piazza Madonna degli Aldobrandini ; tarif plein/réduit 9/2 € ; 8h45-13h30 sam-lun, 13h45-18h30 mer-ven, fermé 1er, 3e et 5e dim du mois)

Museo dell'Opera del Duomo, Florence

Voir p. 252. (055 230 28 85 ; duomo.firenze.it ; Piazza del Duomo 9 ; tarif plein/réduit avec campanile, coupole, baptistère et crypte 18/3 € ; 10h15-16h30)

Museo del Tartufo, San Giovanni d'Asso

Voir p. 271. (0577 80 32 68 ; Piazza Gramsci)

Museo di San Marco, Florence

Voir p. 249. (055 088 20 00 ; Piazza San Marco 3 ; tarif plein/réduit 8/2 € ; 8h15-13h50, fermé 1er, 3e et 5e dim du mois, 2e et 4e lun du mois)

Museo Villa Napoleonica di San Martino, Elbe

Voir p. 261. (0565 91 46 88 ; San Martino ; tarif plein/réduit 5/2 € ; 8h30-13h30 mar, jeu et sam-dim, 14h-17h30 mer et ven été, 9h-13h30 mar, jeu et sam-dim, 13h30-17h30 mer et ven hiver).

Jardins remarquables

Giardino di Daniel Spoerri

Situé dans le sud de la Toscane, ce jardin vallonné de quelque 16 hectares est émaillé de plus d'une centaine de sculptures et installations artistiques contemporaines réalisées par l'artiste suisse Daniel Spoeri et par une cinquantaine d'autres artistes internationaux. (☎0564 95 00 26 ; www.danielspoerri.org ; Strada Provinciale Pescina, Seggiano ; tarif plein/réduit 10/8 € ; ⏲11h-18h mar-dim Pâques-nov, 11h-18h lun mi-juin à mi-sept)

Giardino Torrigiani, Florence

Cette discrète oasis vient en contrepoint des jardins de Boboli, très fréquentés. Cet élégant jardin, typique du style romantique du XIXe siècle, est l'un des rares qui subsiste dans un centre historique. (☎055 22 45 27 ; www.giardinotorrigiani.it ; Via de' Serragli 144, Florence ; visite guidée 1 heure 30, don apprécié ; ⏲sur réservation par e-mail)

Orto de' Pecci, Sienne

Dans ce jardin urbain, découvrez la douceur paisible de la Toscane, une ferme bio, un jardin médiéval, un restaurant de la ferme à la table et un vignoble expérimental. (☎0577 22 22 01 ; www.ortodepecci.it ; Via Porta Giustizia, Sienne ; ⏲8h30-22h été, horaires réduits hiver)

Vignamaggio

Réservez suffisamment à l'avance pour visiter les jardins de ce domaine du Chianti à la magnifique villa Renaissance. Ils ont servi de cadre à l'adaptation cinématographique par Kenneth Branagh de la pièce de Shakespeare *Beaucoup de bruit pour rien*. Plus prosaïquement, on vient visiter les caves et déguster la production viticole. (☎0558 54 66 24 ; www.vignamaggio.com ; Via Petriolo 5, Greve in Chianti ; ⏲visites mai-oct)

Beautés naturelles

Alpes Apuanes

C'est le marbre blanc, et non la neige, qui coiffe les spectaculaires pics montagneux qui se dressent autour des carrières de Carrare et de Colonnata, village célèbre aussi pour sa gastronomie.

Parco Nazionale Arcipelago Toscano

Magique, l'île d'Elbe surgit au cœur du plus grand parc national marin d'Europe. Un parc qui assure la protection du fragile écosystème de sept îles et îlots au large du littoral toscan. Voir aussi p. 262. (☎0565 90 82 31 ; www.parcoarcipelago.info ; Calata Italia 4 ; ⏲9h-19h avr-oct, 9h-22h mar et jeu août, 9h-16h lun-sam, 9h-15h dim nov-mars)

Parco Regionale della Maremma

Ce magnifique parc régional, proche du littoral et de l'embouchure de l'Ombronne, protège des forêts de pins, des plaines marécageuses, un littoral vierge et un dédale de sentiers de randonnée. Le canoë, l'équitation, le VTT ou le vélo électrique y sont très populaires. Voir aussi p. 256. (☎0564 39 32 38 ; www.parco-maremma.it ; tarif plein/réduit à partir de 10/5 € ; ⏲8h30-16h avr à mi-juin, 8h30-18h mi-juin à oct, 8h30-14h nov-mars)

Val d'Orcia

Située entre les Crete Senesi (p. 270) et les premiers contreforts du Monte Amiata, cette merveilleuse vallée à l'antique héritage agricole (inscrite sur la Liste du patrimoine mondial de l'Unesco) se décline au fil de bois de hêtres, de champs de blé, de versants sinueux et ponctués de cyprès, et, surtout, de localités à la beauté séculaire. Chaque année, des milliers de visiteurs marchent sur les traces des pèlerins ayant parcouru la Via Francigena

Corridoio Vasariano

des siècles durant. Si l'on y ajoute une belle tradition gastronomique et des propositions culturelles innovantes, le Val d'Orcia s'impose comme l'une des destinations offrant le plus de variété dans la région.

Routes des vins toscans, de la Maremme au Chianti

Castello di Ama

Un producteur de Chianti Clasico, mais aussi d'huile d'olive. Voir p. 257. (39 0577 746069 ; castellodiama.com ; Ama, Gaiole In Chianti ; visite et dégustation à partir de 65€/pers)

Domaine Il Borro

Bien plus que la découverte de la ferme et du travail de la vigne, ce domaine luxueux à 20 km d'Arezzo propose des activités (balades équestres, circuits à vélo dans la campagne environnante, spa), alliées à la dégustation des vins toscans produits sur place. *Osteria*, bistrot et Relais & Châteaux également sur place. Voir p. 257. (39 055977053 ; ilborro.it ; San Giustino Valdarno)

Ornellaia

Voir p. 257. (0565 718242 ; ornellaia.com ; Località Ornellaia 19, Fraz. Bolgheri, Castagneto Carducci)

Poderi di Capo d'Uomo

Un domaine sur les rives de l'Ombrone, proche de Paganico, qui produit de beaux vins rouges, rosés et blancs, mais aussi de l'huile d'olive. Voir p. 257. (39 333 6809579 ou 39 335 1223364 grimaldisavelli.com ; visite et dégustation à partir de 15€/pers)

Rocca di Frassinello

Une cave moderne, née d'une coentreprise entre deux maisons viticoles, l'une italienne, Castellare, l'autre française, les Domaines Barons de Rothschild. Le bâtiment a été conçu par l'architecte Renzo Piano. Une halte parfaite pour découvrir les vins de la région de la Maremme, à Gavorrano, mais aussi un vin étrusque *conciato* (tanné). Voir p. 257. (39 0566 88400 ; castellare.it ; Poggio alla Guardia, Giuncarico Scalo, Gavorrano ; visite et dégustation à partir de 30€/pers)

BORZENTSEV/SHUTTERSTOCK ©

Biblioteca Medicea Laurenziana

Le fait main à Florence

Benheart

Dans la plus pure tradition artisanale florentine, le créateur de chaussures Ben confectionne d'exquises chaussures doublées en cuir de buffle souple cousu à la main et teint avec des pigments naturels. Vous trouverez ses boutiques dans le *centro storico* de Florence. (www.benheart.it ; Via dei Calzaivoli 78, Florence ; 9h-20h30)

Lorenzo Villoresi

Installé dans un palais du XVe siècle, avec atelier, salle d'exposition et musée, ce parfumeur artisanal associe des senteurs typiquement toscanes, comme le laurier, le cyprès ou l'olive et des essences exotiques venues du monde entier pour produire des parfums exquis. (055 234 11 87 ; www.lorenzovilloresi.it ; Via de' Bardi 12, Florence ; 10h-19h lun-sam)

Manifattura Tabacchi

Composez votre carte postale audio de 4 minutes (numérique ou vinyle) à Loudlift, un studio d'enregistrement autonome, installé dans un ascenseur réaménagé au sein d'une ancienne usine de tabac des années 1930 transformée en centre d'art expérimental. (www.manifatturatabacchi.com ; Via delle Cascine 35, Florence ; horaires variables)

Cuisine de rue

Gelateria Dondoli — €

À San Gimignano, l'ancien champion du monde de la glace Sergio Dondoli est célèbre pour sa glace Crema di Santa Fina (crème au safran) et pour son sorbet Vernaccia. (☎ 0577 94 22 44 ; www.gelateriadipiazza.com ; Piazza della Cisterna 4, San Gimignano ; glaces 2,50-5 € ; 9h-23h été, 9h-18h hiver, fermé de mi-déc à mi-fév)

I Salaioli — €€

Dans la jolie petite ville de Pistoia (pas loin en train de Florence), ce restaurant-traiteur attire les gourmets qui finissent inévitablement par y faire une razzia de salamis, de fromages et autres délices à grignoter chez eux. (☎ 39 0573 20225 ; Piazza della Sala, Pistoia ; tlj 7h30-23h)

Il Magnifico — €

Lorenzo Rossi est le meilleur boulanger de Sienne. La plupart des familles locales y viennent toutes les semaines acheter *panforte* (gâteau épicé aux fruits et aux noix), *ricciarelli* (biscuits moelleux aux amandes saupoudrés de sucre) et *cavallucci* (biscuits moelleux parfumés à l'anis et autres épices). (☎ 0577 28 11 06 ; www.ilmagnifico.siena.it ; Via dei Pellegrini 27, Sienne ; 8h-19h30 lun-sam)

Viande de *cinta senese*, une race de porc toscan

Trippaio Sergio Pollini — €

Retrouvez les Florentins au *trippaio* (chariot à tripes) le plus populaire de la ville pour acheter un *panino* aux tripes, autrement dit un petit pain garni d'estomac de vache bouilli et arrosé de *salsa verde* (sauce verte à base de persil, d'ail, de câpres et d'anchois écrasés). (Piazza Sant'Ambrogio, Florence ; tripes 3,50 € ; 9h-16h lun-sam)

Cuisine toscane traditionnelle

Al Bagno di Nerone — €

Voir p. 264. (☎ 050 551085 ; al-bagno-di-nerone.business.site; Largo Parlascio 26, Pise ; 12h-15h et 18h-22h ven-lun et mer, jeu 12h-22h)

All'Antico Vinaio

Voir p. 254. (☎ 055 238 27 23 ; www.allanticovinaio.com ; Via de' Neri 65r, Florence ; assiettes dégustation 10-30 € ; 11h30-15h et 18h-21h30)

Essenziale — €€€

Le jeune et brillant chef florentin Simone Cipriani s'inspire de la cuisine traditionnelle toscane pour la revisiter de façon moderne et créative. Ses restaurants pop-up en plein air, l'été, et ses tables, l'hiver, dans un cadre de style loft sont tout aussi mémorables. (☎ 055 247 69 56 ; essenziale.me ; Piazza di Cestello 3r, Florence ; menu dégustation 55 € ; 19h30-23h30 mar-dim ; wifi)

Il Barrino – L'Ombelico del Mondo

(☎ 0577 84 51 90 ; Via Umberto I 147, Montisi ; repas à partir de 30 € ; 7h-minuit mar-dim)

Il Castagnacciaio — €

Un passage rituel quand on arrive sur l'île d'Elbe, à Portoferraio. Dans ce restaurant très animé du port, il faut commander une délicieuse *torta di ceci* (pizza aux pois

COMUGNERO SILVANA/STOCK.ADOBE.COM ©

Castagnaccio (gâteau aux châtaignes), une douceur toscane

chiches) suivie d'un *castagnaccio* (gâteau aux marrons). (☎ 0565 91 58 45 ; www.ilcastagnacciaio.com ; Via del Mercato Vecchio 5, Portoferraio ; pizza 6-10 € ; ⏲ 9h30-14h30 et 17h-minuit jeu-mar été, 10h-14h30 et 16h30-22h30 jeu-mar hiver)

Il Leccio €€

Regardez le chef voltiger entre la cuisinière et le potager dans cette formidable trattoria du pays du brunello, à Sant-Angelo in Colle, à 10 km au sud-ouest de Montalcino. (☎ 0577 84 41 75 ; www.trattoriailleccio.com ; Via Costa Castellare 1/3, Sant'Angelo in Colle ; repas 30 € ; ⏲ 12h-15h et 19h-22h jeu-mar ; ✎)

Il Montino €

Voir p. 264. (☎ 050 59 86 95 ; www.facebook.com/Pizzeria-Il-Montino-154866874547462 ; Vicolo del Monte 1, Pise ; pizza 6-8,50 €, cecina 2 €, foccacina 2,50-5 € ; ⏲ 11h-15h et 17h30-22h30 lun-sam)

Le Lune

Voir p. 258. (☎ 055 570222 ; lelunefirenze.it ; Vivaio di Agricola Rasponi ; Via San Domenico 36, Florence ; ⏲ déj ven-dim, dîner mer-sam)

Locanda Amordivino

Voir p. 279. (☎ 0577 165 66 07 ; Via Matteotti 128, Asciano ; repas 30 € ; ⏲ 19h30-22h lun-ven, 12h30-14h30 et 19h30-22h sam-dim)

Osteria dei Cavalieri €€

Les tripes, l'os à moelle farci au riz safrané et les beaux steaks d'aloyau bleus font partie des plats typiquement toscans préparés dans ce restaurant de Pise. Terminez par un sorbet au citron noyé sous le prosecco. (☎ 050 58 08 58 ; www.osteriacavalieri.pisa.it ; Via San Frediano 16, Pise ; repas 25-30 € ; ⏲ 12h30-14h et 19h30-22h30 jeu-mar)

Osteria delle Crete

Voir p. 270. (☎ 0577 80 30 76 ; Via XX Settembre 22 ; San Giovanni d'Asso ; repas à partir de 25 € ; ⏲ 12h-14h30 et 19h-21h30 mar-dim)

Sergio Falaschi €

À San Miniato, où prime le Slow Food, frayez-vous un chemin jusqu'à l'arrière de cette *macelleria* (boucherie), ornée de carreaux de céramique des années 1920 : là, vous dégusterez des plats pleins de fougue à base de bœuf de Chianina, de *mallegato* (boudin) et de *cinta senese* (porc de la région de Sienne). (☎ 0571 4 31 90 ; www.sergiofalaschi.com ; Via Augusto Conti 18-20, San Miniato ; repas 25 € ; ⏲ 7h30-15h et 16h-20h lun-mar et jeu-sam, 9h-15h dim)

Agriturismi

Al Benefizio

Voir p. 258. (☎ 0583 722 201; albenefizio.it ; Località Ronchi 4 Barga, Lucques)

Barbialla Nuova

Voir p. 258. (☎ 3208342516 ; barbialla.it ; Via Casastrada 49, Montaione)

NAPLES ET LE SUD

VESTIGES | PLEIN AIR | ART DE VIVRE

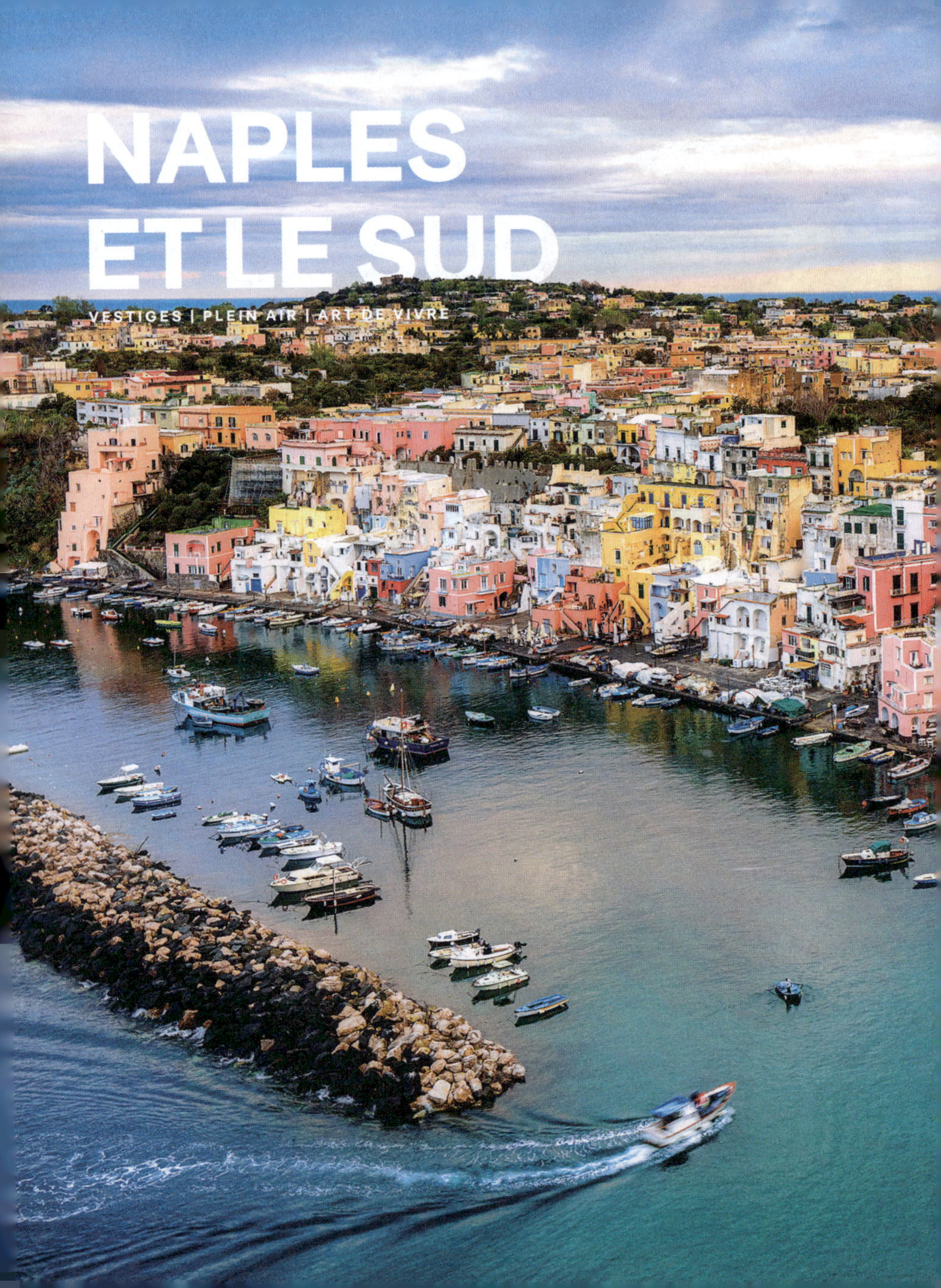

BORIS STROUKOV/SHUTTERSTOCK ©

NAPLES ET LE SUD
à la carte

Chefs-d'œuvre artistiques, culture traditionnelle, nature d'une sauvage beauté et sublime cuisine, il y a tant à découvrir dans ce Sud baigné de soleil. Des rues historiques de Naples aux envoûtantes ruines de Pompéi, des vertigineux paysages de la côte amalfitaine aux montagnes des parcs nationaux de Calabre, les sensations fortes vous saisissent à tout instant.

Dansez la *pizzica* jusqu'à la transe dans les **Pouilles** (p. 332)

2 jours

Dorez sous le soleil sur la plage de **Tropea** (p. 339)

2 jours

Retirez-vous en pleine nature dans le **Parco Nazionale dell'Aspromonte** (p. 315)

2 jours

Informations pratiques

GIANNIS PAPANIKOS/SHUTTERSTOCK ©

ARRIVER

Aéroport international Capodichino à 7 km de Naples. Relié au centre par les Alibus (5 €).

Stazione Centrale Principale gare de Naples, Piazza Garibaldi, d'où partent des bus urbains.

Aéroport de Lamezia Terme Pour la Calabre. Des bus le relient aux villes de la région et à la gare Lamezia Terme Centrale.

Aéroports de Bari et de Brindisi Pour les Pouilles.

BUDGET

Pizza margherita à partir de 4 €

Gelato 2-5 €

Billet de ferry pour Capri 22 €

QUAND Y ALLER

AVR-MAI
Temps printanier ensoleillé. L'idéal pour randonner et prendre part à nombre d'événements.

JUIN-AOÛT
Chaleur torride de l'été et foule sur la côte. Moins de monde à Naples.

SEPT-OCT
Il fait encore assez chaud pour la plage. C'est le temps des cueillettes automnales.

NOV-MAR
Période la plus humide et la plus froide de l'année. Chutes de neige éventuelles en montagne.

COMMENT CIRCULER

Bus Outre les déplacements dans Naples, ils assurent la liaison avec les principaux villages et villes de la côte amalfitaine. Ailleurs, des bus desservent la plupart des endroits, mais les services sont peu fréquents le dimanche et rares dans les régions reculées de l'arrière-pays.

Train La ligne Circumvesuviana est la solution la plus pratique pour aller de Naples à Pompéi et à Sorrente. En Calabre, des trains desservent les principales villes et bourgades des côtes tyrrhénienne et ionienne.

Voiture C'est le meilleur moyen pour explorer l'arrière-pays et pour rejoindre bourgs et villages, en particulier dans les montagnes peu peuplées de Calabre. Mais les routes peuvent être étroites et cahoteuses et le stationnement relève souvent du casse-tête dans les villes.

SE RESTAURER ET PRENDRE UN VERRE

Pizza À Naples, berceau de la pizza, rien ne vaut une *margherita* ou une *marinara* cuites au feu de bois, dans le *centro storico*.

Fromages et salami La Campanie est réputée pour sa mozzarella de bufflonne, tandis que les Pouilles tirent fierté de leur *caciocavallo* (fromage à pâte mi-dure). En Calabre, la vedette est la *'nduja* (photo ci-contre), un salami à tartiner relevé par des piments.

Produits de la mer Goûtez les moules (*cozze*), le poulpe (*polpo*), l'espadon (*pesce spada*), les anchois (*alici*) et le thon (*tonno*).

Un must pour la pizza Pizzeria Gino Sorbillo (p. 341)

Le meilleur tartufo gelato Bar Gelateria Ercole (p. 341)

OÙ LOGER

Vaste choix d'hébergements dans toute la région, allant des hôtels de luxe aux B&B, en passant par les *pensioni* familiaux, les *agriturismi* (ou *masseria* dans les Pouilles). Sur la côte, les prix s'envolent en juillet-août.

Lieu	Pour/Contre
Naples	Vaste choix, du centre historique pour son atmosphère à Santa Lucia pour son front de mer.
Lecce	Base idéale pour le Salento ; merveilleux B&B, élégants hôtels et demeures campagnardes de charme.
Parco Nazionale della Sila	Hôtels, pensions et B&B rustiques, principalement à Camigliatello Silano et à San Giovanni in Fiore.
Positano	Luxueux hôtels et charmantes pensions ; panoramas de rêve sur la côte amalfitaine. Cela a un prix !
Sorrente	De l'hôtel à l'auberge de jeunesse, la gamme est large. Attention à réserver très tôt pour juillet-août.
Tropea	Superbe destination estivale, disposant de luxueux complexes hôteliers et de B&B.

SE CONNECTER ET S'ORIENTER

Wi-Fi Le Wi-Fi gratuit est généralement disponible dans les hébergements de vacances, mais la qualité du signal peut être inégale, en particulier dans les zones reculées de l'arrière-pays.

Orientation Les offices du tourisme sont de bon conseil.

PASS TOURISTIQUE

La **Campania Artecard** (campaniartecard.it ; 3 jours Naples/Campanie transports compris 21/32 €, 7 jours Campanie 34 €) donne un accès gratuit à un nombre limité de musées/sites, puis ouvre droit à des tarifs réduits pour vos visites suivantes à Naples et/ou en Campanie.

ARGENT

Faire ses emplettes pour pique-niquer dans les épiceries-traiteurs et manger une pizza limitent les frais. Les hébergements de l'arrière-pays, les B&B ou les *agriturismi* sont moins chers. Évitez l'été.

Les grands classiques

Pour les infos pratiques de chaque site, reportez-vous au carnet d'adresses p. 334.

Palazzo Reale, Naples

Monument érigé lorsque Naples était sous domination ibérique, ce palais du XVIe siècle accueille dans les appartements royaux l'éclectique Museo del Palazzo Reale aux riches collections baroques et néoclassiques de mobilier, porcelaines, tapisseries, sculptures et peintures. Sur le plan décoratif, l'une des merveilles du palais est le Teatrino di Corte, somptueux petit théâtre privé créé en 1768, et la Cappella Reale (chapelle royale) qui permet d'admirer une crèche napolitaine du XVIIIe siècle dont les santons sont très expressifs. Enfin, la Biblioteca Nazionale di Napoli, au sein du palais, renferme au moins 2 000 papyrus découverts à Herculanum.

ELENA APANASENKO/SHUTTERSTOCK ©

Museo Archeologico Nazionale, Naples

Paradis des passionnés d'histoire, ce musée de Naples réunit des collections de sculptures antiques ayant appartenu aux Farnèse ainsi que des trésors archéologiques provenant de Pompéi et des autres sites frappés par l'éruption du Vésuve. Parmi les œuvres majeures figurent d'extraordinaires mosaïques et fresques, ainsi que le magistral *Taureau Farnèse* retrouvé à Rome, sans doute la plus grande sculpture de l'Antiquité découverte à ce jour.

SIMONE CRESPIATICO/SHUTTERSTOCK ©

MARCOBRIVIO.PHOTO/SHUTTERSTOCK ©

Capella Sansevero, Naples

Cette chapelle baroque, située dans le *centro storico* de Naples, abrite l'un des plus remarquables chefs-d'œuvre de la ville : l'étonnant *Cristo Velato* (Christ voilé) de Giuseppe Sanmartino. Le rendu de l'étoffe d'un étonnant réalisme invite presque les spectateurs à soulever un coin du voile. Autres chefs-d'œuvre : les sculptures du *Disinganno* (*Désenchantement*) de Francesco Queirolo et de la *Pudicizia* (*Pudeur*) d'Antonio Corradini, ainsi que les fresques de Francesco Maria Russo, aussi hautes en couleur qu'à l'époque de leur réalisation en 1749.

DAVID MORENO HERNANDEZ/SHUTTERSTOCK ©

Côte amalfitaine

Remarquable exemple de paysage méditerranéen pour l'Unesco, qui l'a inscrite au Patrimoine mondial, la côte amalfitaine fascine par sa beauté ; les montagnes plongent dans la mer en à-pics vertigineux auxquels s'accrochent des maisons en équilibre et des forêts verdoyantes. Des localités de charme jalonnent ses côtes : les très courues Positano et Amalfi, Ravello, qui du haut de sa montagne fait chavirer les cœurs avec ses villas élégantes et son passé wagnérien. À l'ouest Sorrente, petite station balnéaire qui a miraculeusement résisté au tourisme de masse, reste un point d'accès privilégié à la côte amalfitaine.

Capri

Sur cette île de la baie de Naples, les falaises s'élèvent majestueusement au-dessus d'une mer d'un bleu irréel, et les élégantes villas sont drapées de glycine et de bougainvillées. Domaine des célébrités et de la jet-set, cette petite île à l'ouest de la péninsule de Sorrente respire le luxe. Pourtant, même sans dépenser des fortunes, vous serez saisi par son charme, celui dégagé par le Monte Solaro, par les villas et leurs jardins (p. 306), par les ruelles tortueuses d'Anacapri ou la beauté de la Grotta Azzura (p. 338).

S-F/SHUTTERSTOCK ©

Pompéi

L'intérêt des ruines de Pompéi (p. 300) tient en grande partie au fait que la ville, lors de l'éruption du Vésuve en 79, a été ensevelie sous une couche de *lapilli* (fragments de lave) et donc bien préservée. C'est un site archéologique très émouvant, avec ses thermes, le temple d'Apollon, la maison du faune ornée de mosaïques, le "grenier du Forum" rempli d'amphores en terre cuite et de moulages des corps, la villa des Mystères et sa grande frise dyonisiaque, ou encore le Grand Théâtre.

BORIS STROUJKO/STOCK.ADOBE.COM ©

LAURAVL/SHUTTERSTOCK ©

Lecce et le Salento, Pouilles

Dans le Salento, Lecce (p. 326) se caractérise par une cohérence architecturale qu'aucune cité d'Italie du Sud ne peut lui disputer. À tel point d'ailleurs que le *barocco leccese* (baroque de Lecce) constitue un style à part entière : une incarnation du genre, expressive et foisonnante à l'extrême. Ce style a essaimé dans tout le Salento et vous pourrez en découvrir de belles réalisations tout en dansant la tarentelle lors des fêtes estivales !

FREESURF/STOCK.ADOBE.COM ©

DAVIDIONUT/STOCK.ADOBE.COM ©

Du Gargano au Valle d'Itria, Pouilles

Une lumière rosée baigne en permanence la côte du promontoire du Gargano, offrant un saisissant contraste avec le bleu intense de la mer Adriatique. Caractérisé par la blancheur de ses falaises, ses grottes et ses maquis parfumés, le Gargano est l'un des plus beaux sites d'Italie. On ne se lasse pas de séjourner dans les charmantes stations balnéaires de Vieste et de Peschici ni d'explorer à pied le parc national, avant de filer découvrir la belle Trani, la blanche Ostuni et la verdoyante vallée d'Itria (p. 324).

Matera, Basilicate

La Basilicate offre un paysage irréel de montagnes, de vallées boisées et de villages qui semblent se fondre dans la roche. Sa position isolée mais stratégique lui valut d'être tour à tour envahie, pillée, abandonnée et négligée. Son joyau reste Matera (p. 320), à l'intérieur des terres, qui avec ses *sassi* (habitations troglodytiques) préhistoriques et ses églises rupestres, constitue le troisième plus ancien peuplement du monde.

56 Les dessous de NAPLES

HISTOIRE | CATACOMBES | RUINES

Sous les rues si vivantes de Naples se cache un monde souterrain fait d'anciennes carrières antiques, de tombes paléochrétiennes, de catacombes et de tunnels. Depuis la fin de la Seconde Guerre mondiale, quelque 700 cavités ont été découvertes dans le *sottosuolo* (sous-sol) en tuf de la ville. Et quelque 2 millions de mètres carrés restent encore à mettre au jour.

FABIO MICHELE CAPELLI/SHUTTERSTOCK ©

En pratique

S'y rendre Pour rejoindre les sites du centre historique, prenez le métro jusqu'à Dante. Pour les catacombes, grimpez dans le bus R4 ou le n°178 jusqu'à Via Capodimonte.

Visites Les sites souterrains ne se visitent qu'avec un guide. Demandez un accompagnateur francophone.

Tarifs Comptez au moins 9/5 € tarif plein/enfant pour la visite.

Tenue Une "petite laine" est nécessaire car il fait froid sous terre, même en plein été.

SVETLANA JAFAROVA/SHUTTERSTOCK ©

Page de gauche, en haut Catacombe di San Gennaro **En bas** Galleria Borbonica

Catacombes et cimetières Les plus célèbres catacombes de Naples sont creusées dans le tuf sous la colline de Capodimonte. Le saint patron de Naples, l'évêque Janvier décapité sous Dioclétien, y fut inhumé en 305, d'où le nom de **Catacombe di San Gennaro** (p. 334). Formant un vaste complexe sur deux niveaux, leurs sombres galeries ornées de fresques et de mosaïques n'abritent pas moins de 3 000 hypogées ainsi que deux églises souterraines.

Non loin, des millions d'ossements humains jonchent le **Cimitero delle Fontanelle** (p. 335) et les **Catacombe di San Gaudioso** (p. 335), qui s'étendent sous la Basilica di Santa Maria della Sanità.

Tunnels Sous les ruelles du *centro storico* se cache un dédale d'aqueducs, de tunnels et de citernes. Creusé à l'origine par les Grecs pour extraire cette roche tendre qu'est le tuf, ce labyrinthe souterrain fut agrandi par les Romains puis utilisé comme abri antiaérien pendant la Seconde Guerre mondiale. On peut aujourd'hui le visiter par le biais de **Napoli Sotterranea** (p. 335). Autre galerie souterraine accessible, la Galleria Borbonica fut créée au milieu du XIXe siècle pour relier le Palazzo Reale à la mer. Elle a été construite à l'emplacement d'un réseau d'aqueducs du XVIIe siècle qui lui-même incorporait des citernes du XVIe siècle.

Villes enfouies Au nombre des belles églises médiévales de Naples, la **Basilica di San Lorenzo Maggiore** (p. 334) recouvre un ensemble de ruines impressionnant, en particulier les vestiges d'un *macellum* (marché) en activité aux IIe et Ier siècles av. J.-C.

Un message d'espoir

Dans les Catacombe di San Gennaro, ne manquez pas trois œuvres particulièrement remarquables. L'une, sur la tombe d'une mère et sa fille, est la plus ancienne représentation de saint Janvier. L'autre montre la famille Theotecnus, telle "une photo de famille datant de 2 000 ans".

La dernière, une superbe mosaïque représentant Quodvultdeus, un évêque de Carthage, est porteuse d'un grand message d'espoir et d'ouverture. Quodvultdeus fait partie de ces Africains arrivés à Naples au Ve siècle et accueillis à bras ouverts par les Napolitains alors qu'ils étaient persécutés pour leur religion dans leur propre pays.

Par Vincenzo Porzio, *guide, Cooperativa La Paranza, catacombedinapoli.it*

57 NAPLES en musique

VIE NOCTURNE | CULTURE | PIAZZAS

L'extravagante cité napolitaine séduit aussi par sa passion pour la musique. L'âme profonde des Napolitains se dévoile au fil des rues, places et autres scènes improvisées... Préparez-vous à des expériences inoubliables : danser sur de la house music dans un club de plage, assister à un concert de rap en pleine rue ou chanter “O sole mio” en vous baladant ! Voici notre guide de la Naples musicale.

ANGELAFOTO/GETTY IMAGES ©

En pratique

Quand Toute l'année, mais surtout entre le printemps et l'automne. Les spectacles nocturnes commencent après 22 heures.

Tarifs Les événements musicaux organisés dans les bars ou sur les petites places sont souvent gratuits. On remercie souvent le groupe en payant une tournée.

Donner de la voix
La scène musicale napolitaine est diverse et originale. Même si vous n'avez jamais entendu parler des artistes et ne comprenez pas les paroles, il s'en dégage une énergie contagieuse.

MOHSINKHAWARPHOTOGRAPHY/GETTY IMAGES ©

PHOTO ITALIA LLC/GETTY IMAGES ©

Page de gauche et ci-contre
Musiciens de rue, Naples

Musique populaire

Folklore napolitain Vous avez certainement déjà entendu la *musica popolare* napolitaine. Qui ne connaît "Funiculì funiculà" entre autres chansons populaires appréciées dans le monde entier ? Elles font toujours partie intégrante de l'identité napolitaine, même si elles ont été écrites il y a plus d'un siècle. Suivez les accordéons et les tambourins dans le centre historique de Naples ou dans les villes de carte postale qui jalonnent la côte, comme **Sorrente** ou **Massa Lubrense**. Vous y entendrez de la musique folklorique napolitaine aussi bien sur les piazzas que dans les festivals locaux.

Grands artistes Pour voir des artistes renommés, napolitains ou internationaux, rendez-vous à **La Casa della Musica** (p. 335).

Ambiance sur la piazza Naples est une ville chaude, tant en ce qui concerne le temps que les passions, et c'est donc en plein air que l'ambiance musicale est souvent la meilleure. La **Piazza del Plebiscito** est LA place de Naples pour la musique live. Vous êtes sûr aussi d'entendre de la musique sur la **Piazza Dante**, au **Vomero**, **Via Benedetto Croce** ou **Via Roma**, ne serait-ce qu'un guitariste solitaire qui gratte des reprises de Pino Daniele, ou encore un groupe de rue funky.

Let's dance À Naples, le mouvement autour des musiques house, trance et trap explose. Allez dans les quartiers d'Agnano, de Flegrea ou de Fuorigrotta-Bagnoli, où vous trouverez des *discoteche* comme **Arenile di Bagnoli** (p. 343) sur la plage. Vous ne résisterez pas aux DJ.

Festivals d'été musicaux

Pomigliano Jazz Festival (pomiglianojazz.com) Incontournable depuis 1996 sur la scène des festivals de musique napolitains, le festival de jazz de Pomigliano accueille en fin d'été des artistes de renommée mondiale sur des sites spectaculaires, comme le cratère du Vésuve ou l'amphithéâtre romain d'Avella. Spectacles musicaux ou théâtraux en plein air.

Noisy Naples Fest (noisynaplesfest.com) L'Arena Flegrea accueille en juin et juillet cette série de concerts de "bruit urbain" et de représentations théâtrales. Artistes locaux et internationaux de renom.

Newroz (Via Mezzocannone 12) Ce festival de musique présente des genres variés allant du hip-hop à l'indé ou au rock. Il se déroule sur plusieurs jours à la mi-juillet.

58 CUISINE DE RUE napolitaine

CUISINE | TRADITION | PIZZA FRITTA

Rien ne vaut souvent la saveur des mets vendus dans les rues de Naples et que l'on mange avec les doigts. Voici une sélection des plus délicieux et des lieux où les trouver. Une balade à travers les quartiers de la ville prend un tout autre goût quand vous avez une *pizza fritta* dans une main et des *taralli* dans l'autre.

STESILVERS/SHUTTERSTOCK ©

Une douceur ?

C'est le temps du dessert ! La *sfogliatella* (photo) est la pâtisserie napolitaine par excellence, déclinée en deux versions : *riccia* (feuilletée) et *frolla* (lisse). Essayez l'une ou l'autre (voire les deux !) à l'**Antico Forno delle Sfogliatelle Calde Fratelli Attanasio** (p. 340), ou chez l'incontournable **Sfogliatella Mary** (p. 341) de la Galleria Umberto. Terminez en beauté avec un *babà au rhum* à la **Pasticceria Artigianale Salvatore Capparelli** (p. 341).

En pratique

Où Les meilleurs endroits pour la cuisine de rue napolitaine sont principalement concentrés dans les quartiers voisins de Spaccanapoli, Via dei Tribunali et San Gregorio Armeno. Essayez aussi Fuorigrotta et Via Toledo.

En avant ! L'exercice donne faim…

Tarifs Pas plus de quelques euros chacun.

Patience Les files d'attente aux stands ou aux pizzerias populaires comme Da Michele ou Sorbillo peuvent durer des heures, surtout le week-end.

01 Au départ de **Montesanto**, rendez-vous au marché aux poissons de la **Pescheria Azzurra** (Via Portamedina) pour un *cuoppo di pesce* – un cône en papier plein de friture croustillante.

02 À 130 m à l'est, au marché de la rue **Pignasecca**, la **Friggitoria Fiorenzano** (Via Pignasecca 48) sert de délicieux *zeppole* (pâte frite) et *frittatine di pasta* (croquettes de pâtes).

03 Marchez 800 m à l'est de Spaccanapoli jusqu'à **Tandem d'asporto** (Via Mezzacannone 75) et dégustez une autre spécialité napolitaine fort appréciée : le *cuzzetiello* (une baguette fourrée de *ragù* à la napolitaine).

04 Vous n'êtes plus qu'à 350 m des *taralli 'nzogna e pepe* (biscuits en forme d'anneau, salés et poivrés) de la **Taralleria Napoletana** (Via San Biagio Dei Librai 3).

05 À 450 m, l'**Antica Pizza e Friggitoria di Matteo** (p. 340) livre sa fameuse *pizza fritta* : la pâte est repliée sur elle-même, farcie d'ingrédients comme de la ricotta et des *cicoli* (grattons de porc) puis frite.

59 JOYAUX connus et méconnus

PROMENADE | CENTRE HISTORIQUE | BAROQUE

Le *centro storico* est le cœur palpitant et tonitruant de Naples. Tout y abonde : lieux de culte fastueux, *palazzi* grandioses, fresques sublimes au détour de chapelles et de cloîtres, rues souterraines datant de l'Antiquité... et les cris de la rue, tels ceux des *baristi* pour vous attirer à leurs tables. Ce dédale de ruelles et de places trois fois millénaire est le théâtre de l'âme napolitaine.

ENRICO DELLA PIETRA/SHUTTERSTOCK ©

En pratique

Circuler
De la Port'Alba au Duomo (p. 335).

Durée/distance
1,8 km, 2 heures 30.

Rendez-vous à l'ancienne ❶ **Port'Alba**, percée dans la muraille angevine en 1625 sous le vice-roi Antonio Álvarez, qui donne sur la Via Port'Alba parsemée de librairies et de créations *street art*. À gauche, la Via Santa Maria di Costantinopoli mène à la ❷ **Piazza Bellini** (p. 343), jalonnée de bars où l'on se retrouve en soirée, avec au centre les vestiges des remparts antiques. Notez, à l'angle nord-ouest de la place, la juxtaposition des styles Renaissance et baroque sur la façade du Palazzo Firrao (Via Santa Maria di Costantinopoli 98) et à son extrémité sud-ouest, la Via San Pietro a Maiella qui résonne aux vibratos du prestigieux Conservatorio di Musica di San Pietro a Maiella.

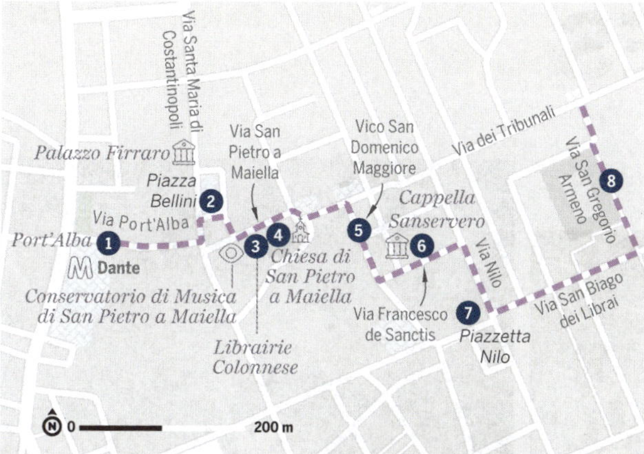

Les rayonnages de la savante librairie ❸ **Colonnese** (p. 335) vous impressionneront, comme les ors des fresques baroques de Mattia Preti au plafond de la ❹ **Chiesa di San Pietro a Maiella** (p. 335) voisine. L'église marque l'extrémité ouest de la Via dei Tribunali, le Decumanus Maximus, grand axe est-ouest de Naples, d'époque gréco-romaine. On la remonte vers l'est avant de s'engager à droite dans le ❺ **Vico San Domenico Maggiore**, bordé de boutiques et d'ateliers singuliers, jusqu'à la Via Francesco de Sanctis sur la gauche. C'est là, dans la ❻ **Cappella Sansevero** (p. 334), que repose le *Christ voilé* de Giuseppe Sanmartino. À droite, la Via Nilo mène à la ❼ **Piazzetta Nilo** (p. 335) et à sa fameuse statue du dieu Nil érigée par des marchands venus de l'Alexandrie antique. Poursuivez vers l'est le long de la Via San Biagio dei Librai, puis prenez à gauche sur la ❽ **Via San Gregorio Armeno** (p. 340), célèbre pour ses boutiques de santons et de crèches.

Page de gauche Vestiges de la Piazza Bellini **Ci-dessous** Coupole de la Chiesa di San Pietroa Maiella

NAPLES
Metro Art

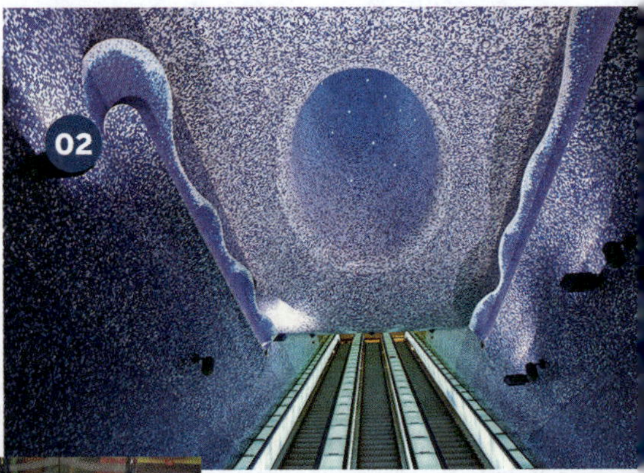

01 En route
Sérigraphiées sur des panneaux en miroir, des images grandeur nature de passagers dans le métro : *Stazione*, station Garibaldi, Linea 1.

02 Sous la mer
Des mosaïques couleur de fonds marins, complétée par des vagues et des effets de lumières : *Crater de luz/Olas/ Relative Light*, station Toledo (Linea 1).

03 Ensemble à jamais
À la croisée de l'humanisme, de l'amour éternel et du cheminement des voyageurs, les portraits colorés de Dante et de sa muse : *Dante e Beatrice*, station Università (Linea 1).

04 Hommage
À partir de photographies retravaillées et imprimées sur des panneaux de pierre synthétique, un hommage aux ouvriers qui ont creusé les galeries et construit le métro : *Men at Work*, station Toledo (Linea 1).

05 Envol
Tirés vers le ciel par des oiseaux, deux voyageurs éclairent

les quais obscurs du métro : *The Flying – Le tre finestre*, station Toledo (Linea 1).

06 Danseuses minoennes
Farandole de silhouettes évoquant les danseuses de Cnossos : *Engiadina*, station Toledo (Linea 1).

07 Paix
Une atmosphère de joie se dégage des formes géométriques colorées sur fond bleu : *Universo senza bombe, regno dei fiori, 7 angeli rossi*, station Dante (Linea 1).

08 Culture méditerranéenne
Dix-huit photos en noir et blanc de visages antiques en marbre ou en mosaïque : *Anamnesi*, station Museo (Linea 1).

09 Scugnizzi
Enfants batifolant aux côtés d'un Polichinelle : *Spulcinellando, Sguazzando, Scugnizzando*, station Materdei (Linea 1).

10 Rêves
Regards de l'artiste Betty Bee : *Senza Titolo*, station Quattro Giornate (Linea 1).

Pompéi, arrêt sur image

UN TRÉSOR ARCHÉOLOGIQUE QUI N'A PAS FINI DE LIVRER SES SECRETS

Immense champ de ruines sur fond de noir Vésuve, Pompéi offre un spectacle saisissant. Ses rues et ses bâtiments ensevelis sous les cendres durant des siècles ont été merveilleusement préservés et continuent d'être une source de découvertes importantes qui affine sans cesse nos connaissances sur la vie des Anciens.

ANDREAS SOLARO/AFP/GETTY IMAGES ©

En haut *Thermopolium* **Page de droite, à gauche** Fresque aux volailles **À droite** Date inscrite au charbon de bois

La disparition de Pompéi (voir p. 288) est l'un des grands drames de l'histoire antique. Au Ier siècle av. J.-C., Pompéi était un port florissant comptant environ 20 000 habitants et présentant tous les attributs d'une cité romaine prospère : amphithéâtre, forum, basilique, temples et fontaines publiques. Ses rues animées étaient bordées d'immeubles d'habitation ainsi que de boutiques, de boulangeries, de sanctuaires, de tavernes et de lupanars.

En l'an 62, un puissant séisme causa des dégâts considérables. Les travaux de restauration de nombreux bâtiments étaient encore en cours quand, en 79, se produisit l'irréparable. L'éruption du Vésuve fit pleuvoir sur la ville un mélange étouffant de cendres et de *lapilli* (fragments de pierre ponce incandescente) et dévaler sur la région des coulées pyroclastiques (vagues de gaz et de cendres mortellement chaudes) qui tuèrent tout le monde sur leur passage. Lorsque la poussière fut retombée, 2 000 personnes étaient mortes et la ville ensevelie sous 6 m de débris solidifiés.

Des premières fouilles au Grande Progetto Pompeii

En 1594, quelques premiers vestiges de la Pompéi antique furent retrouvés sous terre, mais les fouilles n'ont véritablement commencé qu'au milieu du XVIIIe siècle, avec pour principal objectif de mettre au jour des objets d'art. Au fil du XIXe siècle, la recherche de trésors a fait place à des campagnes d'excavation plus organisées sous la direction de l'archéologue Giuseppe Fiorelli. Il fut le premier à mettre en place des méthodes de fouilles à la fois pour explorer et préserver le site. C'est ainsi qu'ont été pris les célèbres

ANDREAS SOLARO/AFP/GETTY IMAGES ©

MARCO CANTILE/AFP/LIGHTROCKET/GETTY IMAGES ©

moulages des victimes en versant du plâtre liquide dans les creux laissés dans la matière volcanique par les corps. Désormais, l'approche scientifique du XXIe siècle tente de remédier aux affres du temps et du tourisme grâce au Grande Progetto Pompeii lancé en 2012. Ce programme de plusieurs dizaines de millions d'euros réunit une équipe internationale de spécialistes regroupant, entre autres, archéologues, anthropologues, vulcanologues et paléobotanistes dont les efforts conjoints ont déjà porté des fruits spectaculaires avec toute une série de nouvelles découvertes. En décembre 2020 a ainsi été mis au jour dans la Regio V du site un *thermopolium* (sorte de snack).

"Il y a environ 90 *thermopolia* à Pompéi, mais celui-ci est exceptionnel par sa décoration picturale et publicitaire", explique Luana Toniolo, directrice des opérations archéologiques de Pompéi. Ses fresques extraordinaires représentent une Néréide chevauchant un cheval marin ainsi que des images de coqs et de canards, des volailles sans doute cuisinées et servies dans ce lieu de restauration rapide.

En dehors du site principal de Pompéi, des fouilles sont en cours dans une villa de la localité voisine de Civita Giuliana. Plusieurs vestiges importants y ont été mis au jour, notamment les restes d'un cheval et, en février 2021, un char processionnel à quatre roues. Mais la découverte qui a eu le plus grand impact est celle, en 2018, d'une inscription au charbon de bois. Ce graffiti en apparence anodin vient en fait confirmer l'intuition qu'on avait d'une erreur de saison sur la date exacte de l'éruption du Vésuve : le drame aurait eu lieu en octobre 79 de notre ère (peut-être le 24) et non le 24 août comme on le pensait jusqu'alors. L'inscription qui fait référence à une date située 16 jours avant les "calendes" de novembre (c'est-à-dire le 17 octobre) a fourni la preuve manquante.

À ne pas manquer

Les **Teatri** et les **Case** (maisons), dont certaines ont été ouvertes ces dernières années : la **Casa degli Amanti**, la **Casa del Criptocorto** et la **Casa dei Ceii**.

Le **foro** et surtout la **Villa dei Misteri**, qui possède les plus belles peintures de l'Antiquité.

L'**Antiquarium**, enfin. Ouvert en janvier 2021, c'est un véritable musée de Pompéi où sont exposés de nombreux chefs-d'œuvre et des découvertes récentes.

Par Luana Toniolo, *Directrice des opérations archéologiques, Pompéi.*

60 LA CAMPANIE antique

VESTIGES | HISTOIRE | ROAD TRIP

Une myriade de vestiges antiques, pour certains classés au Patrimoine mondial, émaille la Campanie. Les noms de Pompéi et d'Herculanum sont connus de tous, tandis que les temples de Paestum témoignent de la civilisation de la Grande-Grèce qui fleurit sur les côtes de l'Italie méridionale avant Rome.

BALATE DORIN/SHUTTERSTOCK ©

En pratique

Circuler En voiture pour plus de souplesse. Trains Circumvesuviana : pratiques pour de nombreux sites archéologiques, dont Herculanum, Oplonte et Pompéi. Trains Cumana : liaisons entre Naples et Pouzzoles, ainsi que certains secteurs des champs Phlégréens. Renseignements sur www.eavsrl.it/web/.

Quand Évitez les mois les plus chauds : il y a rarement de l'ombre sur les sites.

À savoir Pour les champs Phlégréens, optez pour le billet combiné valable 2 jours, vendu sur les 4 sites : il coûte 4 € (2 € pour les Européens de 18-24 ans).

Infos Les coordonnées des sites figurent p. 334 et p. 336.

Ci-dessus Pompéi
Page de droite, à gauche Herculanum **À droite** Paestum

07 Champs Phlégréens Les Campi Flegrei, au nord de Pouzzoles (Pozzuoli), regorgent de vestiges. Flânez dans les thermes des empereurs au Parco Archeologico di Baia, admirez la merveille d'ingénierie romaine de la Piscina Mirabilis, ou imaginez les fauves lâchés dans l'Anfiteatro Flavio.

06 Naples souterraine Aqueducs, cryptes et voies antiques : sous de Naples se cache des ruines gréco-romaines (voir aussi p. 290).

05 Musée archéologique national, Naples Une collection incomparable de sculptures, mosaïques et fresques à Naples (p. 286).

03 Pompéi Exceptionnelles par leur état de conservation et leur étendue, les ruines de Pompéi (voir aussi p. 300) montrent un instantané de la vie d'une cité romaine en 79 de notre ère.

02 Villa d'Oplonte (Oplontis) Enfoui sous les rues de Torre Annunziata, Oplontis était jadis un faubourg huppé de Pompéi en bord de mer. On y visite la Villa Poppaea, magnifique demeure ornée de peintures murales du Ier siècle.

04 Herculanum Détruite par l'éruption du Vésuve en même temps que Pompéi, mais mieux préservée, Herculanum était habitée par une population fortunée. Le site permet de découvrir des détails d'époque : "publicités" des échoppes, meubles et mosaïques. Seule une portion du site a été mise au jour, le reste gisant sous la ville moderne d'Ercolano.

01 Paestum Cette colonie grecque, fondée en 600 av. J.-C. sous le nom de Poseidonia, conserve trois imposants temples doriques se détachant au milieu de la campagne salernitaine. Ils comptent parmi les plus beaux en dehors de la Grèce. Un musée expose des éléments architecturaux et des artefacts.

61 À l'assaut DU VÉSUVE

VOLCAN | RANDONNÉE | NATURE

Le cratère du géant endormi (aucune éruption depuis 1944) offre un panorama spectaculaire sur Naples et sa fameuse baie, ainsi que sur une partie des Apennins. Le Vésuve est le point d'orgue du Parco Nazionale del Vesuvio, sillonné par 9 sentiers de longueurs et de niveaux de difficulté divers. Autant dire qu'il vous attend !

VERSTA/SHUTTERSTOCK ©

En pratique

S'y rendre **Bus EAV** (3,10 € ; ttes les 50 min ⏲8h-15h30 ; 50 min jusqu'au parking du sommet) depuis la Piazza Anfiteatro à Pompéi. Navette Vesuvio Express depuis Ercolano (aller-retour 20 €), au départ du Piazzale Stazione Circumvesuviana, devant la gare d'Ercolano-Scavi. En voiture, quittez l'A3 à Ercolano Portico et suivez "Parco Nazionale del Vesuvio".

Carte Téléchargement possible sur le site du parc national (p. 339).

Tarifs L'entrée au cratère : tarif plein/réduit 10/8 €.

VACLAV VOLRAB/SHUTTERSTOCK ©

À pied jusqu'au cratère Le plus exigeant, et le plus beau, des sentiers du parc national est le "Lungo la Strada Matrone" ("Route 6") de 6,7 km, qui part de la Via Cifelli, pour grimper au sommet du volcan par la face sud-est. Le parc lui-même est d'une grande richesse naturelle, peuplé de quelque 140 espèces d'oiseaux, dont des pics épeiches, des aigles et des corbeaux impériaux.

Navette et marche à pied Si une longue ascension vous rebute, sachez que le Vésuve est plus facile à escalader qu'il n'y paraît : des navettes et des bus rejoignent le parking situé au sommet (ou presque). De là, il ne reste que 860 m à gravir, relativement faciles (comptez 25 minutes), pour atteindre le point culminant, où vous serez récompensé par un panorama à 360° sur la baie de Naples.

Balade équestre Pour les cavaliers, Horse Riding Tour Naples (p. 340) organise des balades à cheval sur les flancs du volcan.

Un sommet à 1 281 m

On estime qu'autrefois, le sommet unique de la montagne s'élevait à près de 3 000 m, soit bien plus haut qu'aujourd'hui (1 281 m). La violente éruption du stratovolcan survenue en l'an 79 a enseveli Pompéi, fait reculer la côte de plusieurs kilomètres, et détruit une grande partie du sommet, créant une immense caldeira et deux nouveaux pics.

Page de gauche, en haut Cratère du volcan napolitain **En bas** Sentier pour accéder au sommet

Le seigneur des volcans campaniens

Dominant la baie de Naples, le Vésuve fait partie de l'arc volcanique campanien, une chaîne de volcans actifs, endormis ou éteints, qui comprend la Solfatare (Solfatara) et le Monte Nuovo des champs Phlégréens (Campi Flegrei), ainsi que le Monte Epomeo d'Ischia. Tristement célèbre pour ses éruptions pliniennes (plus de 30 depuis l'an 79), le Vésuve est l'un des volcans les plus surveillés du monde. Plus d'un demi-million de personnes vivent dans la "zone rouge", le secteur le plus vulnérable aux coulées et dépôts en cas d'éruption majeure. Pourtant, malgré les incitations du gouvernement à déménager, peu de résidents souhaitent partir.

62 JARDINS à l'italienne

ART PAYSAGER | PROMENADES | PANORAMAS

Déjà présent à l'époque romaine, le goût des Italiens pour les jardins s'est développé à la Renaissance, donnant naissance à une forme de parc paysager aux perspectives géométriques, émaillé de bassins, de fontaines, de grottes et de statues. Cette fusion réussie entre l'art et la nature fera florès partout en Europe.

MACIEJ MATLAK/SHUTTERSTOCK ©

En pratique

Où Excepté le jardin botanique de Naples, les plus beaux parcs sont sur la côte et dans les îles, où ils prolongent des villas de charme.

Quand Du printemps à l'automne.

Tarifs Quand l'accès est payant, comptez 5-12 €.

CIROORABONA/STOCK.ADOBE.COM ©

Orto Botanico di Napoli Un jardin (p. 338) créé par Joseph Bonaparte après 1807. Parfait pour trouver le calme à Naples !

Villa Rufolo, Ravello Les splendides jardins en terrasses de cette demeure (p. 338) de Ravello surplombent la mer. Créés en 1853 par sir Francis Neville Reid, ils sont superbes de mai à octobre, avec des fleurs aux couleurs exotiques.

Villa Cimbrone, Ravello S'il fallait encadrer une photo de la côte amalfitaine, ce serait probablement la vue depuis le belvédère de l'Infini de la Villa Cimbrone (p. 338) !

Reggia di Caserta Après avoir contemplé le décor baroque du palais royal de Caserte (p. 337), à 30 km de Naples, promenez-vous dans le parc. Il s'étend sur 3 km jusqu'à une cascade et une fontaine de Diane. Le Giardino Inglese (jardin anglais) est une oasis romantique composée d'allées, de flore exotique, de bassins et de cascades.

La Mortella, Forio, île d'Ischia Symphonie végétale signée Russell Page, La Mortella ("Les Myrtes", p. 338) enserre la résidence du compositeur britannique William Walton (1902-1983) et de son épouse, Susana. La partie inférieure du jardin (La Valle) est humide et tropicale, tandis que le niveau supérieur (La Colline) accueille des plantes méditerranéennes et offre de magnifiques vues sur Forio et la côte.

Giardini di Augusto, Capri Les jardins créés à Capri (p. 338) pour l'empereur Auguste se déroulent en une série de terrasses fleuries jusqu'à un point de vue où l'on contemple les Isole Faraglioni jaillissant de la mer. Depuis les jardins, suivez à pied la Via Krupp pour rejoindre la Marina Piccola.

Page de gauche, en haut Villa Cimbrone **En bas** La Mortella

Musique au jardin

Aux beaux jours, des festivals de musique classique sont souvent programmés en plein air dans ces décors féériques. C'est le cas de la Villa Ruffalo durant le festival de musique classique (juillet-septembre) de Ravello, ou de La Mortella sur l'île d'Ischia.

63 PARADIS cachés du littoral

VUES | FALAISES | MER TURQUOISE

Amalfi, Positano, Ischia et Capri figurent sur la liste de ce que chacun rêve de voir une fois dans sa vie. Mais si vous cherchez une approche plus personnelle et authentique du golfe de Naples et de la côte amalfitaine, gagnez plutôt l'une de ses plages secrètes ou bien la petite île de Procida.

ERI MORITA/GETTY IMAGES ©

En pratique

Circuler Le mieux reste un scooter ou un bateau-navette depuis le port de Pennello à Amalfi (2 €). Les **transports en commun** (www.sitasudtrasporti.it) sont parfois aléatoires et les parkings difficiles à trouver.

Quand En mai, juin ou septembre.

Tarifs Rares sont les portions de littoral payantes dans ces criques secrètes. La location d'un scooter coûte 70 €/jour.

À savoir Soyez prêt à monter et à descendre des volées d'escalier.

PIEROPOMA/SHUTTERSTOCK ©

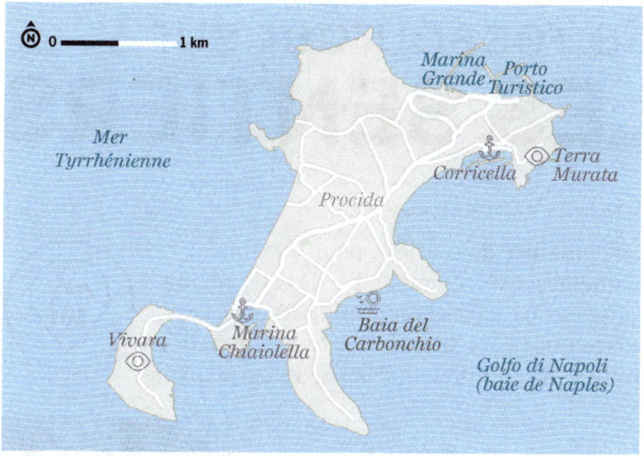

Vie insulaire

Secret bien gardé Pittoresque île de pêcheurs, **Procida** ne s'est ouverte aux touristes que depuis quelques années. Vous n'y trouverez pas de vie nocturne trépidante, ni de pièges à touristes, mais vous y goûterez à la vie insulaire italienne vraiment authentique et décontractée. Située à moins d'une heure de Naples et de Pouzolles (Pozzuoli), Procida est accessible en ferry ou en hydroglisseur.

Eaux cristallines Embarquez pour un tour de l'île et appréciez-en le littoral. Nagez, plongez ou faites du snorkeling dans les eaux cristallines de la **Baia del Carbonchio**. Visitez la petite île de **Vivara**, une réserve naturelle reliée par un pont à Procida, pour admirer la flore et les oiseaux méditerranéens.

Architecture Montez à **Terra Murata**, le quartier médiéval fortifié de Procida et découvrez ses nombreuses et charmantes églises, comme l'**Abbazia San Michele Arcangelo**. Visitez ensuite la baie de **Corricella**, où vivent des pêcheurs et où s'étagent de charmantes maisons aux teintes pastel.

Citrons géants et poissons frais Terminez la journée par un dîner à la **Marina Chiaiolella**, avec ses nombreux excellents restaurants et sa vue imprenable sur le golfe. Goûtez la fameuse *insalata di limone* de Procida, préparée avec l'écorce blanche et tendre des citrons géants de Procida, et offrez-vous une assiette de *spaghetti ai ricci di mare* (spaghettis aux oursins). Contemplez le coucher du soleil qui semble plonger dans la mer en sirotant un *limoncello* (liqueur de citron).

Page de gauche, en haut Corricella, Procida **En bas** *Spaghetti ai ricci di mare*

Échappée vers les criques cachées

Fiordo di Furore Une crique couronnée par un pont en arche. Les marches menant vers ce havre de rêve partent du km 23 sur la SS163. Arrivez tôt : le soleil disparaît vers l'heure du déjeuner.

Spiaggia Santa Croce, Amalfi Ce coin de paradis surplombé de falaises escarpées n'est accessible qu'en bateau-navette. Il abrite deux *lidi* (plages) avec restaurants. Plage de galets, eau cristalline.

Il Duogli, ouest d'Amalfi Le bateau-navette s'arrête ici. Mais si vous vous sentez en forme, allez-y plutôt à pied depuis le point d'accès sur la SS163 (Via Mauro Comite). Il y a 400 marches à descendre, mais les eaux cristallines et le paysage à flanc de falaise en valent la peine.

64 Se ressourcer sur LES SENTIERS

RANDONNÉE | CÔTE AMALFITAINE | PANORAMAS

La côte amalfitaine est émaillée de sentiers, pour certains millénaires. Ils se prêtent à une découverte immersive de cette région féerique. Conjuguant la beauté des paysages et la facilité d'accès, ces chemins de randonnée réservent des vues spectaculaires aux marcheurs et assez de calme pour retrouver la sérénité loin des plages surpeuplées.

NELLA/SHUTTERSTOCK ©

En pratique

Circuler À pied et muni d'une carte. Les sentiers de la côte amalfitaine sont bien balisés et cartographiés.

Quand Évitez les mois les plus chauds : en été, les températures peuvent atteindre 40°C.

À savoir Peu difficiles d'un point de vue technique, les itinéraires sont souvent très escarpés ou équipés d'une volée de marches, souvent exténuantes. Ils sont déconseillés aux personnes fragiles et sujettes au vertige.

RAFFAELLO GAMBARDELLA/STOCK.ADOBE.COM ©

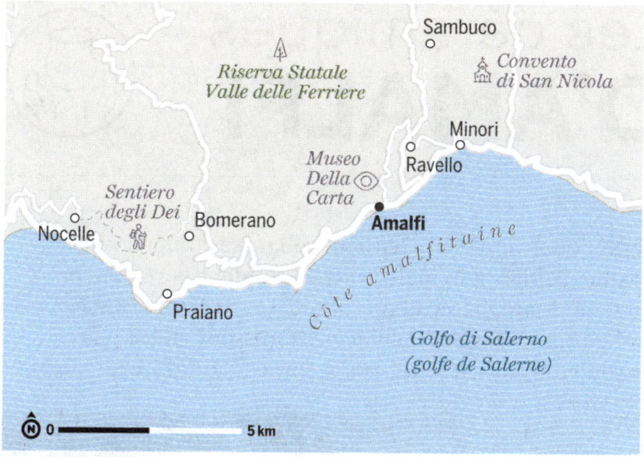

Page de gauche, en haut Sentiero degli Dei **En bas** Valle delle Ferriere

Sentiero degli Dei Courant le long de reliefs abrupts et rocheux plongeant dans la Méditerranée, le "sentier des Dieux" (p. 340) dévoile des panoramas splendides sur les cultures en terrasses et les monts embrumés. Le trajet de 3 heures (6 km) peut s'étendre à 6 heures si vous faites de fréquentes haltes pour admirer la vue et pour déjeuner. Le sentier est aussi l'un des rares sentiers de la côte amalfitaine qui évite l'ascension de pléthore d'escaliers. Il part de Bomerano (uniquement accessible depuis Amalfi en bus SITA) et rallie Nocelle.

Valle delle Ferriere Traversé par la Canneto et ponctué de cascades, le Valle delle Ferriere est un pays couvert de forêts, niché derrière la ville d'Amalfi. Le plus long sentier, le *sentiero alto* (sentier supérieur), dessine une boucle de 11 km à travers les forêts de marronniers et les hautes collines au nord d'Amalfi. Le *sentiero basso* (sentier inférieur), plus court, remonte la vallée depuis le Museo della Carta à Amalfi.

Valle del Sambuco Au nord de Minori, le sentier de la Valle del Sambuco (10,5 km) serpente parmi les bosquets de citronniers et les ruines des anciennes papeteries. Le clou de la promenade est le Convento di San Nicola (XIIIe siècle), perché en haut de la côte parmi les pins et les chênes. Le sentier principal bifurque ensuite vers la gauche au niveau d'un col rocailleux, avant de descendre vers Sambuco, un hameau agricole. Un autre sentier descend par la suite du côté opposé (à l'ouest) de la vallée, passant devant plusieurs anciennes papeteries avant d'atteindre Minori. Vous pourrez aussi achever votre promenade à Ravello, en suivant la route pavée au sud de Sambuco.

Et dans les îles ?

Randonner à Capri permet de la découvrir sous un autre œil et... d'échapper aux foules de touristes. L'itinéraire le plus sauvage est le Sentiero dei Fortini (5 km) qui débute sur les hauteurs de la Grotta Azzurra (p. 338) et conduit près d'une plage prisée en passant par trois fortins. Sur Ischia, les itinéraires sont un peu moins fléchés, mais ne manquez pas la courte ascension jusqu'au sommet du Monte Epomeo, point culminant de l'île.

65 Les céramiques D'AMALFI

ART | HISTOIRE | COULEURS

Par leur éclat, les céramiques de Vietri viennent rehausser un peu plus la beauté de la côte amalfitaine. Peintes à la main, elles illuminent la région, en particulier le village de Vietri sul Mare, berceau de cet art. Des tuiles vernissées qui dessinent toits et coupoles aux carreaux émaillés qui tapissent villas, places et escaliers, leur palette de couleurs caractéristique s'accorde à la nature alentour.

ALESSANDRO TORTORA/SHUTTERSTOCK ©

En pratique

S'y rendre En transports en commun ou en voiture jusqu'à Vietri sul Mare (40 minutes de Naples ou d'Amalfi).

Quand Évitez août, bondé de touristes.

À savoir Les céramiques de Vietri puisent leurs couleurs et motifs dans la vie amalfitaine : citrons, ânes et paysages marins. Des motifs géométriques et floraux décorent souvent les *riggiole*, ces carreaux de céramique qui recouvrent murs, plafonds et sols.

Peints à la main Ne vous laissez pas prendre par les contrefaçons produites en série.

ROMAN BABAKIN/SHUTTERSTOCK ©

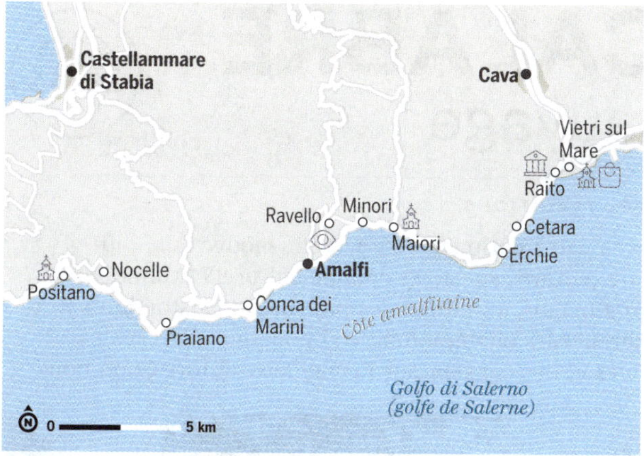

Beauté des couleurs

Élégantes villas Les villas et les hôtels de la côte amalfitaine constituent un terrain de choix pour les carreaux de Vietri, telle la **Villa Cimbrone** (p. 338) à Ravello.

Dômes colorés À Vietri sul Mare, l'édifice à ne pas manquer est le dôme de la **Chiesa Parrocchiale di San Giovanni Battista**, recouvert de tuiles vernissées bleues et jaunes se chevauchant, les *ambrogette*. Nombre d'églises de la côte amalfitaine coiffées de coupoles aux couleurs éclatantes veillent ainsi sur leur bourg. Le dôme de la **Chiesa di Santa Maria Assunta** (p. 337) à Positano et celui de la **Chiesa di Santa Maria a Mare** à Maiori sont particulièrement impressionnants.

Fait main À Vietri sul Mare, les devantures colorées des familles de céramistes s'alignent sur le Corso Umberto I, génération après génération comme chez **Ceramica Pinto** (www.ceramicapinto.it) ou **Ceramica Avossa** (www.rossoaltramonto.it). On y trouve de jolis articles comme des carreaux, des assiettes ou des lampes. La fabrique **Ceramica Solimene** (ceramicasolimene.it ; Via Madonna degli Angeli 7) mérite aussi la visite. Son extérieur fantaisiste dessiné en 1951 par Paolo Soleri affiche un décor totalement en terres cuites et céramiques de Vietri.

Vagues arc-en-ciel Surplombant la mer, le parc de la **Villa Comunale** (Via Enrico de Marinis) de Vietri sul Mare joue la modernité avec ses rambardes spiralées arc-en-ciel et ses marches à pois de couleur. Bel exemple contemporain de décoration en céramique de Vietri, il a aussi pour attrait une vue époustouflante au coucher du soleil.

Page de gauche, en haut Parc de la Villa Communale, Vietri sul Mare **En bas** Coupole de la Chiesa di Santa Maria Assunta, Positano

Un art millénaire

Fabriquées depuis le Moyen Âge et la Renaissance, les céramiques de Vietri se caractérisent par leur méthode de fabrication à base d'argile rouge et une double cuisson.

Vous en apprendrez davantage à la **Villa Guariglia** de Raito, un magnifique domaine du XVIe siècle aux splendides intérieurs, qui abrite aujourd'hui le Museo della Ceramica Vietrense. Ce musée présente une exposition permanente consacrée à la production de céramiques de Vietri, ainsi que des collections de différentes époques et une petite section dédiée aux *riggiole*. Il accueille également des concerts et offre une vue incroyable sur la ville. Entrée gratuite, fermé le lundi.

66 CALABRE sauvage

PARCS NATIONAUX | NATURE | TRADITIONS

La Calabre abrite trois parcs nationaux d'une belle biodiversité qui offrent une variété infinie d'aventures sportives comme culturelles. Randonnez de villages grecs en villages albanais, au milieu des paysages époustouflants des Apennins calabrais… et cherchez les champignons qui poussent dans ces parcs. Voici des itinéraires agréables et des conseils sur la cueillette autorisée ou non.

NELLA/SHUTTERSTOCK ©

En pratique

S'y rendre La voiture reste le plus pratique.

Quand L'hiver le ski, au printemps les fleurs, l'été les sports nautiques, à l'automne la randonnée.

Tarifs Accès libre.

S'orienter Les points d'information des parcs vous indiqueront les sentiers, les restaurants et les circuits guidés. Téléchargez votre itinéraire directement depuis les applications ou les sites des parcs. Une fois en chemin, surveillez les indications de fléchage rouges et blanches.

MARCO FINE/SHUTTERSTOCK ©

KARL ALLEN LUGMAYER/SHUTTERSTOCK ©

Page de gauche, en haut Pins de Bosnie, Parco Nazionale del Pollino **En bas** Champignons, Parco Nazionale della Sila **Ci-contre** Fiumara Amendolea, Parco Nazionale Aspromonte

Grandioses randonnées

Arbres géants Le **Parco Nazionale della Sila** (p. 339) abrite une flore et une faune étonnantes. Dans la Sila Piccola, cheminez depuis **Caserma del Gariglione** pour rejoindre à travers les forêts de bouleaux blancs la Valle del Tacina, envahie de fleurs au printemps, et la Cascata del Piciaro. Dans la Sila Grande, une randonnée mène de **Camigliatello** jusqu'à de hauts pins noirs, les Giganti di Fallistro. Dans la Sila Greca, roulez vers des villages gréco-byzantins comme **Longobucco**.

Cascades Le **Parco Nazionale dell'Aspromonte** (p. 339) est réputé pour ses chutes d'eau et son patrimoine grec. Le Sentiero dell'Inglese vous fait traverser la Calabre grecque et de majestueux cours d'eau comme la **Fiumara Amendolea** ; à proximité se trouvent des villes fantômes. Le **Sentiero del Brigante** (sentierodelbrigante.it), long de 140 km, commence à Gambarie et passe par des cascades et des forêts. Le sentier 105 vous emmène à **Pietra Cappa**, un haut monolithe.

Culture arberèche Au pied des reliefs accidentés du **Parco Nazionale del Pollino** (p. 339), royaume des pins de Bosnie, vivent des communautés italo-albanaises remontant au Moyen Âge, les Arberèches (Arberëshë). Le sentier 633 conduit à **Castel Brancato** qui surplombe la rivière Argentino, en passant par des sites monastiques byzantins. À **Civita**, fondée en 1746 par des Albanais, les habitants portent toujours le costume traditionnel (allez-y en voiture ou suivez à pied le Cammino Mariano Pollino). Goûtez la cuisine Arberëshë à **Kamastra**, puis empruntez le sentier du Ponte del Diavolo vers le canyon Gole del Raganello.

Fruits interdits ?

Asperges (au printemps), baies (l'été), champignons, truffes et châtaignes (à l'automne) abondent dans les parcs nationaux de Calabre. Vous serez tenté d'en ramasser, mais en avez-vous le droit ? Non, pas dans les zones protégées où cueillette et ramassage sont interdits. Renseignez-vous sur les réglementations du parc. Il faut en effet un permis spécial pour ramasser champignons ou truffes. Vous pouvez obtenir un permis à la journée pour la cueillette de champignons sur les sites Internet des villes de Calabre, mais le plus rapide et le plus sûr reste de se faire accompagner par un guide.

Discover Pollino (discoverpollino.it) organise des randonnées guidées par des mycologues et des dîners sur le thème des champignons dans les parcs de Pollino et de Sila. **Visit Aspromonte** (visitaspromonte.it) propose des sorties où l'on vous apprend à identifier plantes et champignons.

67 CITÉS fantômes

RUINES | HISTOIRE | FALAISES

La région calabraise de l'Aspromonte conserve nombre de *città fantasma* dont la fondation remonte à plus de deux millénaires. Catastrophes naturelles et économiques ont fini par chaser les habitants de la Grande-Grèce. Ce monde disparu est aujourd'hui devenu une source d'inquiétude et de fascination.

En pratique

S'y rendre Aucun transport en commun ne dessert Roghudi Vecchio (route tortueuse) ni Africo Vecchio (parking à Villaggio Carrà, puis marche). On peut rejoindre en voiture Pentedattilo (parking à l'entrée du bourg) ou aller en train jusqu'à Melito di Porto Salvo, puis continuer à pied sur 8 km.

Quand Toute l'année, sauf par temps de pluie. Pour les festivals d'été de Pentedattilo.

Tenue Les sentiers cahoteux, envahis par la végétation, nécessitent des chaussures de randonnée.

ANTONIO ARICO/SHUTTERSTOCK ©

Salut à cinq doigts Le plus célèbre des villages-fantômes de Calabre, **Pentedattilo**, est accroché comme les cinq (*pente* en grec ancien) doigts (*daktulos*) de la main à la falaise du **Monte Calvario** dans la vallée de Sant'Elia. En effet, le Monte Calvario rappelle dans sa forme un salut de la main. Vous pouvez arpenter les hauteurs entourant Pentedattilo ou explorer librement l'extérieur comme l'intérieur des édifices et maisons à l'abandon : la **Chiesa dei Santi Pietro e Paolo**, les ruines du château et la fresque de San Cristoforo au pied du "pouce" du Monte Calvario.

Plus de chèvres que d'habitants Contrairement à Pentedattilo, Roghudi Vecchio et Africo Vecchio sont complètement abandonnés et seulement hantés par les chèvres. Ancien village pastoral, **Roghudi Vecchio** est perché sur le fil du rasoir d'une falaise, entre deux rivières. Ici, il serait dangereux de pénétrer dans les bâtiments qu'on se contentera d'admirer de l'extérieur. Vous verrez la **Chiesetta di San Nicola** et une piazza. Juste à l'extérieur de Roghudi Vecchio se trouvent deux géosites remarquables : la **Rocca del Drago** et les **Caldaie del Latte**.

Toujours ensoleillé Le nom d'**Africo Vecchio** dérive d'un mot grec signifiant "exposé au soleil". Certains de ses édifices comme la **Chiesa di San Salvatore** et l'école primaire sont tout à fait identifiables, mais n'y pénétrez pas. Visiter Africo Vecchio donne un sentiment de profonde solitude, inoubliable.

Page de gauche, en haut Pentedattilo **En bas** Rocca del Drago **Ci-contre** Roghudi Vecchio

La culture, levier de renaissance

La plupart des villes fantômes de Calabre sont bel et bien désertées, sauf Pentedattilo ! Bien qu'il soit quasi inhabité, le village revit depuis le milieu des années 1990, grâce à l'accueil de festivals et à l'implantation de boutiques, ouvertes au moins en saison.

Pentedattilo Film Festival (pentedattilofilmfestival.net). Ce festival du film court, qui se tient chaque année en août-septembre, attire de nombreux talents internationaux.

Paleariza (paleariza.it). Un festival nomade, qui célèbre les racines grecques de la Calabre. Il fait étape en août à Pentedattilo et à Roghudi. À l'affiche : concerts, théâtre, photographie, gastronomie et autres.

La Bottega del Bergamotto Ce musée-boutique célèbre la bergamote, l'agrume le plus typique de Calabre.

68 Explorer la Calabre DU LITTORAL

VILLAGES | ART | ARCHITECTURE ANCIENNE

Locri, Stilo et Gerace sont célèbres sur la côte ionienne pour leurs architectures grecque, byzantine ou normande. Ces racines lointaines n'empêchent pas d'y goûter les charmes de la vie moderne. Vous pourrez musarder dans les boutiques avant d'aller dîner dans des *agriturismi*, tout en profitant de panoramas incroyables.

MICHELECAMINATI/SHUTTERSTOCK ©

En pratique

S'y rendre La voiture reste le plus pratique, mais on peut aussi prendre le train pour Locri ou pour Monasterace-Stilo (à 13 km de la ville).

Circuler Explorez à pied : chaque balcon, chaque heurtoir mérite qu'on s'y attarde.

Quand Toute l'année, mais l'été il y a des festivals comme le **Palio di Ribusa** à Stilo, une reconstitution de la foire médiévale (août), ou le **Borgo di Incanto** à Gerace, un festival des arts de rue (26-28 juillet). Quant à Locri, il cultive l'art du farniente sur la plage.

POLONIO VIDEO/SHUTTERSTOCK ©

VADYM LAVRA/SHUTTERSTOCK ©

Page de gauche, en haut Château normand, Stilo **En bas** Gerace **Ci-contre** Toits de Stilo

Trésors architecturaux

Vestiges grecs Le village de **Locri**, sur la Costa dei Gelsomini, fut l'une des importantes colonies de la Grande-Grèce en Calabre. Le **Museo e Parco Archeologico Nazionale di Locri** héberge une collection d'objets grecs formidablement conservés, à compléter par l'exploration des vestiges du **Teatro Greco-Romano** et du **Santuario di Persefone**.

Sanctuaires byzantins Vient ensuite **Stilo** sur un arrière-plan montagneux. Au fil de ses ruelles pavées, vous admirerez l'architecture baroque de la **Chiesa di San Francesco** ou encore la **Chiesa Matrice**, puis les nombreuses perspectives depuis les murailles. En grimpant vers le **Monte Consolino**, vous atteindrez la laure de Stilo, une des nombreuses grottes où vivaient aux Xe et XIe siècles les ermites byzantins de rite basilien ; le **Castello Normanno** du XIIe siècle ; et enfin la **Cattolica di Stilo**, un joyau de chapelle byzantine (X^{e}-XIe siècle) ornée de fresques et surplombant la Vallata dello Stilaro.

Art et boutiques **Gerace** abrite une foule d'édifices anciens, comme la **Chiesa di Santa Maria del Mastro** byzantine, la **Chiesa di San Francesco** gothique ou le **Castello Normanno** dont la vue domine le Parco Nazionale dell'Aspromonte. Visitez la **Basilica Concattedrale di Gerace**, romane, byzantine et normande, pour admirer la tapisserie flamande de Jan Leyniers (XVIIe siècle). Promenez-vous aussi, tout simplement, en remarquant les magnifiques portes et fenêtres à meneaux. Jetez un œil dans les boutiques et les magasins de céramiques. Puis rafraîchissez-vous en goûtant aux fameux granités de fruits frais.

Cuisine calabraise

Votre découverte des villages calabrais ne peut se conclure que par un festin épique. Poussez la porte d'**A'Squella** (p. 342), à Gerace, un moulin à olives reconverti en restaurant. Il affiche un menu à l'ancienne, et sert des pâtes faites maison comme les traditionnelles *stroncatura* et *spaccatelle* avec des ingrédients classiques comme l'aubergine et le *'nduja*. Goûtez également aux viandes grillées et aux somptueux plateaux d'antipasti débordant de *salumi* et de fromages locaux, de légumes marinés et de délices frits comme les *grispelle* (beignets de pommes de terre) qui fondent littéralement en bouche...

MICHAEL ABID/STOCK.ADOBE.COM ©

Matera troglodyte

PLONGÉE DANS L'HISTOIRE DE LA BASILICATE

C'est à l'écart de la côte que se trouve le joyau de la Basilicate, Matera, avec ses habitations troglodytiques (*sassi*), datant de la préhistoire, et ses églises rupestres ornées de fresques. Ces falaises auraient accueilli un peuplement il y a plus de 7 000 ans – sans jamais cesser d'être habitées depuis. Matera compte de nos jours quelque 3 000 grottes !

En haut Matera **Page de droite, à gauche** Sassi **À droite** Sasso Barisano

Matera, joyau de la Basilicate, serait le troisième peuplement le plus ancien du monde. Les grottes naturelles creusées dans le tuf, mis à nu dans une gorge (*gravina*) creusée par l'érosion, auraient attiré les premiers habitants il y a 7 000 ans, avant l'apparition de constructions plus élaborées au-dessus. En contemplant le regroupement des *sassi* (habitations troglodytiques) de Matera depuis un point de vue en surplomb, vous vous imaginerez sans peine transporté en Terre sainte au début de l'ère chrétienne.

La Basilicate est l'**ancienne Lucania** des Grecs et des Romains, en référence à un peuple qui y vécut à partir du Ve siècle av. J.-C. Cette région aride et pauvre, oubliée de tous semblait-il, a porté ce nom jusqu'en 1947. Pour avoir une idée de la vie des paysans de la Basilicate du premier XXe siècle, lisez *Le Christ s'est arrêté à Eboli*, un récit de **Carlo Levi**, médecin et intellectuel de Turin, exilé sur ces terres dans les années 1930 en raison de ses convictions antifascistes. Il montre le dénuement des habitants, leur culture particulière, souvent liée aux superstitions et à la magie, et le gouffre qui sépare alors l'Italie du Nord de l'Italie méridionale.

À Matera, la vieille ville est répartie sur deux vallons : le **Sasso Barisano** et le **Sasso Caveoso** séparés par une crête où trône le gracieux *duomo* (cathédrale). Les *sassi* – pour beaucoup des grottes n'offrant qu'une salle – abritaient une population démunie vivant dans des conditions épouvantables au point que, dans les années 1950, on finit par dénoncer cette "honte de l'Italie" et reloger les habitants. Dans les années 1990, la ville renaît enfin de ses cendres, et le caractère extraordinaire

DOMENICO NARDOZZA/STOCK.ADOBE.COM ©

FRANCESCO BONINO/SHUTTERSTOCK ©

des *sassi* finit par être reconnu. Ils ont d'ailleurs été inscrits au patrimoine mondial par l'Unesco en 1993.

Le quartier du Sasso Barisano, le mieux restauré, se tient sur le flanc nord-ouest, et le Sasso Caveoso, plus pauvre, sur le versant nord-est. Tous deux remarquables, ils sont sillonnés de ruelles et d'escaliers tortueux, et émaillés de *chiese rupestri* (églises rupestres) datant du VIIIe au XIIIe siècle, ornées de fresques, telles la **Chiesa di San Pietro Barisano** qui, outre ses superbes fresques, se distingue par un réseau de niches, situé en dessous de l'édifice, où étaient placés les morts. Et l'ensemble formé par la **Chiesa di Madonna delle Virtù** (p. 336) et la **Chiesa di San Nicola del Greci** (p. 337) est composé d'une douzaine de grottes creusées dans le tuf et réparties sur deux niveaux : la Chiesa di Madonna delle Virtù, construite entre le Xe et le XIe siècle, a été restaurée au XVIIe siècle. Au-dessus, la Chiesa di San Nicola del Greci renferme de nombreuses fresques.

Faites un détour par la **Casa Noha** (p. 337) pour mieux appréhender le passé unique et la renaissance de Matera. Réparti sur trois salles dans une demeure familiale du XVIe siècle léguée au Fondo Ambiente Italiano, le musée retrace l'histoire sociale de la ville et de ses quartiers troglodytes.

L'accès aux *sassi* se fait par plusieurs endroits : près de la Piazza San Francesco ou en longeant la Via delle Beccherie jusqu'à la Piazza del Duomo, puis en suivant les panneaux touristiques jusqu'à Barisano ou Caveoso. Le Sasso Caveoso est aussi accessible par la Via Ridola. Si vous suivez la route Tarente-Laterza sur environ 3 km en vous fiant aux panneaux indiquant les *chiese rupestri*, vous parviendrez au **belvédère** (Contrada Murgia Timone) du plateau des Murge, qui révèle un panorama fantastique sur Matera et le profond ravin.

Bons plans

Circuits dans les sassi

Altieri Viaggi (www.altieriviaggi.it). Pour découvrir les *sassi* et les églises rupestres de Matera, ainsi que le Parco della Murgia (à partir de 20 €, 50 min, 4 pers au minimum). Nombreux autres circuits, randonnées et visites des *sassi* en *ape calessino* (triporteur). Les sorties s'achèvent en général par une dégustation de produits régionaux.

Balade à cheval

Promenades (1 à 2 heures) au fond de la *gravina* (gorge) avec Eldorado Ranch (p. 339).

Fête

La Sagra della Madonna della Bruna, en l'honneur de la patronne de Matera dure une semaine mais culmine le 2 juillet, avec la "procession des bergers" dès l'aube.

Cuisine locale

La Gatta Buia (p. 342).

69 Bourgs perchés des POUILLES

PATRIMOINE | VILLAGES | ROAD TRIP

Juchés sur de hautes falaises à pic sur l'Adriatique, barricadés sur une colline des Murge ou agrippés au bord d'une *gravina*, ces bourgs offrent des panoramas à couper le souffle et de surprenants centres historiques.

Ci-dessus Ostuni
Page de droite Peschici

En pratique

S'y rendre En voiture

Quand Mai-septembre pour profiter des plages et des navettes vers les îles Tremiti (Isole Tremiti) au départ de Vieste ; le printemps et l'automne pour randonner en toute quiétude.

01 Peschici Ce splendide bourg côtier tourné vers les îles Tremiti mérite une visite hors saison pour éviter la cohue.

02 Vieste Le Pizzomunno veille sur cette jolie station balnéaire de la péninsule du Gargano, ses maisons blanches dominant les rochers.

03 Sant'Agata di Puglia L'"espionne" des Pouilles conserve tout entier le mystère d'un bourg médiéval de montagne, avec son dédale de ruelles qui semblent tendre vers la pointe du château en surplomb.

04 Rocchetta Sant'Antonio Le campanile de la Chiesa Madre attirera de loin votre regard et vous invitera à grimper dans les petites rues pour découvrir l'atmosphère qui règne dans ce bourg, parmi les plus beaux de la région.

05 Locorotondo Le soir, quand les lumières s'allument, ce petit bourg dominant une colline ressemble à un navire pointant vers le ciel.

06 Polignano a Mare Après vous être perdu dans les ruelles du centre historique, vous vous retrouverez au bord de précipices : ce sont les célèbres balcons de Polignano.

07 Massafra Ce bourg proche de Tarente semble agrippé à ses profondes *gravine*. Il cache des églises rupestres décorées de fresques byzantines.

08 Ostuni Si vous croyez que le blanc est une couleur sans caractère, allez voir les remparts aragonais d'Ostuni : leur éclat est d'une éblouissante beauté. La ville est entourée d'oliveraies et vous pourrez faire le plein d'huile de qualité.

09 Otrante Très blanche, donnant sur une mer calme et bleue comme le ciel, elle est ceinte par de hauts remparts : Otrante est la ville la plus orientale du Salento, dans le talon de la Botte.

70 À vélo dans la VALLÉE D'ITRIA

CYCLOTOURISME | TRULLI | PLEIN AIR

Au cœur des Murge, cette vallée verdoyante est parsemée de vignobles, d'amanderaies et d'oliveraies. Pour en découvrir tout le charme (et échapper à la foule), pédalez le long de routes sinueuses, de vélovoies près de la côte ou d'un ancien aqueduc, et rejoignez les villes blanches que sont Ostuni, Locorotondo ou Alberobello…

VITTORIO VALLETTA/STOCK.ADOBE.COM ©

En pratique

Où loger Le Valle d'Itria est bien doté en hôtels et en luxueuses *masserie* (domaines agricoles) – sans compter les fameux *trulli*. Alberobello (p. 337) est le fleuron de cette architecture unique.

Quand La vallée d'Itria est très fréquentée en été, voire de mai à octobre, par les voyageurs notamment français. S'échapper à vélo permet d'éviter la foule.

SERGIO PAZZANO/SHUTTERSTOCK ©

Page de gauche, en haut Alberobello
En bas Valle d'Itria

À bicyclette sur les chemins La campagne autour d'**Ostuni** (p. 323), notamment, se prête au cyclotourisme. Il est très plaisant de louer un vélo (voir p. 339-340) et de profiter des pistes cyclables, comme celle de la **Via Traiana**, qui longe la côte à travers la campagne, les *masserie* et le Parco delle Dune Costiere.

Le long d'un ancien ouvrage d'art Autre voie cyclable plébiscitée, la **Ciclovia dell'Acquedotto**, le long de l'impressionnant aqueduc des Pouilles, qui fut réalisé au début du XXe siècle pour acheminer l'eau des sources de Caposele (Campanie) jusqu'à Santa Maria di Leuca, dans le sud du Salento. En attendant que soient aménagés les 500 km du parcours (près d'une moitié de voies existent déjà), la région des Pouilles a inauguré le tronçon reliant Figazzano (à mi-chemin entre Cisternino et Locorotondo, point de départ de la Ciclovia sur la route communale 35) à Ceglie Messapica. Vous pédalerez au milieu d'étendues de maquis méditerranéen et de champs cultivés, entre les *trulli* qui pointent à l'horizon, et vous passerez sur plusieurs ponts-canaux, toujours le long de sentiers protégés et séparés de la route. Pour ne pas pédaler en solo, contactez La Cooperativa Serapia (p. 340), qui propose des sorties guidées sur ce circuit.

Les trulli

Le Valle d'Itria est la terre des *trulli*, ces maisons circulaires en pierre sèche coiffées d'un toit conique. Passer une nuit entre leurs murs épais, où la température est agréable même en pleine canicule, est une belle expérience. Pour en avoir une vue d'ensemble, gagnez **Alberobello** (p. 337), où ils semblent adossés les uns aux autres, puis partez dénicher ceux disséminés dans la campagne, au fil des oliveraies.

71 Lecce BAROQUE

PATRIMOINE | ARCHITECTURE | IMMERSION

Ville clé du royaume de Naples au XVIe siècle, Lecce n'a rien perdu de son aura au XXIe siècle. Ici, les voyageurs gardent les yeux levés pour admirer les ornements des édifices tous plus extravagants les uns que les autres, avant de les baisser vers la carte de l'un des cafés et restaurants de la cité pour reprendre des forces.

MITZO_BS/STOCK.ADOBE.COM ©

En pratique

S'y rendre Lecce est la capitale du Salento dans le talon de la Botte.

Circuler À pied ou à vélo, à louer auprès de Vélo Service (p. 340). Circuit accompagné possible.

Quand Les trésors du patrimoine s'apprécient mieux sans l'affluence estivale.

Office du tourisme Lecce compte 2 infopoints, l'un dans le Sedile, l'autre au Castello di Carlo V. Visites guidées du centre-ville.

SABINO PARENTE/SHUTTERSTOCK ©

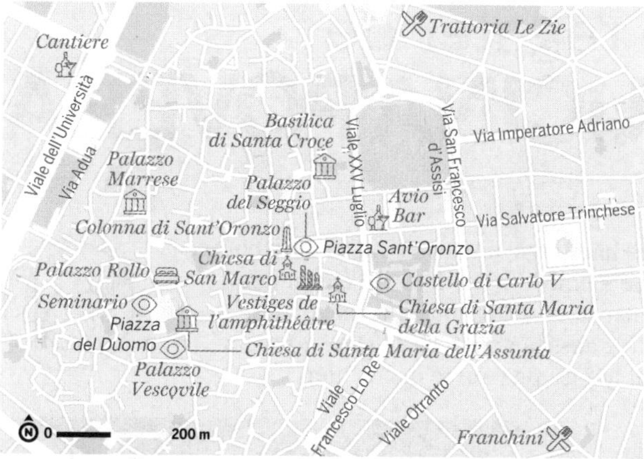

Lecce est un théâtre urbain. Ses églises et ses palais donnent vie à l'un des paysages urbains les plus harmonieux d'Italie. Faites halte **Piazza Sant'Oronzo**, piétonnière et bordée de nombreux cafés, pour voir la Colonna di Sant'Oronzo (XVIIe siècle), surmontée d'une statue du saint patron de la ville, Oronce. Repérez la louve en mosaïque qui orne le pavement au nord de la place (créée par Giuseppe Nicolardi en 1953) – attention : marcher dessus porterait malheur.... À quelques pas de la place, la petite Chiesa di San Marco (1543) est dominée par le Palazzo del Seggio (ou Sedile, 1592). Vous distinguerez les vestiges d'un amphithéâtre romain (Ier-IIe siècle), face auquel se dresse la Chiesa di Santa Maria della Grazia (1585).

Au nord de la Piazza Sant'Oronzo se tient la **Basilica di Santa Croce** (p. 336), chef-d'œuvre du *barocco leccese*. À l'est de la Piazza Sant'Oronzo se trouve le Castello di Carlo V, remanié par Charles Quint au milieu du XVIe siècle. Enfin, au sud, vous rejoindrez la Piazza del Duomo dominée par la **Chiesa di Santa Maria dell'Assunta**, ou Duomo (p. 337). À droite de la cathédrale se dressent le Palazzo Vescovile (palais épiscopal), du XVe siècle, avec sa galerie à arcades, et, juste à côté, le magnifique Seminario. Enfin, ne manquez pas d'aller voir le **Palazzo Marrese** (p. 337).

Pour reprendre des forces, offrez-vous un *pasticciotto* chez Franchini, une dose de caféine à l'Avio Bar, un apéritif au Cantiere (tous indiqués p. 343) et un dîner à la trattoria Le Zie (p. 342). Et passez la nuit au Palazzo Rollo, Via Vittorio Emanuele II 14, un B&B au cœur de la vieille ville.

Page de gauche, en haut Lecce
En bas Façade de la Basilica di Santa Croce

Barocco leccese

Tout aussi élaboré mais plus léger que ses cousins de Rome, de Naples ou de Sicile, le *barocco leccese* s'est développé entre la seconde moitié du XVIe siècle et le début du XVIIIe siècle, période durant laquelle les évêques firent de Lecce une ville-royaume sur le modèle de la Rome des papes, signant son renouveau urbain, avant de se diffuser dans tout le Salento. La pierre de Lecce, un calcaire tendre et malléable lors de son extraction mais qui durcit au fil du temps et prend une teinte dorée, en est le matériau majeur. Si les principaux représentants de ce style architectural furent Gabriele Riccardi et Francesco Antonio Zimbalo, son interprète le plus créatif demeure Giuseppe Zimbalo (dit Lo Zingarello, "le petit gitan").

72 Se régaler de CUCINA POVERA

CUISINE | TRADITIONS | ART DE VIVRE

Dans les Pouilles, les habitants aiment manger sur le pouce, dans la rue. Et vous ferez de même lors des fêtes en été ou pour combler une petite faim entre deux visites ou deux baignades sur la plage. Vous apprendrez aussi à apprécier la *cucina povera* ("cuisine pauvre"), un régal qui n'a de pauvre que le nom !

ZIGRES/SHUTTERSTOCK ©

En pratique

Bonnes tables À Lecce, optez pour Le Zie (p. 342) ; à Trani, cap sur l'Osteria Frangipane (p. 342) ; à Monopoli, poussez la porte de la Trattoria il Brigante (p. 343) ou celle d'Il Guazzetto (p. 342) ; à Cisternino, attablez-vous à Al Vecchio Fornello (p. 342) ; à Vieste, l'Osteria degli Archi (p. 342) est une excellente adresse.

Quand À tout moment !

SABINO PARENTE/SHUTTERSTOCK ©

Page de gauche, en haut Dans les rues de Lecce **En bas** Pasticciotto **Ci-contre** Pain d'Altamura

Cucina povera, vraiment ? La "cuisine pauvre" connaît depuis quelque temps un franc succès. Sa devise pourrait être : "pas de complications". Les habitants n'utilisaient que des ingrédients provenant directement de la terre et de la mer, qu'ils accommodaient selon des recettes transmises de génération en génération. Les pâtes sont les féculents de base du Sud. Faites à partir de blé dur et d'eau, et sans œuf, contrairement aux pâtes plus riches du Nord, elles prennent souvent la forme d'*orecchiette* ("petites oreilles") avec diverses garnitures, dont beaucoup sont composées d'un mélange de légumes facilement disponibles et peu onéreux : aubergines, champignons, tomates, artichauts, olives. La chicorée sauvage est un autre légume extrêmement prisé : combinée à une purée de fèves, elle donne les *fave e cicorie*.

La viande (agneau, chèvre, cheval) est utilisée avec modération, et souvent très épicée. Les amateurs goûteront aux *turcinieddhri*, rouleaux farcis d'abats d'agneau cuits à la braise, aux *gnemmarieddhri* (*gnummareddi*), rouleaux farcis de tripes en bouillon, aux *moniceddhri* (escargots) et, pour finir, aux *pezzetti di cavallo* (ragoût de cheval) ou au *muscisk*, viande de brebis ou de chèvre coupée en lamelles, et mangée séchée, ou sur le gril. Elle séchait autrefois au soleil et constituait l'alimentation des bergers pendant la transhumance. Les plats de viande sont les spécialités du *fornelli*, véritable institution à Cisternino dans le Valle d'Itria.

Dans cette région bordée par deux mers, les restaurants cuisinent bien sûr avec envie le poisson. Moules, palourdes, poulpe, morue et crevettes composent des plats traditionnels.

Dans la rue

Le *rustico*, dégusté sur le pouce, est omniprésent à Lecce et dans tout le Salento. Il se compose de deux disques de pâte feuilletée garnis de mozzarella, béchamel, tomate, assaisonnés de poivre et de noix de muscade. À Altamura, vous serez rassasié avec le pain de la ville, produit AOP depuis plus de dix ans. Faites la queue pour en acheter dans l'une des boulangeries de la ville et en faire de savoureux sandwichs. À Bari, c'est toujours l'heure de la focaccia, tout juste sortie du four, et agrémentée d'olives, de tomates extra-fraîches, d'origan à volonté et d'huile extra-vierge. À moins de lui préférer les *sgagliozze*, délicieuses tranches à base de farine de maïs (polenta), frites dans l'huile et vendues pour quelques sous à Bari Vecchia. Enfin, impossible de résister au *pasticciotto*, dessert typique du Salento : une petite tourte de pâte sablée garnie de crème pâtissière. Un délice !

73 PLAGES de la côte ionienne

PLAGES | PATRIMOINE | ROAD TRIP

La portion de côte qui, au départ de Santa Maria di Leuca, à la pointe du talon italien, rejoint Gallipoli, forme l'une des plus belles zones balnéaires d'Italie. La mer Ionienne est ici bordée de plages de sable et de criques : du sur-mesure pour les familles et les amateurs de bains en solitaire (hors saison !).

ROBERTO ZILLI/SHUTTERSTOCK ©

En pratique

Circuler En voiture ou à vélo. Votre principale difficulté sera de trouver à vous garer en été. Assez chers (4-5 €), les seuls parkings dépendent des établissements balnéaires.

Quand L'été, si vous aimez la foule et la chaleur. De septembre à mai, l'absence d'équipements sur les plages permet d'en profiter librement.

VOLOLIBERO/SHUTTERSTOCK ©

Plages de sable et criques À quelques kilomètres de Santa Maria di Leuca, le long de la SP214, la **Baia San Gregorio** est l'endroit où les habitants de la région aiment à se baigner au soleil couchant. Si les plages sont bondées, poursuivez jusqu'à **Torre Vado**, un petit port, et la vaste **Spiaggia di Posto Vecchio**. À **Lido Marini**, puis de Torre Mozza jusqu'à Torre San Giovanni – hameaux côtiers dépendant de la commune d'Ugento –, vous trouverez de grands bassins artificiels. Ils ont été créés pour assainir cette région qui était jusqu'au siècle dernier totalement marécageuse, les grandes dunes recouvertes de maquis en retrait des plages empêchant l'écoulement des eaux.

À vélo dans le parc naturel Si vous disposez d'un vélo, longez les canaux qui pénètrent dans le **Parco Naturale Regionale Litorale di Ugento**. Faciles d'accès, les plages de sable de cette zone, tantôt publiques, tantôt privées, affichent une faible déclivité. En outre, elles sont dotées de vastes parkings. Elles constituent une destination idéale pour les familles.

Les Caraïbes de la mer Ionienne Tout près de Gallipoli, **Punta della Suina** et les anses rocheuses du **Parco Naturale Regionale di Porto Selvaggio** sont remarquables. La très longue et sablonneuse **Baia Verde** est quasiment déserte en basse saison. Quant à Punta della Suina, son surnom de "Caraïbes de la mer Ionienne" en dit long sur son décor paradisiaque. Une passerelle en bois à travers une pinède odorante et ombragée permet d'accéder à son sable fin, ses petites criques naturelles et des paillotes vendant des boissons fraîches. Le lido éponyme (www.puntadellasuina.it) a installé ses chaises longues sur le promontoire léché par les eaux cristallines.

Gallipoli Rejoignez enfin Gallipoli. La cité devient en été un lieu de divertissement attirant des milliers de jeunes en quête de soirées débridées sur la plage. Seul repli pour trouver le calme, la vieille ville paraît presque endormie, isolée sur son île. Ici, la mer brille par sa propreté. Dans le **Bacino di San Giorgio**, l'eau est d'une telle transparence que l'on peut compter les petits cailloux du fond marin depuis la terrasse panoramique marquant la fin de la Riviera Cristoforo Colombo et le début de la Riviera Nazario Sauro. La plupart des baigneurs se pressent le long de l'étroite **Spiaggia della Purità**, juste derrière la jetée, une plage de sable baignée d'eaux peu profondes pratique pour les enfants, et à l'abri du vent. En face, un phare imposant se dresse sur l'Isola di Sant'Andrea.

ISAAC74/STOCK.ADOBE.COM ©

Page de gauche, en haut Punta della Suina **En bas** Lido Marini **Ci-dessus** Gallipoli

Bonne table

À quelque 6 km au nord de Gallipoli, l'étroit Lido Conchiglie, noir de monde, n'a rien d'exceptionnel, pas plus que le village voisin, assez laid. Au lieu de sortir les parasols, allez plutôt goûter les fruits de mer de **La Maruzzella** (p. 342), tenue par la famille Montefusco. Les touristes connaissent peu cette trattoria sans fioritures, agrippée aux rochers, mais les gens du coin la fréquentent assidûment, surtout pour des festins d'oursins et de moules. On y mange divinement devant une vue magique.

74 RYTHMES estivaux

DANSE | MUSIQUE | FÊTES

Pas besoin de sortir en boîte pour faire la fête dans les Pouilles. La région du Salento est le berceau de la *pizzica*, une danse folklorique dont les rythmes endiablés constituent la bande-son de nombreuses fêtes populaires estivales. Alors suivez l'appel du rythme et filez vers le sud, une nuit de fougueuse passion vous attend.

GUIDO COZZI/ATLANTIDE PHOTOTRAVEL/GETTY IMAGES ©

En pratique

S'y rendre Des trains réguliers de **Trenitalia** (trenitalia.it) desservent Lecce, principale ville du Salento. Une fois dans la région, vous pouvez circuler avec les trains de Trenitalia ou de **Ferrovie del Sud Est** (fseonline.it), et/ou avec les bus **STP** (stplecce.it).

Quand Au printemps et l'été, pleine saison des fêtes et festivals.

Écouter L'**Orchestra Popolare La Notte della Taranta** (lanottedellataranta.it).

Baignade Dans la mer à **Porto Selvaggio** ou à **Porto Badisco**.

ANNA FEDOROVA_IT/SHUTTERSTOCK ©

Origines La *pizzica* est une des danses traditionnelles du sud de l'Italie, de la famille des tarentelles. Elle tire son origine d'une sorte d'exorcisme musical qui était censé traiter les victimes de morsures de *taranta*, une araignée vénéneuse. Pour sortir les victimes de l'état de torpeur hystérique provoqué par ce venin, le seul remède connu consistait à les entraîner dans cette danse à la cadence de plus en plus effrénée et de prier saint Paul, entre autres saints.

Variantes La *pizzica* pratiquée aujourd'hui présente trois variantes. La *pizzica tarantata* reflète la danse traditionnelle de l'araignée, les participants dansant pour se libérer des tensions négatives. La *pizzica pizzica* est une danse de séduction au rythme très rapide. Quant à la *pizzica scherma* (danse de l'épée), elle introduit une note très différente : un duo de danseurs, souvent des hommes, se livre à un duel ritualisé en utilisant les doigts en guise d'épées. L'accompagnement musical se fait au tambourin, généralement joué à une cadence folle en écho aux battements de cœur des danseurs.

Où et comment Vous avez toutes chances de découvrir la *pizzica* lors d'un concert ou dans la rue lors de festivités. En tant que spectateur, vous pouvez danser ou simplement regarder et admirer les pros. La ville la plus connue pour la *pizzica* est **Galatina**, où la Festa dei Santi Pietro e Paolo au mois de juin la met largement à l'honneur. Une série de concerts de *pizzica* ont également lieu en août à **Lecce**, à **Nardò**, à **Gallipoli** et dans d'autres villes du Salento.

Pour assister à la *pizzica scherma*, arrêtez-vous à **Torrepaduli** le 15 août, lors de la Festa di San Rocco.

Page de gauche, en haut Festa dei Santi Pietro e Paolo, Galatina **En bas** Tambourin, Avetrana

La Notte della Taranta

La grande manifestation annuelle mettant à l'honneur la *pizzica* est **La Notte della Taranta** (lanottedellataranta.it), le plus important événement musical populaire du sud de l'Italie. Des concerts sont organisés dans tout le Salento jusqu'à la grande finale du festival, le Concertone de Melpignano. Cet immense concert en plein air attire des centaines de milliers de spectateurs et une brochette d'artistes italiens et internationaux, dont l'Orchestra Popolare La Notte della Taranta, "l'ambassadeur de la *pizzica* dans le monde", comme l'appelle Gabriella Della Monaca, de la Fondazione La Notte della Taranta. Des ateliers de *pizzica* et de tambourin initient les visiteurs à la tarantelle, l'occasion parfaite pour entrer dans la danse.

Carnet d'adresses

Les grands classiques

Capella Sansevero, Naples

Voir p. 287. (081 551 84 70 ; www.museosansevero.it ; Via Francesco de Sanctis 19 ; tarif plein/réduit 8/5 € ; 9h-19h mer-lun ; Dante)

Museo Archeologico Nazionale, Naples

Voir p. 286. (848 80 02 88 ; www.mannapoli.it ; Piazza Museo Nazionale 19, Naples ; tarif plein/réduit 15/2 € ; 9h-19h30 mer-lun ; Museo, Piazza Cavour)

Palazzo Reale, Naples

Voir p. 286. Pour voir les collections de la Biblioteca Nazionale di Napoli (bn-na@beniculturali.it ; www.bnnonline.it), il faut envoyer un e-mail un mois avant. (Palais royal ; 081 580 82 55 ; palazzorealedinapoli.org ; Piazza del Plebiscito 1 ; tarif plein/réduit 6/2 € ; 9h-20h jeu-mar ; R2 pour Via San Carlo, Municipio).

Capri

Voir p. 288. Les deux principaux points de départ pour l'île sont Naples et Sorrente, mais des ferries desservent également Ischia et la côte amalfitaine (Amalfi, Positano et Salerne).

Côte amalfitaine

Voir p. 287.

Matera, Basilicate

Voir p. 289.

Pompéi

Voir p. 288 et p. 300. (081 857 53 47 ; www.pompeiisites.org ; accès Porta Marina et Piazza Anfiteatro ; tarif plein/réduit 16/3,50 € ; 9h-19h, dernière entrée 17h30 avr-oct, 9h-17h, dernière entrée 15h30 nov-mars ; Circumvesuviana jusqu'à Pompei Scavi-Villa dei Misteri)

Pouilles

Voir p. 289.

Naples connue et méconnue

Abbazia San Michele Arcangelo, Procida

Voir p. 309. (334 851 42 52, 334 851 40 28 ; www.abbaziasanmicheleprocida.it ; Via Terra Murata 89, Terra Murata, Procida ; 3 € ; 10h-12h45 lun-sam, 10h30-12h45 dim, plus 15h-17h mar-ven) GRATUIT

Arena Flegrea, Naples

Voir p. 293. (081 562 8040; www.arenaflegrea.comViale John Fitzgerald Kennedy 54, Naples)

Basilica di San Lorenzo Maggiore, Naples

Voir p. 291. (Complesso Monumentale di San Lorenzo Maggiore ; 081 211 08 60 ; www.laneapolissotterrata.it ; Via dei Tribunali 316, Naples ; église gratuite, musée et fouilles tarif plein/-18 ans/-6 ans 9/6 €/gratuit ; église 9h30-17h30, site de fouilles et musée 10h30-17h30 ; Dante)

Catacombe di San Gennaro, Naples

Voir p. 291. Les billets peuvent être achetés en ligne. (081 744 37 14 ; www.catacombedinapoli.it ; Via Capodimonte 13, Naples ; tarif plein/réduit 9/6 € ; visites 1 heure, ttes les heures 10h-17h ; R4, 178 pour Via Capodimonte)

Catacombe di San Gaudioso, Naples

Voir p. 291. (Basilica di Santa Maria della Sanità ; piazza Sanità 14, Naples ; 10h-13h)

INU/SHUTTERSTOCK ©

Villa Jovis, Capri.

Certosa e Museo di San Martino, Naples
Située dans le quartier du Vomero, à Naples, cette chartreuse-musée représente le point culminant (littéralement) du baroque napolitain. Découvrez ses magnifiques cloîtres, sa collection d'art et sa vue imprenable sur la baie. (☎ 081 229 45 03 ; cultura.gov.it/luogo/certosa-e-museo-di-san-martino ; Largo San Martino 5, Naples ; tarif plein/réduit 6/2 € ; ⏲ 8h30-19h30 jeu-mar, 8h30-17h hiver ; Ⓜ Vanvitelli, 🚋 Montesanto pour Morghen)

Chiostro di San Gregorio Armeno, Naples
L'exubérance n'a pas de limites dans cet ensemble monastique du XVIe siècle. (☎ 081 420 63 85 ; Via San Gregorio Armeno 44 ; ⏲ 9h30-12h lun-ven, 9h30-13h sam-dim ; 🚌 Dante)

Chiesa di San Pietro a Maiella, Naples
Dédiée à l'ermite Pietro Del Morrone, pape sous le nom de Célestin V (1294), cette église gothique a été remodelée au goût baroque avec de somptueux plafonds peints par Mattia Preti entre 1657 et 1673. (☎ 081 45 90 08 ; Piazza Luigi Miraglia 25 ; ⏲ 8h30-13h lun-sam, 10h-11h30 dim ; Ⓜ Dante)

Cimitero delle Fontanelle, Naples
Voir p. 291. (☎ 081 1925 6964 ; www.cimiterofontanelle.com ; Via Fontanelle 80, Naples ; ⏲ 10h-17h ; 🚌 C51 pour Via Fontanelle, Ⓜ Materdei) GRATUIT

Colonnese, Naples
Voir p. 297. La référence en matière de librairie napolitaine et le rendez-vous des écrivains et des artistes. (☎ 081 45 98 58 ; colonnese.it ; Via San Pietro a Maiella 32-33 ; ⏲ 10h-13h30 et 16h-19h30 lun-ven, 10h-19h30 sam ; Ⓜ Dante)

Duomo, Naples
Des fresques de Giovanni Lanfranco et de Jusepe de Ribera, des mosaïques du IVe siècle et un miracle triennal font de la cathédrale du centre-ville de Naples un incontournable.

Belvédère de l'Infini, Villa Cimbrone, Ravello

(☎ 081 44 90 97 ; Via Duomo 149, Naples ; cathédrale/baptistère gratuit/2 € ; ⏲ cathédrale 8h30-13h et 15h30-19h30 lun-sam, 8h30-13h et 16h30-19h30 dim, baptistère 8h30-12h et 15h30-18h30 lun-sam, 8h30-13h dim, Cappella di San Gennaro 8h30-13h et 15h-18h30 lun-sam, 8h30-13h et 16h30-19h dim ; 🚌 147, 182, 184 pour Via Foria, Ⓜ Piazza Cavour)

Galleria Borbonica, Naples
Voir p. 290. (☎ 081 764 58 08, 366 248 4151 ; www.galleriaborbonica.com ; Vico del Grottone 4, Naples ; visite standard 1 heure tarif plein/réduit 10/5 € ; ⏲ visites standards 10h, 12h, 15h et 17h ven-dim ; 🚌 R2 pour Via San Carlo, Ⓜ Chiaia-Monte di Dio)

La Casa della Musica, Naples
Voir p. 293. (☎ 081 5700008, 081 7628216 ; new.palapartenope.it ; Via C.Barbagallo 115, Naples)

Napoli Sotterranea, Naples
Voir p. 290. (Naples souterraine ; ☎ 081 29 69 44 ; www.napolisotterranea.org ; Piazza San Gaetano 68, Naples ; tarif plein/réduit 10/8 € ; Ⓜ Dante)

Piazzetta Nilo, Naples
Vous découvrirez deux divinités sur cette petite place : la statue du dieu Nil, honoré par des marchands d'Alexandrie vivant dans la région à l'époque romaine ; et le dieu du football napolitain, Diego Maradona, auquel le Bar Nilo a réservé une "chapelle miraculeuse". (Via Nilo ; Ⓜ Dante)

Trésors antiques

Champs Phlégréens (Campi Flegrei)

Plusieurs sites au nord de Pouzzoles (p. 302).

Herculanum

Voir p. 302. (081 777 70 08 ; ercolano.beniculturali.it ; Corso Resina 187, Ercolano ; tarif plein/réduit 13/3,50 € ; 9h30-19h30, dernière entrée 18h mi-mars à mi-oct, 8h30-17h, dernière entrée 15h30 mi-oct à mi-mars ; P ; Circumvesuviana pour Ercolano-Scavi)

Oplontis

Voir p. 302. (081 857 53 47 ; www.pompeiisites.org ; Via dei Sepolcri, Torre Annunziata ; tarif plein/réduit avec Boscoreale 6,50/3,50 € ; 9h-19h mer-lun, dernière entrée à 18h30 avr-oct, 9h-17h mer-lun, dernière entrée à 16h nov-mars ; Circumvesuviana pour Torre Annunziata)

Paestum

Voir p. 302. (Area Archeologica di Paestum ; 0828 81 10 23 ; www.museopaestum.beniculturali.it ; tarif plein/réduit 9/4,50 €, musée compris ; 9h-19h30, dernière entrée 18h50, fermeture musée 13h40 1er et 3e lun du mois)

Pompéi

Voir p. 288, p. 300 et p. 334.

Villa Jovis

Les vestiges de la résidence de l'empereur Tibère perchée sur un éperon rocheux au-dessus de la mer sont l'un des grands sites de Capri. Des ferries relient régulièrement Capri à Naples, à Sorrente et à la côte amalfitaine. (Villa de Jupiter ; Via A Maiuri ; tarif plein/réduit 6/4 € ; 10h-19h juin-sept, 10h-18h avr-mai et oct, 10h-16h mars et nov-déc, fermé jan-fév)

Palais, cathédrales et chapelles

Basilica Concattedrale di Gerace

Voir p. 318. (Via Duomo 28 ; tarif plein/réduit 3/2 € ; 9h30-12h45 et 15h-18h30)

Basilica di Santa Croce, Lecce

Ce joyau (p. 326) surprend par sa façade monumentale au milieu des ruelles de la vieille ville et la richesse de son décor sculpté, typique du baroque de Lecce, réalisé par Giuseppe Zimbalo et Cesare Penna en 1646. L'intérieur, de style Renaissance, est tout aussi somptueux, avec un plafond à caissons dorés, un maître-autel décoré de marqueterie de marbre, et 14 chapelles latérales, toutes plus ouvragées les unes que les autres. (0832 24 19 57 ; Via Umberto I, Lecce ; 9h-12h30 et 16h-19h30)

Castello Aragonese di Le Castella, Calabre

Imposante forteresse du XVe siècle, édifiée sur un îlot dans la zone marine protégée du Capo Rizzuto, en Calabre. Franchissez le pont-levis pour visiter le vieux village.

Cattedrale di Sant'Andrea, Amalfi

Voir p. 312. Avec sa façade rayée et son mélange de styles architecturaux, la cathédrale d'Amalfi, dressée au sommet d'un escalier surplombant la place centrale, fait un cadre superbe pour la photo ! (089 87 13 24 ; Piazza del Duomo, Amalfi ; tarif plein/réduit 3/1 € 10h-17h ; 7h30-19h30, fermé nov-mars)

Chiesa di Madonna delle Virtù et Chiesa di San Nicola del Greci, Matera

Voir p. 320. (377 444 88 85 ; www.caveheritage.it ; Via Madonna delle Virtù ; 10h-20h juin-sept, horaires réduits le reste de l'année) GRATUIT

TOMMASO LIZZUL/SHUTTERSTOCK ©

Chiesa di Piedigrotta, Pizzo Calabro

Chiesa di Piedigrotta, Pizzo Calabro
Sur une jolie plage, au pied d'un escalier, cette église rupestre du XIXe siècle est ornée de sculptures et de fresques.

Chiesa di Santa Maria Assunta, Positano
Voir p. 313. (☎ 089 87 54 80 ; chiesapositano.it ; Piazza Flavio Gioia, Positano ; 🕘 8h-12h et 16h-20h)

Chiesa di Santa Maria dell'Assunta, Lecce
Voir p. 327. L'église présente deux façades et le plus haut campanile des Pouilles (68 m). L'intérieur est richement décoré : plafond à caissons ciselés et décorés et surtout le spectaculaire *presepe* (crèche) du XVIe siècle. La crypte est soutenue par 92 colonnes, aux chapiteaux ornés de sirènes, d'animaux et d'anges. (☎ 0832 30 85 57 ; Piazza del Duomo ; crypte 1 € ; 🕘 8h30-12h30 et 16h-20h l'été, 8h30-12h30 et 16h-18h30 l'hiver)

Chiesa di San Pietro Barisano, Matera
Voir p. 320. (☎ 342 031 99 91 ; www.oltrelartematera.it ; Piazza San Pietro Barisano ; tarif plein/réduit 3,50/2,50 €, avec la Chiesa di Santa Lucia alle Malve et la Chiesa di Santa Maria di Idris 7/5 € ; 🕘 9h-20h avr-oct, 10h-17h nov-mars)

Palazzo Marrese, Lecce
Voir p. 327. L'un des plus beaux palais de la ville pour l'abondance de son décor. (près du Corso Vittorio Emanuele, Lecce).

Reggia di Caserta, Caserte
Inspiré de Versailles, cet immense palais aux lignes classiques renferme un décor baroque et des jardins féeriques. Des trains relient régulièrement Naples à Caserte (3,40 €, 30-50 min). Voir p. 307. (Palazzo Reale ; ☎ 0823 44 80 84 ; reggiadicaserta.cultura.gov.it ; Viale Douhet 22, Caserte ; tarif plein/réduit 14/3 € ; 🕘 palais 8h30-19h30 mer-lun, parc 8h30-19h mer-lun avr-sept, horaires réduits oct-mars, Giardino Inglese 8h30-18h mer-lun avr-sept, horaires réduits oct-mars ; 🚉 Caserta)

Trulli d'Alberobello
Inscrite au patrimoine mondial par l'Unesco, Alberobello regroupe près de 1 500 *trulli* (voir p. 324). Dans le quartier Rione Monti, plus d'un millier de *trulli* s'étagent à flanc de colline dans ce quartier de la vieille ville. Le Rione Aia Piccola, à l'est de la Via Indipendenza, moins touristique, compte 400 *trulli*, souvent encore habités. Pour loger dans un *trulli*, contactez Trullidea (☎ 080 432 38 60 ; www.trullidea.it ; Via Iunte Sabotino 10 ; trullo à partir de 140 € ; 📶).

Musées

Casa Noha, Matera
Voir p. 320. Pour mieux comprendre l'histoire de Matera. (☎ 0835 33 54 52 ; fondoambiente.it/luoghi/casa-noha ; Recinto Cavone 9 ; tarif plein/réduit 6/2 € ; 🕘 9h-19h avr-oct, horaires réduits nov-mars).

MAB Cosenza – Museo all'Aperto Bilotti
Ce musée à ciel ouvert situé le long du Corso Mazzini, à Cosenza, présente d'importantes sculptures et installations d'art moderne.

Museo Archeologico Nazionale di Reggio Calabria
Découvrez les Bronzi di Riace, deux guerriers en bronze datés du Ve siècle av. J.-C. découverts au large de Riace en 1972, ainsi que des vestiges préhistoriques et des collections de la période de la Grande-Grèce en Calabre. En face de la Piazza de Nava.

Museo della Ceramica Vietrese
Voir p. 312. (☎ 089211835 ; Villa Guariglia, via Nuova Raito, Vietri sul Mare ; 🕘 9h-15h mar-dim) GRATUIT

Museo del Sottosuolo, Naples
Voir p. 290. (Musée des Souterrains ; ☎ 081 863 15 81 ; Piazza Cavour 140, Naples ; tarif plein/réduit 10/7 € ; 🕘 variables ; M Piazza Cavour, Museo)

Museo di Capidomonte, Naples
La *Flagellation* du Caravage n'est qu'un des multiples chefs-d'œuvre exposés dans ce musée national logé dans un palais du quartier de Capodimonte à Naples.

Remarquables œuvres de Michel-Ange, Raphaël, Titien, Botticelli, Bellini, Masaccio, mais aussi d'artistes flamands. (☎081 749 91 11 ; capodimonte.cultura.gov.it ; Via Miano 2 ; tarif plein/réduit 12/2 € ; 8h30-19h30 jeu-mar ; R4, 178 pour Via Capodimonte, navette Capodimonte)

Museo Diocesano e del Codex
C'est là qu'est conservé le texte sacré des Évangiles de Rossano, l'un des plus anciens manuscrits enluminés du Nouveau Testament. Le musée se situe dans les salles derrière la cathédrale de Rossano Calabro.

Museo Nazionale di Locri Epizephyrii, Locri
Voir p. 318. (☎0964 39 00 23 ; www.locriantica.it ; Contrada Marasà, Locri ; tarif plein/réduit 6/3 € ; 9h-14h mar, 9h-1 heure avant le coucher du soleil mer-dim ; P)

Jardins et grottes

Giardini di Augusto, Capri
Voir p. 307. (jardins d'Auguste ; ville de Capri ; 1 € ; 10h-20h été, 9h30-17h30 hiver)

Grotta Azzurra
Cette grotte marine spectaculaire, d'un coloris bleu azuré, quasi irréel, compte parmi les attraits majeurs de Capri. La façon la plus simple de la visiter est de s'inscrire à une excursion en **bateau** (☎081 837 56 46 ; www.motoscafisticapri.com ; quai privé 0 ; circuit Grotta Azzurra/île 18/19 €) au départ de Marina Grande ; le billet inclut l'aller-retour en bateau, mais l'accès en canot à l'intérieur de la grotte et l'entrée de la grotte sont à payer séparément. La Grotta est magnifique mais extrêmement populaire en été. La foule et l'attente interminable peuvent rendre l'expérience un peu pénible. (Grotte bleue ; 14 € ; 9h-17h)

Castello Aragonese di Le Castella

Grotta del Romito
Cette grotte calcaire abrite des sépultures préhistoriques ainsi qu'une gravure rupestre d'aurochs datant du paléolithique supérieur. Dans la vallée du Lao au sein du Parco Nazionale del Pollino (p. 339).

Grotte di Zungri, Calabre
À l'extérieur de Capo Vaticano, ce géosite exceptionnel correspond à d'anciennes habitations troglodytiques.

La Mortella, Forio, île d'Ischia
Voir p. 307. (pl. des Myrtes ; ☎081 98 62 20 ; www.lamortella.it ; Via F Calese 39 ; tarif plein/réduit 12/10 € ; 10h-19h mar, jeu, sam-dim mi-mai à oct)

Orto Botanico di Napoli
Voir p. 307. (☎081 253 39 37 ; www.ortobotanico.unina.it ; Via Foria 223 ; 9h-14h lun-ven, sur réservation ; 147, 182, 184 jusqu'à Via Foria) GRATUIT

Reggia di Caserta, Caserte
Voir p. 307 et p. 337.

Villa Cimbrone, Ravello
Voir p. 307. La Villa Cimbrone, remaniée en hôtel de luxe, et les jardins se tiennent sur un promontoire, à 10 minutes à pied au sud de la Piazza Duomo. Travaux de restauration en 2022. (☎089 85 74 59 ; www.hotelvillacimbrone.com/villa-cimbrone ; Via Santa Chiara 26, Ravello ; tarif plein/réduit 7/4 € ; 9h-coucher du soleil)

Villa Rufolo, Ravello
Voir p. 307. (☎089 85 76 21 ; www.villarufolo.it ; Piazza Duomo ; tarif plein/réduit 6/5 € ; 9h-21h mai-sept, horaires réduits oct-avr, musée de la tour 10h-17h)

Plages de Calabre et des Pouilles

Plages de la côte ionienne, Pouilles
Voir p. 330.

Spiaggia dell'Arcomagno, Calabre
Une plage isolée dans une crique aux eaux cristallines. Son nom vient de la formation rocheuse en forme d'arc qui l'entoure. Juste au nord de la plage principale de San Nicola Arcella ; suivre le sentier de montagne. Fabuleux au coucher du soleil.

Spiaggia della Rotonda, Calabre
Magnifique plage de sable blanc avec, en toile de fond, le quartier ancien de Tropea et la Grotta di San Leonardo, en forme de dôme. Explorez les profondeurs de la grotte et profitez de la mer turquoise de Tropea.

Spiaggia di Grotticelle, Calabre
Ses eaux bleu clair en font un paradis pour les plongeurs et les amateurs de snorkeling. Entre le promontoire du Capo Vaticano et la plage Santa Maria. Vue sur les îles éoliennes.

Scogliera di Capo Bruzzano, Calabre
Plage du sud de la côte ionienne, à la sortie d'Africo Nuovo, connue pour l'étonnante disposition de rochers sur son rivage qui forment des "piscines" de différentes tailles.

Isola di Dino, Calabre
Une île luxuriante à la beauté intacte, près de Praia di Mare. Sa *grotta azzurra*, en partie submergée, est éblouissante !

La nature à l'œuvre

Botte Donato, Calabre
Le plus haut sommet (1 928 m) de la zone Sila Grande du Parco Nazionale della Sila, entre le Lago Argo et le Lago Cecita. Une région appréciée pour le ski en hiver et pour le trekking toute l'année.

Parco Nazionale della Sila, Calabre
Voir p. 315. À 10 km de Camigliatello Silano. (centre d'accueil du parc national ; 089453 71 09 ; www.parcosila.it ; Via Nazionale, Lorica ; 10h-12h et 15h-17h lun et mer, 10h-12h mar, jeu et ven)

Parco Nazionale dell'Aspromonte, Calabre
Voir p. 315. (bureau du parc ; 096574 30 60 ; www.parcoaspromonte.gov.it ;Via Aurora 1 ; 10h30-12h30 lun et ven et 15h-18h mar)

Parco Nazionale del Pollino, Calabre
Voir p. 315. (bureau officiel en Basilicate ; 0973 66 93 11 ; parcopollino.gov.it/en/homevivere-il-parco1/info-point1 ; Strada Provinciale 28, Rotonda ; 8h30-13h et 14h-16h30 lun-ven)

Vésuve
Voir p. 304. (Parco Nazionale del Vesuvio ; 081 239 56 53 ; www.parconazionaledelvesuvio.it ; cratère tarif plein/réduit 10/8 € ; cratère 9h-18h juil-août, 9h-17h avr-juin et sept, 9h-16h mars et oct, 9h-15h nov-fév, fermeture de la billetterie 1 heure avant celle du cratère)

Vesuvio Express
Voir p. 304. (081 777 76 52 ; www.vesuvioexpress.it ; Piazzale Stazione Circumvesuviana, Ercolano ; aller-retour et accès au sommet 20 € ; ttes les 40 min, 9h30-17h juil-août, 9h30-16h avr-juin et sept, 9h30-14h10 oct-mars)

À cheval, à pied, à vélo

Ciclovagando, Pouilles
Vélos de différentes catégories à prix raisonnables, avec livraison possible. Circuits guidés d'une demi-journée ou d'une journée entière (35/70 € avec location de vélo et de casque) ; choix de 3 ou 4 itinéraires quotidiens au départ de Lecce, Matera, Trani et des Grotte di Castellana. (330 985255 ; www.ciclovagando.com ; Via Savoia 19, Mesagne ; location de vélo à partir de 20 €/jour)

Eldorado Ranch, Matera
À quelques kilomètres au sud de Matera, ce centre équestre bien tenu propose des promenades (1 à 2 heures) au fond de

la *gravina* (gorge), ou au sud, en direction de la Cripta del Peccato Originale. (☎ 328 761 05 02 ; www.eledoradoranch.it ; Strada Statale 7 ; promenade 1 heure : 30 € ; ⏲ 9h-19h)

Horse Riding Tour Naples
Voir p. 305. (☎ 345 856 03 06 ; www.horseridingnaples.com ; circuit avec guide 60 €)

La Cooperativa Serapia
Voir p. 325. (☎ 328 647 47 19, 366 599 95 14 ; www.cooperativaserapia.it)

Longo Bikes
Voir p. 324. (☎ 0831 30 45 51 ; www.longobikes.it ; Via Stazione ZI, Ostuni)

Madera Bike Tour
Location de vélos et de voitures électriques. Promenade accompagnée, adaptée aux enfants et propice à la découverte de la région. (☎ 327 578 51 85 ; www.maderabike.com ; c/o AlbergaBici, Centro Visite, Casa del Parco delle Dune Costiere, Montalbano)

Sentiero degli Dei
Plus célèbre sentier de randonnée de la côte amalfitaine, le sentier des Dieux offre un agréable parcours, avec des vues éblouissantes, entre Bomerano et Nocelle, au-dessus de Positano. Voir p. 311.

Velo Service, Lecce
Location de vélos pour une journée ou plus ; circuit à pied, à bicyclette, en cyclopousse ou à Segway, durée et tarif variables, selon l'itinéraire. (☎ 320 931 62 85 ; www.veloservice.org ; Via Palmieri 32, Lecce ; ⏲ variables, toujours ouvert sur réservation)

Terroir et artisanat

Mulinum
Minoterie moderne dédiée à la préservation des céréales anciennes et des techniques de mouture traditionnelles. Après la visite de la vaste minoterie, vous pourrez acheter sa farine artisanale, ses produits de boulangerie et sa pizza. Juste à la sortie de San Floro.

Museo della Liquirizia "Giorgio Amarelli"
Visitez cette usine-musée historique de Rossano pour apprendre comment la famille Amarelli fabrique sa célèbre réglisse. Dans la boutique, vous pourrez acheter des produits à base de réglisse, du chocolat et de la bière. À 1,4 km du Lido Sant'Angelo.

Tessitura Artistica a Mano di Mario Celestino
À Longobucco, près du Santuario di Santa Maria Assunta, la famille Celestino perpétue la tradition du tissage artisanal depuis 1930. Dans cet atelier, vous pourrez faire le plein de couvertures, de tapisseries et de linge de maison.

Via San Gregorio Armeno, Naples
Boudée des collectionneurs avertis, cette rue étroite de Naples n'en est pas moins connue dans tout le pays pour ses *pastori* (santons). Au n°8, l'atelier de Ferrigno produit les personnages en terre cuite les plus recherchés. (🚌 C55 jusqu'à Via Duomo, Naples)

Saveurs napolitaines et insulaires

Antica Pizza e Friggitoria di Matteo €
Voir p. 295. (☎ 081 45 52 62 ; Via dei Tribunali 94 ; www.pizzeriadimatteo.com ; en-cas 1 €, pizza à partir de 3 € ; ⏲ 10h-minuit lun-sam, 10h30-15h dim)

Antico Forno delle Sfogliatelle Calde Fratelli Attanasio €
Voir p. 294. (☎ 081 28 56 75 ; VicoFerrovia 1 ; sfogliatelleattanasio.it ; ⏲ 6h30-19h30 mar-dim ; Naples)

Concettina Ai Tre Santi €
Ce haut lieu de la pizza, situé dans le quartier napolitain de la Sanità, associe des ingrédients artisanaux scrupuleusement sélectionnés à des bases impeccables. Adresse historique sur le *lungomare*, Via Partenope. (☎ 081 29 00 37 ; www.pizzeriaoliva.it ; Via Arena della Sanità 7, Naples ; pizzas à partir de 5 € ; ⏲ 12h-minuit lun-sam, 12h-17h dim ; 📶 ; Ⓜ Piazza Cavour, Museo)

STEFANO RENZI/SHUTTERSTOCK ©

Spiaggia dell'Arcomagno

Da Ettore €€

Cette chaleureuse trattoria de Naples possède une belle réputation pour sa cuisine régionale, dont les meilleurs *spaghetti alle vongole* (aux palourdes) de la ville. (081 764 35 78 ; Via Gennaro Serra 39, Naples ; repas 25 € ; 13h-15h et 20h-22h mar-sam, 13h-15h dim ; ; R2 pour Via San Carlo, Chiaia-Monte di Dio)

Donna Rosa €€€

Autrefois modeste trattoria, ce restaurant, tenu en famille, est aujourd'hui un classique de la côte amalfitaine pour son excellente cuisine. (089 81 18 06 ; www.drpositano.com ; Via Montepertuso 97-99, Montepertuso ; repas 45-65 € ; 11h-14h30 et 18h-23h mer-lun avr-déc, fermé déj août)

La Palette €€

Ce restaurant panoramique de Capri a l'art de travailler les ingrédients de l'île et de saison pour en faire des plats inventifs. (081 837 92 35 ; www.lapalettecapri.it ; Via Matermània 36, Capri ; repas à partir de 35 € ; 12h-15h et 19h-minuit avr-déb nov)

Pasticceria Artigianale Salvatore Capparelli

Voir p. 294. (Via dei Tribunali 237, Naples)

Pizzeria Gino Sorbillo €

Une pizzeria au cœur du centre historique de Naples. Attendez-vous à un service rapide et à des pizzas napolitaines classiques cuites au feu de bois. (081 44 66 43 ; www.sorbillo.it ; Via dei Tribunali 32, Naples ; pizzas à partir de 3 € ; 12h-15h30 et 19h-23h30 lun-sam ; ; Dante)

Sfogliatella Mary

Voir p. 294. (Sfogliatelle 1,80 € ; h8h-20h30 mar-dim, Naples)

Tartufo et caciocavallo en Calabre

Bar Gelateria Ercole €

Pizzo Calabro est célèbre pour son *tartufo* (glace à la noisette avec un cœur de chocolat fondu et saupoudré de chocolat), et ce bar fait parmi les meilleurs *tartuffi* de la ville. Il sert également une excellente brioche et du *torrone* (nougat). (963 53 11 49 ; Piazza della Repubblica 18, Pizzo ; tartufo 5 € ; 8h-minuit)

Il Brillo Parlante €€

Ce chaleureux restaurant donne sur le Lago Arvo dans le Parco Nazionale della Sila (à San Giovanni in Fiore). Goûtez ses spécialités rustiques telles que le *caciocavallo* (un fromage) grillé, les cèpes rôtis, les paninis et les steaks. Ingrédients locaux et de saison. (984 537 282 ; www.ilbrilloparlantelorica.it ; Via Lungo Lago, Lorica-San Giovanni In Fiore ; plats 3,50-33 € ; 12h30-14h30 lun et jeu, 12h30-14h30 et 19h30-21h30 mer et ven, 12h30-15h et 19h30-22h sam, 12h30-15h30 dim)

La Cascina 1899 €€€

Sis dans une vaste ferme du XIXe siècle juste à la sortie de Roccella Ionica, ce restaurant est réputé pour ses condiments et ses gâteaux maison, que vous pouvez acheter à la boutique sur place. (964 86 66 75 ; www.ristorantelacascina1899.it ; S.da Statale 106, Roccella Ionica ; 12h30-15h et 19h-23h lun et mer-ven, 12h30-15h et 19h-2h sam-dim)

La Locanda di Alia €€€

Tenu en famille, ce restaurant de Castrovillari sert une délicieuse cuisine à base de produits de saison provenant du Parco Nazionale del Pollino, comme le veau de Podolica, les haricots de Mormanno et les oignons de Castrovillari. Cadre idyllique. (☎ 981 46 370 ; www.locandadialia.it ; Via Letticelle 55, Castrovillari ; plats 15-25 € ; ⌚12h45-15h, 20h-22h)

Ristorante A'Squella €
Voir p. 319. (☎ 0964 35 60 86 ; Via della Resistenza 8, Gerace ; repas 20-25 € ; ⌚12h30-14h30 tlj et 19h30-22h30 lun-sam)

Délices des Pouilles et de Basilicate

Al Vecchio Fornello €
Certains le considèrent comme le meilleur *fornello* de la ville, mais ne le dites pas à Zio Pietro. Outre les immanquables *bombette* et viandes à la braise en tout genre, on y mange aussi d'autres plats du terroir comme les *orecchiette* nappées d'une sauce tomate carnée. (☎ 080 444 11 13, 339 267 80 12 ; Via Basiliani 18, Cisternino ; repas 15 € ; ⌚17h30-minuit lun et mer-jeu, aussi au déjeuner ven-dim)

Il Guazzetto €€
"Un petit restaurant pour de la grande cuisine, simple et saine, à base de poisson et d'épices méditerranéennes." C'est ainsi que les jeunes chefs Francesco et Mario décrivent leur établissement, petit uniquement par la taille. (☎ 080 410 71 75, 320 577 55 90 ; www.ristoranteilguazzetto.it ; Via dell'Erba 39/41, Monopoli ; repas 25-30 € ; ⌚12h30-14h et 20h-minuit jeu-mar)

La Gatta Buia, Matera €€
Cette adresse témoigne de la sophistication croissante de Matera, avec ses classiques revisités de la Basilicate et une longue carte des vins à déguster dans une belle salle voûtée. (☎ 0835 25 65 10 ; www.lagattabuia.eu ; Via delle Beccherie 90-92 ; repas 38 € ; ⌚12h30-14h30 et 18h30-23h sam-mer, 18h30-23h ven)

La Maruzzella
Voir p. 331. (☎ 0833 20 89 00 ; Lungomare Cristoforo Colombo, Lido Conchiglie ; repas 25 € ; ⌚12h-15h et 18h-23h30)

Le Zie €
Réservez une table dans cette trattoria rustique et faites confiance à Carmela Perrone et à sa famille, qui suivent à la lettre les recettes traditionnelles de la *cucina povera* (p. 328). (☎ 0832 24 51 78 ; Viale Colonnello Archimede Costadura 19 ; repas 30 € ; ⌚12h30-14h30 mar-sam, 20h-22h30 dim)

Osteria Frangipane €€
Ce restaurant, situé juste derrière la vieille ville de Trani, sert des plats créatifs, revisitant la cuisine des Pouilles comme la *palamita con fagiolini scottati e cipolla di Acquaviva sotto cenere* (bonite aux haricots verts et oignons cuits sous la cendre). Cadre calme et raffiné. (☎ 349 697 21 55 ; osteriafrangipane.it ; Via Maraldo da Trani 5, Trani ; repas 35 € ; ⌚13h-15h et 20h-23h mar-dim)

Osteria degli Archi €€
Dans cette ancienne menuiserie transformée en restaurant de charme, le chef Michele vous réserve bien des surprises : d'abord les pains et les pâtes faits maison, puis le poisson, accommodé de maintes façons savoureuses. Excellents vins et desserts. (☎ 0884 70 51 99 ; www.osteriadegliarchivieste.it ; Via Duomo 14, Vieste ; repas 30-35 € ; ⌚12h-14h30 et 19h-23h mar-sam)

Pasticceria Franchini €
Maître pâtissier renommé, Franco Franchini officie dans cette boutique ouverte en 1963, où tartes, *cotognate* (pâtes de coing), *fruttoni* (sortes de *pasticciotti* nappés de chocolat et fourrés de pâtes d'amande et de coing) et glaces côtoient le *pasticciotto* (p. 329), emblématique du Salento. (☎ 0832 34 38 82 ; www.pasticceriafranchini.com ; Via San Lazzaro 36, Lecce ; ⌚7h30-14h et 16h-20h30 lun-mer et ven-sam, 7h30-14h jeu et dim)

HOMYDESIGN/SHUTTERSTOCK ©

Pâtes aux *vongole* (palourdes)

Trattoria il Brigante €€
Ici, les plats traditionnels sont préparés sans chichis, et le service est courtois sans être prétentieux. Mention spéciale pour les *gnochetti* avec *stracciatella* (fromage), amandes et fruits de mer. (333 542 28 88 ; Via Cavaliere 17, Monopoli ; repas 30 € ; 12h30-15h et 19h30-minuit mar-dim)

Cafés et cocktails

Arenile di Bagnoli, Naples
Voir p. 293. (areniledibagnoli.it ; Via Coroglio 14b, Naples)

Avio Bar, Lecce
Ouvert dans les années 1950, ce bar du centre-ville a été repris par Luigi De Mitri, l'inventeur du *caffè in ghiaccio*, un café froid avec du lait d'amande typique du Salento. (Via XXV Luglio 16, Lecce ; 7h-22h lun-sam)

Caffè Gambrinus, Naples
Sous les lustres du plus ancien et du plus vénérable café de Naples, des baristas en veste blanche vous servent de sublimes cafés. (grancaffegambrinus.com ; Via Chiaia 1-2, Naples ; 7h-1h dim-jeu, 7h-2h ven, 7h-3h sam ; R2 pour Via San Carlo, M Municipio)

Cantiere, Lecce
Grâce à son emplacement privilégié entre la vieille ville et l'université, à ses concerts de rock et à son cadre (une ancienne verrerie), ce pub est devenu un des établissements les plus fréquentés de la ville. Terrasse magique ! La réservation est de mise. (www.cantierehambirreria.it ; Viale dell'Università 23, Lecce ; 18h30-2h)

D'Anton, Sorrente
Doublé d'une boutique de décoration, ce bar à cocktails de Sorrente vous permet de siroter des Negroni tout en débattant de l'achat du canapé sur lequel vous êtes assis. (www.dantonsorrento.com ; Piazza Sant'Antonio 3/4, Sorrente ; 10h-23h mi-mars à déb jan, 10h-1h30 été ;)

L'Antiquario, Naples
Cocktails impeccables et ambiance de bar clandestin du temps de la prohibition vous attendent dans le quartier chic napolitain qu'est Chiaia. Concerts de jazz. (www.facebook.com/AntiquarioNapoli ; Via Gaetani 2, Naples ; 19h30-2h30 ; 151, 154 pour Piazza Vittoria)

La Pansa (Pasticceria Caffeteria Andrea Pansa), Amalfi
Cette pâtisserie est une institution à Amalfi depuis 1830. Arrêtez-vous là pour un petit-déjeuner à l'italienne classique ou pour des *cornetti* tout frais et un cappuccino mousseux. (www.pasticceriapansa.it ; Piazza del Duomo 40, Amalfi ; cornetti à partir de 1 €, pâtisseries à partir de 1,80 € ; 7h30-1h mer-lun, fermé déb jan-déb fév)

Piazza Bellini, Naples
C'est au milieu des ruines excavées des murs de la cité grecque du IVe siècle que se donnent rendez-vous en soirée nombre d'étudiants et d'artistes. En règle générale, les habitants se regroupent dans les bars à l'extrémité ouest de la place et les touristes, dans ceux du côté est. (M Dante)

Carnet pratique

À droite Marché à Naples

SI FA' PASTA

ARRIVER EN ITALIE

L'aéroport Fiumicino (officiellement Leonardo da Vinci) de Rome, situé sur la côte à environ 40 km à l'ouest du centre-ville, est le principal aéroport international du pays. Plus de 40 millions de voyageurs l'empruntent chaque année. Milan, Venise et Naples abritent également des aéroports importants.

AUTRES POINTS D'ENTRÉE

Avion Les **aéroports de Rome** (www.adr.it/fiumicino), **de Milan** (Malpensa ; www.milanomalpensa-airport.com) et **de Venise** (Marco Polo ; www.veniceairport.it) accueillent des vols du monde entier. Certaines compagnies, notamment des low cost, desservent des aéroports secondaires, comme l'**aéroport Ciampino de Rome** (www.adr.it/ciampino), celui de **Trévise** (www.trevisoairport.it) en Vénétie, ou celui de **Bologne** (www.bologna-airport.it). L'**aéroport international de Naples** (Capodichino ; www.aeroportodinapoli.it), à 7 km au nord-est du centre-ville, est le principal aéroport du sud de l'Italie, suivi par ceux de Bari et de Brindisi gérés par **Aeroporti di Puglia** (www.aeroportidipuglia.it).

Train Liaisons directes en TGV au départ de Paris vers Turin (5 heures 40) et Milan (7 heures) avec la **SNCF** (oui.sncf). Liaisons en trains à grande vitesse Frecciarossa entre la France et l'Italie par **Trenitalia** (www.trenitalia.com) : de Paris à Milan via Lyon, Chambéry, Modane et Turin. Liaison Paris-Venise avec le **Venice Simplon Orient-Express** (www.belmond.com/fr/venice-simplon-orient-express) de mars à novembre. Il existe également des liaisons ferroviaires entre Zurich, Genève, Milan et Venise.

Voiture Au départ de la France : de Nice à Vintimille par l'A10/E80, de Modane à Turin par l'A32/E70 (tunnel du Fréjus), de Chamonix à Courmayeur par l'A5/E25 (tunnel du Mont-Blanc)

Au départ de la Suisse : de Martigny à Aoste par la SS27/E27 (tunnel du Grand-Saint-Bernard), de Lugano à Côme par l'A9/E35

Ferries Les sites **Direct Ferries** (www.directferries.fr) et **TraghettiOnline** (traghettionline.net) recensent les compagnies qui opèrent en Méditerranée et permettent d'effectuer une réservation en ligne. **Corsica Ferries** (www.corsica-ferries.fr) assure des liaisons par car-ferries entre la Corse (Bastia et L'Île-Rousse) et les ports italiens de Savone et Livourne.

FORMALITÉS D'ARRIVÉE ET DE DÉPART

Arrivée Les Français, les Belges et les Suisses doivent posséder une carte d'identité ou un passeport en cours de validité. Pour les Canadiens, un passeport en cours de validité suffit (pas de visa) pour un séjour touristique n'excédant pas 90 jours. En Italie, la loi requiert que vous ayez votre passeport ou votre carte d'identité sur vous à tout moment.

Départ La taxe de départ est en général incluse dans le prix du billet. Il n'existe plus de duty free pour les voyages au sein de l'Union européenne.

À L'AÉROPORT DE ROME

Cartes SIM Achetez-les dans les kiosques d'opérateurs, comme **TIM** (tim.it) et **Vodafone** (vodafone.it), dans le hall d'arrivée T3 de Fiumicino ou en ville (c'est tout aussi simple et il y aura peut-être moins de monde).

Change d'espèces Il y a des bureaux de change dans le hall d'arrivée de l'aéroport Fiumicino, mais vous obtiendrez un meilleur taux en retirant de l'argent aux DAB des deux terminaux.

DAB Il en existe dans le hall d'arrivée. Évitez Euronet dont les frais de transaction et les taux de change sont peu avantageux.

Stations de recharge Elles se trouvent près des zones 3 et 11 de récupération des bagages et près des cafés *Semplicemente Roma* des zones de retrait des bagages et du hall d'arrivée.

REJOINDRE LE CENTRE DE ROME

Bus Ils rallient en 1 heure la Stazione Centrale de Rome (4,50-10 €) de 6h05 à minuit. Parmi les compagnies, citons **Cotral** (cotralspa.it), **SIT Bus Shuttle** (sitbusshuttle.com), **TAM** (tambus.it) et **Terravision** (terravision.eu). Un service de navettes fonctionne entre l'aéroport et des hôtels.

Taxis officiels Prévoyez 45 à 60 minutes pour aller de l'aéroport Fiumicino au centre de Rome (forfait 48 € pour 4 passagers et bagages inclus). Ce forfait s'applique uniquement pour les destinations à l'intérieur des murs d'Aurélien.

Trains Ceux de **Leonardo Express** rejoignent la Stazione Termini (14 €) en 32 minutes et circulent toutes les 15 minutes de 6h23 à 23h23. Plus lents, les trains **FL1** desservent les gares Trastevere, Ostiense et Tiburtina de 5h57 à 22h42 (8 €).

COMBIEN POUR

Taxi
48 €
45-60 min

Bus Terravision
10 €
1 heure

Leonardo Express
14 €
32 min

TAXI

Les taxis officiels sont blancs (ignorez les autres) et tenus d'accepter le paiement par carte bancaire. **Free Now** (free-now.com) est l'appli de référence pour un taxi.

COVOITURAGE

Uber Black, version luxueuse d'Uber, fonctionne à Rome et à Milan. Uber n'est pas actif ailleurs en Italie.

CARTES DE TRANSPORT

Le **Roma Pass** (romapass.it) et la carte **Omnia** (omniavaticanrome.org) valable 72 heures donnent un accès illimité aux transports publics romains. Achetez le premier en ligne ou dans les musées et sites du réseau Roma Pass, aux points d'informations touristiques et dans certaines stations de métro (48/72h : 32/52 €). La carte, incluant l'accès au Vatican, est vendue en ligne (24/72h : 55/113 €).

CONSEILS POUR CIRCULER

Longue et étroite, l'Italie est facile à parcourir en train. Le réseau ferré étendu et à grande vitesse rend ce mode de transport très populaire. Cependant, disposer de son véhicule a également ses avantages, car vous êtes libre de sortir des grandes villes et d'explorer la campagne. Andiamo!

VOITURE

L'association automobile nationale, l'**Automobile Club d'Italia** (aci.it), est la meilleure ressource pour les automobilistes. Si vous n'avez pas de permis de l'UE, vous devrez obtenir un permis de conduire international (PCI) auprès de l'association automobile de votre pays.

VÉLO

Le vélo est un excellent moyen pour circuler (et se jouer des ZTL du centre-ville !). Parmi les villes où le vélo est roi, citons Turin (175 km de pistes cyclables), Bologne, Ferrare (plus grand nombre de vélos *per capita*) et Lucques (paradis sans voitures). Les vols sont courants. Munissez-vous d'un bon antivol.

LOCATION DE VOITURE PAR JOUR

À partir de 30 €

Essence 1,50 €/litre

Péage d'autoroute 9 €/100 km

AVION ITA-Airways (www.itaspa.com/fr_fr/) est la compagnie nationale. Des compagnies low cost assurent également des vols intérieurs, dont **Neos** (neosair.it), **Blue Panorama** (blue-panorama.com), **Ryanair** (ryanair.com), **easyJet** (easyjet.com) et **Volotea** (volotea.com).

BUS Les compagnies de bus gèrent aussi bien les bus urbains que les interurbains rapides et fiables. Les lignes sont régionalisées, mais **Italybus** (italybus.it), **SAIS Autolinee** (saisautolinee.it) et **SAIS Trasporti** (saistrasporti.it) assurent des liaisons dans tout le pays.

CODE DE LA ROUTE

Conduite à droite. Le volant est à gauche.

50 — Vitesse limitée à 130 km/h ; 50 km/h en agglomération.

.05 — Taux d'alcool autorisé : 0,5 g/l (0 g/l pour les moins de 21 ans)

Priorité à gauche aux intersections et aux ronds-points.

zona traffico limitato — Zone Traffico Limitato (ZTL) : la circulation est limitée dans le centre-ville

Zone Traffico Limitato (ZTL)

La plupart des villes italiennes possèdent des zones de circulation limitée (ZTL pour *Zona Traffico Limitato*). Ne les empruntez pas même si votre GPS vous le conseille, vous risquez une grosse amende. Ces zones sont clairement indiquées mais mieux vaut se renseigner avant de conduire en centre-ville. Il est parfois possible d'acheter un pass : demandez à votre hôtel.

TRAIN La société nationale **Trenitalia** (trenitalia.com) est la principale compagnie ferroviaire. Viennent ensuite **Italo** (italotreno.it), société privée, et **Trenord** (trenord.it), société régionale de Lombardie. Les trains de Trenitalia, du plus lent au plus rapide, sont : Regionale, Espresso, Intercity/Intercity Night, Frecciabianca, Frecciargento et Frecciarossa. La plus longue ligne à grande vitesse (1 387 km) relie Turin à Reggio Calabria en 10 heures et 50 minutes.

FERRIES Les *Navi* (grands ferries) desservent les grandes îles (Sicile et Sardaigne), tandis que les *traghetti* (petits ferries) et les *aliscafi* (hydroptères) desservent les îles plus petites. Seuls les ferries embarquent des véhicules. **Direct Ferries** (p. 346) permet de connaître les itinéraires, de comparer les prix et de faire des réservations.

TAXIS Si vous commandez un taxi, son compteur commencera à tourner dès votre appel et non quand vous serez pris en charge. Uber est en général interdit (sauf Uber Black à Rome et Milan) : les taxis sont donc pratiques, mais leurs tarifs sont élevés.

CONNAÎTRE SON EMPREINTE CARBONE Comptez 216 kg de CO_2 par passager pour un vol Milan-Naples, 174 kg pour la même distance en voiture et environ 46 kg en train. Il existe des calculateurs en ligne. Nous utilisons Resurgence, de resurgence.org/resources/carbon-calculator.html.

DISTANCES ROUTIÈRES (KM) DE VILLE À VILLE

	Amalfi	Bologne	Florence	Milan	Naples	Reggio di Calabria	Rome	Turin	Valtellina
Bologne	625								
Florence	531	109							
Milan	824	216	303						
Naples	62	576	573	772					
Reggio di Calabria	462	1049	946	1246	491				
Rome	278	376	273	573	226	700			
Turin	941	332	420	145	889	1363	689		
Valtellina	949	341	428	131	897	1371	698	261	
Venise	777	154	256	270	725	1199	526	401	337

SÉCURITÉ

L'Italie est généralement un pays très sûr, mais restez vigilant. Les escroqueries, les catastrophes naturelles et les moustiques (bien qu'ils ne véhiculent pas de maladies) peuvent transformer votre voyage de rêve en cauchemar.

SÉISMES Le pays se trouve dans une zone de convergence des plaques africaines et eurasiennes, le risque sismique y est très élevé, particulièrement dans la région centrale des Apennins. Rome, Florence et Bologne sont également exposées. Regardez autour de vous et éloignez-vous des objets risquant de tomber en cas de secousse.

VOLCANS L'Italie compte le plus grand nombre d'habitants menacés par un risque d'éruption volcanique. Le Vésuve près de Naples est toujours en activité. En cas d'éruption, mettez un masque respiratoire et des lunettes pour vous protéger de la cendre volcanique. La **Protezione Civile** (protezionecivile.gov.it) italienne évalue les niveaux d'alerte.

ESCROQUERIES Faites attention aux surfacturations dans les restaurants des zones touristiques (demandez un reçu détaillé *"Il conto dettagliato"*), aux femmes prétendant représenter de grandes marques à Rome et offrant des manteaux gratuits pour soutirer de l'argent, et aux imposteurs se réclamant de la police financière (Guardia di Finanza) et exigeant des reçus de restaurants dans la rue (demandez leur badge ou composez le 113 en cas de doute).

COVID-19 Selon le contexte sanitaire, le certificat numérique (Certificazione verde) de l'UE peut être exigé pour accéder aux lieux publics. Consultez le site officiel de conseils aux voyageurs – en France : www.diplomatie.gouv.fr/fr/conseils-aux-voyageurs/. En Italie, l'application de traçage des contacts est **Immuni** (immuni.italia.it).

immuni

LIGEIA/SHUTTERSTOCK ©

VOLS ET FRAUDES Attention aux pickpockets dans les zones touristiques et les transports en commun. En cas de vol, faites une déclaration à la police dans les 24 heures et demandez un justificatif.

MOUSTIQUES Les plaines chaudes et humides (surtout en Vénétie et en Toscane), les villes côtières et les îles sont des lieux de reproduction prisés par les moustiques, y compris par le moustique-tigre. Prenez vos précautions entre mars et novembre.

DROGUE Une personne prise avec une quantité de drogue laissant croire à un trafic risque jusqu'à 22 ans de prison. L'usage personnel de drogues expose à des sanctions administratives.

CONSEILS RAPIDES POUR MAÎTRISER SON BUDGET

TAXES ET REMBOURSEMENTS

Une TVA de 22 % appelée IVA (Imposta sul Valore Aggiunta) s'applique sur la plupart des biens et des services. Les personnes ne résidant pas dans l'UE peuvent prétendre à son remboursement si elles dépensent plus de 154,95 € en une seule fois dans un magasin agréé affichant le logo "Tax Free". Pour plus d'informations, consultez taxrefund.it.

CARTES BANCAIRES

Les cartes les plus courantes sont acceptées partout. Certains hébergements, restaurants et sites préfèrent les espèces.

CHANGE

Les DAB offrent de meilleurs taux pour les euros. Les bureaux de change (*cambio*), la poste et certaines banques peuvent aussi changer de l'argent.

DEVISE

Euro

COMBIEN POUR

Un espresso **1,10 €**

Un Negroni **7 €**

Un repas dans une trattoria **25-35 €**

RÉDUCTIONS ET BONS PLANS

Pass touristiques Ils offrent des rabais sur les sites, les monuments et les visites, voire même la gratuité des transports dans les grandes villes.

Cartes de bus Optez pour une carte multitrajets au lieu d'acheter un ticket à l'unité.

Bars/cafés Comme en France, consommer au comptoir permet de payer un peu moins cher son cappucino.

DAB

Les distributeurs (*bancomat*) sont courants et acceptent les cartes Visa/MasterCard/Cirrus/Maestro. Évitez les DAB d'Euronet car les frais de transaction et les taux de change sont élevés.

MARCHANDAGE

Le marchandage n'est en général pas admis sur les marchés alimentaires et dans les magasins. En revanche, il est toléré dans les petits magasins du sud du pays, si vous faites plusieurs achats.

PAYER L'ADDITION Dans un restaurant, on demande l'addition *("Il conto, per favore")*, mais il est aussi courant de payer au comptoir. Pour vous protéger, exigez une facture détaillée *("Il conto dettagliato.")*, plutôt qu'un montant griffonné sur un papier. Dans les lieux très touristiques, les surfacturations ne sont pas rares et font parfois les gros titres des journaux. Restez vigilant.

POURBOIRE Les Italiens ne donnent généralement pas de pourboire.

Restaurants Le *coperto* (couvert) est déjà inclus dans la note, ainsi que le service et le pain.

Bars Non.

Taxis Non.

Hôtels Les étrangers en laissent.

DES VOYAGES AUX EFFETS POSITIFS

Conseils pour moins polluer, soutenir le pays et avoir un effet positif au plan local.

SUR LA ROUTE

Calculez votre empreinte carbone. Il existe des compteurs de carbone en ligne. Essayez resurgence.org/resources/carbon-calculator.html.

Mangez des produits de saison. Truffes, tomates, cèpes, artichauts (à droite sur la photo), asperges, fleurs de courgette – l'Italie produit d'excellents fruits et légumes de saison, mais aussi fromages et charcuteries, etc.

Faites un séjour immersif. Voyagez lentement pour profiter de la vie locale.

Pas de gaspillage. Soyez écologique et emportez des sacs réutilisables, des tasses, des couverts, des bouteilles d'eau, etc.

Soutenez un tourisme éthique. Séjournez dans des domaines confisqués à la mafia et tenus par des coopératives en Calabre, par exemple. **Libera il G(i)usto di Viaggiare** (ilgiustodiviaggiare.it) et **AddioPizzo Travel** (addiopizzotravel.it) sont ainsi spécialisés dans le tourisme éthique antimafia.

RIMMA BONDARENKO/SHUTTERSTOCK ©

À TITRE DE COMPENSATION

Visitez les parcs nationaux (parks.it) dans le respect de l'environnement et la biodiversité.

Nettoyez le littoral. Legambiente (legambiente.it), une association environnementale, organise des opérations de nettoyage des plages (Spiaggia e Fondali Puliti).

Faites du bénévolat ayant trait à l'environnement, l'archéologie et le patrimoine. Infos auprès du **Comité de coordination du service volontaire international** (CCIVS ; ccivs.org) ou de **Concordia** (www.concordia.fr), à Paris. **World Wide Opportunities on Organic Farms** (wwoof.it) fournit une liste des fermes en bio qui accueillent des bénévoles.

Faites revivre des villages dans des régions où les touristes sont rares, comme en Ombrie, en Calabre et en Molise.

Soutenez des entreprises sociales. Les sites **Legacoopsociali** (legacoopsociali.it) et **Federsolidarietà** (federsolidarieta.confcooperative.it) sont générateurs d'idées.

SAVOIR-VIVRE

Ne touchez jamais les fresques ou les œuvres d'art.

Ne pique-niquez pas près des monuments classés, sur des marches, la margelle des fontaines, dans les musées.

Faites attention à votre tenue, car l'apparence compte en Italie.

Ne prenez pas les produits avec des mains nues – des gants jetables sont à votre disposition.

RÉDUISEZ VOTRE EMPREINTE CARBONE

Renoncez à l'avion pour le train ! L'Italie se visite très facilement en train et mieux vaut admirer ses charmants villages et villes à pied ou à vélo.

Séjournez dans une ferme Le réseau d'***agriturismi*** (agriturismo.it) offre des lieux de séjour abordables dans des cadres incomparables, les repas étant préparés avec des produits de la ferme.

Évitez les bateaux de croisière Bien qu'ils soient interdits dans le centre de Venise, la pollution qu'ils génèrent reste problématique.

Dites non à la pollution numérique Faire un long voyage pour poster une photo sur Instagram n'est pas écologique du tout.

ROMAN BABAKIN/SHUTTERSTOCK ©

SOUTIEN AU COMMERCE LOCAL

Achetez local Achetez des souvenirs (comme les céramiques de la côte amalfitaine sur la photo ci-contre) dans les commerces locaux, surtout dans les petites villes, où l'argent du tourisme est précieux.

Circuit court Recherchez les membres du mouvement **Slow Food** (slowfood.it) et les produits signalés par le label "Km0".

Art et artisanat Achetez cadeaux et souvenirs (verre de Murano ou huile d'olive de Toscane) directement chez les artistes, artisans et dans les boutiques indépendantes. Privilégiez les produits locaux.

CHANGEMENTS CLIMATIQUES ET VOYAGES

Il est impossible d'ignorer l'impact de nos voyages sur la planète et l'importance d'agir quand c'est possible. Lonely Planet incite tous les voyageurs à réduire leur empreinte carbone. Il existe des "compteurs de carbone" en ligne pour estimer la quantité de CO_2 émise, comme celui de resurgence.org/resources/carbon-calculator.html. De nombreux sites de compagnies aériennes et de réservation offrent aux voyageurs la possibilité de compenser le niveau des gaz à effet de serre dont ils sont responsables en contribuant à des initiatives en faveur du climat dans le monde. Lonely Planet compense les émissions de son personnel, en reconnaissant que ce n'est pas une solution, mais un pis-aller.

RESSOURCES

aitr.org

borghiautenticiditalia.it

legambienteturismo.it

fondazioneuniverde.it

HÉBERGEMENTS TYPIQUES ET INSOLITES

L'Italie dispose d'un grand choix d'hébergements, parmi lesquels une kyrielle d'auberges, de maisons d'hôtes et d'hôtels, ainsi que des lieux hors du commun, comme un trullo dans les Pouilles ou un ancien monastère. Enfin, un séjour dans une ferme réunit ce que l'Italie a de mieux.

COMBIEN POUR

un camping 5-25 **€**

un agriturismo 40-80 **€**

un hôtel design à partir de 200 **€**

ANDREA IZZOTTI/SHUTTERSTOCK ©

COUVENTS ET MONASTÈRES Ils figurent parmi les lieux de séjour les plus exquis et les plus mémorables lors d'un voyage en Italie. Certains monastères louent des cellules ou des chambres pour un prix modique et accueillent volontiers les touristes ou n'acceptent que les pèlerins ou les gens effectuant une retraite spirituelle. D'anciennes institutions religieuses, comme **Eremito** (eremito.com) en Ombrie, ont été transformées en luxueux logements, en conservant leur architecture et leur philosophie. Le prix d'une chambre double avoisine les 70 €.

REFUGES DE MONTAGNE

Les *rifugi* (refuges) conviviaux des Alpes, des Apennins et d'autres montagnes ne sont généralement ouverts que de juin à fin septembre. Cela va des abris rudimentaires (appelés *bivacchi*) aux auberges avec chauffage et électricité, qui souvent servent des repas chauds. Le **Club Alpino Italiano** (cai.it) fournit une liste à jour des *rifugi*.

SHAIITH/SHUTTERSTOCK ©

SÉJOURS À LA FERME Les *agriturismi* ou *masserie* (fermes en activité) offrent un hébergement dans un cadre bucolique. Ils sont parfaits pour les familles, pour se détendre et vivre un séjour immersif. Les *agriturismi* vont des fermes rustiques aux propriétés luxueuses. Ce mouvement, né en Toscane et en Ombrie, a désormais essaimé dans tout le pays.

Dans le sud de l'Italie, deux types d'hébergements uniques, possèdent un cachet particulier.

SASSI La Basilicate abrite la ville de Matera (p.320), où d'anciennes *sassi* (habitations troglodytiques) connaissent une seconde vie en tant qu'hôtels de charme (photographie ci-dessus). Ces grottes calcaires, qui pourraient être le troisième site le plus longtemps peuplé du monde, furent jadis considérées comme "la honte de l'Italie". Dans les années 1950, le Premier ministre Alcide De Gasperi ne mâcha pas ses mots, dénonçant les conditions de logement épouvantables et la pauvreté de leurs habitants, qui furent relogés. Des décennies plus tard, Matera est classée au patrimoine de l'Unesco pour avoir su préserver le caractère unique des *sassi*. Passer une nuit dans ces grottes est une formidable expérience.

TRULLI Situées dans les Pouilles, le talon de la botte italienne, les *trulli*, ces maisons de pierres sèches, blanchies à la chaux, sont également remarquables. Elles servaient à l'origine d'abris et d'entrepôts et sont disséminées dans la campagne, souvent au bord des oliveraies. Comme les *sassi* de Matera, les *trulli* d'Alberobello (p. 325) figurent sur la Liste du patrimoine de l'Unesco. Des quartiers entiers du village sont en effet composés de ces joyaux architecturaux.

RÉSERVATION Les tarifs des hébergements fluctuent énormément selon la saison. Les touristes sont nombreux à Pâques, en été et à Noël. Les tarifs saisonniers dépendent aussi de la région. Attendez-vous à payer le prix fort en montagne durant la saison de ski (décembre-mars) ou sur la côte en été (juillet-août). En revanche, l'été est la basse saison dans les villes où il fait trop chaud. Une "taxe de séjour" ou "d'occupation d'une chambre" de 1 à 7 € par nuit et par personne est parfois appliquée.

Lonely Planet (www.lonelyplanet.fr/hotels). Avis indépendants et recommandations sur les meilleurs hébergements. Réservations en ligne.

Agriturismo.it (agriturismo.it). Réservations de séjours à la ferme dans tout le pays.

Campeggi.com (campeggi.com). Réservations de places de camping dans tout le pays.

Monastery Stays (monasterystays.com). Monastères et couvents.

In Italia (initalia.it). Bonne ressource pour trouver hôtels et *pensioni*.

BBItalia.it (bbitalia.it). Liste de B&B dans tout le pays.

Bed-and-Breakfast.it (bed-and-breakfast.it). Liste de B&B dans tout le pays.

Locatissimo.com (www.locatissimo.com). Appartements, villas et maisons.

Destination Italie (www.destination-italie.net). Une agence française en Italie.

B&B Ce mode d'hébergement est le plus courant en Italie. Cela va des fermes restaurées aux *palazzi* en passant par les bungalows en bord de mer ou une chambre dans une maison familiale. Le tarif oscille entre 60 et 140 €.

BOÎTE À OUTILS

JOURS FÉRIÉS
Il y a au total 11 jours fériés. La plupart des Italiens prennent leurs vacances en août et de nombreuses entreprises ferment au moins une partie du mois.

TENUE
Couvrez-vous les épaules, le torse et les cuisses pour entrer dans les églises et mettez une tenue élégante pour aller au restaurant, où le style décontracté n'est pas bien vu.

FUMEURS
Il est interdit de fumer dans les espaces publics clos : restaurants, bars, boutiques et moyens de transport.

INFOS UTILES

Heure locale
UTC+1

Code du pays
39

Électricité
220V-230V/50Hz

BON À SAVOIR

L'usage des applications n'est pas très répandu en Italie. Appeler pour réserver une table ou un taxi reste la norme.

L'âge légal pour consommer de l'alcool dans un restaurant ou un bar en Italie est 16 ans.

Emportez vos médicaments, car ceux en vente libre sont chers en Italie.

Aucun visa n'est exigé pour les ressortissants de l'UE, ni pour les Canadiens si leur un séjour est inférieur à 90 jours.

Hormis dans les musées, galeries, grands magasins et gares, les toilettes publiques sont rares en Italie.

VOYAGER EN FAUTEUIL ROULANT

Rues pavées et trottoirs encombrés de voitures et de scooters rendent difficile le déplacement en fauteuil roulant.

Si vous voyagez en train, réservez un accompagnement avec **SalaBlu** (salabluonline.rfi.it).

De nombreux bus sont adaptés aux fauteuils roulants, mais pas certains arrêts – renseignez-vous auprès du chauffeur.

Certains taxis sont équipés pour transporter des personnes en fauteuil roulant. Demandez-en un avec un *sedia a rotelle* (fauteuil roulant).

Liste des plages accessibles sur le site de la Fondazione Cesare Serono (fondazioneserono.org).

Accessible Italy (accessibleitaly.com) est une agence de voyages dédiée.

APF France handicap (apf-francehandicap.org). Informations et conseils.

SALUTATIONS
En public on se salue en disant : "buongiorno", "buonasera" (bonne nuit) ou "salve" (salut).

NUMÉROS D'URGENCE
En cas d'urgence, composez le 118 (ambulance), le 112 ou le 113 (police) et le 115 (pompiers).

À TABLE
Les pâtes se mangent avec une fourchette. Vous pouvez manger une pizza avec les mains.

MENUS ITALIENS
Les menus comprennent les sections suivantes : les *antipasti* (hors-d'œuvre), le *primo* (premier plat, toujours des pâtes), le *secondo* (second plat, de la viande ou du poisson), les *contorni* (accompagnements, en général des légumes) et le *dolce* (dessert).

VOYAGER EN FAMILLE

Dans les musées et sites publics, l'entrée est gratuite pour les moins de 18 ans.

Les enfants de moins de 36 mois voyagent gratuitement à bord des trains d'Italo. Dans ceux de Trenitalia, le voyage est gratuit sans siège pour les moins de 48 mois (50 % de rabais avec un siège).

Certains restaurants offrent un *menu bambino* (menu enfant), mais ce n'est pas courant. Les enfants mangent comme leurs parents ! Commandez une demi-portion (*"mezzo porzione"*).

En cas de doute : commandez un *gelato* !

POLICE
La police italienne est composée de trois corps principaux : la *polizia di stato* (police civile) en veste bleu marine, les *carabinieri* (police militaire) en uniforme noir marqué d'une bande rouge et la *guardia di finanza* (police financière) en gris, chargée de la lutte contre l'évasion fiscale et le trafic de drogue.

EUGENIO MARONGIU/SHUTTERSTOCK ©

VOYAGEURS LGBTIQ+

L'homosexualité est légale, mais le pays est assez conservateur. Il est sage de rester discret.

Les marques d'affection appuyées de couples LGBTIQ+ peuvent susciter des réactions négatives dans les petites villes.

Les marques d'affection dans des villes plus tolérantes (Bologne, Florence, Milan, Naples et Rome, entre autres) et certaines villes côtières et stations balnéaires (Torre del Lago en Toscane, Gallipoli dans les Pouilles) attirent moins l'attention.

Head to Gay.it (gay.it). Tendances et potins LGBTIQ+

Ci-contre Milano Pride

LANGUE

On parle l'italien dans l'ensemble du pays. Dans certaines régions, le dialecte local tient une place importante, mais vous n'aurez toutefois aucune difficulté à vous faire comprendre en parlant italien. À l'oral, les sons de la langue italienne sont connus des francophones. Lisez les indications de prononciation ci-après comme si vous lisiez du français, et les Italiens vous comprendront. Les syllabes toniques sont en italique. Notez que *ai* se prononce *aïe*, que *ei* se prononce *hey*, et que le r est roulé.

L'ESSENTIEL

Bonjour.	*Buongiorno.*	bwon·*djior*·no
Au revoir.	*Arrivederci.*	a·ri·é·*der*·tchi
Oui./Non.	*Sì./No.*	si/no
S'il vous/te plaît.	*Per favore.*	per fa·*vo*·ré
Merci.	*Grazie.*	*gra*·dzié
Avec plaisir.	*Prego.*	*pré*·go
Excusez-moi.	*Mi scusi. (vous)* *Scusami. (tu)*	mi *skou*·zi *skou*·za·mi

Comment vous appelez-vous ?
Come si chiama? (vous) — ko·mé si *kia*·ma
Come ti chiami? (tu) — ko·mé ti *kia*·mi

Je m'appelle...
Mi chiamo ... — mi *kia*·mo ...

Parlez-vous français ?
Parla/Parli francese? (vous/tu) — *par*·la/*par*·li fran·*ché*·zé

Je ne comprends pas.
Non capisco. — nonn ka·*pi*·sko

HEURE ET CHIFFRES

Quelle heure est-il ?	*Che ora è?*	ké o·ra é
Il est (deux) heures.	*Sono le (due).*	*so*·no lé (*dou*·é)
(Une) heure et demie.	*(L'una) e mezza.*	*(lou*·na) é *mé*·dza
du matin	*di mattina*	di ma·*ti*·na
de l'après-midi	*di pomeriggio*	di po·mé·*ri*·djio
du soir	*di sera*	di *cé*·ra
hier	*ieri*	*yé*·ri
aujourd'hui	*oggi*	*o*·dji
demain	*domani*	do·*ma*·ni

1	*uno*	*ou*·no	**6**	*sei*	sey
2	*due*	*dou*·é	**7**	*sette*	*sé*·te
3	*tre*	tré	**8**	*otto*	*o*·to
4	*quattro*	*kwa*·tro	**9**	*nove*	*no*·vé
5	*cinque*	*tchin*·kwé	**10**	*dieci*	*dié*·tchi

URGENCES

Au secours !	*Aiuto!*	a·*you*·to
Laissez-moi tranquille !	*Lasciami in pace!*	*la*·cha·mi inn *pa*·tché
Appelez la police !	*Chiami la polizia!*	*kia*·mi la po·li·*tsi*·a
Je suis perdu(e).	*Mi sono perso/a. (m/f)*	mi *so*·no *per*·so/a

Index

000 Référence des cartes

000 Référence des cartes

C

D

000 Référence des cartes

000 Référence des cartes

N

O

P

NICOLA WILLIAMS

Notre experte de la Toscane depuis plus de dix ans ! Nicola habite un appartement avec une vue imprenable du côté français du tunnel du Mont-Blanc. Elle aime courir dans les Alpes et se baigner dans les lacs de montagne. Elle écrit pour Lonely Planet, le *Telegraph*, le *Guardian* et la BBC.

@tripalong

Mon aventure préférée ?
Les festins à partager dans les fermes du nord-ouest de la Toscane. Se balader en forêt à la recherche de la précieuse truffe blanche, avant de la déguster dans la soirée.

À PROPOS DE CET OUVRAGE

Cette 1re édition du guide *Les meilleures expériences en Italie* est une traduction-adaptation de la 1re édition de *Experience Italy* de Lonely Planet.

Traduction
Thérèse de Cherisey, Chloé Cadamuro et Cécile Giroldi

Direction éditoriale
Didier Férat

Responsable éditorial
Dominique Bovet

Coordination éditoriale et adaptation
Bénédicte Houdré

Responsable pré-presse
Jean-Noël Doan

Maquette
Laurence Tixier

Cartographie
AFDEC (Florence Bonijol, Bertrand de Brun, Martine Marmouget, Catherine Zacharopoulou) pour l'adaptation des cartes en français

Couverture
Laure Wilmot

Fabrication
Emmanuelle Laine

Merci à
Agnès Mauxion-Poujol pour son travail sur le texte et à Dolores Mora pour sa relecture. Un grand et chaleureux merci à Coralie Pannetier pour son travail précis et diligent de recherche iconographique et cartographique, merci également à sa complice Justine Munsch. Comme toujours, merci à Dominique Spaety pour son soutien et à toute l'équipe de Lonely Planet à Paris. Enfin, merci à Luan Angel et Nigel Longuet à Londres, et à Jean-Pierre Masclef à Melbourne.

BENEDETTA GEDDO

Benedetta a vécu en France, en Irlande, en Pologne et aux États-Unis avant de revenir vers son Italie natale. Elle écrit sur les voyages, la politique ou encore la pop culture pour les médias italiens et internationaux.

@beegeddo

Mon aventure préférée ?
Le Festival des Festivals à Asti. Boire et manger au grand air à la fin de l'été est un pur plaisir italien.

PAULA HARDY

Paula est journaliste de voyage. Elle adore les villes chargées d'histoire mais aussi pleines de modernité telles que Venise et Marrakech, où elle habite à mi-temps. Elle a collaboré à plus de 25 guides Lonely Planet sur l'Italie.

@paulahardy

Mon aventure préférée ?
L'ouverture de la Biennale, toujours extraordinaire, faire du kayak dans les eaux calmes de la lagune et prendre l'*aperitivo* avec des amis sur les rives ensoleillées du Grand Canal.

STEPHANIE ONG

Née à Melbourne, Stephanie s'est installée à Milan pour assouvir ses envies d'ailleurs. Elle écrit des guides de voyage et des beaux livres pour Lonely Planet, entre autres éditeurs. Elle aime manger sainement, et comme tout bon Italien, se plaindre des impôts.

Mon aventure préférée ?
Contempler *La Cène*. À chaque fois, je découvre un nouveau tableau.

MARGHERITA RAGG

Margherita est née à Milan. Elle aime sillonner la ville à vélo et passer du temps avec son chat Tappo. Elle est coauteure du blog de voyage *The Crowded Planet* et a pour projet de lancer un nouveau site Web autour de Milan.

@the_crowded_planet

Mon aventure préférée ?
Faire du vélo le long des canaux milanais. Le Naviglio Martesana est sublime au coucher du soleil, tandis que le Naviglio di Bereguardo est idéal pour les escapades en pleine nature.

KEVIN RAUB

Kevin habite à Bologne. Il a participé à la rédaction d'une centaine de guides Lonely Planet. Il apprécie la bière artisanale et orchestrer les aventures de son futur avatar de voyage, Austin Zeno Superstar.

@RaubontheRoad

Mon aventure préférée ?
Séjourner à Bologne et me rendre compte que tout ce que l'on croit savoir sur le second plat le plus populaire en Italie est faux. Mais la vérité est exquise !

EVA SANDOVAL

Spécialisée dans la gastronomie et les voyages, Eva contribue à plusieurs publications anglophones et à de nombreux guides Lonely Planet. Elle vit entre l'Italie et les États-Unis, et mange ou écrit dès que l'occasion se présente.

@ieatmypigeon

Mon aventure préférée ?
Manger de la *street food* à Naples. Le *cuoppo di pesce* est un remède à bien des maux.

Nos auteurs

ANGELA CORRIAS

Angela est originaire de Sardaigne et vit aujourd'hui à Rome. Elle est journaliste et blogueuse de voyage. Passionnée de culture et de destinations atypiques, elle écrit actuellement un livre sur son voyage et sa vie en Afghanistan.

@angelacorrias

Mon aventure préférée ?
Sortie des sentiers battus de Rome à la rencontre des trésors cachés et des sites historiques méconnus de la ville.

ERICA FIRPO

Erica vit à Rome. Elle est journaliste de voyage, anthropologue culturelle, et anime le podcast *Ciao Bella* sur l'Italie du XXIe siècle et ses figures emblématiques. Elle contribue au *Washington Post, Fathom, Conde Nast Traveller* et à d'autres publications.

@ericafirpo

Mon aventure préférée ?
Faire une pause pour savourer un *trapizzino* au cours d'une virée *street art* dans les quartiers de Testaccio et d'Ostiense, à Rome.

DUNCAN GARWOOD

Duncan habite à Rome. Il est auteur de guides de voyage et d'ouvrages sur l'Italie et la Méditerranée notamment. Il a plus de 70 guides Lonely Planet à son actif et écrit également pour des journaux, des magazines et des sites Web.

@DuncanGarwood

Mon aventure préférée ?
Déguster une *porchetta* et autres spécialités locales après une journée de marche dans la campagne des Castelli Romani.

Les meilleures expériences de l'Italie

1re édition
Traduit et adapté de l'ouvrage *Experience Italy, 1st edition, March 2022*

92 avenue de France - 75013 Paris

Dépôt légal Novembre 2022
ISBN 978-2-8161-9583-5

Imprimé par ESTIMPRIM, Autechaux, France

En Voyage Éditions | un département édi8